複利的喜悅

典藏紀念版

從價值投資到人生決策，
啟發巴菲特、蒙格等投資典範的穩健致富金律

The
JOYS of COMPOUNDING

The Passionate Pursuit of Lifelong Learning, Revised and Updated

高塔姆·巴伊德
Gautam Baid

高英哲———譯

紀念我摯愛的祖父迪普傑・納哈塔

（Deepchand Nahata，1926–2007）

一個人類所能做的最棒的事，就是幫助另一個人類知道更多的事。

——查理·蒙格（Charlie Munger）

真正值得我尊敬的價值投資者，是那些把一生都奉獻給熱愛閱讀的人。如果無法樂在其中，沒有人能終生學習五十年——而這正是我們所做的事情。

——法蘭斯高·加西亞·帕拉梅斯（Francisco Garcia Parames）

從價值投資者的格言和方法中所能汲取到的人生智慧，令人驚訝。

——魯爾夫·杜伯里（Rolf Dobelli）

智者的智慧與古往今來的經驗，都可以通過引用而保存下來。

——艾薩克·迪斯雷利（Isaac Disraeli）

Contents

PART V
做決策

成為更好的投資者，過一個最棒人生的系統

　　差不多二十多年前，我發現了華倫・巴菲特（Warren Buffett）、查理・蒙格、班傑明・葛拉漢（Benjamin Graham）等人，以及智慧型投資這門藝術。在我第一次參加波克夏海瑟威（Berkshire Hathaway）的股東大會之前，我早已成為一名改宗的門徒；而當我第一次抵達波克夏時，我覺得自己好像終於找到了「我的部落」。當時我們在奧瑪哈（Omaha）不過一兩千人，然而這個部落卻不斷在成長，如今參加波克夏股東大會的有數萬人，線上觀看的更是不計其數。

　　就如同這個部落的規模並未停滯一樣，它的世界觀以及對自我的理解所帶來的影響也不斷演變。我早先時候看待價值投資，僅僅是把它當成一種好好投資，變得有錢，然後過上好日子的方式。不過隨著時光流逝，我逐漸體會到價值投資的內涵，遠比這些來得更豐富，我開始把它視為一種讓人能夠過上最棒人生的系統。價值投資者的人生觀包含的內容，遠遠不只「市場先生」跟「安全邊際」這些概念而已，而是延伸到諸如：「什麼是世間智慧，要怎樣才能獲得這種智慧？」「如何建構心智模型網格？」「斯多葛主義在人生以及投資中，能夠並且應該扮演什麼樣的角色？」「像是《摩訶婆羅多》以及《薄伽梵歌》這些東方智慧經典，能教導我們什麼關於投資與生命的事？」等等問題。

　　高塔姆・巴伊德這本著作，是價值投資部落對於我們所處的這個世界，

展現智慧的另一步。你會在本書中習得他從那些偉人身上學到的風範，以及新進學生新增的內容：除了巴菲特、蒙格與葛拉漢以外，你還會讀到巴伊德從莫赫尼什・帕布萊（Mohnish Pabrai）、湯姆・盧梭（Tom Russo）、麥可・莫布新（Mike Mauboussin）、彼得・貝弗林（Peter Bevelin）、薩拉赫・馬丹（Saurabh Madaan）、馬塞洛・利馬（Marcelo Lima）、保羅・朗席斯（Paul Lountzis）等人身上學到的智慧。你還會從巴伊德跨越許多學科的廣泛閱讀裡獲益良多，他廣泛涉獵司馬賀（Herbert Simon）、夏恩・派瑞許（Shane Parrish）、納西姆・塔雷伯（Nassim Taleb）、魯爾夫・杜伯里、理查・澤克豪瑟（Richard Zeckhauser）等等各方作家的著作，淬鍊凝聚成為自己的理解。

　　就如同所有真正的價值投資者都是過來人一樣，這本不久前出現在我案頭的書，也是走過了屬於自己的漫漫長路。由哥倫比亞商學院出版社編纂的這個版本，改善了各個主題的編排方式，更清晰地聚焦於巴伊德的說法與見解，為我們提供了學習並複習這些關鍵教訓的嶄新機會，幫助我們成為更好的投資者以及人類。

蓋伊・斯皮爾（Guy Spier）

於瑞士蘇黎世

01

概論：最好的投資就是投資你自己

我不斷看到從生活中脫穎而出的人，他們既不是最聰明，有時候甚至也不是最勤勉，但他們都是學習機器。他們每晚上床睡覺時，都比早上起床時來得更有智慧一點。噢，那真的很有用，尤其是當你前面還有很長的路要走的時候。

—— 查理・蒙格

查理・蒙格在 2007 年南加州大學法學院畢業典禮演講中，提到終身學習是長期成功最重要的關鍵。要是沒有終身學習，我們就不會成功，因為光靠我們已知的東西，是走不了多遠的。他說：

拿波克夏海瑟威為例，這絕對是舉世公認的最佳公司之一，而且還創下整個文明史上最佳的長期投資紀錄。但是讓波克夏有十年河東光景的技巧，不足以讓它在下一個十年仍然成就斐然。若非巴菲特是台學習機器，而且是台持續學習的機器，這樣的紀錄絕不可能達成。[1]

大多數人終其一生，其實一點也沒有變得比較聰明。不過倘若你真心想要得到智慧，你就能獲得。事實上有個簡單的公式，只要你照著做，幾乎可以保證你會變得愈來愈聰明。這條公式很簡單，但做起來並不容易。

這條公式需要你相當多的努力、耐心、紀律，以及專注。

還得讀很多書。

巴菲特這位商業界最成功的人士之一，就是這樣形容他平常過的日子：「我就只是坐在辦公室裡，讀一整天的書。」[2]

坐著。讀書。然後思考。

巴菲特把他許多成功的決策，歸功於他那驚人的閱讀習慣。他估計自己一天下來，有多達 80% 的時間花在閱讀跟思考上。

蒙格在 2014 年的波克夏股東信中，提出他對於公司董座的期待：「他的首要之務是得保留許多時間，用來靜靜地讀書思考，尤其是無論他的年歲變得多老，都得要精益求精，活到老學到老。」[3]

巴菲特有一次被問到他成功的關鍵時，他拿起一疊紙來，說：「像這樣每天讀個 500 頁。知識就是這樣發揮作用的，它會像複利一樣累積起來。你們誰都能做到這點，但我打包票你們沒幾個人會這樣做。」[4]

每個人都能增進自己的知識，但我們大多不會付諸努力。

比起想贏的意志，願意下工夫準備更重要。

—— 查理．蒙格

自我提升是投資自己的終極形式。這需要在當下投注時間、金錢、注意力以及努力，以換取未來的報酬，有時候是遙遠未來的報酬。許多人並不願意做這種交換，他們渴望當下的滿足，冀求立刻就要有結果。

這些短期成本如果能以正確的方式長時間投入，假以時日就能提供指數性的報酬（圖 1.1）。

據說愛因斯坦曾經說過：「複利是宇宙中最強大的力量。」

如果你把這驚人的力量用來積累知識，那會怎樣呢？

你會變成一台學習機器。

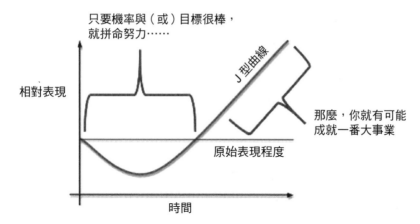

圖 1.1　複利的作用方式

這張圖闡述了我經過多年堅持努力與反覆挫敗後，在 2018 年的經歷。復原力真的超強的。

圖表出處："5 Things I Learned from Elon Musk on Life, Business, and Investing," Safal Niveshak (blog), September 16, 2015, https://www.safalniveshak.com/elon-musk-on-life-business-investing/.

　　有個名叫托德‧康姆斯（Todd Combs）的人，便接受了巴菲特的建議，如今他為這位傳奇性的投資人工作。就在聽完巴菲特的演說之後，康姆斯開始紀錄他閱讀了什麼東西，以及讀了幾頁。

　　到最後，尋找有生產力的材料進行閱讀，變成他習以為常的第二天性。他開始展開投資生涯後，閱讀量變得更大，每天要讀上 600 頁、750 頁，甚至上千頁。康姆斯發現巴菲特這條公式還真的管用，讓他擁有更多知識，對於後來變成他主要的工作內容——尋求潛在投資機會的真相——助益良多。[5]

　　你可能沒辦法每天閱讀 500 頁，不過你要是能夠在白天、晚上或週末，找到多少讀點書的辦法（或是聽聽有聲書也行），就有可能發現閱讀的多重益處。

在《美國神經學院期刊》（*Journal of American Academy of Neurology*）發表的一項研究指出，有在進行像閱讀之類能夠刺激精神活動的人，其記憶衰退的速度比沒有這習慣的人來得緩慢。閱讀亦可提高情緒商數，減低壓力，讓你出口成章，並促進理解能力。

你若把自己的心智想成一座圖書館，那你應該會關心以下這三件事：

1. 你擁有的館藏資訊的準確性與重要性。
2. 你是否能夠找到並取得需要用到的資訊。
3. 你是否能夠在需要時活用那些資訊。

光是在腦中囤積知識，卻無法把它們找出來並且善加應用，是沒什麼意義的。

我想起福爾摩斯在《瑞蓋特村之謎》（*The Reigate Puzzle*）曾說過：「偵探這門藝術最重要的，就是要能從一堆事實中，辨識出哪些是偶發事件，哪些又至關重要，不然你的精力跟注意力非但無法專注，反而會因此渙散。」[6]

所以你對於自己汲取的東西，一定要非常小心。

熱切投入終身學習

生命這場遊戲，就是永久學習的遊戲。

——查理・蒙格

正規教育可讓你餬口，自我教育卻能讓你賺大錢。

——吉姆・羅恩（Jim Rohn）

有錢人的電視很小台，書房卻很大間。窮人則是書房很小間，電視很大台。

—— 吉格・金克拉（Zig Ziglar）

巴菲特即使在功成名就之後，仍然保持每天閱讀五、六個小時的習慣。他經常把他的成功人生歸功於這個良好的閱讀習慣。閱讀讓他得以從他人身上學取教訓。

許多人眼中只看到一本 300 頁的書，但那往往是經年累月積累出來的精華。你還有什麼別的方法，能夠在短短幾小時內，就獲得某人的畢生經驗呢？

無論在哪個領域中，最有才華的人都是自我教育出來的。不過與某些人認為的恰恰相反，這並不表示他們是無師自通，而是要從為數眾多的資訊來源中，從未加工的原料裡汲取積累教訓。只要你的心態正確，生活中的萬事萬物，無論是書籍、自身經驗抑或他人，都可以成為你的老師。只要能夠找出幾個額外的學習機會，所得到的益處經年累月積累下來，就會在未來為你解鎖充滿前景的可能性。

學習最好的方法就是親力親為，不過第二好的方法則是從已經做過的人身上借鏡。這就是閱讀以及替代學習的重要性。

了解成功人士並從他們身上學習，為你該如何打理自己的生活，提供態度正確的見解，培養出健全的工作倫理，並且還能持續地提升決策品質。

巴菲特在麥可・艾斯納（Michael Eisner）和亞倫・柯恩（Aaron Cohen）合著的《共事：偉大的合夥事業是怎麼成功的》（*Working Together: Why Great Partnerships Succeed*）一書中，談到他跟蒙格如何熱切地投身於終身學習：

我不覺得商業界還有哪兩個人，比我們更擅長於持續學習……我們若不

是一直都有在持續學習，就不會有這麼優秀的紀錄。我們倆把這事做得非常極端，把一天當中最精華的時段拿來閱讀，這樣我們才能學習到更多，這在商業界裡可不是常規……我們並不會閱讀他人的意見，而是要知道事實，然後再進行思考。[7]

巴菲特跟蒙格在以下這段摘錄自《財星》雜誌 2013 年 10 月號的專訪中，談到他們如何得以超越同儕與競爭者：

蒙　格：我們從那些明顯（比我們）更聰明的人們身上，學習如何比別人更聰明。

巴菲特：性情比智商更重要。

蒙　格：另一個大祕訣則是我們都很擅長終身學習。七老八十的華倫，很多方面比他年輕時還要來得厲害。你若是一直都在學習，就會擁有很棒的優勢。[8]

天底下有比自我提升更好的投資嗎？巴菲特對此有話要說：

「你所能做出的最佳投資，就是投資你自己。」
「學得愈多，賺得愈多。」
「從你自己的錯誤中學習，也要從他人的錯誤中學習。」[9]

每天花點時間自我提升，是你能夠運用時間的最佳方式。找出時間來閱讀這件事，比你想像的還要容易，方法之一就是每天給自己騰出一小時。倘若你需要一點激勵，就想想蒙格是怎麼賣掉他每天最精華的那一小時吧！

巴菲特在授權傳記《雪球》（The Snowball）一段訪談中，分享了一個關

於蒙格的小故事：

查理當年是個菜鳥律師時，每小時大概能收費 20 美元吧。他自問：「誰是我最有價值的客戶？」他決定就是他自己了，於是他每天把一小時賣給自己。他每天一大早就這樣做，花一小時處理那些建案跟不動產買賣。每個人都該這樣，當自己的客戶，然後再為他人工作。每天把一小時賣給你自己。[10]

這裡很重要的是，要了解你這一小時的機會成本。你可以選擇把這一小時拿來一心多用，沉浸於收發電子郵件跟回覆社群媒體，讓多巴胺暴衝一波；你也可以把這一小時投注於深刻的自我提升。花在獲取某項重要原理深度知識的這一小時，長期而言會有所回報。跟這輩子所能產生的大筆淨現值相較，眼前的投資額簡直是微不足道，就好比花不到一分錢買到一塊錢那樣好賺。這就是為什麼好書是最被低估的資產類別：正確的觀念假以時日，可能價值幾千萬甚至上億元呢！

時間是每個人隨著時光流逝，變得愈來愈稀缺的一種資源。要學著把你的時間價值放得很高。巴菲特避免每天花很長的時間通勤，就是為了這個原因。無論你有多少錢，都沒辦法買到更多時間，我們每個人每天都只有二十四小時可用。請把你通勤的時間降到最低，再把所有無關緊要的耗時瑣事外包給他人代勞，好騰出寶貴的時間用來自我提升。在這些小小的奢侈品上多花的錢，起初會讓你覺得有點肉痛，不過假以時日你就會發覺非常值得。就長期而言，每天投資在學習新事物以及自我提升，這過程是一條漫漫長路。因此投資時間的最佳方式，就是投資於個人提升上頭。我希望你今天投資於閱讀本書的時間，會在你往後的人生中產生正面的結果。在我透過熱切地從事終身學習，成功達到財務自由之後，我可以很開心地說，我之所以能夠成為更厲害的投資人，是因為我是個終生學習者；而我之所以能夠成為更厲害

的終生學習者，是因為我懂得投資自己。

　　以兩位有史以來最偉大的學習者與思想家，他們的智慧金句來為本章作結，似乎頗為適切。

　　投資知識的利息最好。

——班傑明‧富蘭克林

　　藉由求知慾旺盛的閱讀，把自己培養成一位終生自我學習者。培養出對萬事萬物的好奇心，然後每天努力讓自己變得更有智慧一點。

——查理‧蒙格

PART I
養成應世智慧

02
成為學習機器

不斷學習的人，人生就會不斷高升。

—— 查理・蒙格

人的肉體遠比心智來得受限。事實上，大多數人到了 40 歲左右，身體就會開始退化，然而心智的成長與發展空間卻沒有限制。

閱讀讓我們的心智保持活躍並成長，那就是為什麼我們不厭其煩地強調要養成健全的閱讀習慣。閱讀也可以帶來沉澱靜思的體驗。

書真的能夠改變人的一生，尤其是在你培養出每天閱讀，同時關照自己每個想法的習慣之後。努力讀書積累下來的神經元聯結，過了幾年就會讓你成為迥然不同的人。

巴菲特與蒙格估計，他們一天當中有 80% 的時間，不是在閱讀就是在思考閱讀到的內容。

這裡頭就藏有變聰明的祕密。

想要成為人生勝利組，就得不斷地學習。閱讀就是學習的最佳方法，而且要閱讀得很有效果。

有人問吉姆・羅傑斯（Jim Rogers），什麼是他這輩子得到過的最佳忠告，他說是在飛機上一位老人跟他分享的：「什麼都閱讀。」

所有成功的投資人都具有一個共通的習慣：他們無時無刻不熱愛閱讀。

一如蒙格所言：「我這一輩子從來不知道有哪個有智慧的人（在各行各

業都一樣），不是無時無刻不在閱讀的。沒有，一個都沒有。你要是知道華倫讀了多少書，或是知道我讀了多少書，一定會很訝異。我的孩子都嘲笑我，他們覺得我其實是一本書，只是伸出了一雙腿而已。」[1]

替代學習

> 讀好書就像是跟幾百年來最偉大的心智交談。
>
> ——笛卡兒

> 要判定未來，沒有比歷史更好的老師了……一本 30 美元的歷史書，裡頭有價值連城的答案。
>
> ——比爾·葛洛斯（Bill Gross）

人類有史以來，一直都在用書籍記載知識。這意味著太陽底下沒多少新鮮事，書上只不過是一些回收利用的歷史知識。無論你從事什麼工作，很有可能在某個地方，有個比你還聰明的傢伙，早就思考過你想到的問題，並且把它寫在書上。蒙格說：

> 我是個自傳狂。我覺得如果你想要教人家什麼管用的偉大觀念，把這些觀念跟發明人的生平與性格連結在一起，效果會很好。你如果能夠跟亞當·史密斯（Adam Smith）做朋友，經濟學一定能夠學得更好。跟死掉的名人做朋友聽起來有點好笑，不過倘若你這輩子都跟想法正確的著名死人做朋友，我認為這對你的人生與教育都會更有助益，肯定比單單教授基本觀念來得有用得多。[2]

與過去的著名死人和偉大思想家做朋友，會讓你獲益匪淺。摩根・豪瑟（Morgan Housel）寫道：

　　什麼事情都有人做過。情境雖然會變化，但是人們的行為以及結果卻不會。歷史學家尼爾・弗格森（Niall Ferguson）談到他的職業時，總愛說「死人跟活人的比例是 14 比 1，而我們卻恣意忽視占如此絕大多數的人類，所積累下來的經驗。」這一千億不再活著的人們給我們最大的教訓，就是我們在嘗試的所有事情，他們老早都嘗試過了；細節也許有所不同，但他們都試著要在成王敗寇的競爭中勝出。他們在最糟糕的時機點，在樂觀與悲觀之間擺盪；他們不怎麼成功地對抗回歸平均值；他們覺得熱門的事物看似安全，畢竟有那麼多人牽扯其中，但熱門的事物競爭最激烈，所以其實最危險。同樣的事情到今天依然適用，到明天也還是一樣。每當有人把個別事件拿來充當未來的參考，歷史就被濫用了。把人們面對風險與誘因時的反應當成基準有用多了，因為那不為時移，非常穩定。3

　　你閱讀得愈多，心智就打造得更為齊備。你一點一滴累積起來的知識，跟任何你之後再添加進來的東西結合之後，會隨著時間繼續增長。這就是複利在發揮作用，知識產生複利的方式，跟利息差不了多少。總有一天，當你面臨有挑戰性或不明確的新狀況時，就能夠從這個被蒙格稱為「心智模型網格」的動態內在寶庫裡取用知識。4（「心智模型」是用來解釋事物如何運作，在某情況下哪些變數有影響，以及那些變數如何互相影響。換句話說，心智模型是我們讓世界合理化的方式。）這麼一來，你就能夠以他人的經驗，而不是只靠你自己的經驗，磨練出直覺與判斷力，對狀況作出反應。你將發現天底下沒有真正的新鮮事，天大的挑戰都能夠克服，而這個世界有其根本的運作方式。

所以請用他山之石來攻錯吧！先想想你要去哪裡，然後看看有誰已經去過那裡了。知識來自於經驗，但不一定非得是你自個兒的經驗不可。

給自己閱讀、學習以及思考的時間

> 跟商業界大多數人相比，我跟華倫閱讀跟思考得比較多，事情做得比較少。我們之所以這樣做，是因為我們喜歡那樣的生活，不過我們把這癖好轉為對我們自己產生正面結果。我們倆都堅持，幾乎每一天都要留有大量時間，除了坐著思考以外什麼也不幹。這在美國企業很罕見，但我們就愛閱讀與思考。
>
> —— 查理·蒙格

> 有錢人投資時間，窮人投資金錢。
>
> —— 華倫·巴菲特

有錢人有的是錢，他們能夠掌控自己的時間。時間是最稀有的資源，因為時間沒有再生性。不管是誰，時間都是一種不斷在損耗的資源；有錢人跟窮人的時間，減損的速率都一樣。這讓我們有個定義成功投資人的方法：對他來說，時間變成了一種比金錢更具有拘束力的限制。時間是終極的地位象徵。時間變成了新的金錢。

我的朋友跟同事經常問我，如何在有一份全職工作又得做家事的情況下，還能找出那麼多時間來讀書。首先呢，我很少看電視，我家甚至沒有第四台，所有我想看的東西，在 Netflix、YouTube 跟亞馬遜 Prime 上頭都找得到。我只看那幾部精挑細選，真正引起我興趣的電影、紀錄片以及節目。再

者，我確保自己不會花很多時間在通勤上。我住的地方走路就可以到雜貨店，二十分鐘不到就能完成採買回家。我每個月的電話費、網路費、水電費跟食物計畫帳單，全是自動在線上完成。

這一切的選擇，都是我刻意安排的。

我們假設一般人每天花兩小時看電視，一小時通勤，一週花兩小時採買，這樣加起來一週就是二十三小時。二十三小時唷！那等於一千三百八十分鐘，可是大把大把的時間哪！你若兩分鐘能夠讀一頁書，幾乎就等於一週能讀上 700 頁了。一週讀 700 頁聽起來太多了嗎？那麼一天只要讀個 25 頁就好怎麼樣？夏恩‧派瑞許寫道：

雖然我們大多數人沒有坐下來一次讀完一本書的時間，但一天讀 25 頁的時間總是有的。**要閱讀好書，就算一天只有幾頁都好，這是確保你每天上床睡覺時，都比早上醒來時更聰明一點的最佳方式之一。**

每天讀 25 頁聽起來沒有很多，但只要持之以恆，假以時日就會有所積累。我們假設每個月你可能會有兩天沒時間讀書，再加上過年要放假吧，這樣子一年下來也有紮紮實實三百四十天可以閱讀。倘若你每天閱讀 25 頁，讀個三百四十天，那就是 8,500 頁。8,500 頁唷！我還發現，當我設定每天最少要閱讀 25 頁時，幾乎總是會讀更多，所以這 8,500 頁就算 1 萬頁吧！（這只需要把每天 25 頁加到 30 頁而已）

每天通常讀個 25 頁，一年 1 萬頁，這樣能夠讀多少書？

這個嘛，《權力掮客》（*The Power Broker*）有 1,100 頁，羅伯特‧卡羅（Robert Caro）寫的四本關於詹森總統的書，加起來一共 3,552 頁。托爾斯泰的兩部大作《戰爭與和平》跟《安娜‧卡列尼娜》，加起來是 2,160 頁。吉朋的《羅馬帝國衰亡史》六大卷總計 3,660 頁。這些書全部加起來是 1 萬 472 頁。

也就是說，每天穩穩地讀個 25 頁，一年下來你就搞定了十三本大師鉅作，對於世界史有相當多的了解。只要一年而已唷！

第二年你可以閱讀威廉‧夏伊勒（William Shirer）的《第三帝國興亡史》（1,280 頁），卡爾‧桑德堡（Carl Sandburg）六大卷的林肯總統傳記（2,000 頁），亞當‧史密斯的《國富論》未刪節版（1,200 頁），詹姆斯‧博斯韋爾（James Boswell）的《約翰生傳》（1,300 頁），然後還剩下很多額度可以去讀些別的書。

這就是我們閱讀偉大著作的方法：日復一日，一次 25 頁就好，不準找藉口……

每天給自己一定的閱讀量，是為了養成根深蒂固的閱讀習慣。每天 25 頁就能養成習慣！……

去閱讀那些你目前覺得驚奇有趣的內容，讓你的好奇心自然滋長。畢生對於真理、真相以及知識抱持著興趣，會引領你通往各種路徑。除非你有極為特定的理由（可能是為了某個工作，要學習某項技能），不然應該再也不需要強迫自己閱讀任何東西了。

這個方式不但有趣多了，而且效果真的很好，不但讓你一直閱讀，還能讓你保持有興趣。用納西姆‧塔雷伯的話來說：「好奇心就跟上癮一樣，具有反脆弱性。你愈是試著滿足它，它就愈是放大。」

因此矛盾的是，你讀的書愈多，還沒讀的書堆非但不會變小，反而會愈堆愈高。那是因為每當你閱讀了一本偉大著作，你的好奇心也會隨之增長。

這就是終生學習的路途。[5]

這正是智慧以複利所產生的作用。你就是這樣變得愈來愈聰明。因此，你必須把自己的時間看得很重要。

你必須控制好自己的時間，而你得學會說「不」。你不能讓別人幫你決定日子該怎麼過。

──華倫‧巴菲特

閱讀與學習的熱情

閱讀的目的不只是為了獲得知識，也是因為那是人類經驗的一部分。閱讀可幫你找到意義，了解自我，讓你的人生變得更美好。

──萊恩‧霍利得（Ryan Holiday）

我閱讀是為了增長知識，為了找到意義，為了更加了解他人與自己，為了發現新大陸，為了讓人生變得更美好，為了少犯一些錯誤。

我改述大衛‧奧格威（David Ogilvy）說過的話：「閱讀與學習是供給心智，富足生活品質的無價機會。」

我無論到哪，一定都會帶上一本書。這本書可能是紙本書，或是存在我的手機裡，但手邊總是會有本書。（我喜歡紙本書，閱讀平裝本或精裝本時，總會感覺到某種令人鎮定平和的感覺。）剛到美國的頭幾年，必須長途通勤去上班，那時我會在公車的座位上讀書，以確保我在學習發展期沒有一分一秒的浪費。

要找到閱讀的時間，沒有你想的那麼困難。在等公車嗎？別再盯著街上看了，開始讀書吧。在等計程車嗎？讀書吧。在坐火車嗎？讀書吧。在搭飛機嗎？讀書吧。在機場候機嗎？讀書吧。

不過光是閱讀並不足以增長知識。學習某種真知灼見，是需要努力的。你必須閱讀超出你目前程度的東西，找到在某個特定題目比你懂得更多的作家，

這樣你才能變得更有學識。找到比你厲害的人與之結交，你就不得不進步。

很多人只知其名，不知其義，卻把兩者混為一談。

這點很有啟發性：任何囫圇吞棗的知識，都只能算是閱讀資訊。比方說新聞媒體的工作，是要讓我們知道每天發生的事件，提供娛樂，反映民眾當下的心情與觀感，發表今天就能讓我們感到有興趣、想要閱讀的故事。

但就是這些特性會給讀者製造麻煩，因為讀者經常會被「新聞」產生的近期性偏誤（recency bias）以及可得性偏誤（availability bias）所誤導。社群媒體也有同樣的問題，我們瀏覽的動態帶有近期性偏誤，大多是二十四小時內的產物，我們卻鮮少停下來反問：「我們吸收的這些東西重要嗎？一年過後還經得起時間考驗嗎？」

隨著你年歲日增，變得更成熟，你會了解並不是什麼事情都值得去回應。這個事實適用於生活中大多數的事物，幾乎所有的新聞都不例外。

> 我們被多如牛毛且極易引起我們興趣的資訊包圍，讓我們處於一種永無止境，排山倒海的壓力，一直試著要跟上一切動態。
>
> ——尼古拉斯・卡爾（Nicholas Carr）

> 在不久的將來，人類的注意力會成為真正的稀缺商品。
>
> ——薩蒂亞・納德拉（Satya Nadella）

> 在一個資訊氾濫的世界裡，資訊充足意味著欠缺別的東西：無論資訊會消耗什麼，那一定會變得很稀缺。而資訊會消耗什麼東西不言可喻：它會消耗接收者的注意力。因此資訊充足會造成注意力匱乏，人們需要在過剩的資訊來源中，把注意力做有效的配置。
>
> ——司馬賀

在我看來，研究舊報紙的生產力，遠比閱讀今天的報紙來得高（巴菲特喜歡稱之為「有益的藝術」）。摩根·豪瑟寫道：

你讀到的每一條財經新聞，都應該要經過這個問題來過濾：「一年過後，我還會在乎這條新聞嗎？五年後呢？十年後呢？」資訊的目的應該是要協助你在當下，能夠針對你的終極目標做出更佳決策。只要讀一些舊新聞，你很快就會發現你個人目標的預期壽命，比絕大多數的頭條新聞都來得更長。[6]

納西姆·塔雷伯在其著作《隨機騙局》（*Fooled by Randomness*）中寫道：「盡量少閱讀媒體，應當要成為人們在不確定性之下，做決策的導引準則——這包括所有參與金融市場的人。」[7] 他的關鍵論點是：媒體報導的內容不是資訊，而是雜訊，然而大多數人並不知道媒體收了錢，就是要吸引我們的注意力。

這裡的關鍵教訓是，我們若要追求智慧，就必須多閱讀經得起時間考驗的東西（比方說歷史或傳記），而不是那些轉眼即逝的東西（像是每日新聞，社群媒體潮流等等）。我認同安德魯·羅斯（Andrew Ross）所言：「即使是最小間的書店，裡頭藏有的寶貴想法，仍然比整個電視史上呈現過的還多。」[8]

整個人類史只不過是生物史一個短短的篇章，整個生物史只不過是地球史一個短短的篇章，而地球也只不過是宇宙史一個短短的篇章。
　　——威爾·杜蘭（Will Durant）與艾芮兒·杜蘭（Ariel Durant）

杜蘭夫妻的著作把五千年的人類史，壓縮成 100 頁的結論。他們的著作

聚焦於歷久彌新的真理，而非今日的趨勢──這與社群媒體恰恰相反。他們的書著重在歷史帶給我們的教訓，而不是歷史事件本身。書中解釋從簡單的單細胞生物到複雜的人類，所有的生物是如何受到演化法則與試煉所宰制，而生物學法則也可充作基本的歷史教訓。所有生物都得經歷演化過程與試煉，只有最適者得以生存。天擇使得較佳的特性得以保存傳承，結果就是生物整體來說不斷地改進。

永遠要尊敬長者。閱讀與學習適用「林迪效應」（Lindy effect）。納西姆・塔雷伯說：「林迪效應是指某個不會消逝的科技或想法，其未來預期壽命與它們目前已存在的時間成正比，因此它們每多存活一段時間，就意味著其剩餘預期壽命會變得更長。」[9] 因此一本經得起時間考驗的書，過了五十年、一百年甚至五百年，因為內有歷久彌新的智慧，仍然被廣為閱讀，也會因為同樣的原因，再繼續存活個五十年、一百年甚至五百年──也就是說，書中的智慧是永恆不逝的。

> 不讀好書的人，對上讀不到好書的人，占不到什麼便宜。
>
> ──馬克・吐溫

一個人應該要廣為涉獵各種主題，像是健康與健身、個人金融、投資、商業、經濟、決策、人類行為、歷史、哲學、自我覺察，當然還有生命議題。要定期重讀各領域裡的經典之作，善用林迪效應，轉為自己的優勢。此外，你也可以把最近購入的新書，跟想法相近的朋友分享。能夠與別人一起閱讀並交換想法，是非常有趣的事。

講求理解的閱讀，可縮短讀者與作者之間的隔閡。那我們要怎麼樣閱讀，才能跨越這條思想的鴻溝呢？

該怎麼讀一本書

閱讀的目的決定了你該怎麼閱讀這本書。雖然很多人都擅於透過閱讀獲得資訊跟娛樂，然而卻沒多少人增進他們閱讀獲得知識的能力。

艾德勒（Motimer Alder）與查理·范多倫（Charles Van Doren）寫過一本很有影響力的書《如何閱讀一本書》（*How to Read a Book*），提供了閱讀任何東西所需的技巧。艾德勒與范多倫提出四種閱讀的層次：基礎閱讀、檢視閱讀、分析閱讀，以及主題閱讀。我們在增進閱讀技巧之前，必須先了解這些閱讀層次的差異性。他們用層次來討論這些閱讀方式，是因為你必須要先精通比較低階的層次，才能進階到較高層次；這些層次是累積性的，層層堆疊而成。

艾德勒與范多倫是如此描述這四種層次的：

1. **基礎閱讀**：這是最基本的閱讀層次，小學會教。我們從不識字變得識字時，就進入了這個層次。

2. **檢視閱讀**：這是「掃描式閱讀」或「淺讀」的另一個名稱，意思是很迅速但有意義地先審視一遍文字內容，評估它是否能提供更深刻的閱讀經驗。第一級（基礎閱讀）要問的問題是：「這句話是什麼意思？」而這一級通常會問的問題是：「這本書在談些什麼？」

3. **分析閱讀**：分析閱讀是一種透徹的閱讀。在這個階段，你會跟作者交談，提出許多有條理的問題，好把這本書納為己用。在讀書時提問，會讓你成為一名更好的讀者，但是這麼一來你得做的事情就更多了，必須試著回答你提出的問題。雖然你可以在腦中這樣做，不過艾德勒與范多倫認為，拿隻筆把問答寫下來容易多了，「這隻筆就會成為你在閱讀時的警覺性象徵。」

艾德勒與范多倫分享了許多在書上劃記的方式。他們建議我們把主要論點劃底線或圈起來；在邊緣留白處劃垂直線，用來強調已經劃底線，或是長到不好劃底線的段落；打上星號或其他符號，標示重點；標上數字，標示這是一段論述中的第幾點；寫上其他頁的頁碼，提醒自己作者在本書中的什麼地方，提出過同樣的論點；把關鍵字或關鍵詞圈起來；在邊緣留白處（或是書頁上下方留白處）寫下我們想到的問題（也許還有答案）。這樣做我們在讀過這些書很久以後，仍然能夠記得從這些書裡得到的最佳想法——藉由提問跟尋找答案，把這本書吸納為我們自己的書。就如同西塞羅（Cicero）所說：「沒有比把想要記得的事情寫下來，更能夠有助於學習的了。」

4. **主題閱讀**：到目前為止，我們已經學會了如何閱讀一本書。閱讀的最高層次「主題閱讀」，則讓你能夠對於「好幾本」關乎同一個主題的書進行比較閱讀，把知識融會貫通。這樣才能實現閱讀的真正價值。

主題閱讀又名比較閱讀，需要針對同一主題閱讀許多書籍，然後對這些書裡的想法、見解與主張，進行比較與對比。你在進行主題閱讀時，會製造出這些書籍所提供的資訊網格，加上你自己的生活經驗與個人知識，產生心智模型與新的見解，進而形成先前從未確實存在過，對這個世界的理解。這就是一位獨到的思想家，賴以提出突破性創見的步驟。

在不同學門看似風馬牛不相干的想法之間找出關聯性，箇中有許多樂趣。再怎麼強調這種活動的重要性也不過分，我因為這樣子做，往往造就了投資之旅當中許多的奇緣與好運。

我通常會同時閱讀好幾本非小說書籍。我會挑一本當時最感興趣的書，

最少讀完一整章，倘若興趣不減，就再讀個一章；倘若不是很有興趣，我就會換另一本書，同樣讀完一整章（小說比較沒辦法這樣做，因為你很容易就會忘了故事情節）。我會這樣閱讀，是因為我開始發現不同主題的書，會具有同樣的模式。你可能讀了一本經濟學的書，一本商業策略的書，一本物理學的書，然後突然間靈光一閃，發現這些主題有其共通脈絡。

過去並非固定不變。沒錯，過去並非固定不變。閱讀可以改變過去，因為一本新書能夠讓你察覺到舊書裡頭，有著你先前並未覺察到的驚奇之處。這就是知識如何發揮複利的作用。原本你在閱讀舊書時，覺得沒多大價值的東西，卻可能被未來的另一本書解開封印之鎖，轉變成某個頗具價值的東西。

因此沒有什麼書稱得上「最棒的」。一般來說，一些書集合起來，可以共同產生相當巨大的非線性影響力。雖然許多書也許看似無甚相關，然而實際上，它們卻全都有其共通之處。了解到這點可為你帶來明顯的益處，因為如此一來你就能夠讓興趣引領著你，而不是強逼自己，非得在一個自己訂出來的期限內讀完一本書。倘若某本書引不起你的興趣，你大可放棄那本書，省下時間去閱讀你更感興趣的東西。同時閱讀好幾本書，不是很想讀下去的就擱著，不斷挑出新書來閱讀，這就是反脆弱的自我教育方法。

創投平台「天使名單」（AngelList）共同創辦人暨執行長納瓦爾·拉維肯（Naval Ravikant）說：「我不知道你們怎麼樣，不過我的注意力非常差。我閱讀時都是用瀏覽的，很快翻過去，跳著章節看，也沒辦法引述書中的某些特定段落。**不過在某個深度的層面，你還是能夠吸收書中內容，讓它們成為編織你心靈的千絲萬縷。**」[10]正是這種「編織心靈」的發展，讓你隨著時間流逝，成為一個愈來愈有智慧的人。

那我們要怎樣才能培養出同樣的心靈呢？

答案是你要盡早善用「馬太效應」（Matthew effect）。

獲取知識的馬太效應

想像一下你跟巴菲特都在閱讀最新一期的《經濟學人》雜誌。你覺得讀完之後，誰會得到比較厲害的見解？

答案很明顯，不是嗎？這當然是其來有自囉。

巴菲特已經 91 歲了，但即使年紀一大把，他仍然是一台勤勉不懈的學習機器。他不但很早就開始學習之路，更是積累了超過四分之三世紀的知識呢。

馬太效應在這個例子中，指的是一個人閱歷比你豐富，因此他的知識庫也比你更大，這讓他得以用更快的速度，汲取更多專業知識。所以，雖然閱讀的是同樣的內容，然而巴菲特能夠從中汲取的有用見解，遠比大多數人多得多，因此他變聰明的速度，也會比大多數人來得更快。

你閱讀得愈多，能夠閱讀的量以及能夠吸收的知識，也會隨之迅速增加。我在剛開始不斷培養閱讀習慣時，時常覺得很難掌握到所讀書籍中許多觀念的深刻意涵。然而隨著時間過去，我逐漸能夠發現散布在不同書籍中，那些觀念彼此之間的關聯性。這些關聯性可為你「編織心靈」，然後反過來深化我們對於關鍵學門重要觀念的理解。這種深刻的理解讓大腦變得更有效率，更聰明，更能夠理解新的資訊。沒有人能夠無事不曉，不過對於各學門的重大模型，我們可以力求有個基本的了解，這樣知識與智慧就可以在決策過程中一起產生附加價值。深度閱讀各學門的基礎知識，可讓我們更加了解世界的真相。這就是我們學習以「第一原理」（first principle）進行思考的方法。

第一原理思維

世上也許有上百萬計的方法，不過原理卻寥寥可數。能夠掌握到原理的人，就能夠成功地選擇屬於他的方法。不斷嘗試各種方法，卻漠視原理的人，一定會碰上麻煩。

——哈靈頓・愛默生（Harrington Emerson）

你剛開始學習某個領域時，會覺得得要記住的事情好像多如牛毛，其實不然。你需要的是找出宰制該領域的核心原理，通常只有三到十二條。你覺得必須要記住的那些多如牛毛的事，只不過是這幾條核心原理的各種組合而已。

——約翰・里德（John Reed）

想要擁有智慧的最佳方式，就是學習潛藏在現實底下的重大觀念……只要養成某些思維習慣，就算不是天才，也能夠在思想上超越其他人類。

——查理・蒙格

　　優秀與偉大的差異，用一句話就能說盡：完美無瑕地執行基本原理。首先把事情濃縮為最基本的第一原理（這過程叫做「解構」），然後再從第一原理開始推論（這過程叫做「重構」），我們就能夠以物理學的觀點，看待這個世界。這種推論方式消除了決策過程中的複雜性，因此我們得以聚焦於眼前決策最重要的層面。從第一原理開始進行推論，消除了各種假設以及常規裡頭不純粹的部分，剩下的就是最關鍵的資訊。第一原理是一切的起源，或是無法再進一步縮減的主要觀念。亞里斯多德在兩千年前，把第一原理定義為「人們知道一件事物的第一基礎」。這些就是我們確知為真的基本假設。

一旦你知道某個事物**為真**，你就能夠承受要為它付出大量心力，即使長期下來也能堅持。

——傑夫·貝佐斯（Jeff Bezos）

第一原理思維的意思，可以說是「像科學家一樣思考」。科學家不會隨意做出任何假設，他們會從「什麼事情我們可以完全確定為真？」或是「有什麼已經被證明的嗎？」這種問題開始著手。傑夫·貝佐斯在 1995 年創辦亞馬遜時，他很明確地找到可導引其商業哲學的第一原理：「與其死盯著業界競爭，更應該以長期思維著重於顧客身上。」這使得亞馬遜著眼於不會改變的事物，像是顧客對於低價、快速送達、商品選擇更廣泛的偏好，而不是顧著處理那些經常會改變的事物。直到今日，貝佐斯一直都夙夜匪懈地著重於這些第一原理，這樣的思維方式讓他成為全世界最有錢的人之一。

詹姆士·克利爾（James Clear）說：

理論上，第一原理思維需要你針對某個情況，挖掘得愈來愈深，直到只剩下基礎事實為止。法國哲學家兼科學家笛卡兒，就採用一種如今稱為「笛卡兒懷疑」（Cartesian Doubt）的方法，「系統性地懷疑他能夠懷疑的一切事物，直到他眼前所見盡是毋庸置疑的真相為止。」

實務上，你不需要把每個問題簡化到原子層次，才能獲得第一原理思維的益處，只需要比大多數人多深入一兩層就夠了。不同的抽象化思考層次，會呈現出不同的解答。[11]

著眼於基本問題，並且在回答這些問題時，每一步都自問：「然後呢？」如此深入個兩三層之後，就能夠挖出真相。這就是「化約主義」（reductionism）的藝術：少即是多。我們一旦移除掉那些並非代表真相的東

西，就能夠愈發接近終極的真相。教宗有一次問米開朗基羅，他那麼天才的祕訣何在，尤其是他如何雕塑出史上最偉大的雕像之一大衛像，米開朗基羅的回答是：「大衛一直都在那塊大理石裡頭。我只是把所有**不屬於**大衛的東西弄掉而已。」

塔雷伯把這稱之為「減法認識論」（subtractive epistemology）。他認為人們能夠對知識做出最了不起的貢獻，就是除去我們認為是錯誤的東西。我們對於什麼事情有問題，知道得比什麼事情沒問題要清楚得多。負面知識比正面知識來得更為確實，那是因為我們要知道什麼做法不管用，比起要知道什麼做法管用，來得容易多了。塔雷伯把這套哲學稱之為「否定之道」（via negativa），這個拉丁語在基督教神學中，是指與其描述上帝是什麼，不如著眼於「上帝不是什麼」。欠缺上帝存在的證據，並無法證明上帝不存在；換句話說，只是因為迄今看到的所有天鵝都是白色的，並無法證明所有的天鵝就都是白色的。只要一次小小的觀察（也就是發現一隻黑天鵝），就可以斬釘截鐵地反證「所有的天鵝都是白色的」這句話，但是即使有上百萬計的觀察結果，都很難證實這句話，因此失驗（disconfirmation）比確認更為嚴謹。

伊隆・馬斯克（Elon Musk）曾把知識比喻為一棵語義之樹：「要確定你了解基本原理，也就是樹幹跟大樹枝，然後才去處理那些有如樹葉的細節，否則它們就沒有附著之處。」[12] 你想學習一個新主題時，首先要找出基本原理，然後以既清楚又深刻的方式加以學習。有沒有什麼方法可讓我們有效地做到這點？

確實有個簡單的方法，可以做到這點。

雖然簡單，卻不容易。

費曼技巧

費曼技巧（Feynman technique）取名自諾貝爾物理學獎得主理查·費曼（Richard Feynman），是一種以既清楚又深刻的方式學習任何事物，並且改善記憶力的絕佳方法。

費曼技巧有四個簡單的步驟：

1. 選一個主題開始研究。
2. 拿一張白紙，在最上方寫下你想要學習的主題。寫出你知道關於這個主題的事，就如同你要教會某個對這個主題不熟悉的人——而且這個人不是你哪個聰明的成年人朋友，而是個只懂得基本概念與關係的 10 歲小孩。
3. 由於你必須用小孩也能懂的簡單話語教他，這等於是逼你自己更深刻地理解相關概念，才能夠簡化這些想法之間的關係與關聯性。如果你夠努力，就會清楚地了解到你欠缺哪些知識。這樣的回饋很有價值，因為如此一來，你就會發現自己的心智能力範圍在哪裡。知道自己所知的侷限之處，就是通往智慧之路。
4. 回頭重新閱讀資料來源，再重新學習一遍。重複步驟 2，整理出能夠填補在步驟 3 那些你發現自己理解還不夠到位的資訊。倘若需要的話，就回頭複習，進一步簡化。

費曼寫下的一句話，概括了這個技巧的力量所在。談到關於我們存在的問題，只要濃縮成這樣的一句話，就連中學生也聽得懂：「所有的事物都是原子構成的，而原子是永遠在移動的小小粒子，彼此有點距離時會互相吸引，但要是擠在一起時又會互相排斥。」[13]

基本上費曼是在說，你若對於物理學一無所知，最需要了解的科學知識，便是一切都是由原子所構成。費曼只用簡單的一句話，就說明了我們這個宇宙的存在本質，無怪乎他被廣泛視為曾經活在這個世上，最偉大的老師之一。

　　同樣的道理，想想看牛頓的重力定律：兩個物體之間的吸引力，取決於它們彼此之間的距離。牛頓只需要略動筆毫，就可以用數學表達這個想法。不過他用這句話，就能夠指出行星如何運動，彗星會飛往何處，甚至潮汐會漲到多高。後世不斷琢磨他提出的這項資訊，直到我們能夠發射火箭跟衛星，把人類送進太空。從牛頓最早的想法開始出發，科學與工程的各方領域，成長到現今的狀態。

　　如果要把第一原理思維應用於價值投資的領域，可以考量以下幾條基本真理。你若想要成為一名好的投資人，就要了解並練習下面各點：

1. 把股票視為一間公司的部分所有權。
2. 把造成股價劇烈波動的「市場先生」，視為你的朋友而非敵人。把風險視為購買力受到永久性損失的可能性。把不確定性視為在可能出現的各種結果中，無法預測的變異程度。
3. 記得關於投資最重要的四個字：「安全邊際」。
4. 評估任何新聞事件時，只考量它對於 (a) 未來的利率，以及 (b) 企業內在價值的影響。內在價值是你在企業剩餘的存續期間內，能夠從裡頭取出，經過不確定性調整之後的現金流折現值。
5. 評估新想法時，要考量其機會成本，並且在評估新的投資項目時，要設定非常高的最低資本報酬率。此外，也不要太過理性。當你看到一間公司，內心有一股很強烈的欲望在說：「我想要擁有這間公司。」那就是你應該要投資的那種公司。偉大的投資想法，並不需要

好幾個小時加以分析，很多時候一見鍾情就對了。

6. 要以概率思考，而非斬釘截鐵，因為未來永遠是不確定的，它其實是一整套的或然率分枝。做決策的同時要避免毀於一旦的風險，著重於後果而非只看個別的或然率。有些風險實在不值得去承擔，無論潛在的上檔空間有多大皆然。

7. 處於任何情境當中，永遠都不要低估獎勵誘因的力量。

8. 做決策時，負責邏輯、分析與數學的左腦，以及負責直覺、創造力與情緒的右腦，都要同時用上。

9. 善用視覺思維，有助於我們更加了解複雜的資訊，組織想法，並且改善思考與溝通能力。

10. 反過來想，永遠要反過來想。只要想像你用衍生性金融商品或是開槓桿，進行交易或投機而失去大筆金錢，人生會變成何種光景，就能夠避免掉許多痛苦。倘若想像的畫面讓你膽戰心驚，那就不要做任何可能讓你有一丁點的機會，落入那種情境的事情。

11. 這輩子都要借鏡他人的經驗。永保謙遜之心，才能如此獲致成功。

12. 善用長期複利的力量。生命中所有偉大的事物，都來自於複利。

除了這些基本真理以外，價值投資這個學門還有一些更為細緻的層面，只有經過時間與經驗洗禮之後，才能理解品嘗箇中滋味：

知識被高估了。智慧被低估了。

智力被高估了。性情被低估了。

結果被高估了。過程被低估了。

短期表現優越被高估了。長期堅持投資哲學被低估了。

毛利被高估了。經過壓力調整的利潤被低估了。

上檔潛力被高估了。下檔保護被低估了。

報酬最大化被高估了。避免毀於一旦被低估了。

成長性被高估了。長治久安被低估了。

進入倍數被高估了。退出倍數被低估了。

本益比被高估了。競爭優勢期間被低估了。

大型股、中型股跟小型股分類被高估了。偉大公司、好公司跟悽慘公司分類被低估了。

比他人更常正確被高估了。比他人更不會出錯被低估了。

預測被高估了。準備被低估了。

自信被高估了。謙遜被低估了。

信念被高估了。實用被低估了。

複雜被高估了。簡單被低估了。

分析能力被高估了。個人行為被低估了。

收入高被高估了。培養有紀律的儲蓄習慣被低估了。

同儕競爭被高估了。幫助同儕被低估了。

個人身家不菲被高估了。種善因被低估了。

天分被高估了。韌性被低估了。

「成為最佳投資人」被高估了。「成為最牢靠的自己」被低估了。

03
掌握心智模型網格，獲取俗世智慧

研究藝術的科學。研究科學的藝術。培養出你的感覺，尤其是要學著怎麼去看。要理解到任何事物，都跟其他的所有事物有關聯。

——李奧納多・達文西

　　無論是金融還是工程，任何你踏進的領域，都需要某種程度的專精化。一旦你投入一份工作，專精化的過程只會被進一步放大，你會成為你的服務單位裡，一位在某些方面學有專精的專家。然而這套做法卻無助於解決問題，因為你並不知道關鍵學門的偉大觀念，導致你做決策時就不會把世界真正的運作方式納入考量。你就像是身處在瞎子摸象的故事中，無法窺見事情的全貌。投資是一門博雅教育，涉及好幾個學門互相影響的觀念。

　　馬塞爾・普魯斯特（Marcel Proust）曾說：「真正的發現之旅，並不在於看見新的景致，而是要用新的眼光去看。」跨學門思維就能夠賦予我們新的眼光。

　　蒙格就是利用心智模型網格，做出更理性、更有效的決策。（夏恩・派瑞許在「法南街」（Farnam Street）部落格上，摘錄編纂的諸多心智模型，是你可以用來建構心智網格的絕佳來源。[1]）就像荀子所說：「不聞不若聞之，聞之不若見之，見之不若知之，知之不若行之。」活學活用是最佳的學習方式，所以我們必須在日常生活的各種不同情境下，定期運用這些心智模型。司馬賀是蒙格最喜愛的作者之一，蒙格會想出心智模型的觀念，靈感就是來

自於司馬賀。司馬賀在自傳《我的人生模型》（*Models of My Life*）裡寫道：

> 有經驗的決策者，手頭會有一張在最終拍板定案之前，必須留意的檢查清單……
>
> 倘若我們能夠把經驗老到的決策者頭骨蓋打開，瞧瞧他腦袋裡裝了些什麼，就會發現他有各種可能採取的行動方案、有張在行動前必須考量的檢查清單，以及隨時準備採用這些清單的機制，並且在必須做出決策的時候，有意識地關注這一切。[2]

崔恩・葛瑞芬（Tren Griffin）在其著作《窮查理的投資哲學與選股金律》（*Charlie Munger: The Complete Investor*）中，指出蒙格養成俗世智慧之道：

> 蒙格在處理生意以及生活中，採用了一套他稱之為俗世智慧的方法。蒙格認為一個人只要用上心理學、歷史、數學、物理學、哲學、生物學等等，許多不同學門的各種不同模型，就能夠合而用之，產生一加一大於二的綜效。羅伯特・海格斯壯（Robert Hagstrom）就寫了一本關於俗世智慧的好書，叫做《操盤快思X投資慢想：當查理・蒙格遇見達爾文》（*Investing: The Last Liberal Art*），他在書中表示：「每個學門都彼此糾結，在這過程中又互相強化。有想法的人士會從每個學門勾勒出重要的心智模型，並結合起可凝聚理解的關鍵觀念。能夠培養出這種宏觀視野的人，就相當有機會獲得俗世智慧。」[3]

蒙格選擇用網格模型，表達這個互相關聯的觀念。我們需要對不只一個學門具有深刻了解，還要對許多學門具備可用的知識，並且了解它們如何互相影響。

俗世智慧之道

> 在蒙格眼中，與其花很多時間鑽研一個錯得不能再錯的單一模型，還不如擁有俗世智慧。一個多重模型方法就算只不過是約略正確，在任何牽涉到人們或是社會體系的事物中，都會導致好得多的結果。
>
> ——崔恩・葛瑞芬

　　蒙格就是希臘詩人阿爾基羅庫斯（Archilochus）口中的狐狸。阿爾基羅庫斯在兩千七百多年前寫道：「狐狸知道很多事，刺蝟只知道一件大事。」哲學家以賽亞・伯林（Isaiah Berlin）在 1950 年代，就用這句話作為他的文章〈刺蝟與狐狸〉的基礎。伯林在這篇文章中，把偉大的思想家分成兩類：對於世界抱持著一個宏大觀點的刺蝟，以及具有許多不同觀點的狐狸。這篇文章經過歲月洗禮之後，已經成為區分專家與通才思維基礎的一部分。

　　通才專家，是指已有一項他們了解甚透的核心能力，但同時仍一直學習，因此對於其他領域也具備管用的知識。差別在於，雖然一般的通才對好幾個領域也具備相同的知識，但通才專家卻是深研某個領域，並對其他一些領域保有基礎淺薄的理解。換言之，我們可以選擇培養一項核心能力，同時建構跨學門知識基礎。

　　蒙格在 2017 年於每日期刊公司（Daily Journal Corporation）開會時，被問到一個人應該要成為博學家還是專家，他的回答令許多人大吃一驚。許多聽眾以為答案顯而易見，他當然會推薦人們要成為通才，然而蒙格卻不是這麼說的。

　　對大多數人而言，我不認為跟我一樣經營許多學門，會是個好主意。我覺得那樣做很有趣，所以才這麼做，而且我比大多數人都擅於此道，但我也

不覺得自己比誰都擅長處理微分方程。因此雖然這條路我走得很愉快，不過我認為除了我自己以外，每個人的康莊大道應該是學有專精，讓自己非常擅長處理某件社會會獎勵你的事情，然後讓自己做那件事做得很有效率。不過即便如此，我還是覺得你應該要把 10% 到 20% 的時間，用來試著了解所有其他學門裡頭的重要觀念。[4]

我們從蒙格這段評論中，發現了最有可能產生爆炸性成果的潛藏方法：把大多數的時間投進一門學問深入，但也要多少花點時間去了解世上更廣泛的觀念。這就是一個人如何獲取俗世智慧的方法。

這並非大多數組織與教育機構倡導的方法。學術界通常不會教你把觸角延伸到自己的核心專業之外，我們得要自己來，閱讀範圍廣泛的書籍，在各種不同科目領域中盡情試驗，從中汲取觀念。真正的教育首先應該是要讓你培養一種享受的感覺，在思考過程中能夠感到開心。

蒙格在 1995 年於哈佛大學的演講中，談到培養廣泛知識的通才認知之重要性：「人類那個既不完美、能力又有限的大腦，很容易跑去處理那些唾手可得的東西。大腦無法利用它記不住的東西，也無法利用它受到阻攔、認不得的東西，因為它受到一個以上、與大腦密切相關的心理傾向影響很大。」[5]

我們從哪裡學到這些模型的？我們是以歷史為鏡。倘若只用小樣本數注定讓我們做出差勁決策，那就理應尋求所能找到最大的樣本數。

有什麼事情是古今皆然的？Glenair 執行長暨每日期刊公司董事，曾任《窮查理的普通常識》（*Poor Charlie's Almanack*）編輯的彼得・考夫曼（Peter Kaufman），在他的「三個桶子」架構中，與我們分享他的答案：

每個統計學家都知道，大規模又具相關性的樣本，是你的最佳朋友。想

要找出宇宙原理，規模最大又最有相關性的前三名樣本，各是什麼呢？一號桶是無機系統，規模長達一百三十七億年，全是關乎整個實體宇宙的數學與物理定律。二號桶是有機系統，也就是地球三十五億年的生物史。三號桶則是人類史，你可以自己挑一個你喜歡的時間長短，我選擇的是有記載的兩萬年人類行為史。這就是我們所能夠獲得三個規模最大，也最具相關性的樣本。[6]

倘若我們想要改善自己的學習效果，就應該著眼於改變「緩慢」的事物。考夫曼的方法提供了一個經得起時間考驗的一般法則架構：我們可以利用這些恆常不變的透鏡，聚焦得出可實施的答案。複利就是一項與世界保持一致，放諸人類史、有機史與無機史皆準的基本原理。複利是世界上最強大的力量之一，事實上這是宇宙中唯一一條指數部位是變數的冪定律。複利的冪定律不但適用於投資，更重要的是它也適用於持續學習。把事情簡化最迅速的方式，就是找出對稱或恆常不變之處，也就是不會隨著學習標的不同而改變的基本性質。蒙格解釋說：

源自於硬科學跟工程的模型，是地球上最可靠的模型。工程品質管制有很大一部分，最起碼跟你我這些不是專業工程師的人有關的內容，是奠基於費瑪跟帕斯卡的基礎數學……

要有一個備份系統的工程觀念，當然是一個很強大的觀念。中斷點的工程觀念，也是一個很強大的觀念。源自於物理學的臨界質量觀念，同樣是個很強大的模型。[7]

不過光是學習關鍵學門的重要觀念還不夠，我們必須要了解這些觀念如何互相影響且彼此結合，因為這會導致「魯拉帕路薩效應」（lollapalooza effect）。蒙格解釋：

當兩股、三股或四股力量，全都往同樣的方向運作時，就會產生魯拉帕路薩效應。這通常不是簡單的疊加，而往往是像物理學的臨界質量，你若把質量累積到某個點，就會產生核爆。反過來說，如果質量還沒到那個點，就無甚可觀。

有時候這些力量就只是像一般的量一樣加總起來，有時候則是在中斷點或臨界質量基準點結合起來……

更常見的是，這些源自於……模型的力量，彼此之間有些衝突，這時你就得要做些重大的悲慘取捨。

你必須要理解生物學家朱利安‧赫胥黎（Julian Huxley）所提出，「生命就是該死地彼此有連結關係」的真義。因此你必須要有模型，也必須看出箇中的相關性，以及相關性產生的效應。[8]

比爾‧蓋茲（Bill Gates）有一次這樣評論蒙格：「他真的是我遇過最廣博的思想家了。」[9] 巴菲特也說蒙格「具有全世界最棒的三十秒急智心智。他可以一步就從 A 跳到 Z，在你講完這句話之前，就已經看透了一切的本質。」[10]

蒙格是怎麼辦到的呢？

思維訓練

像巴菲特這樣的傢伙，他的優點之一……就在於他會自動以決策樹的方式思考。

——查理‧蒙格

你具備愈多個人專精學門之外的思維模型，面臨挑戰時愈是能夠以某種檢查清單的方式列舉出這些模型，你就愈有辦法解決問題。

思維模型是累加的，就像積木一樣，你有愈多積木就能蓋出愈多東西，在它們之間製造出更多關聯，也愈能夠判定主宰某個情況的相關變數。

你在學習這些模型時，必須要捫心自問，在哪些情況之下，這個工具會不管用。透過這種方式，你不但是在找尋這工具可以派上用場的情況，同時也在找尋倘若某些有趣的事情發生時，必須進一步留意的情況。

我們可以藉由騰出時間，對思維過程投注必要的時間而加以改進。崔恩‧葛瑞芬說：

蒙格的博學多聞，是他人格特質渾然天成的一部分，不過他也有刻意培養。在他看來，要是對於重要的主題一無所知，就等於是自找麻煩。蒙格跟巴菲特每天都騰出大量時間，就只是拿來思考。每個讀到這則故事的人，總是會被不斷提醒，一個人如果不思考會有什麼後果。思考是一項極為被低估的活動。研究者在 2014 年發表研究指出，有大約四分之一的女人跟三分之二的男人，寧願選擇遭受電擊，也不想花時間獨處沉思。[11]

伯特蘭‧羅素（Bertrand Russell）說得很好：「人們大多寧死也不願思考，而他們很多人還真的死了。」

不甘寂寞之人，不可能有認真之作。

——畢卡索

威廉‧德雷西維茲（William Deresiewicz）撰寫的〈孤獨與領導〉(Solitude and Leadership)，是關於學習如何進行更佳的思考，寫得最好的文

章之一：

　　思考意味著專注於一件事情上，久到足以對它產生想法，而非學習他人的想法，或是記住一堆資訊，即使那些想法跟資訊有時候很有用。要設法產生你自己的想法，簡單來說就是要靠自己思考。你實在是沒辦法一次只思考個二十秒，然後老是被臉書訊息或推特推文打斷，動不動就聽一下 iPod，或是點開 YouTube 的影片來看。

　　我發現自己的第一個想法，從來就不是最棒的。我的第一個想法總是拾人牙慧，一定是我以前聽過關於這個主題的某個老生常談。只有專心致志於問題上，耐心地讓我的大腦整個動起來，我才能想出原創的想法。我會試著讓大腦有個尋出脈絡、找出關聯，並讓自己大吃一驚的機會……只要把步調慢下來專心致志，你就能夠進行最佳思考。[12]

　　放眼這個充斥著電子裝置以及多工的世代，我可以信心十足地預測，他們不會比專心讀書的華倫更為成功。倘若你想要有智慧，只要坐得住就能得到，那就是產生智慧之道。

── 查理‧蒙格

　　蒙格經常把他的成功之道，歸功於他的注意廣度很長，也就是他能夠保持專注很長一段時間。蒙格在思考時可以全然出神，這讓他得以在解決問題以及醞釀想法方面占盡優勢。注意廣度很長的人，能夠對思考主題產生深刻的了解；若是再加上刻意練習，就能讓我們找到事半功倍的施力點，把精力集中在那上頭。

　　如你所見，實際上要去思考真的很辛苦，無怪乎亨利‧福特（Henry Ford）曾說：「思考是世界上最辛苦的工作，也許正因如此，會去思考的人

才那麼少。」最棒的想法都是在你獨處時才會產生。內向的人比較有創造力，因為他們比較會花時間獨處，因此更容易產生靈感。內向的人也比較不易受團體思考影響，所以對他們而言，要反對團體產生的共識，相對容易多了。

天才並不是什麼特別的人種，他們只是運用心智的方式不同。他們會採用某種思考習慣，讓他們看待這個世界的方式與他人不同。愛德華・柏格博士（Edward B. Burger）和麥可・史塔博德博士（Michael Starbird）在其著作《原來數學家就是這樣想問題：掌握 5 個元素讓你思考更有效》（*The 5 Elements of Effective Thinking*）裡，列出一些讓我們改進思考的實作方法。[13]

1. **深入了解**：學習任何事物都要深入，學到堅若磐石。任何你試著要專精的概念，都是一些簡單的核心觀念的組合。找出那些核心觀念，深入學習。這個深植你心的知識基礎，可作為你在個人領域中進一步深造的有用跳板。你要對自己全然坦誠，要是你搞不懂某件事，就回頭反覆鑽研核心觀念。要知道單單強記東西，可不算是深度學習。

2. **勇於犯錯**：犯錯不但能顯露意想不到的機會，也能點出我們的理解有何不足之處。犯錯是絕佳的老師。麥可・喬丹曾經說過：「我的職業生涯中，有九千多次投籃不中，輸掉了將近三百場比賽，有二十六次被交付逆轉一投卻失手。我這輩子一次又一次地經歷失敗。那就是為什麼我會成功。」總之我們沒辦法一步到位，最好是先從一個可能的解決辦法（假設）著手，不斷修正錯誤，直到得出正確的解決辦法為止。愛迪生用這招進行發明是出了名的，他說過發明是 1% 的靈感，加上 99% 的努力，所謂的努力就是逐次犯錯，從中學習，下一次嘗試就會更接近正確答案的過程。有人問愛迪生對於在製造

燈泡的過程中，嘗試無數次都失敗有何感想，他答道：「我沒有失敗，我只是發現了一萬種行不通的方式而已。」

3. **提出問題**：你若想深入了解，就必須提出問題。別擔心這樣會顯露你的無知，搞不懂就開口問。偉大的哲學家蘇格拉底為了有新發現，會拿一些令人不怎麼舒服的核心問題，挑戰他的學生、朋友甚至敵人，這樣做經常會產生新的見解。

4. **依循觀念之流**：想要真正理解一個概念，就要挖掘出它是如何從一個比較簡單的概念演化而成的。認知到眼前的現實，只不過是持續演化過程中的一瞬間，就能夠使你的理解整合成為一個比較有連貫性的結構。你無法靠自己發現一切，必須利用既有的觀念，並且加以改進。愛迪生利用「每個新觀念都有超出其原先意圖的用處」這條金律，極為成功地發明出一個接著一個產品。他曾經說過：「我從前人遺留下來之處開始著手。」他也說過更直白的話：「人生中有許多失敗，在於人們不知道自己有多麼接近成功，為山九仞，功虧一簣。」

5. **做出改變**：你必須擺脫這輩子都只有相對膚淺理解的習慣，並開始進行更深入的學習。你必須從生活中限制你的力量掙脫出來，讓自己在成功之路上歷經失敗。你應該要質疑這些年來，一切你認為理所當然的事物。把你放眼所及世界的每個層面，都視為見解與觀念的來源。要讓自己從善如流。我們每個人永遠都在進化，永遠都在改變。我們都是一張張仍在變化中、自己未來樣貌的粗略草稿。

學習是一場終生的旅程。

蒙格的演講與文章中，充滿了許多不同領域偉大思想家的思想。他的行事曆裡保留了許多閱讀時間，讀了數百部人物傳記，他解釋自己為什麼要這

樣做：「我相信藉由精通其他人想出來的精華，所產生出來的力量。我不認為你光是坐在那裡，就能靠自己把這些精華全部想出來。沒有人那麼聰明的。」[14]

蒙格提出了一個很有說服力的論述，說明為什麼要花更多時間思考、閱讀、學習，並獲取俗世智慧。在現今這個數位年代，完全不缺資源讓你致力於此。

網路是人們創立過最棒的學校。網路上有最棒的同儕、最棒的書籍、最棒的老師，學習工具取之不盡。稀缺的是學習的欲望。

——納瓦爾·拉維肯

04
透過刻意練習，善用熱情與集中之力

你最深層的欲望是什麼，你就是什麼。有其欲望，必有其意願。有其意願，
必有其意志。有其意志，必有其行為。有其行為，必有其命運。

——《奧義書》（*Upanishads*）

先有個想法，然後讓這想法成為你的生活——思考它，對它作夢，整個
生活都繞著這想法打轉。讓你的大腦、肌肉、神經、全身每個部位都盈
滿這個想法，其他的想法都擱在一旁。那就是成功之道。

——斯瓦米·維韋卡南達（Swami Vivekananda）

日本人說每個人都有個「生之意義」（生き甲斐）。根據世界上最長壽的
日本長壽村居民所言，找到「生之意義」是獲得幸福生活的關鍵。若能對於
由熱情、使命、天職與職業交織而成的「生之意義」具有強烈的感覺，那就
意味著你人生中的每一天都充滿意義。

雖然「生き甲斐」這個詞沒有直接可以對應的英文，不過這個詞是由日
文「生」（意思是「活著」）以及「甲斐」（意思是「實現個人所願」）結合而成，
合起來就是「生之意義」的概念，也就是生活要有目的的意思。（圖 4.1）

要感受深度快樂的唯一方法，就是盡己所能去做你熱愛的事。

——理查·費曼

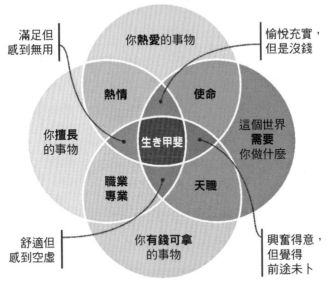

圖 4.1　生き甲斐

圖表出處：Thomas Oppong, "Ikigai: The Japanese Secret to a Long and Happy Life Might Just Help You Live a More Fulfilling Life," Medium, January 10, 2018, https://medium.com/thrive-global/ikigai-the-japanese-secret-to-a-long-and-happy-life-might-just-help-you-live-a-more-fulfilling-9871d01992b7

你若能夠運用自己的技能，改變別人的人生，還能得到報酬，那就是幸福人生。如果你對此還具有熱情，那可謂天職，這種感覺幾近於神聖。

——艾德・拉提摩（Ed Latimore）

你的人生目標是要找到那些最需要你的人、最需要你的公司、最需要你的計畫，以及最需要你的藝術。在這世上總有什麼東西在等著你。

——納瓦爾・拉維肯

據香港中文大學人類學教授戈登‧馬修斯（Gordon Matthews）所說，人們對於「生之意義」的理解，實際上經常對應到另外兩個源自日本的概念：「一體感」跟「自己實現」。「一體感」是指對於團體或角色的歸屬感，「自己實現」則比較接近於自我理解的意思。

自我理解與自我實現的概念密切相關。自我實現最知名的，就是心理學領域中的馬斯洛需求層次理論。所謂自我實現的人，就是全力發揮所能，對自己感到滿意的人。馬斯洛把朝向自我實現這個更高需求層次邁進的人生，描述為美滿的人生。馬斯洛提到了包括林肯總統、傑弗遜總統，以及愛因斯坦在內一些他認為完成自我實現的人，藉此闡述能夠自我實現的人們有何共通特徵。人本主義心理學家亞伯‧艾利斯（Albert Ellis）說：「自我實現涉及追求卓越與愉悅，端看人們欲求跟著重何者而定。」[1] 這個著重於達成卓越與愉悅的看法（甚至比實現潛力更看重），強調個人福祉的重要性，並且揭露了自我實現與正向心理學之間的關聯性。

一旦我們發現這一生的天職，就需要運用**專注集中**的力量。

> 我不怕練了一萬種踢法的人，我只怕一種踢法練了一萬次的人。
>
> ——李小龍

> 我要是有六個小時把樹砍倒，我會把頭四個小時拿來磨斧頭。
>
> ——林肯

> 那些達到卓越的人，一般都是心無旁鶩。卓越往往不是隨隨便便就能獲得的。
>
> ——塞謬爾‧詹森（Samuel Johnson）

比爾‧蓋茲第一次見到巴菲特時，負責招待大家的蓋茲母親，開口詢問餐桌上的每個人，他們認為什麼是這輩子成功最重要的因素，蓋茲跟巴菲特給了同樣的答案：「專注集中。」他們倆人都認為，持續不懈地集中追求一項特定的熱情，是實現熱情之道；這意味著在目標達成之前，要把其他的想法跟興趣暫且擱在一邊。

專心致志是追求卓越必須付出的代價。

——華倫‧巴菲特

巴菲特的傳記作者艾莉絲‧施洛德（Alice Schroeder），如此描述巴菲特強大的集中力：「除了商業以外，舉凡藝術、文學、科學、旅遊、建築等等，他幾乎完全沒花精神在那些事情上頭，這麼一來他才能集中於他的熱情所在。」[2] 他這樣做應該不會讓你感到很意外吧？世上許多非常成功的人士，都把他們的成功之道，歸功於只專注於一件事上頭，也就是深刻地投注於追求單一一個主要目標。集中可把你的精力導向你的目標，你愈是集中，就能夠在你努力的事物上投注更多精力。

在這個我們經常性地被令人分神且毫不相干的想法、資訊與意見轟炸的世界中，「能夠把精力集中於『重要且可知』的事物」是一項寶貴的能力。這對於投資人具有重要意涵：你要集中精力於個體經濟學主導結果的投資項目。這樣的做法可讓你在分析公司與產業時，用上長時間累積下來的經驗，將其轉化成為你的優勢。在五十年前，最厲害的投資人是具有資訊優勢的人，然而時至今日，最厲害的投資人則是具有行為優勢的人。資訊在市場上散播的速度，以及基金經理人追逐短期績效的競爭，這些年來與日俱增，投資人的投資期間跟耐心卻顯著減少。如今一個投資人的優勢所在，愈來愈不在於比他人更了解某支特定股票，而是在於是否有那份性情、紀律以及意

願，對一間企業的內在價值產生長期看法。

功成名就是如此深植在我們的文化中，導致我們經常忽視一個事實：追求短期生產力極大化，往往是以緩慢卻相對更持久一致的長期發展作為代價。我們生活在一個若是無所作為，經常會招人白眼的社會，但是我們的注意力不只是要放在該做些什麼，也應該要放在深刻地了解我們在當下以及未來，需要做些什麼的相關因素。學習並了解你投身的領域中，那些明擺著而且不斷變化的參數，這會有助於你集中精力在正確的地方。愛因斯坦說過：「你必須學會遊戲規則，然後還必須比誰都更會玩。」就集中精力來說，這些話極為強而有力。巴菲特天才的地方在於，他把學習擺在最前面，這樣才能獲得較高品質的見解。

> 許多人覺得只是坐在那兒思考的時間，完全沒有生產力可言。然而我最棒的商業解決方案，以及解決金錢問題的答案，都源自於此。
>
> ——華倫·巴菲特

就知識經濟而言，學習與思考是你在職涯中所能做的最佳長期投資。學習與思考會決定我們的決策，而那些決策會決定我們得到的結果。巴菲特把他每天最主要的時段用來閱讀，用來實際採取行動的時間非常少。他說：「在配置資本時，採取行動與達成目標沒什麼相關性。在投資與併購的領域中，躁動真的往往適得其反。[3]」在投資的領域中，成功往往源自於被動地觀察世界、閱讀、思考，除了偶爾打通電話以外什麼也別做。大多數的投資人倘若能夠多思考少動手，投資績效反而會更好。投資領域的最佳祕訣之一，就是學著安之若素地無所事事。

成功的投資是一門由啟發法（heuristics，又稱捷思）構成的實作技藝。啟發法是一套依據約略正確的經驗法則，試著找出世界運作原理的工具組。

這些經驗法則只適用於局部狀況，並非放諸四海皆準，而且還會隨著時間推移慢慢改變；它們算是夠靜態，足以讓經驗產生其價值，但也夠具有流動性，足以讓這門技藝有其趣味。對於終生學習具有強烈熱情，可讓投資人具有持久的競爭優勢；成功投資人與平庸投資人的差別，就在於他們是否具備熱情。成為一名真正具有熱情的投資人，意味著你總是在思考這個世界未來會往哪個方向演進，總是熱忱地觀察周遭的萬事萬物。對於真正懷抱熱情的投資人來說，投資不僅是創造財富的過程，還是極大的快樂與純然的智識喜悅泉源。在生活中保持熱情很棒，不過要有智慧地僅僅對於在我們掌控之下的事物感到有熱情，否則我們就有可能因為得到不想要的結果而感到沮喪。價值投資人會從投資的心智過程中，以及從投資結果內蘊的教訓中得到滿足。不像那些只在乎結果的人，能夠享受投資過程的人，最終自然能夠得到滿意的結果。

> 長久的努力是獲得優勢的唯一法門。**做你喜歡做的事，這樣你即使在放鬆時，都能夠隨時自然而然地去做或是思考那件事**……只要這事能夠像這樣**自然而然地發生**，假以時日你就能**累積出巨大的優勢**。
>
> ——李錄

巴菲特一直都認為，能在生活中發掘熱情的人十分幸運。他很早就對管錢充滿熱情，這讓他在 11 歲時就把奧瑪哈公共圖書館裡，每一本關於投資的書都研讀了一遍，有些書還看了兩遍。

巴菲特在 2012 年接受《財星》雜誌訪談時，被問到其他人要怎樣才能像他那樣「跳著踢踏舞去工作」，他的回答是：「依循你的熱情……我總是跟大學生說，當你財富獨立時你會做什麼工作，你就去做什麼工作。」[4] 這麼一來順理成章，你將能夠比任何人對工作投注更多精力，這就是熱情的力量。

「然而實際上，由於真正一頭栽入工作的人那麼少，所以你真的會比你設想的還要鶴立雞群。」巴菲特如此解釋。「倘若你真的放手一搏，就會有人注意到你。」[5]

今天就盡可能過得幸福美滿

就如同眾所周知的那句俗話所說，「擇你所愛的工作，你這輩子就一天也不用工作了。」當你晚上上床睡覺時，心裡知道你這輩子是在做正確的事，還會等不及想要趕快睡醒，迎接明天的到來。

與其只是試著活久一點，我們應該努力對生活灌注生命力。然而我們經常感到生命苦短，因為我們似乎有太多事情得做；不過真相是倘若你知道如何善用生命，這輩子其實長得很。

> 不是人生苦短，而是我們浪費了太多人生。人生夠長了，倘若全都好好投資的話，要讓我們達到最高成就，時間絕對充足夠用。但是倘若人生被漫不經心地揮霍掉，用在沒有益處的活動上，我們最後終究要被迫面對死亡帶來的限制，了解到人生在我們察覺之前已然流逝。所以事實是人生並不短暫，是我們讓人生變得短暫，我們不乏人生卻虛擲光陰……你若是知道該如何運用人生，那麼人生就長得很。
>
> ——塞內卡 (Seneca)

人們老得太快，卻太晚才培養出智慧。令人感到既遺憾又諷刺的是，我們往往得花一輩子的時間，才學會活在當下。就只是「活」在當下而已哨！我們年復一年地把「從此過著幸福快樂的日子」往後推遲，因為我們總是假

設還有來年可過；我們跟所愛之人訴說心意的次數不夠多，因為我們總是假設還有明天嘛。我們漠視蘇格拉底的警告：「要小心忙碌生活帶來的空洞乏味。」倘若你沒有時間、沒有健康去享受，就算擁有世上所有的金錢，也沒有意義。我在本書的附錄 A 裡，跟讀者分享了一首大衛・韋瑟福（David Weatherford）寫得很美的詩，我在幾年前讀到之後，生活中就常不時拿出來品味。這首詩啟發我努力改變我的人生，不再把生活推遲到明天，而是試著在今天就盡可能過得幸福美滿。

我們有兩段人生，第二段始於我們發覺自己只有一段人生之時。

——孔子 ❶

一旦找到人生中的北極星，最重要的就是設定好人生的航道，搞清楚你要航向何方，那種感覺極佳。你人生的北極星隨著時間改變沒什麼關係，不過無論現在你的北極星是哪一顆，請讓它導引你的人生。你的北極星對你個人而言極具重要意義，因此朝向這道指引之光前行，就可以讓你每天都過得極為幸福快樂。

追尋你的熱情。你再也無法重拾這段時光。人生不過是你第一口氣跟最後一口氣之間的短暫片刻。一個人出生時，你唯一能夠擔保的就是他或她有朝一日會死亡，除此之外一切都無法預測。有人說人生是一段從 B（birth，出生）到 D（death，死亡）的旅程，那麼在夾在 B 跟 D 中間的 C 是什麼呢？是選擇（choice）。我們的人生就是在選擇，選擇讓你感到快樂的事，你的人生便永遠不會走錯路。有些人 25 歲就已經死了，但到了 75 歲才下葬，有些人則是直到 25 歲之前都還沒出生。你要努力成為後面那種人。

---

❶ 譯注：不可考，《論語》中意思比較相近的，是〈里仁〉篇的「朝聞道，夕死可矣」。

有朝一日你的人生會在你眼前閃過。要確保那值得一看。

——傑洛德·威（Gerard Way）

史蒂芬·賈伯斯（Steve Jobs）在 2004 年確診罹患胰臟癌，醫生告知他只剩下幾個星期可活。賈伯斯在 2005 年於史丹佛大學畢業典禮演說上，是這麼跟他的聽眾說的：

記得自己死亡將至，是幫助我做出人生重大抉擇，所用過最重要的工具。因為幾乎每件事，無論是所有外界的期望，所有的自尊，所有對於困窘或失敗的恐懼，這一切在死亡面前都會消逝無蹤，只留下真正重要的東西。**記得自己死亡將至，是我知道避免陷入患得患失陷阱的最佳方法。你既然已經一無所有，那就沒有道理不順著自己的心意而行……**

你們的時間有限，別浪費在去過別人的人生。不要被教條困住，這等於是活在別人的思考結論裡。不要讓其他人七嘴八舌的意見，淹沒了來自你內心的聲音。**最重要的是，要有勇氣遵循你的心意與直覺。**它們早就知道你真正想要成為的是什麼樣的人，其他任何事物都在其次。6

賈伯斯這段話在呼應馬克·吐溫的想法，他說：「二十年後你想起沒去做的事，會比想起你有去做的事更感到失望。所以把人生的索環解開吧，駛離安全的避風港，順著一帆信風，去探索、去作夢、去發掘人生。」

馬克·吐溫這段話，讓我想起了一則最喜歡的廣告。這則聯合技術公司（United Technologies）的廣告是這樣鋪陳的：

我們大多與人生中的大獎失之交臂。普立茲獎啦、諾貝爾獎啦、奧斯卡獎啦、東尼獎啦、艾美獎啦……不過我們全都有資格享受人生中的小小愉

悅：爬到背上的寵物，愛人在你耳後的一吻，釣到一條四磅重的鱸魚，看到一輪滿月，找到一個停車位，劈啪作響的營火，一頓超棒的美食，燦爛壯麗的晚霞，一碗熱湯，一杯冰啤酒。別再為了抓不住人生大獎而苦惱了，享受這些小小的喜悅吧！我們所有人都擁有許多像這樣的喜悅。[7]

這裡頭暗藏著給我們所有人的重大人生教訓：此時此刻就是我們所擁有的一切，我們必須把現在就要去做的事情列出來。你看看孩子們，他們自然而然地感到快樂，既不會糾結在過去，也不會活在對未來的預期當中。

享受那些微不足道的事物。有朝一日你驀然回首，會發現它們原來舉足輕重。

——羅伯特‧布勞特（Robert Brault）

人生中最棒的事物不是東西，而是體驗。我們真正會長時間珍惜的都是體驗，深刻的經驗比物質的東西，更能夠產生持久的快樂。東西產生的愉悅感只是一時的，源自於體驗的喜悅卻能持久恆長。不要追逐物欲，要留下記憶。我們都在人生的旅途上，沒有人能夠永遠活著，所以請善待那些在你人生路途中出現的人，多給予那些需要的人幫助。觸動他們的心弦，透過你的話語與行動，散播快樂、希望，以及樂觀態度。

我們對於未來計畫的所有擔憂，在腦中重播過去發生的所有衰事，這一切都只是發生在我們腦中（人類的心智在無所事事時，有杞人憂天的傾向）。這種擔憂只會讓我們無法全然活在當下，所以請把這一切都放下，專注於你此時此刻正在做的事情。除非你先把一切都打散解構，不然無法重新建構你的反應架構，而這只有讓一切事過境遷才能做到。人生裡有許多事件不在我們掌控之中，因此我們應該讓事情過去就算了，繼續盡己所能過好每

一天。

　　賈伯斯在他那場史丹佛大學的演講中，分享他為自己餘生定調的想法：
「過去三十三年來，我每天早上都看著鏡子，捫心自問：『如果今天就是我
人生的最後一天，我會想去做我今天要去做的事嗎？』只要連著太多天的答
案都是『不想』，我就知道我必須要有所改變了。」[8]

　　賈伯斯這些想法，跟貝佐斯信奉的「懊悔最小化架構」有異曲同工之
妙。

　　貝佐斯第一次考慮創辦亞馬遜時，他還在為華爾街最大型的量化導向避
險基金「德劭基金」（D. E. Shaw）工作。事後諸葛看來，創辦亞馬遜是個毋
庸置疑的選擇，但是在當時，辭掉一份收入優渥的避險基金工作，去創辦一
間網路書店，可沒有人會認為這是三思而後行的職涯選擇。

　　把事業心跟真正的興趣混為一體，是一個很普遍的現象。由於社會的囿
限，我們永遠無法真正體驗到自由，因此我們認為是興趣的事，經常會被社
會期望給扭曲；我們會出於這些想法衍生而出的恐懼，讓自己變成我們認為
應該要呈現的樣貌。

　　我們人生中所做的每個重大決定，通常會牽涉到某種取捨。很多時候我
們得要接受小小的懊悔，以免日後產生大大的懊悔。許多人把太多時間花在
擔心採取行動可能會有什麼風險，卻完全漠視未能採取行動可能會有什麼風
險。當然啦，你若不冒任何險，就不會因此而招致失敗，真是無痛人生哪！

　　無痛人生？真的嗎？懊悔感會在你的餘生都糾纏著你。失敗很傷人，但
一下就過去了，相反地懊悔卻會永遠造成傷痛。回首看著那些因為你沒有採
取行動而錯失的機會，真的很令人難受。失敗傷人的程度，不像眼睜睜看著
恐懼讓我們不信任自己直覺來得那麼嚴重。你只需要成功一次，就能解鎖各
種嶄新的可能性。懊悔源自於不作為。許多人很擅長於成功，卻不擅長應付
失敗，不過貝佐斯可不是如此：

我發現一個能夠讓做決定變得極為簡單的架構，我用一種只有怪胎才會這樣命名的方式，把它稱為「懊悔最小化架構」。我會把自己投射到 80 歲的未來，然後自問：「好啦，現在我要回顧人生，我要把懊悔的次數降到最低。」我知道當我 80 歲的時候，我不會懊悔嘗試去做這件事。我不會懊悔嘗試參與「網際網路」這件我認為真的會蓬勃發展的事。我知道就算我失敗了，我也不會因此懊悔，**但我知道要是我試都沒試過，我一定會懊悔不已。**我知道這股懊悔會每天糾纏著我，因此當我以這種方式進行思考，要做出決定就簡單得不得了。[9]

　　我喜歡這個架構，因為它不會扯到試算表或商業計畫，而是跟個人實現以及人生目標有關。

　　我們一旦了解了熱情與集中在人生中具有多麼顯著的重要性，那麼我們要如何更有效地運用這股力量，在我們各自的領域中達到卓越成就？

　　答案是透過刻意練習的過程。

刻意練習

　　有很多績效教練跟激勵大師，都在覆誦「勤能補拙」的咒語。他們說練習個一萬小時，是造就世界級績效的關鍵。麥爾坎・葛拉威爾（Malcolm Gladwell）在他的暢銷書《異數》（*Outliers*）中推廣這個觀念：

　　「卓越地進行一件複雜工作，需要一個最低關鍵練習量」，這個概念在專業技能研究中再三出現。事實上研究者已有共識，認為要培養出真正的專業，需要的魔術時數就是一萬個小時……當然啦，這並不能說明為何有些人

的練習成果，就是比其他人來得更好。不過目前還沒有人發現過有哪個案例，可以在更短的時間內，積累出真正達到世界級的專業技能。看來大腦似乎就是需要這麼長的時間，才能夠吸收達到真正大師技藝所需的一切。[10]

請注意「這並不能說明為何有些人的練習成果，就是比其他人來得更好」這句。光靠練習可不一定勤能補拙。就如同詹姆士・克利爾所說：「移動並不等同於行動。忙碌並不等同於有效。」[11]

《財星》雜誌編輯傑夫・柯文（Geoff Colvin）在其著作《我比別人更認真》（Talent Is Overrated）裡指出，根據許多研究結果顯示，只要透過他稱為「刻意練習」的過程，任何人在任何領域都能夠培養出了不起的能力。[12] 這是人因績效的科學研究提出的重大觀念之一。

刻意練習是一種井然有序、帶有改進績效之特殊目的的活動。這需要持續進行評估與反饋，還需要耗費許多心力。

以下是刻意練習的一些關鍵要素：

1. **可以反覆練習。**你若是個作家，就卯起來寫。你若是音樂家，便知道反覆練曲有多重要。
2. **不斷收到反饋。**你做出決策並採取行動時，若能很快獲得許多反饋，就會產生學習效果。不斷地刻意練習，指的就是以成敗論英雄的反饋。你不會錯失任何犯下的錯誤，事實上每個失誤都是進一步改善的關鍵資訊。反饋來自你自己的觀察，也可以來自教練或導師，他們能幫你留意到那些並非總是自己看得出來的要點。
3. **這很辛苦。**刻意練習需要耗費大量心神。
4. **這不好玩。**大多數人並不樂於從事他們不擅長的活動。一再失敗，然後收到如何改進的批評指教，一點也不好玩。然而刻意練習的目

的，就是要特意集中精神在你不擅長的弱項，這需要你反覆練習那些技巧，直到得心應手為止。

刻意練習將讓你處在自己的極限與知識邊緣，伸出手來試著觸及一個僅僅咫尺之遙的目標。當你伸手企及某個事物時，那個觀念就會更加鮮明。

刻意練習完全在於苦幹實幹的心態。丹尼爾・科伊爾（Daniel Coyle）在其著作《天才小書》（*The Little Book of Talent*）裡寫道：

遠遠觀察那些表現卓越的人，常會覺得他們似乎過著既迷人又輕鬆的生活。但你若貼近一點觀察他們，就會發現他們把生活的極大比例，投注在密集地練習專門技藝。他們的心態既非理所當然，也非倨傲不恭，而是百分之百的苦幹實幹：他們每天早上起床之後，無論心裡想還是不想，都會出門去工作。

就如同藝術家查克・克洛斯（Chuck Close）所說：「靈感是給業餘人士用的。」[13]

找出我們人生的天職，抱著強烈的熱情以及專注度去追尋，然後再加以刻意練習，這樣就能造就「生之意義」。威爾・杜蘭說得好：「我們是自己反覆行為造就的結果。因此卓越並不是你的行動，而是你的習慣所養成。」[14]

PART II
打造強健的性情特質

05
選擇正確人生榜樣、老師，以及同事的重要性

我很幸運，選對了英雄。你只要告訴我誰是你的英雄，我就能跟你說你會變成什麼樣的人。你景仰之人的特質，只要稍加練習就會成為你自己的特質；如果再多加練習，就會形成習慣。

——華倫・巴菲特

在任何領域中，好老師給你的這不只是傳遞資訊，還會把他們自身的某些東西也傳給你。

——彼得・巴菲特（Peter Buffett）

不斷努力增進自我的人，通常都會有個榜樣，這是自我增進之旅的關鍵所在。我們是貪求安逸的生物，很不願意踏出舒適圈，也經常欠缺內在衝勁。不過因為我們許多人會受到範例激勵，從中慢慢理解到有時候可以在他人身上，找到增進自我的動力——更精確地說，是可以受到他人驅策。人生榜樣良好地扮演了這個角色，他們可做為我們想要投入增進自我之途時，指點迷津的一盞明燈。

蓋伊・斯皮爾在他的著作《華爾街之狼從良記》（*The Education of a Value Investor*）中，提及了找到人生榜樣的重要性：

在把我們教育成投資人、商人，以及人類這方面，沒有事情比找到能夠

在人生旅途中引領我們、珍貴且罕見的人生榜樣，更為重要。書本是無價的智慧泉源，但人們才是終極的老師，有些教訓只能夠透過觀察他們，或是感受他們的存在才得以學會。很多時候這些教訓永遠也無法用言語傳達，但你只要跟那些人在一起，就會感受到他們的精神在指引你。[1]

人生榜樣不但可充當我們的激勵教練，也是我們日常生活中的啟發泉源。我有很多人生榜樣，而且每年都會在人生的旅途中發現更多。你可能在想一個人要如何從人生榜樣身上學習？你必須要閱讀這些人的人生經歷，他們這些年成就了什麼事，他們如何學習，然後從他們的經驗中學習。替代學習很寶貴，因為我們個人的經驗與見解，只占所有人類的經驗與見解極微小的一部分。

師父領進門，修行在個人。

——中國諺語

我們碰上人生榜樣的那一瞬間，通常自己就知道了。我們在當下經歷的感受，只可意會，不可言傳。那是一種深刻的啟發與激勵，讓你找到人生的目的。

要選出最適合你的人生榜樣，你可以做些事情，提問一些問題：

- 尋找那些他們達成的結果，與你試圖達成的結果相似的人。
- 尋找那些跟你面對同樣難題的人，試著了解他們如何克服那些難題。
- 找到一個人生故事實在有夠具啟發性，讓你感到無比鼓舞激勵的人。
- 你若難以保持受到激勵或啟發的狀態，就尋找一個其行動在某方面能夠給你啟發的人。

- 你若沒什麼自律能力，就去尋找具有強大自律能力，教導其他人如何採行其紀律與專心致力的人生榜樣。

這真的得靠你自己去做。首先，你應該要很清楚地定義出你究竟在追尋什麼，這樣才能更容易認同人生榜樣。俗話說的好，「學生準備好了，老師就會出現。」

若是沒提到我們的父母，關於人生榜樣的討論就不算完整。我們大多數人都會體驗到父母無微不至的慈愛之心，經年累月、日復一日、夜不成眠地給我們把屎把尿，還老是擔心我們過得好不好，無條件地付出關愛，在人生中的艱難時刻給予我們道德支持。

永遠要撥一些時間給父母。我們太忙著長大，經常會忘了他們也在逐漸老去。父母通常不會要求孩子花時間陪伴他們，但是了解他人的需求，是讓一個人成為有價值的人的一部分。

關心父母的感覺很棒。我們有很多關心父母的方法：對他們的小小舉動表示感謝，花時間跟他們相處，做些表達愛意跟關懷之意的表示。大多數父母要的也就是這些而已，這足以讓他們感覺到無比快樂。

我高貴的母親教導我誠實、仁慈，以及感同身受的美德，我親愛的父親則不斷激勵我突破侷限，精益求精。我父親是一位很棒的朋友，是位引領我的哲學家，並且給了我任何人所能夠給予的最佳禮物：他相信我。我還想要特別提出我已故的外祖父，他教導我辛勤工作的美德，在我青少年時說給我聽的雋永智慧之語，對我的人生造成了深遠持久的影響：「沒有能夠替代辛勤工作的東西。」

我小時候是個爛學生，十年級差點畢不了業，成績爛到很難進一所還可以的高中。❶ 直到後來人生受到重大挫敗之後我才覺醒，並終於理解到辛勤

---

❶ 印度學制，小學是一到五年級，初中是六到十年級，高中是十一到十二年級。

工作與決心努力的美德，那是我學歷起死回生、職涯成長的觸媒。這就是為什麼當我讀到傳奇投資人阿諾・范登伯格（Arnold Van Den Berg）的啟發之語時，立刻對他的人生感到著迷：

我總是覺得自己沒有很聰明，我在學校的表現也證明了這點，但後來我理解到，只要你專心致力地把自己全然投入，沒有什麼是學不會的。我要承認一點：別人學一遍就會的東西，我得要學三遍。但只要我花別人三倍的時間，那就平分秋色了。只要給我更多時間，讓我讀更多書，我就能學會。[2]

與比你優秀的人為伍，你就不得不進步

巴菲特在 2002 年的波克夏股東信中，以他慣常的話家常風格，敘述了艾迪・蘭伯特（Eddie Lampert）的故事。蘭伯特先是為芝加哥白襪隊效力，白襪隊那一年就打進世界大賽；後來他轉隊，那隻球隊同樣贏得了世界大賽。這個故事不斷繼續，蘭伯特轉到哪一隊，幸運女神就隨之降臨。然而，雖然名利跟著蘭伯特跑，他卻不認為自己有什麼特殊能力。巴菲特說：「蘭伯特知道他怎麼揮棒並不重要，重要的是要跟場上最傑出的那批人為伍。我從蘭伯特身上學到這點，**因此在波克夏，我一直都是把球棒交給眾多美國企業界裡的強打者。**」[3]

我們在此學到深深的一課：想要成為贏家，就跟贏家共事。

波克夏最強的優勢之一，在於它有一群管理子公司的經理人，以高報酬率的獲利型成長，不斷擊出全壘打。我的腦中浮現出許多名字：阿吉特・賈恩（Ajit Jain）、葛雷格・阿貝爾（Greg Abel）、蘿絲・布魯金（Rose Blumkin）、吉恩・阿貝格（Gene Abegg）、湯尼・奈斯利（Tony Nicely）、

拉夫·舒伊（Ralph Schey）、查克·赫金斯（Chuck Huggins），以及史坦·利普西（Stan Lipsey）等人。巴菲特與蒙格的聰明之處，就是他們放手讓這些身手跟操守都具有高水準的經理人，自行經營他們的企業，不要給他們綁手綁腳。巴菲特與蒙格經常開玩笑說，他們在波克夏幾乎等於是尸位素餐。

> 沒有什麼事情比讓正確的人參與你的人生更重要，真的沒有。他們會教你所有需要知道的一切。
>
> ——蓋伊·斯皮爾

讓自己被更聰明、更優秀的人們圍繞，這是一種絕佳的教育方式。你可以一手體驗他們的思考過程，知道他們如何分辨輕重緩急（你若想知道某人如何在生活中分出輕重緩急，就觀察他們從週五晚上到週一早上，這段時間會做些什麼事），他們的價值體系，他們每天是怎麼過的，他們如何處理成敗，以及許多其他教科書沒辦法教你的事。你將體驗到高品質的人們有如重力一般的吸引力。

在一支明星球隊裡當個普通人，比在一支普通球隊裡當明星來得好。身為牛後，就長期而言對你比較好，寧為雞首只是讓你自我感覺良好而已。在我大多數時候的職業與個人生涯當中，那些高人一等的人一直讓我覺得頗不自在，因此我會去找那些我自覺可以融入的人為伍，但這顯然是個錯誤的策略。你要是整個房間裡最聰明的人，那你就進錯房間了。與其為了感覺良好而把自己侷限在一個平庸的圈子裡，不太自在地跟比較優秀的人在一起，是比較有智慧的做法。舉例來說，若不是我那些聰明的投資人朋友及同事，總是慷慨大方地為我提供協助及指引，我的個人投資組合在 2018 年到 2019 年印度熊市中，絕對無法表現得那麼出色。我的投資組合報酬迄今能夠保持如此健康，他們居功厥偉，我希望這輩子都能夠繼續向他們學習。與你最親近

的人們，對你的成敗扮演舉足輕重的角色，所以請慎選要跟誰親近──畢竟你是這輩子與你關係最密切的那五個人，加總平均的結果。

贏得實至名歸的信任

> 在所有形式的驕傲裡，最可喜的或許是被認為值得信任，實至名歸的驕傲。
>
> ──查理‧蒙格

信任是任何關係的核心。奇異公司（General Electric，簡稱 GE）前執行長傑克‧威爾許（Jack Welch），被問到何謂信任時如此回答：「你感覺到了就是。」[4] 這是對於信任一種最簡單也最棒的定義。當我們沒有信任感時，就會感到一股縈繞不去的焦慮感，這時候我們就會躊躇不決；相反地，當我們有信任感時，就會有一種敞開心房，互相關聯的感覺。信任感為所有關係、社會、組織、國家，以及整個文明打下基礎，它是整個經濟與商業體系的潤滑劑，也讓人願意承擔風險，促進創新與進步。

我們藉由誠實溝通建構信任感，無論言行都要真誠不虛，坦承錯誤不加掩飾，分享我們學到的教訓，與他人相處時要公平可靠。你在建構自己的人際網路時，都要隨時極盡所能，不斷為你與他人的關係增添價值，打造一張天衣無縫，實至名歸的信任之網（圖 5.1）。

蒙格在他的演講中，經常提到可靠是成功的基本特質之一。他解釋說能夠學會量子力學的人不是很多，但每個人都能夠學會變得可靠。你若努力讓自己變得可靠，光是那樣就足以克服許多短處與缺點。蒙格經常讚許麥當勞教育了數百萬名年輕人，可靠地到班有多麼重要。

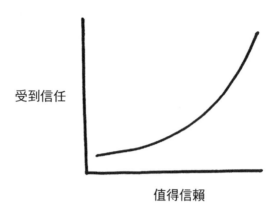

受到信任

值得信賴

圖 5.1　值得信賴

圖表出處：Behavior Gap

　　伍迪・艾倫（Woody Allen）說他光是靠準時到場，就造就了他人生 80% 的成功。永遠要可靠地到場承擔交付給你的工作，永遠不要輕諾寡信，因為一旦讓人覺得你不可靠，就會損及你的職涯與友誼。你還不如說得少做得多，言出必行才能贏得信任。

　　勞倫斯・恩德生（Laurence Endersen）在其著作《感官之石》（*Pebbles of Perception*）中寫道：「我們能夠做出選擇的能力，是人生賦予我們的瑰寶。我們是自己選擇造就的產物，好的選擇源自於好的性情，而只要做出幾個好選擇，就能夠扭轉乾坤。[5]」

　　成為可靠以及值得信賴的人，就是這樣的一種選擇。

06
謙遜是獲得智慧之途

了解到你不知道什麼事情，就是獲得智慧的開端。

—— 查理・蒙格

　　孔子認為知之為知之，不知為不知，是知也。許多哲學家都曾經以某種形式，表達過類似的看法，比方說蘇格拉底就很直白地說：「唯一真正的智慧，是了解到你什麼都不懂。」只有在我們以開明的思維進行學習時，才能真正教育到自己。

　　我們變得愈有智慧，就愈是了解到自己知道的真的很少。愛因斯坦有一條比較不為人知，卻是我最喜愛的一條方程式，聽起來頗有道理：「自我 = 1 / 知識。你知道得愈多，自我就會變小；知道得愈少，自我就會愈膨脹。」一個人在任何領域裡愈是一門深入，一般而言就會變得愈謙卑，這叫做鄧寧—克魯格效應（Dunning-Kruger effect）。展現智識的謙卑，承認我們所不懂的事情，就能把自己放置在一個可以學習到更多東西的好位置，這就是獲得智慧的開端。就生活或投資而言，這世上並沒有真正的專家知識，只有每個人的無知程度不同而已。這不是一個有待解決的問題，只不過是這個世界運作的方式罷了。我們無法知道一切，但可以努力變得夠聰明，讓自己愈來愈能做出水準以上的決定，這就是複利能夠成功的關鍵。愛默生（Ralph Waldo Emerson）說過：「我遇見的每個人，在某方面來說都是我的師父，我可以從他身上學習。」學習並接受他人幫助，可創造出遠超過我們個人能力

的價值。把你跟每個人之間的互動視為向他們學習的機會，你會訝異於自己成長得多麼迅速，變得多好。不僅是在專業方面如此，更重要的是在身為一個人這方面亦然。樹木想要長到天上，必須先扎根於地；愈是想要扶搖直上，就愈是需要向下盤桓。同樣的道理，想要人生飛黃騰達，我們就得先腳踏實地，謙卑以對。

> 我生來一無所知，就只有那麼一點點時間可以做點改變。
>
> ——理查‧費曼

永遠要對你自認已知的事情保持質疑，並且記得，任何一個主題可能都比我們當下認為的來得更為複雜。這樣的自我覺察可創造出更準確的現實心智地圖，進而讓我們能夠運用語言，更加貼切地掌握到這世界的細微之處。這在我們碰上那些斬釘截鐵的字眼時，尤其如此，比方說使用「鮮少」替代「從不」，用「許多」替代「所有」，用「通常」替代「總是」；即使是加上一個「等等」，也是在強而有力地提醒我們有些事情言不盡意。加上一句「在我看來」或「就我所知」，是一種簡單卻有效的方法，提醒自己不要驟下斷言。

這樣你就知道重點了：我們永遠也沒辦法有全然的把握。

謙遜是人生的本質

人們無法相信我為什麼會突然決定成為華倫的副手，不過的確有些人不介意當副手，而我正好沒有那種抗拒當副手的自我。總是會有比你更擅長做某件事的人，你必須先學會做個追隨者，才能成為領導者。人們應

該要學會扮演各種角色。

──查理‧蒙格

你愈是能夠展開胸懷，跟那些比你更厲害更聰明的那些人合作（無論他們比你年輕還是年長），你就能夠學習到更多，進步得也更快。謙遜是獲得智慧之途。

謙遜就是不斷保持學習欲望，這麼一來你就能克服無知。保持開明，則是傾聽讓你感到不自在的言話。你的行動會反映出你是否謙遜──倘若你覺得你已經什麼都知道了，你就不會開口問，也不會從他人身上學習。真正謙遜的人，一旦碰上了比他們年輕，但是比他們成功或是知道更多的人們，對於要向他們請益，一點也不會感到不舒坦。你若對於自己的人生方向真心感到快樂滿足，你也會樂於見到他人成功。不要覺得這輩子就是自己最大，要樂見他人過得也不錯，為他們的成功喝采。當你支持他人時，就表示你對自己的能力感到很有信心，不會覺得受到他們威脅。

法蘭克‧威爾斯（Frank Wells）從 1984 年到 1994 年逝世為止，擔任迪士尼的總裁。威爾斯去世之後，他兒子在他的皮夾裡找到一小張便條，上面寫著：「謙遜是人生的本質。」後來人們發現威爾斯隨身帶著這張便條，長達三十年的時間。

我們永遠也沒辦法有全然的把握

懷疑並不是一種令人愉悅的狀態，但有把握卻是荒謬的。

──伏爾泰

我們的生活品質，等於我們所做的抉擇品質之總和，再加上運氣成分。我們難免會期待從抉擇造就的結果中學習，希望藉此改進自己。然而我們的人生太過短暫，很難光從自己的經驗中蒐集到足夠的資料，以我們經歷過的這一丁點結果，評估自己的抉擇品質。

我們只能夠盡己所能，回答這些問題。我們只接觸到自己接觸過的資訊，生活經驗僅限於個人生活，也只能夠想到自己所能想到的假設，因此很難知道他人是出於什麼樣的理由，產生不同於我們的想法。「自以為是」的最佳解方，就是不斷提醒自己你所經歷的，只不過是世上所發生一切的極小一部分，然而這份經驗最後卻幾乎會百分之百成為你對這個世界的看法。人們對於自己親眼所見之事的相信程度，會遠超過他們閱讀到別人發生的事情。我們每個人都會因為自己的人生經歷而各有偏見，那些根深蒂固養成的既定觀點，也是過去個人經歷所造就的結果，這一切形塑了我們的見解。你若曾經生活在超通膨時代，經歷過嚴重熊市，出生在窮困家庭，或是曾經遭到歧視，相較於沒經歷過這些事情的人，你會產生一些他們永遠也不會有的看法，你也更可能大幅高估這些事件再度發生的機會。摩根・豪瑟提出了一條很有用的建議，可讓我們更能夠對他人感同身受：「首先你要假設每個人都是與現實脫節的一張白紙，這樣你就比較能從多重觀點探究事情，而不是把眼前所見硬套進自身經歷形成的架構。這很難做到，而且這樣做會讓人很不自在，但這卻是讓你更能夠領悟為什麼其他人會那樣做的唯一方法。」[1]

變得有錢 V.S. 保持有錢

有很多人都成功過，然而要一輩子都保持同樣的成功狀態（甚至還要更上一層樓），需要的是謙遜、感激，以及不斷學習的心態。「變得有錢」經

常會成為「保持有錢」的最大障礙。很多人一旦大賺一筆，就會自覺無所不能，那種感覺容易使我們在近期管用的招數上孤注一擲；但只要世道一變或風向一轉，這就會造成災難性的後果。豪瑟寫道：

事情是這樣的：你在某件事情上愈成功，你就愈覺得自己的做法是正確的；你愈覺得自己的做法正確，同時也愈不覺得自己需要改變；你愈不覺得自己需要改變，就愈有可能步入一個隨時都在改變的世界。

變有錢的方法有千百種，但要「保持有錢」的方法只有一種：要謙遜，而且往往需要到偏執的程度。諷刺的是，很少有什麼事情會比變得有錢，更容易把謙遜壓個粉碎了。

這就是為什麼道瓊指數成分股隨著時間推移，會變化得那麼大，以及《富比士》雜誌的億萬富翁名單，每十年就會有 60% 的人被洗出榜外……

謙遜並非意味著承擔更少的風險。紅杉資本（Sequoia）現今承擔的風險，跟三十年前一樣高。然而紅杉資本是在新產業，以新方法跟新夥伴一起承擔風險，他們很清楚地認識到昨天管用的方法，明天不一定仍然管用。[2]

在金融世界裡，永遠沒有「完全確定」這檔事，然而過度自信在華爾街卻是俯拾即是。傑森・茲威格（Jason Zweig）在其著作《惡魔財經辭典》（*The Devil's Financial Dictionary*）裡，為「確定性」與「不確定性」下定義時，就點出了投資人的狂妄自大：

確定性：一種想像出來的、所有投資人都說是不可或缺，關於經濟與地緣政治事務的清晰狀態與可預測性——即使那並不存在，從未存在過，也永遠不會存在。金融市場最根本的特質，就是不確定性。

> **不確定性**：人類生活與經濟活動最根本的事實。在現實世界中，不確定性無所不在；但是在華爾街，不確定性卻不存在。[3]

與華爾街那種自我中心呈現強烈對比的，是金融界以外最偉大的心智之一，理查‧費曼的謙遜。我們都應該要向這位偉大的老師學習，他謙遜地承認沒有什麼事情是確定的。「我們知道所有我們做出的陳述，都只是確定程度不一的概略陳述。一句陳述做出來之後，問題就不在於這句陳述是真是假，而是在於這句陳述為真或為假的可能性有多少。」[4]

投資也沒有什麼兩樣。由於陳述概略且確定性程度不一，我們就得要以或然率的方式去思考。問題不在於「我是對的還是錯的？」，而應該是「這種情境發生的或然率，相較於另外一種情境是多少，這項資訊又會對我的價值評估造成什麼影響？」我們永遠都必須要保留存疑空間，即使是我們最深信不疑的事情也不例外，否則我們就有可能變得自以為是。

以為自己無所不知，會讓人很難再學到任何東西。費曼說你在著手進行任何工作之前，一定**不能**已經先知道答案，而是要從對於答案不確定開始著手，否則你如何從中學習呢？這聽起來好像是常識，然而在金融世界裡卻不是那麼常見。

明白自己不懂某件事情，所帶來的益處遠比得到不正確的答案來得多。倘若有什麼事情是確定的，那就是我們永遠也無法全然確定。我們必須學著持疑過活，擁抱不確定性，對於自己不懂的事情，非但不應感到焦慮，反而要十分歡迎，因為了解到自己不懂，就是給自己學習的機會。在科學中，「我不知道」並不是失敗的跡象，而是啟蒙必須要邁出的第一步。就如同費曼所言：

存有懷疑與不確定性所生的問題，才有必要著手進行研究；倘若你已經

知道答案，那就不需要再為它蒐集任何證據了。

對於不同的事物，我會有概略的答案、可能的想法，以及程度不一的把握，但我對於任何事情都沒有十足把握，還有很多事情我根本一無所知。

第一個困難的來源，在於從事科學工作，懷疑是至關重要的。科學若要進步，就絕對需要把不確定性當成你內在天性最基礎的一部分。為了增進理解，我們必須保持謙遜，容許自己不知為不知。在一切的懷疑之上，沒有什麼是確定的抑或被證明的。你出於好奇去做研究，是因為那是未知的事物，而不是因為你已經知道答案為何。隨著你在科學中獲得更多資訊，那並不表示你正在挖掘出事情的真相，而是找出什麼事情比較有可能，什麼事情比較不可能。

投資的絕對真理沒有幾條。我們能夠做的就是盡可能地蒐集各種證據，藉此評估各種結果發生的可能性。我們把各種謎題的拼圖拼接起來，試著用一種說得過去的方式加以解釋。不斷地探索，持續尋找新的證據，試著挖掘出更多我們知道的事，並且更加了解不知道的事。

我們蒐集到證據之後，同樣必須加以研究。我們從中學到了什麼？這對原先的假設有何意涵？我們是正確的可能性有多少？有沒有其他沒考量到的因素，可能會導致不同的結果或結論？投資人經常太急於驟下結論，支持他們原先的想法，一般人很難抗拒這種確認偏誤（confirmation bias）。我們應該再次從費曼身上學習：

我們若是進一步研究，就會發現科學陳述並不是在說何者為真，何者為非，而是在陳述已知程度不一的確定性：「如此這般為真的可能性，遠高於為非的可能性」，或者「如此這般幾乎是確定的，不過還是有一點疑慮」，抑或是另一種極端的狀況，「呃，我們真的不知道。」科學裡的每一個概念，

都是落在絕對虛假跟絕對真實天秤兩端之間的某個刻度，而不是落於其中一端。知道自己的無知之處，具有極大的價值。

但事實是，很難讓投資人認知到不確定性的存在，然而不確定性卻一直是金融市場最根本的特性。生活在一個想像中具有確定性的世界，可能會在現實金融世界中產生致命的錯誤。我們愈快接受自己生活在不確定性的世界裡，愈能承認自己不知道所有答案，就能愈快開始變得愈來愈有智慧。抱有這份理解非常重要，一旦你接受了這點，就會形塑出我們的世界觀，成為一種自然的思考方式。把不確定性整合到我們的思考中，我們就會對於其他假設保持開明態度，對於與我們想法不一致的資訊，抱持更為客觀的態度。這就是尋求真相的方法。

就投資而言，用「能力圈」這個概念，最能說明如何在智識上保持謙遜。

能力圈

> 我不是天才，但我在某些事情上面還算聰明，我就在這些事情上打轉。
> ——大托馬斯・華生（Thomas Watson Sr.）

巴菲特總是建議投資人，只要集中投資於他們最了解的領域就好。在HBO 的紀錄片《成為華倫・巴菲特》（*Becoming Warren Buffett*）中，巴菲特把他的投資策略比擬為美國人最喜歡的棒球運動，引述棒球傳奇球星泰德・威廉斯（Ted Williams）在其著作《打擊的科學》（*The Science of Hitting*）中，如何強調知道自己打擊甜蜜點的重要性：「倘若他等到球真的落在甜蜜點才

揮棒，打擊率就可以到 .400。要是他碰上邊邊角角的球也得揮棒，那麼打擊率可能就只有 .235。」[5]

巴菲特說這段話帶給投資人的教訓是：我們並不需要每一球都揮棒。「投資的訣竅就只是安坐在那裡，看著球一顆顆投過來，等到正好落在甜蜜點的那一顆再揮棒。要是有人大喊『揮棒啊，你這呆子！』別管他。」

就如同威廉斯只有落在甜蜜點的球才揮棒，巴菲特也只投資落在他的「能力圈」內的公司。他在 1996 年寫給股東的信中，首度提到這個概念：「投資人需要的是能夠正確評估**嚴選**公司的能力。請注意『嚴選』這個詞：你不需要成為通透每一間公司的專家，甚至也不用熟透很多間公司，只需要具備評估落在你能力圈內的公司的能力即可。**能力圈的大小沒那麼重要，然而知道能力圈的界線在哪卻很重要。**」[6]

這段話的意思是，身為投資人的我們必須要限制自己，只投資那些我們了解其長期經濟體質的公司。對大多數投資人來說，在他的能力圈之外進行投資，往往會招致重大損失。投資人不該盲目地追逐「飆股」，或是被刺激的「故事」、「敘事」或「未來前景」沖昏頭，因為這種公司通常若不是欠缺經過驗證的歷史紀錄，就是欠缺獲利性與現金流。

能力圈背後的關鍵觀念，並不在於其大小（你了解的公司數目），而在於你是否清楚知道自己的能力圈大小（你是否知道自己了解的是哪一種類型的公司）。

能力圈有多大並不重要，重要的是你可以把能力圈的範圍界定得多清楚。有自知之明又謙遜的投資人，總是願意承認自己有所侷限，並且留在自己的專業領域內發揮所長。

那麼，你要怎麼樣找到自己的能力圈呢？

與其挑出你知道的事物，還不如運用因為查理．蒙格推廣，因而聲名大噪的反向技巧，創造出你的能力圈。蒙格解釋，這是受到德國數學家卡爾．

雅可比（Carl Gustav Jacob Jacobi）啟發而得：

反過來想，永遠要反過來想。把情況或難題整個顛倒過來反著看。要是計畫全部出錯了會怎麼樣？什麼是我們不想落入的境地，在什麼情況下卻會落入那個境地？與其尋找成功之道，還不如列出一張怎麼樣會失敗的清單：怠惰、嫉妒、憤怒、自憐、傲慢，一切會招致自我挫敗的心態。避免這些特質，你就會成功。跟我說我會死在哪裡，我就怎樣也不會去那裡。[7]

試著搞清楚你不知道哪些事物，然後劃出一個把那些事物排除在外的能力圈。科學家就是這麼做的，他們在處理難題試著找到解決辦法時，往往不是試著證明其為真，而是試著證明其為非。

投資的風險來自於你不知道自己在做什麼。事實上巴菲特認為，這是投資最大的風險之一，大到他在評估股票時不採用股票風險溢酬，限制自己只處理那些他有高度把握的情況。巴菲特用長期美國國債利率評估股票，除非他認為利率低得太不自然，這種時候他會把折現率加上幾個百分點。他說：「我很看重確定性。如果你跟我一樣看重確定性，就會覺得風險因子的概念沒有道理可言。風險源自於你不知道自己在做什麼。」巴菲特還說過類似的話：「我們用來計算未來現金流的折現率，不是 9% 或 10%，而是用美國國債利率。我們試著處理那些自己非常有把握的事情。光是採用很高的折現率，可沒有辦法補償承擔的風險。[8]」

巴菲特在 1998 年的波克夏股東大會上，解釋他在評估任何公司時，是怎麼思考風險的：

我們展望公司未來時，把風險性看成某種開關閥門。換句話說，倘若我們覺得自己實在不知道未來公司會發生什麼事，那並不表示它對每個人來說

都很有風險，那只表示我們不知道，因此對我們來說風險很高。如果有人了解那家公司，對他來說可能就沒什麼風險，不過在這種情況下，我們會直接放棄。我們不會試著去預測這些事情，我們不會說：「唔，我們不知道會發生什麼事，所以我們用 9% 的折現率去計算我們都搞不懂的現金流，而不是用 7% 去算。」那不是我們的作風。[9]

如此嚴格地守在自己的能力圈內，是如何在投資上大大地助巴菲特一臂之力？他解釋：「倘若我們擁有一家自認對其極具信心，觀其營運狀況也相當把握的公司，我們就會希望它的股票具有比較高的波動性。我們要是清楚這間公司最後的結果會是怎樣，那麼只要股價上沖下洗，我們就能賺到更多錢。」[10]

如果你知道自己不懂什麼事情（你的「非能力圈」），你自然也就知道自己懂什麼事情（你的能力圈）。一旦你劃出自己的非能力圈，就可以像巴菲特一樣，劃出你的個人能力圈。巴菲特的投資流程裡有三張公司清單：「投資」（業務單純，容易理解的公司）、「不投資」（業務很難理解），以及「太過困難」（業務太過複雜，不值得花任何時間搞懂的公司）。巴菲特曾經說過，他的股票投資想法中，有 99% 會落入「太過困難」這個分類裡。

我們稍微思考個一分鐘吧。就連也許是有史以來最偉大的投資人巴菲特，都承認有 99% 的公司他搞不懂了，下次當你覺得自己無所不知的時候，請對這個事實好好深思一番。真誠地守在自己的能力圈內，是一種深深地令人感到自慚的經驗。我舉一個個人的例子來說明這點：2018 年 1 月，我閱讀最新一期的《印度經濟與市場》（*Indian Economy & Market*）雜誌，裡頭有針對「七十五家遺珠之憾」所做的投資深度報導，其中許多是由令人尊敬的前輩與同儕執筆，而在這七十五間公司裡，我能夠有相當程度了解的，只有「區區一間」而已。這完全是可以接受的，要知道你若不清楚自己的能

力範圍在哪裡，那就不是你的能力範圍；跑到範圍之外去冒險，會讓投資人陷身於大麻煩。

> 華倫與我比起大多數人，更清楚我們懂什麼，不懂什麼。那甚至比擁有許多額外的智商點數更棒。**人們老是錯估自己所知的侷限在哪，那是人類最基本的天性之一。**對於人類來說，知道能力圈的範圍在哪，是最為困難的事情之一。**在生活以及商業世界中，知道自己不懂什麼，遠比聰明絕頂要來得有用多了。**

> —— 查理・蒙格

能夠承認錯誤，是一個人具備情緒商數的徵兆之一。否認自己的錯誤，就無法學到教訓。要對自己的表現進行深刻反思並客觀評估，投資人只有透過誠實的自我評估，才能發現自己的能力圈在哪裡。情緒商數所帶來的關鍵益處，就是讓一個人在智識上能夠坦然面對世界的真相，而不是把世界看成他想要或希望的模樣。一旦我清楚自己哪些事情不懂，並且守在我的能力圈內，我的投資成功率就大幅提升了。

能力圈的基本觀念實在是有夠單純，要把它大聲說出來都覺得有點丟臉：你要是對於自己想做的事感到懷疑、不確定，那就別做。

如果你找不到落在自己能力圈內的公司，可別因為擔心錯失投資機會而急著邁出能力圈，這種情況在牛市中經常會發生。相反地，在你跨出能力圈之前，要花時間研究那些落在圈外的產業與公司。慢慢拓展能力圈的最大優勢，在於不同產業與不同種類的公司，會受惠於市場循環的不同階段。手上握有經過拓展的投資機會可供選擇，在這種時機往往能帶來高度的獲利性。

再強調一次，能力圈的大小並不重要，關鍵在於要清楚知道能力圈的範圍在哪。

你若不清楚自己的能力範圍在哪裡，那就不是你的能力範圍。

——查理·蒙格

現在你可能會想問：「那麼我要怎樣拓展能力範圍，讓我的能力圈變大？」這有個很簡單的方法。

雖然簡單，卻不容易。

那就是閱讀。而且要閱讀很多。這是拓展能力圈的唯一方法。

比方說你先閱讀一本叫做《分析投資社區銀行股》（*Analyzing and Investing in Community Bank Stocks*）的書，然後閱讀幾間社區銀行的年報，這樣子就比較容易了解它們並進行評估。不然你也可以挑一個你多少有點在行的產業，然後開始閱讀該產業某些公司的年報。

我在職涯很早時就了解到，只要你閱讀了公司年報，就比華爾街90%的人做的功課還多了。你若是連年報的附注都閱讀了，就比華爾街95%的人做的功課還多。

——吉姆·羅傑斯

就投資而言，翻找過最多石頭的人將會勝出，沒有什麼能替代做好功課。無論是生活、人際關係、商業，還是投資，除非你做好功課，不然什麼招數都不管用。對於投資人來說，並沒有什麼好理由，可以讓他在一個基本面出色的公司所在多有的市場裡，偏要去投資歷史紀錄不佳的公司。

我總是說，你只要看了十間公司，就會找到一間有意思的；你若看了二十間，就會找到兩間；你若看了一百間，就會找到十間。翻找過最多石頭的人將會勝出……你需要的是保持開明心態，並且做很多功課。**你研**

究愈多產業與公司，就有愈多機會找到訂價錯誤的投資標的。

——彼得·林區（Peter Lynch）

巴菲特曾經說過：

穆迪（Moody's）在 1951 年，按照每一支流通股票所屬產業，出版了好幾本厚重的手冊。我把這些總計數千頁的手冊全部翻了一遍，想要在字裡行間找到偉大的投資點子。我發現了像是美國國家保險（National American Insurance）以及西部保險證券公司（Western Insurance Securities Company）之類，乏人問津因此交易價格遠低於其內在價值的公司。去年我們在韓國證交所，發現一間沒有分析師分析過，也沒有研究報告的鋼鐵公司，但它卻是世界上最賺錢的鋼鐵公司。[11]

巴菲特講的這個故事，讓我想起一些自身經驗。我每天勤奮地在孟買證交所網站上審視所有的企業公告，這對許多人來說是個苦差事，但對我來說卻像是一場智識尋寶，任何時候都有可能挖到金礦。我每天都試著創造很多機會，好讓幸運女神找上門來。

經過這些年來在市場上的經歷，我個人的投資機會也跟著大為拓展。起初我的投資機會僅侷限在一般所謂的成長股，其估價從合理到昂貴的都有，但如今已涵蓋好幾個投資領域，包括大宗商品、週期性股票、深度價值股、分拆股，以及從資產負債表、營運資金、獲利能力，或是產業動能有顯著改善，可見端倪的轉虧為盈股。我不再侷限在早期職涯時，基於個人偏見的小小一塊投資機會，如今只要能夠找到訂價錯誤的價值所在，或是風險報酬比十分優渥的投資機會，我就可以針對各式各樣的產業與情境進行投資。

市場不斷地在改變。這也提醒了我要在不同的市場中尋求投資機會，而不是堅持在已經乾涸的井裡撈魚。

——羅伯特・清崎（Robert Kiyosaki）

沒有單一一套策略是在任何時候放諸每種市場皆準的。那就是為什麼你必須要建構屬於自己的投資軍火庫，這樣才能在不同的領域裡，尋找投資價值所在。

這些年來我逐漸理解並懂得欣賞，這點為何至關緊要：股市在任何時候，總有某些特定產業是處於牛市。舉例來說，即使在 2009 年到 2013 年間的印度熊市期間，非必需消費品、製藥產業以及資訊科技公司，還是為投資人創造了許多財富。新趨勢總是在熊市期間興起，而大多數投資人在這期間若非在等待買進價格到來，就是忙著把在先前牛市時買進的績優股減碼脫手。（一個產業的散戶數目，在其牛市階段會增加，因此該產業後續進入熊市期間，原先的投資人會竭盡所能想要出場，擺脫這段投資失利的不良回憶，這通常會引爆一波更猛烈的拋售潮。）

我們應該把人生有限的時光投注在哪裡，以達到最高程度的成功？蒙格告訴我們答案：「你必須找出自己有什麼天分。如果你去參加一個其他人有天分而你卻沒有的比賽，你就會輸掉，那幾乎跟任何你能做出的預測一樣確鑿。你必須找出自己對什麼事情在行，然後在你的能力圈內進行比賽。」[12]

巴菲特與蒙格給我們的總結很清楚。你若想要增進在生活、商業與投資的成功機會，就要明確地劃出個人的能力圈範疇，然後只在能力圈內運作。假以時日，你可以努力拓展能力圈，但永遠不要自欺欺人，搞不清楚目前的能力圈界線在哪裡。如同費曼所說：「首要原則是你不能自欺欺人，而你偏偏就是最容易被糊弄的那個人。」

以下這段假想的對話，可捕捉到智慧啟迪之途的本質：

哲學家：什麼是投資領域裡最有智慧的四個字？

價值投資人：「安全邊際」。

哲學家：錯了。

價值投資人：不然是……？

哲學家：「我不知道」。

07
慈善與善報的美德

你若是最幸運的那 1% 人類，就應該要為其餘那 99% 的人類著想。

——華倫・巴菲特

《薄伽梵歌》最重要的教誨之一，就是對於物質與財富發展出受託人的態度，這使我們保持謙遜，並且不斷灌輸我們一種超然的抽離感。創造財富的過程應該是要激勵我們盡己所能，但其結果則應該在照顧到一己所需之後，為增進人類福祉而奉獻出來。我們只有在他人協助之下才能創造財富，因此回饋也應該要成為我們計畫的一部分。

你若幸運地賺到或繼承到，超出你個人對於過上好日子的定義所需，你就有機會也有義務決定這些多餘資金的去向，以及如何運用。大多數人身處在這種狀況下，會把注意力放在兩種受益人身上：一是家庭成員，二是諸如學校、大學、醫院、宗教組織等等慈善機構。這兩種選擇都可以具有深刻的意義，而回饋社會的後者更是非常高尚的行為。你可以從對他人生活做出正面影響的行為中，獲得極大的快樂與個人成就感。

在所有的「價值投資」之中，最棒的莫過於把錢導向可讓你的人生變得更有價值的目標：發揮你的天賦，使自己在他人的人生中舉足輕重，讓你周遭的世界變得更美好。

——傑森・茲威格

能運用自己的財富為他人造福的投資人，是受到祝福的。

查爾斯‧柯里爾（Charles Collier）在其慈善事業指南《家庭財富》（*Wealth in Families*）寫道：「據亞里斯多德以及私淑他的學生湯瑪斯‧傑佛遜（Thomas Jefferson）所言，『追求快樂』既是學習了解自己的內在旅程，也是為他人服務的外在旅程。」[1]

你賦予財富的意義，不但相當程度地說明了你是怎麼樣的人，也說明了別人會如何看待你，記得你是什麼樣的人。這就是為什麼與家人培養出一個共享價值的環境，十分重要的原因。你要花時間向你關愛的人們說明你的想法，分享你的價值與感受；這或許也是個相當恰當的時機，以正式遺囑明訂在你身後要如何適當地分配遺產，投注於未來的慈善活動，確保他人能享受到你的善意安排。

這可能會是你讓世界聽見心聲，未來的願望得以落實的最後機會。畢竟，人有旦夕禍福。

在馬斯洛的需求層次理論中，自我超越的位階比自我實現還要高，指的是人類意識中，最具涵蓋性與整體性的最高層次。當我們跳脫自我，發現為他人的需求服務，可直接產生更大的滿足感時，就可體會到自我超越的感覺。

施贈者極為樂見他們工作一輩子所創造出來的財富，在其有生之年再度活化起來，造福於對他們具有重大意義的特定目的。就如同諺語所說，「生不帶來，死不帶去。」施贈者把財務資源轉化成為他們真心在乎的行動與價值時，會衍生出極大的快樂（圖 7.1）。

身為慈善家，巴菲特最著名的壯舉，莫過於他捐贈了數十億美元給比爾及梅琳達‧蓋茲基金會（Bill & Melinda Gates Foundation），以及贊助他三位兒女的慈善工作。他也慷慨地捐贈給其他團體，比方說位於舊金山的反貧窮慈善組織葛萊德基金會（Glide Foundation）就是其中之一。

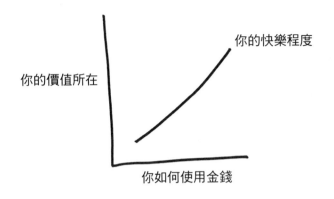

你的快樂程度

你的價值所在

你如何使用金錢

圖 7.1　給予與快樂

圖表出處：Behavior Gap

　　巴菲特說慈善事業就像做生意一樣，贊助對的人比什麼事情都來得重要。「我收購企業就跟投資於慈善事業一樣，我尋找的是某個能夠把事情做好，並且跟我目標一致的人⋯⋯⋯⋯你也許擁有世界上最偉大的目標，但要是所託非人，就不會成功。反過來說，只要能夠找對人，幾乎什麼事情都有可能辦到。」[2] 一個人手上金錢的價值，在慈善事業跟在投資中同等重要。

　　安德魯・卡內基（Andrew Carnegie）、彼得・基威特（Peter Kiewit），以及約翰・洛克斐勒（John D. Rockefeller），都是巴菲特景仰的著名慈善家。

　　「年紀大了的問題在於，你要能夠妥善地管理財富。」卡內基在 1889 年發表於文學雜誌《北美評論》（*North American Review*）的文章中寫道。[3]卡內基說有錢人應該要善用其財富增進公共設施，好讓那些值得幫助的窮人能夠自力救濟，這種慈善事業「在精心規畫之下⋯⋯最能夠淵遠流長。」卡內基從身無分文的移民白手起家，最後成為當時全世界最有錢的人，他的願景是創造一個「少數人擁有的多餘財富，能夠以最佳方式成為眾人財產的理想國。」他以 5 億美元出售其鋼鐵帝國之後，把財富捐贈出來創辦學校，促

進和平事業，興建了位於紐約的卡內基大廳（Carnegie Hall），並且購置了7,689座教堂管風琴。不過最能體現其哲學的，莫過於他對於興建圖書館的熱切支持，在美國各地一共興建了2,811座公共圖書館。

基威特把他的家族事業從位於奧瑪哈的第十二大承包商，做到全美國規模最大、最受崇敬的事業之一。基威特在死前留下指示，要把他的個人房產用來成立一個基金會，贊助內布拉斯加州與愛荷華州西部的公益計畫。1979年，彼得・基威特基金會以1億5,000萬美元的捐贈金額開張營運，這是基威特一生所賺90%以上的財富。基威特去世時，巴菲特說出了他的感想：「彼得・基威特在社會銀行裡存進了大筆存款……但他很少提款。」4 基威特在世時就慷慨捐贈，去世時更是把大部分的身家都捐了出來。

洛克斐勒在他年僅16歲從事第一份職員工作時，就已經開始做慈善捐贈了，他把所得的6%捐給慈善機構。到了20歲時，他捐給慈善機構的金額，已經超過他所得的10%。隨著洛克斐勒的財富增加，他的捐贈也與日俱增，主要是捐贈給教育、公共衛生、基礎科學，以及藝術項目。（據說他是在1893年與斯瓦米・維韋卡南達見面後受到的影響，維韋卡南達提點他要有雪中送炭的美德。）

我們所有人都可以從洛克斐勒的生平中，學到相當寶貴的一課：捐贈並幫助他人永遠不嫌早。你不需要天縱英才、家財萬貫或道德完美，才能扭轉他人的人生，只需要關心在乎他們就夠了。我並不想讓自己無法享受這份施贈的快樂，因此在我初到美國的頭幾年，即使我在舊金山一座飯店當櫃台職員的薪水有夠少的，我還是開始捐贈一筆小錢給當地慈善團體。這筆錢有時候微薄到僅僅10美元而已，那是我當時所能負擔的最大額度，但這與你身在何處，捐多捐少無關，而是當你與他人分享時，內心發生的某種轉變有關。那是能夠讓你日益趨善的某種轉變。

愛是懷抱著偉大的愛，去做些小小的事。這不在於我們做了多少，而是在於我們在其中投注了多少愛；不在於我們給予了多少，而是在於我們給予時投注了多少愛。對上帝來說，沒有什麼是微不足道的。

——德蕾莎修女

我的財富隨著時間增加之後，我的慈善捐贈也跟著增加；能看到比較沒那麼幸運的人臉上綻放出笑容，這帶給我極大的快樂。2018 年 11 月，當我與一位好友共同贏得了與莫赫尼什・帕布萊共進年度慈善午餐的競標時，而且整筆競標金額將會贈與給達克夏納基金會（Dakshana Foundation），這一切都令我感到十分喜悅。寫下我人生中所學到的最大教訓，並且與他人分享，就是我回饋投資社群的方式。我們的善意在與他人分享時，就會產生複利。我們應該要像個漏斗，而不是一塊海綿。查理・蒙格說得精湛：「一個人類所能做的最棒的事，就是幫助另一個人類知道更多的事。」在人生中，贏家偶爾也會輸，但是幫助他人的人永遠也輸不掉。永遠要幫助其他人成長茁壯，善意就會隨著時間複利成長。

因果就像是一顆大雪球

你如果沒有為某個永遠無法回報你的人做一件事，這就稱不上完美的一天。

——約翰・伍登（John Wooden）

最有意義的成功方式，就是幫助他人成功。

——亞當・格蘭特（Adam Grant）

無條件地幫助他人，施恩不望報，是一種極佳的美德。我先前任職於投資銀行工作時，對同事抱持著誠摯的工作倫理與助人態度，因此當我現在的雇主面試過我之後，為了進行初步背景調查，而向過去的同事們打探我的為人處世時，他們都很樂於為我美言幾句。此外，在印度的許多保險與資產管理公司，於 2017 年以及 2018 年進行首次公開募股（IPO）時，他們也多次大方地知無不言，讓我得以對這些公司具有充分的了解，因而能對手頭上的既有持股做出更佳決策。

　　你在某個地方的行為舉止，日後會以令人訝異的方式，助你一臂之力。

—— 查理・蒙格

　　還記得先前章節提到的一個關鍵教訓嗎：我們應該努力持續，自發性地為與我們有關的人們增添價值，不要期待能夠有任何回報。2017 年 9 月，一位我先前跟他說過幾次話的投資人前輩提醒我，有傳言說我投資組合中的某間公司，付不出工廠工人的薪水，下一期的公司債利息也即將違約。結果這項警告來得還真是及時，短短數天之後，媒體就爆料該公司企圖欺詐債權人，在其會計帳上的資產規模上灌水，以便獲得更大筆的銀行貸款。該公司股價在接下來數天內，立刻下跌了將近 30%。

　　幸虧這位前輩的及時警告，我得以提早幾天把股票脫手，獲利了結。我打電話給前輩表達謝意，並問他為什麼願意跟我分享如此敏感的資訊，他是這樣說的：「因為你過去總是不斷跟我分享有用的公司與產業資料，即使我從未開口跟你要求也一樣。你以前幫我，我現在幫你啊！」

　　我相信只要你對他人展現最低限度的善行，像這樣的「好心有好報」就會一直存在。你的善行會繞一大圈，回頭為你的人生帶來好的結果。因果就像一顆大雪球。每天結束時你要捫心自問：「我今天有沒有至少日行一善？」

然後感謝上蒼跟父母給予你的一切。我每天都會這樣行禮如儀，這讓我的內心無比平靜。無怪乎我多年前一聽到麥可‧傑克森的歌曲〈治癒世界〉（Heal the World），就感覺到十分有共鳴。

08
大道至簡

大多數的天才，尤其是那些要領導他人的天才，靠的不是繁複的花招，而是發掘出不為人知的單純之處。

——安迪‧班諾特（Andy Benoit）

天下本無事，庸人自擾之。

——孔子 ❶

簡化是經過漫長努力後的成果，而不是開端。能夠把事情濃縮到形成本質，表示一個人對這件事具有真正的理解。然而人生中最大的諷刺之一在於，那些最為聰明睿智之人大方地與我們分享其成功祕訣，我們卻是言者諄諄聽者藐藐，因為那聽起來實在太過基本簡單，我們無法欣賞其精妙之處。

「就這樣？不可能這麼簡單吧！」我們聽到那些人功成名就的簡單建議時，都會這麼說。

就拿投資來說吧，我們讀到巴菲特揭露成功投資之道只有兩條規則：「規則一：不要賠錢。規則二：永遠不要忘記規則一。」[1] 我們會抗議：「這想法很棒，但就這樣嗎？不可能這麼簡單吧！」

---

❶ 譯注：原書英文如此。這話不是孔子說的，而是典出《新唐書‧陸象先傳》，之後曾國藩亦在《治心經‧養心篇》提及這個典故。

投資很簡單，但並不容易。

——華倫・巴菲特

巴菲特在 2011 年 11 月接受《美國商業資訊》（*Business Wire*）訪問時說：「如果你能搞懂《智慧型股票投資人》（*The Intelligent Investor*，班傑明・葛拉漢著，1949 年版）的第八章跟第二十章，以及《一般理論》（*The General Theory*，凱因斯著，1936 年版）的第十二章，那你就不需要再閱讀任何東西，也可以把電視關掉了。」[2] 巴菲特給的這條建議裡，提到了投資學與經濟學領域裡的兩大經典。

《智慧型股票投資人》第八章談到，不要受到「市場先生」搖擺不定的心情哄誘、加入投機與恐慌性拋售，或是試圖擇時進出市場的行列。第二十章則是在解釋，對於一間公司當前業務及其未來獲利前景進行過仔細分析之後，我們只有在其當前價格具有大幅安全邊際時，才應該考慮買進。

凱因斯在《就業、利息與貨幣的一般理論》第十二章〈長期預期狀態〉指出，大多數的職業投資人與投機者「大多不用心對某項投資整個期間的可能收益，做出優越的長期預測，而是想要搶在一般大眾之前一小段時間，預見傳統估價基礎的變化。」[3]

巴菲特從這三個章節中，非常認真地汲取了簡單卻很基本的投資真理，並且毫不含糊地運用在人生中，從而使他成為世界上最富有的人之一。

掌握一個簡單的想法，然後要很認真地實踐它。

——查理・蒙格

執著不懈地追尋簡單的想法，你就能抵達應許之地。

——莫赫尼什・帕布萊

巴菲特從《智慧型股票投資人》得到的關鍵總結是：你若把下檔風險都消去了，那麼剩下來的就全是上檔動能。之後的重點就是要穩住自己的情緒，耐心等待。投資真的就是這麼簡單。

　　雖然簡單，卻不容易。

　　在證券世界中，你若具有充足的知識以及經過檢驗的判斷，那麼具備勇氣就會成為至高的美德。

——班傑明・葛拉漢

　　許多加入投資領域的新手，認為《智慧型股票投資人》內容枯燥乏味，不夠「刺激」。書中既沒有揭露如何找到下一支倍數飆股的任何祕訣，也沒有提供如何迅速賺錢的任何捷徑。不過在我多次閱讀這本書之後，理解到它確實能夠打造出一位良好投資人必須具備的氣質與決心。比起累積財富，無論就閱讀還是實踐來說，打造氣質都是困難得多的工作。〔說到閱讀，請看本書附錄 B 摘錄魯德亞德・吉卜林（Rudyard Kipling）的詩作〈倘若〉（IF）〕

　　莫赫尼什・帕布萊的著作《下重注的本事》（The Dhandho Investor），是一本關於價值投資寫得比較好懂的書。帕布萊跟巴菲特一樣，具有化繁為簡的天分，他在書中寫道：

　　每一間公司都有其內在價值，那是由同樣一條簡單的公式決定的。約翰・伯爾・威廉斯（John Burr Williams）在 1938 年出版的《投資價值理論》（The Theory of Investment Value）中，率先定義了什麼是內在價值。對威廉斯而言，任何公司的內在價值，由它在剩下的企業存續期間，預期會產生的現金流入與流出，經過適當的利率折現後決定。這個定義實在是有夠簡單的……

簡單是一種強而有力的概念。亨利‧梭羅（Henry Thoreau）體悟到這點，才會說出「我們的人生都浪費在細節上……簡化再簡化吧！」這樣的話。愛因斯坦也體悟到簡化的力量，這是他在物理學上能夠有所突破的關鍵。他指出智識的五個層次，由下而上分別是：聰明、有識、出色、天才、簡單。對愛因斯坦來說，簡單就是智識的最高層次。巴菲特的投資風格，也全以簡單為依歸。像是愛因斯坦與巴菲特這樣執著於簡單的思想家，就能夠功成名就。$E=mc^2$ 這條公式真正的天才之處，就在於其簡單與優雅。[4]

最簡單的解決方法，通常也是最佳方法

一切科學的遠大目標，在於用最少數量的假說或定理，經過邏輯演繹之後，能夠涵蓋最大數量的實證事實。

——愛因斯坦

以十四世紀英國邏輯學家奧坎的威廉（William of Ockham）為名的「奧坎的剃刀」，是在邏輯解題過程中使用，一條節約、經濟、簡潔的原理：在各種互相競爭的假說中，應該選用使用到最少假設的假說。其他比較複雜的解答，最終也許可以證明它們能夠提供更佳的預測，不過在預測能力沒有差別的情況下，做出的假設愈少愈好。

投資人應該要記住，他們的計分卡並不是以奧運跳水的評分方式來計分——**難度是不計分的**。你對於某間其價值主要取決於單一關鍵因素，你對那些既容易理解又能持久的公司所抱持的看法如果正確，你因此能夠得到的報酬，就跟你正確分析另一個變數錯綜複雜又不斷變化的投資

機會，所能得到的報酬一樣。

——華倫·巴菲特

巴菲特處理困難問題的方法，就是完全避免去處理它們。我們並不像參加奧運的花式滑冰選手，在投資時挑戰更高難度能夠加分。原創性跟複雜度既不是創造超額長期報酬的必要條件，也不是充分條件。身為投資人，我們的工作就只是讓資本盡可能以最高的速率，以及最低程度的風險，隨著時間複利增長。我們藉由找出落在能力圈內、價值被低估的公司股票，達成這個目標。我們完全不用去管公司市值屬於大型股還是小型股，是鮮為人知還是眾所周知。

投資並不是要你有原創性或創造性，而是要你以最低程度的風險，找尋物超所值的最大價值。投入更多時間精力，並不保證你能夠在投資上獲得更好的結果；如果你能少做點事，做出比較少但更好的選擇，結果反而會比較有益。

你做出的抉擇愈多，意志力就會變得愈少，這個效應叫做「決策疲乏」。集中精力做出較少但更佳的抉擇，這能讓你有充分的時間，深入思考每個抉擇，並降低犯錯的機會。我們應該要限制自己，只投資那些決策看起來不需要用腦的案例。就如同蒙格所說：「投資的目標，是要找出那些不分散投資也很安全的情況。」[5]

尋找簡單公司，也就是那些不需要做出很多假設，不用靠很多假設性情境才能夠運作起來，不需要把未來的現金流大打折扣才能夠讓投資合理化的簡單公司。湯瑪斯·卡萊爾（Thomas Carlyle）說得貼切：「我們的主要工作，不是要看清遠方燈火闌珊處有什麼，而是要知道該拿手頭上清楚握有的東西怎麼辦。」巴菲特在 2004 年的股東信中，指出堅持簡單事業有多麼重要：

如果一個抉擇只有一個關鍵變數，而且那個變數有 90% 的機會如你所願，那麼成功的機會顯然就是 90%。但倘若有 10 個獨立變數都必須要如你所願才能成功，而每個變數都有 90% 的成功機會，那麼你能勝出的可能性就只有 35%……既然一條鎖鏈並不會比它最弱的環節更強韌，那你就應該尋找那些只有單一環節的鎖鏈——請別在意語意上的矛盾。[6]

　　找出真正會影響投資決策的少數關鍵變數，然後把精力集中在它們上頭，這點非常重要。這樣做可大幅簡化投資過程，並提升獲得成功結果的或然率。奧坎的剃刀心智模型之所以有用，是因為它讓我們得以把長期訊號從短期雜訊中區隔出來，冷靜地思考任何投資決策。誠然，閱讀年報、彙報、新聞稿，以及會計帳的附注，這些事情都很重要，而且偶爾可以從中挖掘出一些能夠賦予我們分析優勢的額外細節，不過在我看來，有大局觀（抓住兩三個真正重要的關鍵變數）也同樣重要，說不定更加重要。我們有些人在評估公司價值方面也許功力平平，但只要能夠把可獲得的資訊做適當的運用，謹記住大局觀，並且抓住少數幾個對投資舉足輕重的因素，仍然可以獲得高於平均的結果。

　　喬爾・葛林布萊特（Joel Greenblatt）有一次在哥倫比亞大學上課時，向學生提到心中永遠要有大局觀的重要性：「我要說說什麼是大局觀。你們的前輩經過一段很長的時間失敗了，這跟他們有沒有製作試算表的能力無關，而是跟他們有沒有大局觀比較有關。我著眼於大局，想的是箇中邏輯，而不是一堆死公式。」[7]

　　就投資來說，簡單就是長期成功之道。巴菲特說：「商學院獎勵你採取困難的複雜行為，而不是簡單的行為，然而簡單的行為卻比較有效……我們之所以沒成功，就是因為用上了某些偉大的複雜系統或神奇公式之類的。但我們所能依靠的就只是簡單而已。」[8]

簡單是減法思維的藝術。這是一套對於深植人心的信念進行系統化反證的思維。柯南·道爾筆下的虛構人物夏洛克·福爾摩斯曾經說過：「你若把不可能的事情全部消去，那麼剩下來的無論多麼不可信，就必定是真相。」相反地，複雜會把諸多意料之外的可能性攤在你面前，這可能有害無益。

長久以來，巴菲特都在強調簡化的觀念。他在1992年的股東信中寫道：「我們試著只投資自認了解的公司。那意味著那些公司的業務必須相對簡單，公司的特性也要很穩定。倘若公司很複雜或老是在改變，我們可沒有聰明到能夠預測其未來的現金流。附帶一提，我們可不在乎自己算不了這種現金流的缺點。」9

蒙格也認同巴菲特的話。「我們熱衷於讓事情保持簡單。要是有什麼事情太過困難，我們就去處理別的事。還有比這更簡單的事嗎？」10

我們來觀察蒙格是如何大幅簡化創造財富之途：「花的比賺得少，永遠要存點錢，把它放到稅負遞延的帳戶裡。這麼一來假以時日，這筆錢就會積少成多。要發財就是如此不費吹灰之力。」11

聰明人會想要採取複雜的解決方法。許多受過高等教育的聰明人從事金融業，但他們的聰明才智往往使他們付出代價，因為聰明人更容易糊弄自己，以為自己知道一切的答案，但這會讓他們身陷大麻煩。就如同愛因斯坦所說：「你要是沒辦法簡簡單單解釋一件事，那你對它就不夠了解。」

威廉·詹姆士（William James）說：「要有智慧的竅門，就在於要知道什麼事情要大而化之。」這不僅對商業問題來說是如此，對人們來說亦然。就如同巴菲特警告的：「你無法跟爛人達成好交易。」12他在商業和個人生活上，遵循的正是這套哲學。他選擇只跟他尊敬與信任的人們共事，因此他鮮少必須要收拾爛人製造出來的爛攤子。

雖然奧坎的剃刀是個很管用的心智模型，然而我們不應該覺得它可以替代實證測試。奧坎的剃刀倚賴簡化的主觀評估，尋找對於眼前問題差不多或

「夠好了」（也可稱之為「還算滿意」）的解決辦法。這算不上一條規則，比較像是指南或是建議。

　　福爾摩斯尋求最簡單、最理所當然的破案解釋，不過他也認為不該把複雜的事情過度簡化，在處理牽涉到複雜互動關係的系統時尤其是如此。

　　同樣地，愛因斯坦相信簡化的力量，不過他也了解簡化有其侷限：「一切都應該要盡可能簡化，但可不能比那更簡化。」

　　舉例來說，本益比（P/E ratio）之所以會那麼受歡迎，就在於它既簡單又容易計算。一間公司的本益比 20 倍，就是指它的市值是年度收益的 20 倍，換句話說，就是每股股價是每股盈餘的 20 倍。然而光靠本益比本身，無法讓我們知道該公司的資本密集度、產生現金流能力、管理品質、資產負債表是否實在，以及其競爭優勢預期能夠維持多久。想要在股市裡賺到錢，要做的功課可比看一眼本益比要多得多了。（每一位投資人都應該精讀麥可・莫布新執筆的白皮書〈本益比有何意義？〉（*What Does a Price-Earnings Multiple Mean?*），以及新紀元投資合夥人（Epoch Investment Partners）出版的〈本益比使用手冊〉（*The P/E Ratio: A User's Manual*）[13]）。

簡化三步驟

> 策略要複雜，但系統一定要簡單。策略來來去去，但是有一套關於世界如何運作，一以貫之的哲學，有助於你在各種情況下都能做出更佳的決策。簡單從不褪流行，複雜則不然。
>
> 　　　　　　　　　　　　　　　　——班・卡爾森（Ben Carlson）

　　簡化的第一步，就是不要浪費時間在不可知又不重要的事情上頭。在你

處理一個問題之前，先問問自己那問題重不重要，是否值得花功夫去解決。巴菲特解釋：「你在審視自己做出的決策時，要捫心自問兩個問題：第一，那可知嗎？第二，那重要嗎？如果那不可知──如你所知，世上多的是很重要但不可知的事──那我們就會把它拋諸腦後。如果那並不重要，那麼無論它是否可知，都不會造成什麼差別，我們一點也不關心。」[14]

利率會升還是會降，股市接下來要怎麼走，經濟前景如何等等，這些事情都很重要，但不可知。

簡化的第二步是專心致志。我們若試著同時完成太多事情，結果就是全都做不好。注意力是一種稀缺的資源，一天當中會逐漸耗盡，然而我們卻覺得自己可以毫無限制地分心，還不會造成負面後果。當我們一次只專注在一件事情上頭時，決策會變得更為有效。許多研究都在在指出，人腦並不擅於多工，尤其是在處理既複雜又陌生的工作時。人生中最難做到的事情之一，就是放棄那些不錯的機會，讓你得以把時間投注在絕佳的機會上──而且你還得要具有辨別兩者差異的智慧。

巴菲特的成功祕訣，就在於他強大的專注力──他不會沒事找事，反而是做得愈少愈好。他有一次跟他的私人飛機駕駛員麥克・弗林特（Mike Flint）說，他若要達成自己的目標，必須做到三件事：首先是寫下他的前二十五大目標，接著把前五大最重要的目標圈起來，並寫到另一張清單上，然後將第六個到第二十五個目標寫到一張「別做」的清單上。巴菲特最後如此作結：「所有你沒有圈起來的事情，都會變成『不計一切代價別碰』的清單項目。這些事情無論如何，都不該獲得你的關注，直到你成功完成前五大目標為止。」[15]

我們的人生有那麼多想做的事。有誰不想成功做到二十五件不同的事呢？但是我們若是同時追逐這二十五件事，就有可能變成樣樣都會但樣樣不精通。我們這個社會獎勵的是卓越與專精，你只需要在幾項選定的技藝上表

現卓越就好。這就是為何巴菲特的那張「別做清單」很有幫助的原因：清單上的第六項到第二十五項，也許全是你很在乎的重要事情，但是對於第一項到第五項來說，第六項到第二十五項都只是讓你分心的事物。花時間在這些次要的事情上，就是為什麼我們有二十個做到一半的計畫，而不是五個完成的計畫。就如同帕累托法則（Pareto principle）所說：「你獲得的結果有80%，源自於你20%的活動。」請把注意力集中在那20%的活動上，將其餘那80%擱在一旁。

這個「別做清單」的概念，與蓋瑞・凱勒（Gary Keller）與傑伊・巴帕森（Jay Papasan）所著《成功，從聚焦一件事開始》（*The ONE Thing*）的主要觀念很類似。這本書踢爆「多工乃成功之道」的理論，而是要你自問：「什麼是我今天能做的最重要的事？什麼是那一件能夠讓我人生中其他一切的事情，都變得比較輕鬆或無足輕重的事？」

成功人士與超級成功人士之間的差別，在於超級成功人士幾乎對任何事情都說「不」。

——華倫・巴菲特

你說「不」的時候，你只是在對一個選項說不；但是你說一旦說了一個「好」，你就是在對所有其他的選項說不。所以要小心你對什麼事或什麼人說好，這個選擇終究會造就你人生中的許多事情。我們每天都有機會做出造就未來的選擇。每一天都是我們餘生的第一天。

簡化的第三步是反向論理。與其試著直接獲得解答，不如先消去不正確的選項。你可以藉由縮小問題範圍而獲益良多，這麼一來你就可以把時間與精力，集中在更有生產力的領域上。

坦白說，我們既不確知什麼能夠讓我們成功，也無法指出是什麼讓我們感到快樂。但我們倒是很確定，什麼會摧毀成功或快樂。因此我們可以了解到這個至為簡單的基本道理：負面知識（別做什麼）比正面知識（要做什麼）有用多了。

——魯爾夫·杜伯里

要做出好的投資決策，你必須主動尋找「**不買進**」標的股票的理由。反過來想，永遠要反過來想。簡單化可把複雜的問題分解為構成部分，藉此幫我們做出更好的決策。比方說每當我在評估一檔股票時，都會問以下這四個反向問題；這些問題會破壞我想要找出看多理由的心態，逼我自己主動尋找不買進的證據。

1. **我會怎麼賠錢**？而不是**我會怎麼賺錢**？你若能專注於預防下檔面，股票的上檔面自然就會發揮。
2. **這支股票不值多少錢**？而不是**這支股票會值多少錢**？你若能找出一支股票的底部價格或便宜價格，要做出有利可圖的決策就容易多了。
3. **這支股票會出什麼差錯**？而不是**這支股票有什麼成長力道**？不要專注於催化成長的因子，而是要以或然率的概念，去思考各種可能結果，並且深思可能會出現的風險，尤其是那些從未發生過的風險。
4. **以目前股票估值而言，市場認為它的成長率是多少**？而不是**我對這支股票的未來成長率做了什麼假設**？利用反向貼現現金流，可以算出市場對於這支股票的當前假設，然後我們就可以拿這跟自己的假設互相比較，據此做出決策。

好的投資人會展現出「事實擺在眼前時，願意全然改變自己意見」的彈

性。他們並不會冀望自己永遠是對的，而是會一直評估自己為什麼有可能是錯的。看空投資人在社群媒體上提供的分析，就是尋找買進反證的一大來源（我從這裡蒙惠頗多），這些投資人幾乎能對每一間他們審視過的公司，提出看空或持懷疑態度的評論。另一個頗有用的反證來源，是我正在考慮買進或看多的股票，其賣空者提出的負面報告。賽斯・克拉曼（Seth Klarman）過去曾經談到這種資訊來源的益處：

就我們的經驗而言，許多看多的分析報告都過度簡化、高度樂觀，又散漫馬虎。要跟長期經濟成長趨勢、短期大眾主流意見，以及追繳保證金對做的賣空者，他們不得不成為極為優秀的分析師。他們的工作成果通常是第一流的，也非得是第一流的不可。我們不該痛斥或禁止賣空者，反而大多數時候應該為他們歡呼鼓舞。他們是金融市場的警察，勤於揪出詐欺情事，並且對泡沫化提出警告。事實上，他們保護了涉世未深的投資人免受計謀劫掠，而市場監管者以及執法當局似乎經常無法做到這點。[16]

簡單的生活方式

想要快樂非常簡單，但要簡單卻很困難。

——泰戈爾

為學日益，為道日損。

——老子

你有沒有想過你日復一日，需要評估的事情實在是多不勝數？有太多新

事項、新問題、新東西，什麼事情都有太多選項，有太多股票要挑，太多投資產品要選，太多理財顧問要你買東買西。

倘若這正是你過的日子，那麼能夠為你的人生帶來平靜的，就是**極簡主義**。

極簡主義基本上是簡單化的延伸：你不僅是把事情化繁為簡，並且進一步擺脫任何非必要的東西。人生中真正要緊的事情沒幾件，因此我們必須要謹慎思考，什麼對我們來說是真正要緊的，然後把時間主要投注在那些事情上頭。這麼一來，我們就會保持專注於重要的事，而不是老在追逐一些可能並沒有很要緊的新事物。我們的目標並非把擁有的東西數目降到最低，而是數目恰到好處就好。

練習極簡主義為我的人生帶來平靜與單純。我很珍惜極簡主義為我騰出來的時間，讓我得以專注於那些對我更有意義的事物：我可以把更多時間留給親友，注意個人健康，並且從事學習活動。

我把極簡主義當成一種生活方式。我旅行時帶的個人行李變少，吃的垃圾食物跟糖分變少，手機裝載的 app 變少，投資組合裡的股票支數也變少。我已經可以看到極簡主義為我的人生帶來多少清晰、集中以及有效率的豐富益處。對我而言，極簡主義就是帶著比較少的壓力過日子。這樣做還能夠省錢的事實，只不過是個附加的益處。

你是否持有超過五十檔股票，分散在好幾個交割戶裡頭？我拜託你簡化。你是否投資了十檔以上的共同基金？我拜託你簡化。你是否投資了好幾項「投資計畫」，但它們的「原先目的」是要提供壽險跟醫療險？我拜託你簡化。你的辦公桌上或家裡是否堆滿了經年累月積累下來，過時無用的雜物？我拜託你簡化。把這些雜物從生活中的各個面向清理掉，可以減少決策疲乏的狀況，讓我們能夠更加專注於真正想要達成的事情。

世界沒有和平之途。和平就是道途。

——甘地

生活中的極簡主義，並不是一個需要抵達的目的地，而是供你遵循的道途。

把極簡主義當成一種生活方式來練習奉行，真的很簡單。

雖然簡單，卻不容易。

你沒辦法一覺醒來就成為極簡主義者。不過就如同老子所言：「千里之行，始於足下。」

有一則關於墨西哥漁夫與美國銀行家的寓言，是我最喜歡的故事之一，裡頭蘊含著重要的人生教訓。我們大多數人總是習慣性地汲汲營營，卻忘了人生的終極目標應該是要快樂滿足，也很容易對於當下身邊的各種好事視而不見。

要過上真正富裕的生活，並不需要很多錢，但的確需要達到財務獨立，這樣才能夠掌控自己的時間。這是我們在下一章會探討的重要議題。

09
達到財務獨立與自由

一個人的薪水要是得靠他搞不懂某件事，那要他搞懂那件事就很困難。

——厄普頓‧辛克萊（Upton Sinclair）

我拿誰的錢，就說誰的話。

——查理‧蒙格

真相跟利益衝突時，著實令人難以消化。除非你財務獨立，否則無法確實了解這個世界真正的運作方式。一旦你達到財務獨立的狀態，任何事情都會變得不一樣，這將使你以真正沒有偏見的方式看待現實。你要打從一開始，就把目標放在達到財務獨立，只有到那時你才會開始看見世界的真相。除非你財務獨立，否則很難做長期思考，並且據此採取行動。財務獨立並不意味著你就不工作了，只是說你不需要工作，這會去除掉就業狀況不定對你內心造成的干擾。

財務獨立的目的，是要讓你不再倚賴其他人事物：老闆、客戶、行程、薪水。真正的財富是以個人自由度，而不是以金融貨幣來衡量。光靠錢無法表示你獨立，能夠掌控自己的時間才是。可以照你自己的意思安排生活，這才是成功唯一的定義。

有什麼方法能夠讓我們達到財務獨立呢？

確實有一種簡單的方法。

雖然簡單，卻不容易。

這需要許多努力、犧牲、紀律，以及耐心。

我年輕時閱讀《巴比倫理財聖經》（*The Richest Man in Babylon*），裡頭**說到收入要少花一點，把差額拿去投資**。你瞧，我就這麼做，還真的管用哩！

—— 查理・蒙格

財務獨立的第一步，是生活水準量入為出。查爾斯・狄更斯在他經典的《塊肉餘生記》（*David Copperfield*）裡寫道：「年收入 20 鎊，年支出 19 鎊 19 先令 6 便士，結果是幸福。年收入 20 鎊，年支出 20 鎊 6 便士，結果是悲慘。」[1]

這段話寫於 1849 年，時至今日依舊成立——未來也永遠都是如此。

盡你所能，收入能少花多少算多少。不要為了可有可無的消費，揹上任何債務。在家開伙，只有在特價時才買衣服。學著勤儉持家。多讀讀班傑明・富蘭克林的《致富之道》（*The Way to Wealth*）、喬治・克拉森（George Clason）的《巴比倫理財聖經》、湯瑪斯・史丹利（Thomas Stanley）與威廉・丹柯（William Danko）合著的《原來有錢人都這麼做》（*The Millionaire Next Door*），以及羅伯特・清崎的《富爸爸・窮爸爸》（*Rich Dad Poor Dad*）。永遠都要先投資自己。只有在做了投資之後，才把剩下的錢拿來花掉。永遠不要倚賴單一收入來源，要投資自己並學習新技能，以創造第二收入來源。避開迅速致富的計畫。從偉大投資人身上學習如何有智慧地投資。一旦你最終達到財務獨立，因為這一路上你所做出的所有犧牲，你就能夠真正地認識到金錢的價值。

隨著時間過去積累財富，與你的收入高低關係或投資報酬關係不大，跟

你的儲蓄紀律比較有關。彼得‧林區說：「就長期而言，決定你未來是否富足的，並不光是你賺了多少錢，而是在於你存下來投資的有多少錢。」[2] 財富是經年累月、從你的收入花費後剩下來的儲蓄積累而成。你的收入不用很高也能積累財富，但要是沒有任何儲蓄就毫無機會可言，因此何者值得你優先關注顯而易見。

對我而言，金錢代表的是自由與獨立，而不是讓我進行搶眼消費的工具。在物質層面花費超過中庸程度，大多只是在反映一個人的自我罷了。想要增加儲蓄最有效的方法之一，並不是提高你的收入，而是提升你的謙遜程度。我有個朋友曾經問我：「你賺這麼多就只是為了存起來嗎？」我的回答是：「你花那麼多就只是為了不得不再去賺嗎？」

倘若金錢是衡量財富真正的標準，那麼每個有錢人都會很快樂，然而我們知道事情並非如此。金錢買不到幸福的家庭、良好的健康、正直的人格、道德、謙遜、仁慈、尊敬、氣質，或是心如明鏡的良心。人生中最重要的東西是無價的，在我看來那些才是衡量財富真正的標準。活出一個有意義的人生，就能讓你持續感到快樂——一個充滿熱情與自由、我們得以個別成長，做出超越自我貢獻的人生。快樂的基石是成長與貢獻，而不是靠東西堆積起來的。布萊恩‧波提諾（Brian Portnoy）在其著作《財富的幾何學》（The Geometry of Wealth）裡，把財富描述為「對現實狀況感到滿足」，意思是有能力過一個生活的目的與實踐都經過精心校準、富有意義的人生。[3] 財富要從我們個人對於內在價值的定義中，才能衍生出真正的意義。

儲蓄是對於生活不可避免的挫折所做的避險。儲蓄賦予我們選項與彈性，讓我們禁得起等待，並且讓我們有機會把握住那些一期一會、至高無上的罕有機會。不過儲蓄最重要的理由，在於它能賦予你掌控時間的個人自由。這使我們對於人際關係、創造性事務、健康狀況以及慈善事業等等，在人生中有意義的各方面，都能夠投注更多的注意力。

個人自由讓我們得以擁有充足的時間去思考。要做出好的決策，需要一段讓腦袋能夠沉靜下來的獨處時間，以便從各個觀點把問題想透。

不受干擾的個人時間，是生活中最寶貴的有限資源。包括比爾·蓋茲跟馬克·祖克柏（Mark Zuckerberg）在內，好幾位知名創業家都會定期給自己「思考週」，讓自己的思考活化，想法天馬行空一番。他們經常倡導特別騰出時間放鬆，讓腦袋放空的價值所在。一整個星期無所事事，就只是專注於自己的思考過程，聽起來可能有點遙不可及，不過一旦我們達到財務獨立，這就有可能做到。只有到那時，我們才能夠不時停下來自我省思，冷靜地凝結出思維、模式與智慧。（這相當重要，身為投資人，我們往往花太多時間去關心別人怎麼想，別人投資什麼，結果用於自省的時間卻太少。）寧靜的自由極具異趣，那就像是無法被課稅的收入一樣。在 30 多歲或 40 多歲達到財務獨立的價值投資人，會把餘生用來做他們熱愛的某件事：去了解更多關於這個世界的事。

班傑明·富蘭克林經常寫到節儉的美德，以及強烈的工作道德。他很清楚「時光一逝不復返」，也追求財務獨立，以確保他能夠贏回盡可能多的時間。他證實自己的寫作有超過 90%「是我不分任何年齡與國家所整理出來的拾遺選集」。富蘭克林研究過去，為的是現在能獲得更多自由。

富蘭克林開了一間生意很成功的印刷店，因此能夠在 42 歲就退休，不過真正啟迪人心的，是他對於累積財富的態度。這是一位在 42 歲就累積了大筆財富的人，但他並不是為了錢而汲汲營營。富蘭克林在一封寫給母親的信中寫道：「我寧願別人說我『他活得很富足』，而不是『他死的時候很有錢』。」

富蘭克林活得很富足，而且將自己放在「一生都可以把財富捐贈出去」的處境。

1758 年出版的《致富之道》，是摘自 1733 年到 1758 年間出版的《窮理

查的年鑑》（*Poor Richard's Almanack*）富蘭克林給讀者的建議摘要。這本書把許多格言編纂成一套系統化的道德準則，提倡勤勉與節儉是「致富之道」，藉此穩固個人道德。富蘭克林的建議時至今日，跟在兩百六十多年前一樣中肯。他提倡在日常事務中要奉行工作倫理、勤勉，以及積極性：「汝若熱愛生命，切勿虛擲光陰，此為生命構成之物。」

富蘭克林認為每個人都應該為社會做出貢獻，我們應當熱情洋溢地迎接每一天，去做出這些日常貢獻。在他看來，人生具體表徵於一群人為了共同利益而齊心合力，因此他相信「我們人民」的力量，倡導「只要我們勤勉，就絕不會挨餓；飢餓只敢在工作之人的屋外窺視，不敢侵門踏戶。」

這位最年長的美國開國元勳，同時也是節儉美德的堅定倡導者。「你若想要變富有……除了賺錢也要想著存錢。征服了印地安人，並沒有讓西班牙變得富有，因為她入不敷出。」

對於富蘭克林而言，節儉和強烈的工作道德，是累積財富的必要性格特質。

> 班傑明・富蘭克林因為具有（財務）自由，方能做出一番貢獻。
>
> ——查理・蒙格

蒙格在 2017 年於密西根大學羅斯商學院演講時，與聽眾分享了他的早年生活概況，以及他在與巴菲特真正投入商業界之前，是怎麼樣達到個人財務獨立的。喬納森・平（Jonathan Ping）在一則部落格貼文中，探討蒙格如何依循他的人生楷模班傑明・富蘭克林的各種人生軌跡：

- **蒙格並非含著金湯匙出生。**他想去史丹佛大學唸大學，但他父親鼓勵他去密西根大學，因為那間學校也很棒，而且學費比較負擔得起。蒙

格只讀了一年書就輟學,在 1943 年加入美國陸軍航空兵團服役。

- **先服役,然後讀法學院。** 在第二次世界大戰之後,蒙格先藉由「美國軍人權利法案」修讀大學課程,後來攻讀哈佛大學法學院。即使他從未獲得學士學位,哈佛大學法學院照樣讓他入學。

- **法律職涯很成功。** 蒙格成為一名成功的不動產律師,直到他累積了大約 30 萬美元的資產。這相當於他的家庭當時十年的生活費(他有妻子和好幾個小孩)。這時他也開始從事一些不動產開發,事業上了軌道之後,他就不再從事法律業務。

- **不動產開發很成功。** 蒙格累積了大約 300 多萬美元的資產之後,就逐步縮小他的不動產開發公司。這麼一來他就達到了「財務獨立」。

- **決定成為「全職資本家」。** 最後這個階段讓他成為如今這位億萬富翁慈善家。蒙格除了在波克夏與巴菲特共事以外,他還擔任魏斯可金融公司(Wesco Financial)董事長,這間公司後來也成長為一間包山包海、擁有許多全資子公司,同時持有一個謹慎操作的股票投資組合之綜合企業。魏斯可金融公司最終成為波克夏全資擁有的子公司。

以蒙格的一生作為藍圖,我們可以觀察到一條達到財務獨立之途:

- **努力工作,接受教育,發展出一套有價值的技藝。** 蒙格並沒有在宿舍房間裡做出臉書,或是讀高中時就在操作加密貨幣交易,而是在軍中服役,獲得法律學位,然後每天辛勤工作了好幾年。在這個時候,工作意味著用時間換錢,不過幸好時薪算起來很不錯。

- **在這段工作職涯期間,存下十年的生活費。** 蒙格很忠實地在養活家庭妻小的同時,盡可能存下他的薪水。你若不需要養家活口,也許不需要存到十倍那麼多,不過你還是應該要為未來打算,把目標設定在存

下那麼多錢。

- **為了加速財富累積的速度，你可以承擔一些風險，開始進行某種生意。** 你需要某種會逐漸增長、不是按月計時付費的東西。蒙格從事的是不動產開發，如果你去觀察那些迅速致富的人，他們幾乎全都擁有某種生意。不過那並沒有保證一定會賺錢，你必須相信一套基於穩固又有道理的原則、且經過合理計算的策略會管用。賈伯斯曾經說過：「你無法在向前展望時把點點滴滴串連起來，只能在向後回顧時才能做到。因此你必須相信這些點點滴滴，未來會以某種方式串連起來。你必須相信某種東西，無論是膽識、宿命、人生，還是因果都行。」簡而言之，你必須要有信念。

- **到了某個時候，你的投資就會賺到足以支付生活費的被動收入。** 那就是你達到財務獨立的時候。這時你一天當中做什麼已經無關緊要，因為你連睡覺都能賺夠錢了。許多人會在下列這幾條道路中，選擇一條繼續走下去：(1) 身為員工的職涯，(2) 主動管理一門生意，(3) 主動管理投資。[4]

　　蒙格的生平教導我們，只要每天都執行，每次都做一些，終究會得到很豐厚的紅利。成功的關鍵就在於長期堅持不懈地逐步增加一點點，複利本質上就是這麼一回事。

　　每天都要試著變得比你起床時更有智慧一點。忠實認真地投注在你的職責上。你會一步步地超前，不一定會迅速超前，不過你在準備衝刺時，就會建立起紀律……一次往前邁進一吋就好，日復一日堅持下去。只要你活得夠久，大多數人到了最終，都會得到他們應得的。

　　　　　　　　　　　　　　　　　　　　　　　　── 查理‧蒙格

我們觀察蒙格的舉動，可以學到很多事情。他並不是一個冒著天大風險的人，他逐步累積財富，從未讓家庭暴露於一夕崩壞的可能性。他努力工作了很長一段時間，直到後來才變得極為富有與出名。他主要是想要變得獨立，「只是不小心做過頭了」。

第一桶金之旅

弄到第一桶金經常被認為是最困難的一步，因為你既不知道該怎麼做，也不知道能不能賺到。一旦你弄到了第一桶金，你便知道自己做得到，甚至知道該怎麼賺到這一桶金。這就是為什麼一位白手起家的百萬富翁，就算碰上衰事家產歸零，也能再度成為百萬富翁。

許多被認為是人生勝利組的人，並沒有累積出第一桶金，不是因為他們賺得不夠多，只是因為他們欠缺紀律。這個社會美化了盡情消費的生活方式，大多數人也跟著隨波逐流，賺到的錢都花在非必需品上頭，剩下來能夠存起來的沒有多少。弄到第一桶金的旅途，始於存下來的第一塊錢，然後再存第二塊錢，如此一直存下去。最難的不是存到第一桶金，而是存下第一塊錢。萬事起頭難。

我在存錢跟累積財富的階段，很願意盡我所能努力工作，能工作多少時間就工作多少時間，為的就是要抵達這個重要的第一桶金里程碑。我在這個過程中，試著把每一塊能夠攢下來的錢都存起來，從未疏忽過班傑明．富蘭克林的教誨：「要當心那些少少的花費，小漏洞會讓大船沉沒。」

更重要的是，我一直都在投資自己。我每天都卯起來竭盡所能學習，一旦投資組合價值達到某個臨界質量，複利就會接手，用它的魔法讓我感到驚奇。

即使已經達到財務自由，我現在仍繼續工作，但那是因為我想要工作，而不是我需要工作。我工作是因為我實在熱愛這份每天在做的工作，擇我所愛並愛我所擇，讓我有一種喜悅感。如今每當我回首過去那些艱辛時刻，以及種種付出犧牲的回憶，我就會沉浸在一股深深的滿足感中，因為那一切最終讓我得以從投資中賺得人生的第一桶金。

班傑明‧富蘭克林為我們點出了致富之道：「致富之道就跟通往市場之道一樣平坦，主要取決於兩個詞：勤勉和節儉。也就是說，既不要浪費時間，也不要浪費金錢，兩者都要善加運用。一個人若無勤勉與節儉，一事無成；若是勤勉與節儉，無事不成。」

別踏上享樂跑步機

> 我發現人生中那些人為需求，會讓我淪為奴隸。人生中沒多少真正的需求。
>
> ——威廉‧詹姆士‧道森（William James Dawson）

坐擁大筆財富，經常會讓人受到詛咒。這叫做「享樂跑步機」（hedonic treadmill），它的作用是誘導你不斷挪動財務夢想的標竿，把你以為擁有更多錢時會獲得的愉悅完全抹除。人們總在享樂跑步機上頭跑得不亦樂乎：他們賺的錢愈多，期望跟欲求也跟著同步上升，因此無法獲得永久性的快樂。

經濟學家理查‧伊斯特林（Richard Easterlin）在 1946 年以及 1970 年，分別衡量了美國人的生活滿足度，結論是：物質生活水準提升，並未反映在生活滿足度的提升。這項發現因而叫做「伊斯特林悖論」（Easterlin paradox）：一旦一個人的基本需求滿足之後，再多賺的錢對於快樂就沒什麼貢獻了。這

是因為在我們的想法中，財富永遠是相對而非絕對的。

　　有項研究提出了下列問題：一個公司起薪 4 萬，卻只領 3 萬 6,000 元薪水的員工，跟另一個公司平均薪資 3 萬，卻能夠領 3 萬 4,000 元薪水的員工，誰會比較快樂？幾乎有 80% 的人回答，領 3 萬 4,000 元的薪水會讓他們比較快樂。[5]

　　我們想要得到我們想要的，直到我們想要更多為止。在心理學中，有個叫做「享樂適應」（hedonic adaptation）的過程，意思是我們對於生活中大多數的事物，會迅速地感到習以為常，因此我們快樂的感覺經常轉眼即逝。擁有 x 之後，我們會覺得要過上幸福快樂的日子這樣應該足夠了，但看到其他人擁有 $2x$ 之後，就會覺得那樣能更快樂。然後，我們又把標準拉高到 $3x$、$4x$，甚至 $10x$。這是一條注定終身悲慘之路，即使你最後變得家財萬貫也一樣。就如同戴夫・拉姆齊（Dave Ramsey）指出的，我們經常「拿我們並未擁有的錢，去買不需要的東西，就只是為了讓不認識的人印象深刻。」[6] 我們想要看起來日子過得好，更勝於日子真的過得好，因而根據光鮮亮麗的外表，以及合乎情理等等理由去做選擇，這往往會導致我們沒有強健的自我認知，轉而尋求外在認可。班傑明・富蘭克林說：「讓我們毀掉的不是我們自己的眼光，而是他人的眼光。要是全世界除了我以外全是瞎子，我就不應該在乎衣服跟家具要有多漂亮。」得到物質東西並不一定能改善你的生活，對東西有所欲求，表示你有某些社會性、情緒性或是心理性的缺口需要彌補。不要把愉悅感跟快樂混為一談，愉悅感轉眼即逝，然而現代企業說服了大多數人，認為追逐愉悅是唯一的快樂之道。你在享樂跑步機上待得愈久，它就愈會讓你在情緒上不堪一擊，所以你要趕快從那上頭下來。

　　《投資天規》（*Classics: An Investor's Anthology*）這本書收錄了一篇關於巴納姆（P. T. Barnum）的文章，引用他談論人們有踏上享樂跑步機習性的看法：

有數以千計的人一直都很窮，而有數以萬計的人，卻是在獲得足以一輩子衣食無缺的東西後，把生活計畫擴張到太過昂貴，難以支撐而變窮的……

成功是比逆境更為嚴酷的考驗，尤其是突如其來的成功。「來得容易去的快」，是一句古老但真實的俗諺。肆無忌憚的傲慢是不朽的大蛀蟲，它會把一個人的俗世財產啃食殆盡，無論你家財多寡皆不能倖免。**許多人一旦開始成功，就立刻把錢花在購買奢侈品，直到過了一段時間之後，支出吞噬掉收入，他們卻荒唐地試著打腫臉充胖子，為了保持「質感」而身敗名裂。**[7]

塞內卡也分享了他對於「人們想要盡可能多賺錢，而不是多感到快樂」這種企圖徒勞無功的想法：

伊比鳩魯說：「安貧樂道是高貴的財產。」誠然，只要你能安貧樂道，那就根本算不上是貧窮。**窮人不是擁有得太少，而是渴求更多。**倘若一個人垂涎鄰居的財產，老是在算計他未來想要獲得多少，而不是過去已經獲得了多少，那麼他在保險櫃或倉庫裡塞了多少東西，擁有多少牲畜，能夠坐領多少紅利，又有什麼意義可言？

你想要問什麼是財富的適當極限？首先是要擁有生活所需，然後擁有足夠的分量就好。[8]

摩根‧豪瑟推薦一種解決享樂跑步機問題的方法：「這方法是在基本需求滿足之後，刻意主動設法讓自己對於眼下所擁有的現狀感到滿意。這不是叫你停止儲蓄、別再努力或做出犧牲，而是要你慢慢接受金錢的結果並非快樂之源的想法。倘若你要汲汲營營，那最好是能盡情享受這過程。」[9]

豪瑟這話讓我想起喬治‧洛里默（George Lorimer）所說，關於這個題目我聽過最深刻的想法：「有錢並且擁有錢買得到的東西很好，**不過你也最**

好每隔一段時間就檢查一下，確定自己沒有失去錢買不到的東西。」

　　永遠不要以你的所有物衡量人生，要以你觸動的心靈、創造的笑容、分享的愛心來衡量。要關愛他人並且利用東西，要是反過來操作，永遠不會成功。愛是不帶目的性地去關懷，我們可以不成為愛的俘虜，而是有能力去愛的人。

10
依據內在計分卡過日子

能夠在一個老是想讓你變成某個模樣的世界裡做自己，是最偉大的成就。

—— 愛默生

忠於本色是真正的成功之道。

—— 蓋伊・斯皮爾

巴菲特說這世上有兩種人：一種是在乎人們怎麼看待他們的人，另一種則是在乎自己實際上有多好的人。

巴菲特總是保持對自己忠實，從不在自己的價值上做妥協。他從不在乎擁有奢侈品，迄今仍住在 1958 年以 3 萬 1,500 美元購買的平房。身為一名投資人，巴菲特完全靠自己思考，只依據他的個人投資哲學來進行投資。在 1999 年網路泡沫期間，巴菲特被當時某些一線財經評論員羞辱，波克夏的股價也頗受打壓，但是他始終謹記父親的教誨：只有他的內在計分卡才算數。

《巴倫周刊》（*Barron's*）把巴菲特放在 1999 年 12 月號的封面上，標題寫著「華倫，你怎麼了？」這篇標題故事說波克夏重重地「跌了一跤」。巴菲特面臨了畢生從未經歷過的負面媒體報導。許多遵循巴菲特投資風格的長期價值投資人，不是把公司結束掉，就是放棄堅持，買進科技股。但巴菲特卻沒這麼做，他稱之為內在計分卡的東西，也就是對於灌注於他內心的個人決

策，能夠堅持到天長地久的堅韌，讓他得以不為所動，堅定不移地執著於他長期堅守的原則。他從未忘記他的老師葛拉漢的話：「就短期來說，市場是一部投票機；但是就長期來說，市場是一部秤重機。」[1]

不要靠著他人認可過日子。要忠於自己，根據你是什麼樣的人，以及你相信什麼事情來行事，不然你的面具總有一天會掉下來。巴菲特要是按照他人遵循的標準過日子，他就無法維持相當堅定的心智獨立性，避開許多金融泡沫，以及後續所致個人的慘況。這對於所有的投資人來說，都是相當重要的一課：一個逆向操作者並非刻意要跟大家反其道而行，他只是某種循規蹈矩的人罷了。一位真正的逆向操作者，他是根據事實資料從頭開始獨立推論，並且能夠抗拒順勢而為壓力的人。

倘若在你內心深處，很清楚地知道自己是什麼樣的人，所做的選擇絕對是正確的，那麼雖然別人的批評是應該要加以考量分析，看看是否言之有理，但你不應讓他們的意見貶低你想要達成的事情。讓內在原則指引你的人生，而不是靠外在的認可。自重應當要凌駕於社會認可之上，任何時候都一樣。我們並不完美，也不應該假裝自己很完美，但永遠都該致力於讓自己精益求精。

巴菲特在「巴菲特合夥事業」期間的經營原則，為基金經理人提供了許多教訓。為了客戶利益，他們理應把這些原則永遠奉為圭臬。

巴菲特合夥事業期間的啟示

1956 年，年僅 25 歲的華倫‧巴菲特，成立了巴菲特合夥事業有限公司（Buffett Partnership Ltd.），資本額為 10 萬 5,100 美元，有七名有限責任合夥人：他的媽媽、姊姊、姑姑、岳父、姊夫、大學室友，以及律師。他沒有

收取管理費，超過 6% 累積獲利的部分他分走 25%，並且同意如果產生任何虧損，他個人會吸收一部分。在現今的投資管理產業中，你很難找到如此公平的收費結構。

1957 年投資在巴菲特合夥事業的那 10 萬美元，到了 1969 年會變成 171 萬 9,481 美元。倘若你把同樣的金額投資在道瓊指數，只會成長為 25 萬 2,467 美元。在這十幾年的時間內，扣除費用之後，巴菲特達到複合年報酬率 24.5% 的績效（扣除費用之前更是高達 29.5%）。同一時期道瓊指數的複合年報酬率加上股息計算，僅達 7.4%。

然而儘管事業如此成功，巴菲特仍然在 1969 年 5 月對他的有限責任合夥人宣布，他要結束掉巴菲特合夥事業。

巴菲特當時還很年輕，成就非凡，結果他卻把投資人拒於門外。

為什麼巴菲特在 1969 年決定結束投資合夥事業？

因為他具有某些美德：誠實、真摯、正直，以及可靠。

在十年投資成果斐然之後，巴菲特在 1967 年 1 月警告他的有限責任合夥人，應該要調整一下期望：「在接下來十年內，絕對沒有機會複製前十年的投資成果，即使是要做到差不多也是緣木求魚。」[2]

巴菲特在 1967 年 10 月，向他的投資人解釋為何他不認為自己有辦法達到同樣的投資成果：

這種在統計上難得一見的大特價，接下來這幾年會逐漸消失……

……當局勢不再順你的意，你很自然會說新的投資方式全搞錯了，一定會惹上麻煩之類的。我過去很瞧不起別人展現出這種行為，也見過那些故步自封、不願與時俱進審時度勢的人因此蒙受的懲罰。基本上我跟不上目前的市場狀況。**不過某方面來說，我心如明鏡。我不會放棄先前所採用、而且我十分明瞭其邏輯的投資方式（雖然我發現現在很難用得上），即使這意味著**

要放棄看似輕而易舉的大筆利潤，因為要得到這筆大利潤，代價是要採用我並非全然明瞭、未曾成功實行過，也有可能會導致嚴重的永久性資本虧損的投資方式。[3]

1969 年 1 月，即使巴菲特合夥事業剛度過績效最好一年，巴菲特仍然堅守立場：「在 1968 年年初，我覺得巴菲特合夥事業的績效前景，比過去任何時候都來得更為黯淡……但我們締造了投報率正 58.8% 的新紀錄，相較之下道瓊指數整體的績效，包括整年度平均持有其成分股會收到的股利在內，是正 7.7%。這樣的結果應當被視為在橋牌比賽中，拿到 13 張黑桃同花大順一樣詭異。」[4]

巴菲特在 1969 年 5 月時表示，他已經用光了所有好的投資想法。他說自己也可以拿投資人的錢賭賭運氣，有機會成為英雄，但他不願這麼做。

最後在 1969 年 10 月，他結束了巴菲特合夥事業。

巴菲特在寫給合夥人的最後一封信中，用了十頁的篇幅解釋他為何推薦投資免稅市政債，甚至提議跟他們個別坐下來，好好解釋箇中道理，並且幫他們實際購入市政債。至於那些想要繼續投資股票的人，他說：「要我坐在一個消極的位置，把你們送到舌燦蓮花業務員手上，只因為他們在 1970 年碰巧搶先接觸到你們，我覺得對你們完全不公平。」[5]

巴菲特推薦他的客戶，把投資轉到他在哥倫比亞大學的同班同學比爾·魯安（Bill Ruane）那裡，不只是因為他是巴菲特所知，除了他自己以外最厲害的投資人，也是因為巴菲特認為他是個品行端正、道德高尚的人物。（要知道巴菲特的有限責任合夥人，大多是他的親友。）據巴菲特說，魯安是「就我所知的投資經理人中，綜合考量正直、能力，以及對所有合夥人都適合持續投資等等眾多因素，排名最高的人選。」

比爾·魯安後來憑藉一己之能，成為一名傳奇投資人，他的紅杉基金

（Sequoia Fund）在接下十年間，總報酬率是 289.6%，相較之下標普 500 指數的總報酬率是 105.1%。後來巴菲特於 1984 年 5 月在哥倫比亞大學商學院發表名為「葛拉漢與陶德村的超級投資人」的演講中，將魯安納為超級投資人之一。

巴菲特在早年的合夥事業投資歲月裡，體現了彼得‧考夫曼在 2018 年「每日期刊公司」會議中提到的金錢管理「五大品質」（圖 10.1）。

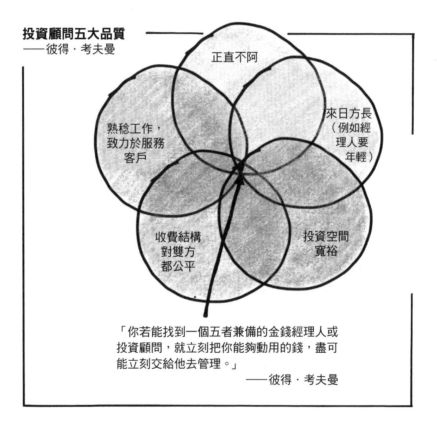

投資顧問五大品質
——彼得‧考夫曼

正直不阿

來日方長
（例如經理人要年輕）

熟稔工作，致力於服務客戶

收費結構對雙方都公平

投資空間寬裕

「你若能找到一個五者兼備的金錢經理人或投資顧問，就立刻把你能夠動用的錢，盡可能立刻交給他去管理。」
——彼得‧考夫曼

圖 10.1　彼得‧考夫曼提出的「投資顧問五大品質」

圖表出處："Charlie Munger on Bitcoins, Banking, AI, and Life," Safal Niveshak (blog), February 17, 2018, https://www.safalniveshak.com/charlie-munger-bitcoins-banking-life/.

本質上是為其客戶擔任受託人角色的基金經理人，應當先把自己視為風險經理人，這是最重要的。因此他們理應遵循巴菲特在 2001 年的股東信中所提，保險業審慎承保的關鍵原則：

他們只接受那些能夠妥善評估的風險（也就是停留在自己的能力圈內），在評估過所有相關因素，包括極不可能的虧損情境也考量過之後，才去實現預期獲得的利潤……

他們把業務侷限在能夠接受的範圍內，確保不會蒙受單一事件或是相關事件所造成、足以威脅到其償付能力的集體損失。他們不停地在尋找各種看似無關的風險之間，是否有可能存在著相關性。6

蒙格一直都很推崇他的門徒李錄，其身為一名受託資本管理人的高度職業道德與正直。你只需要聽聽李錄在 2015 年 10 月，於北京大學光華管理學院是怎麼跟學生說的，就能明白蒙格何以如此推崇他：

要建立起受託的責任感。什麼是受託的責任？你必須把客戶的每一塊錢，都當成你自己父母辛辛苦苦，一輩子勤勉節儉，一點一滴攢下來的錢。就算這筆錢不多，那也是經過多年奮鬥犧牲才累積下來的。你若能明白這連帶產生的責任，就能開始明白受託責任的意涵。

我認為受託責任的概念是天生的，人們要嘛生來就有，要嘛就根本沒有。7

永遠別忘了你對於信任你、並把他們這輩子辛苦賺來的積蓄交付給你的個人與家庭，負有道德上的責任。當你內心永遠看多的那一面，敦促你採用高風險策略，或是在一個可能很快會上漲個 20%，但也有可能下跌 50% 的

狂飆牛市中，想辦法擠出最後幾個百分點的報酬率時，要想想那位在沃爾瑪（Walmart）的結帳櫃檯工作多年，為了退休生活把商品一件件拿起來結帳的先生或女士。要是你把他們的錢虧掉一半，這會對他們的退休夢想以及生活渴望造成什麼影響？倘若他們知道你在做的事，會作何感想？你若完全知道自己在做什麼，**你自己**又做何感想？

內在計分卡的價值

許多人都有的外在計分卡，問的是：「人們對我會有什麼想法？他們會以我的衣著、外表，或是開什麼車子來評判我嗎？」

然而比那重要得多的內在計分卡，問的則是：「我做的事正確嗎？我是否正確地對待他人？這對我這個人來說管用嗎？」

這正是內布拉斯加家具商城（Nebraska Furniture Mart）創辦人蘿絲‧布魯金堅守的原則，她一輩子就靠一條簡單的座右銘：「賣得便宜，據實以告。」[8]

內在計分卡是一個人用來評判他或她自己的一套內在準則與標準。相反地，外在計分卡則是一套依據他人評判，斷定自我價值的外在比較性圖像。內在計分卡以及內在價值的概念，與外在計分卡以及市場價值的概念，兩者之間涇渭分明。葛拉漢曾在《智慧型股票投資人》中，談到這條涇渭分明的分隔線：

要對你的知識與經驗抱持勇氣。你若根據事實得到一個結論，也知道自己的判斷很紮實，那就據此採取行動，即便他人猶疑或不贊同亦然。**群眾不認同你，既不表示你是對的，也不表示你是錯的；你如果是對的，那是因為**

你的資料跟推論是正確的。[9]

　　有條理地著眼於內在計分卡過日子，這套對巴菲特很管用。他一直相信「誠實是上策」的箴言，始終走在正途上，而這讓他得到相當好的報酬。比方說巴菲特只要像許多競爭者一樣，把再保險業務稅籍地搬到具有稅務優勢的稅收管轄區，就可以省下數十億美元，但他沒有這樣做。他的獨立精神也灌注到生活中的各個層面，包括飲食習慣在內——他大多吃漢堡配櫻桃可樂了事。

　　1980 年代末期，美國的儲蓄信貸協會（S&L）都在運用會計伎倆，憑空創造出資本；這會醞釀出廣泛的破產危機，毀掉存款者的儲蓄，到頭來還得納稅人買單紓困，從而導致民眾的憤怒反彈。時任波克夏儲貸業務部門「魏斯可金融公司」主席兼執行長的蒙格，早就看出即使魏斯可獨善其身，也免不了會被貼上天下烏鴉一般黑的標籤，於是他不但削減魏斯可的借貸，還很極端地退出美國儲蓄機構聯盟（League of Savings Institutions），跟其他儲貸機構保持距離。他在一封信中把這個同業公會比擬為癌細胞轉移，並且說公會的遊說行為「有道德瑕疵，實在可恥」。[10] 只有寧願被整個產業深惡痛絕的人，才做得到這種地步；不過當儲貸危機爆發，魏斯可的聲譽卻絲毫無損時，這樣做就顯得很有價值了。在 1980 年代的儲貸危機中，是蒙格高度正直的行徑讓波克夏逐漸步上被奉為美國企業界道德模範的康莊大道。

　　巴菲特和蒙格等等人生勝利組（是指他們擁有真正成功的人生，不是以金錢來衡量），其共通之處在於他們努力追求快樂滿足的人生。他們不是只為了變有錢，不是只試著要出名，而是抱持著全然的正直，過著真正滿足的生活，並且幫助周遭的人達到同樣的狀態。

　　伯尼‧馬多夫（Bernie Madoff）在他的龐氏騙局期間，享盡舉世崇敬，家財萬貫，但他快樂嗎？他被逮到之後很明確地說過，他當時並不快樂。這

可是個舉世崇敬，外在計分卡 A⁺ 的人哪，但當他失去這一切時又如何呢？他倒是鬆了一口氣。《紐約》雜誌報導說：「對伯尼・馬多夫來說，生活在謊言中已然變成了一份讓人始終焦躁不安的全職工作。『這對我來說是一場噩夢。』他對調查員不斷用上『噩夢』這個詞，彷彿他才是真正的受害者似的。『我真希望他們六年前、八年前就逮到我。』他在某一次沒多少人注意到的調查員訪談中如此說道。」[11]

夏恩・派瑞許寫道：「有個小小的心智訣竅，就是要記得：成功、金錢、名聲、美貌，我們所追求的一切都只是分子！倘若羞愧、懊悔、不快樂、孤獨這些分母太大，我們的『人生滿足分數』就會變得很渺小，很沒有價值，就算我們擁有一切的好東西也一樣！……道理如此簡單，這就是為什麼你會發現有些『理應快樂』的人，實際上卻不快樂。他們的分母太大，摧毀掉整個自我價值。」[12]亞當・史密斯在兩百多年前在其著作《道德情操論》（*The Theory of Moral Sentiments*）探討過這個議題。他說雖然我們想要被他人愛戴，然而一天結束之時，我們只有在內在計分卡上面表現很成功時，才能夠體驗到快樂感。只有在我們感覺到自己真正配得上所達到的成就時，才能從中獲得真正的喜悅。我們不能光是接受他人讚揚，還必須要名符其實才行。我們不能只是受人愛戴，還必須要值得愛戴才行。

要得到你想要的東西，就讓自己配得上你想要的東西。信任、尊敬與敬仰，都得靠自己掙來。就如同蒙格所言：

這個概念有夠簡單，可以說是黃金準則。**你要為這個世界提供的，是你自己也會想買單的東西。**在我看來，對於任何律師或任何人來說，沒有比這更棒的精神思想了。總體來說，具備這種精神思想的人就是人生勝利組，而且贏得的不只是金錢或榮譽，**還贏得了尊敬，跟他們打交道的人會給予他們應得的信任，而獲得實至名歸的信任，是人生一大樂事。**[13]

根據內在計分卡過日子的觀念，與蒙格在他的文章〈人類誤判心理學〉（The Psychology of Human Misjudgment）裡，所討論到的「康德式公平傾向」概念有密切相關。「康德以其『定言令式』（categorical imperative）著名，這是某種『黃金準則』，要人類遵循那些倘若其他所有人都一起遵循，就會使其周圍人類系統的運作對每個人都是最好的行為模式。」[14]

我認為這是實踐更高善行之法，通往高道德標準之途，走的是常人少行之途，為的是成為更好的人。巴菲特與蒙格在過去數十年裡，以他們的日常應對進退展現出這種行為典範，其善意在這些年來也以指數的回報複利增長。

我們必須就文明的觀點，而不是就任何單一個人的觀點（包括自己在內），來看待個別情形。倘若我們的行為舉止會鼓勵人們撒謊欺騙，或是我們容忍這種系統存在，那就會毀掉文明。倘若我們不懲罰撒謊欺騙的個人（即使那個人就是自己也一樣），那麼「惡小可偶爾為之」的想法，就會因為誘因效應以及社會認同而散播開來（「大家都在做嘛，沒問題的。」）行為舉止要成為道德模範，激勵他人見善則遷，是我們的責任。

> 我在擔任軍官時，部隊裡有一條叫做「軍官行為不當」的規則。這條規則內容並不明確，不過它說到要作為他人模範，就要做到某些事情……**你若在企業裡或生活中某些地方位居高位，就有責任成為楷模──為了以身作則，你有義務要拿得比你應得的少一些。**
>
> ── 查理・蒙格

到了最終，你會想要安然自處，每天無愧於心。就如同諺語所說：「沒有比明晰的良心，更能讓人高枕無憂。」我們不該用人生中的模範打打嘴砲就了事，而是應該把他們的風範，表徵在言語、行動與精神中。我們在人生

過程中會面臨許多艱困情境，在這種時刻還要保持真誠，當下真的很痛苦，但是在這種時刻遵循正確的道路，長期以往將帶來巨大的報酬。只要我們依據內在計分卡過日子，善意就會隨著時間以指數複利成長。

蒙格再次跟我們分享一些偉大的想法：

我認為教導道德的最佳方式，莫過於透過楷模。那意味著你若能留意那些在日常生活中處處展現良好道德架構的人，我想那對於在一旁觀摩的你，會產生巨大的影響力。不過倘若你的道德有些鬆脫卻獲得獎勵，那道德可就會向下沉淪了。道德無比重要，不過最好是透過楷模間接教導。你若在學校裡學到幾條道德守則，為的只是要考試過關，那沒有什麼用處。**不過你若能夠看見你景仰的人，尤其是在壓力大的情況下，還能保有某種行為舉止，那將產生真正的影響力。**[15]

互惠原理說「將心比心」，還說「己所欲，施於人」。品行指的是當你位居上風，也沒有人在旁觀時，你會如何對待他人。長久以往總是「一報還一報」，因果就像一顆大雪球，所以對待任何人都要有道德，是最高貴的生活方式。倘若全體人類都能夠把塞內卡的金玉良言納為生活方式，這個世界的道德架構必會全然轉變，他說：「珍惜品行高尚之人，讓他永存你眼前，彷彿他盯著你瞧那般過日子，讓你的一切舉止都能入他眼簾。」[16]

11
延遲享樂是人生成功的關鍵

前人種樹，後人乘涼。

——華倫・巴菲特

你若能夠保持性格誠實正直，每天早上都爬起來學習，並且願意延遲人生中許多享樂，你就能成功。

——查理・蒙格

懂得用時間套利的人，幾乎總能脫穎而出。第一層的立刻享樂思維，是眾人擠爆之途，最多也只能有平庸的結果。延遲享樂需要第二層的思維，比較沒那麼多人去走，也更容易獲得較好的結果。

——夏恩・派瑞許

　　在 1960 年代，專長是性格理論與社會心理學的美國心理學家沃爾特・米歇爾（Walter Mischel），在史丹佛大學附屬幼稚園進行了一項著名實驗。在這項廣為人知的「史丹佛棉花糖實驗」，一群四、五歲的小朋友要面臨一項困難的選擇：他們可以立刻吃掉一顆棉花糖，或是等上十五分鐘之後，得到兩顆棉花糖作為獎勵。

　　這些小朋友在接下來四十年內，被納入後續追蹤研究中，結果發現願意延遲享樂，等待獲得第二顆棉花糖的小朋友，他們的父母回報小朋友的 SAT

分數比較高，藥物濫用的程度較低，比較不會兒時肥胖，面對壓力的反應較好，社交技巧較佳，而且在其他各種生活層面上表現也較良好。

換句話說，這項實驗展現了延遲享樂、先苦後甘的優點所在。長久以往，這樣做可以鍛鍊紀律，強化一個人的技能與能力，比起選擇輕鬆之途，複利累積出更多的成功與滿足感。

先苦後甘的美妙

蒙格一直大力倡導延遲享樂。他強調具備耐心，準備好在絕佳機會出現時大展身手的重要性。這些機會很罕見，而且稍縱即逝，因此我們要有耐心，隨時準備好，並在時機到來時果斷掌握住它們。蒙格分享了一個啟迪人心的例子：他閱讀《巴倫周刊》五十多年來，只在其中發現過一個可據以採取行動的想法。那是一間估價便宜的汽車零組件公司〔大家都猜那間公司應該是天納克（Tenneco）〕，他以每股 1 美元的價格買進股票，幾年之後以每股 15 美元賣出，賺了 8,000 萬美元。後來蒙格把這 8,000 萬交給李錄，他又把這筆錢變成 4 億美元。只不過透過兩次投資，蒙格就把幾百萬變成 4 億，這個例子闡述了極具耐心、延遲享樂，以及在關鍵時刻展現強大決斷力的重要性。這就是為什麼蒙格說：「要能夠坐擁現金卻啥也不做，需要具備某種性情。**我可不是靠追逐一些平庸的機會，獲得現在這個成果的。**」[1]

勝出的唯一方法，就是努力、努力、努力再努力，然後希望能夠從中得到幾個見解。

——查理・蒙格

一個人一輩子需要多少見解，才能成為一名成功的投資人？巴菲特說其實不需要很多：

我有一招可以改善你的最終財務福祉：我給你一張打卡紙，上面只有二十格，所以你只能打二十個洞，這代表你這輩子所能做的所有投資選擇。一旦你把這張打卡紙打光了，就完全不能再做任何投資了。在這些規則之下，你會對於自己要做什麼深思熟慮，也會被逼著對你深思熟慮過的選擇做大筆投資，這麼一來結果就會好得多。[2]

蒙格在 2017 年的每日期刊公司會議上，不斷提到延遲享樂這個主題。他談到大多數投資人都只想迅速撈一筆，但是最厲害的投資人卻願意延遲享樂，以便在遙遠的未來獲得豐厚許多的利益。

長期投資人會尋找願意延遲享樂的經營團隊。這些團隊把精力放在打造可長可久的經濟特許事業上頭，著重業務的長遠性，也願意放棄短期利潤以增加長期價值。讓我們看一眼複利公式，幫助我們思考如何建構長期價值：

$$a = p*\left(1+\left(\frac{r}{100}\right)\right)^n \tag{19.1}$$

公式中的 a 是累計未來價值，p 是本金或現值，r 是百分比報酬率，n 是複利期數。

有太多的經營團隊，把注意力都放在這個方程式裡的 r 變數上頭。他們尋求立即享樂，追求近期要有高淨利率與每股盈餘高成長率，而非採取能夠在多年之後，讓業務價值比現在高出許多的方案。這會讓許多經營團隊放掉「雖然能創造長期價值、但是短期內的『會計數字』比較難看」的投資機會。來自分析師的壓力，會不經意地誘使這些公司盡可能從現有的顧客身上能賺

多少是多少，這樣才有漂亮的季報數據，而不是使用一個公平的價格，為所有股東創造出持久的商譽與長期的雙贏關係。那些購買商品並銷售品牌、具有強大訂價能力（通常毛利率很高）的企業，永遠都應該謹記，具有訂價能力就像是信用額度很高一樣，你也許多的是可以運用的空間，但必須謹慎使用。具有訂價能力並不表示你要馬上使用，消費者剩餘（consumer surplus）是一種很棒的策略，對於以訂閱為基礎的經營模式而言尤其如此，管理上應該主要集中於讓消費者養成習慣，並使「順手續訂」成為一件不費腦筋的事情。大多數的企業未能理解到「短期的高獲利性」與「藉由井然有序的訂價策略，並提供消費者極高的價值，使企業長治久安」兩者之間，存在著這種微妙的取捨。少數能夠確實理解到這種取捨的企業，在日常決策中總是展現出「先苦後甘」的思維。

我們來看兩個相反的例子。先看威朗製藥（Valeant Pharmaceuticals）這間公司，他們向創新公司購買罕見疾病的救命藥物，然後採取掠奪性訂價策略。這樣做的財務指標乍看漂亮，但是這種從顧客身上榨取價值的寄生關係（而非為顧客增添價值），通常終究會在未來某個時候摧毀股東價值。然後我們再看由貝佐斯領軍的亞馬遜這種公司，他說：「我們做過價格彈性研究，答案總是說我們應該要提高價格，不過我們不會那麼做，因為我們相信，也必須要把這當成信條的是，**只要把價格壓到非常、非常低，我們就能逐步贏得顧客信任，這麼一來就長期而言，反而能夠讓自由現金流變得最多。**」[3]

有些公司願意不把短期利潤的重點 r 變數衝到最高，而是集中於讓長期利潤的重點 n 變數衝到最高，以創造最大的長期股東價值，以及一批開心的顧客。亞馬遜、內布拉斯加家具商城、好市多，以及蓋可保險（GEICO），都是很出色的範例。這些公司逐漸成長並達到經濟規模之後，仍然繼續以較低的價格並提供更多價值，與顧客分享這些利益。由於這些公司具備為了長

期利益著想，願意延遲享樂的罕見能力，他們不但能讓顧客開心，使顧客心甘情願在這些公司上頭花更多錢，還能使其他對手愈來愈難以與之競爭。下面這段貝佐斯說的話，就反映了亞馬遜的長期思維文化：

一家夢幻企業起碼具備四種特質：顧客很愛，能夠成長到很大的規模，資本報酬很高，**還要長治久安，能撐上個數十年**。你若找到一間這樣的企業，別只是認可而已，跟它長相廝守吧！[4]

我們追求最佳化的並不是獲利率。你想要最大化的是每股的絕對自由現金流金額，**倘若降低獲利能夠達到這個目的，那我們就會那樣做**。你若能夠創造自由現金流，那是投資人能夠拿來花掉的東西。投資人可沒辦法花掉獲利率。[5]

低價銷售會創造出一個良性循環，**長期下來會產生大得多的自由現金流金額，因此也造就了一家價值高得多的 Amazon.com**。[6]

每當我們被迫要在讓一般公認會計原則（GAAP）的帳面數字最佳化，以及**讓未來現金流現值最大化**，兩者之間擇其一的時候，我們都會選擇現金流。[7]

研究巴菲特對於蓋可這些年來顧客獲取成本的評論，可以從中得到一些關於延遲享樂如何創造長期內在價值的最佳見解：

我們在 1999 年會再度增列起碼 1 億 9,000 萬美元的行銷預算。事實上，只要我們能夠同時建構該公司妥善服務保戶所需的基礎建設，波克夏願意**投資**蓋可新業務活動的金額是沒有上限的。

由於這些第一年就要投下去的成本，有些擔心季度或年度獲利的公司，會避免像這樣的投資，無論這些投資就建構**長期價值**而言有多麼明智皆然。

我們的算法則不一樣：**我們只衡量花掉的每一塊錢，是否能夠創造出比一塊錢更高的價值——只要算出來符合這個前提，那麼我們花的錢愈多，我就愈開心**。[8]

　　比方說我們去年在蓋可卯起來花了 9 億美元打廣告，以獲取**未能立即產生利潤**的保戶。倘若我們能夠有生產性地花兩倍的錢，**就算短期結果會更加不利，我們也會很開心地花下去**。[9]

　　巴菲特把這些短期內會對財報獲利造成壓力的支出，視為可創造長期價值的**投資**。他在波克夏股東手冊的企業主相關準則第六條指出：「會計結果並不會影響我們的營運或資本配置決定。面對收購成本差不多的情況，在標準會計準則下，我們寧願收購兩塊錢無法呈現在帳上的獲利，更勝於收購一塊錢可以呈現在帳上的獲利。」[10]

　　著名的價值投資人湯姆・盧梭，經常談到具有「受苦能力」的公司，也就是能夠承受短期帳上獲利不佳的代價，再投資以建構長期競爭優勢。這些公司通常都具有一個能夠遏止積極投資人的企業主結構，某些個人或實體具有足夠的控制權，可以堅持建構長期經濟特許經營權的策略路線，而毋須太過在意短期獲利性。要在新市場發展業務，需要投入大筆的前期成本，這些高額成本會壓抑當期獲利，這在短視的市場裡會對股價產生負面影響。大多數花在生產與經銷以外的前期成本，是要讓人們隨著收入增長，逐漸轉變成為終身顧客。一間公司在市場份額或利潤成長之前，想要維持初期的市場占有率，就需要先投入大量的廣告與促銷。這過程曠日廢時，需要許多耐性，然而大多數的經營團隊並沒有這種耐性。來自於股東、手握股票選擇權的員工，以及管理階層身家淨值的惱人干擾，會使得公司這裡做點妥協，那裡推遲一點必須要做的投資，好擠出一些獲利，安撫好華爾街，並推升股價。哪裡癢就稍微抓一下，感覺就會好多了。

但是抓了癢就不會癢了嗎？不好說。這些公司最後會陷入無止盡的管理分析師預期遊戲，為了達到預期而跟分析師串謀，這事一做就難以自拔了。這些公司會開始玩起獲利管理遊戲，避免遭受可能會緊接著出現的短期獲利衰退。因為他們擔心這會威脅到他們脆弱貧乏的策略控制力，也擔心倘若華爾街宣告公司獲利頹勢難挽，他們就會飯碗不保。很容易受到短期取向積極股東影響的經營團隊，比較會專注於採取可推升短期結果的活動，而犧牲掉長期成功的機會。

在最新版的《價值評估：公司價值的衡量與管理》（*Valuation: Measuring and Managing the Value of Companies*）中，作者寫道：「我們發現就實證而言，若要推升資本報酬率高的公司股東報酬，長期營收成長（尤其是有機營收成長）是最重要的因素。我們亦發現研發投資（R&D）與股東長期總報酬之間，有相當強烈的正相關性。」這本書同時也指出：「兩位杜克大學的教授向四百位財務長進行訪查後發現，有高達 80% 的財務長表示，為了要達到短期獲利目標，他們會縮減諸如行銷或研發之類，有可能創造價值的投資活動自由裁量支出。」[11]

大多數的經理人並不願意蒙受當前的痛苦，因此著重於短期結果；這會導致打造品牌以及研發等等，其他長期成長方案投資不足，最終造成長期的痛苦。他們會削減當期成本，以推升當期獲利，而不是在當下多花些錢，以便在日後賺得多更多，結果卻是損及自己的長期成功機會。

讓你的個人價值與投資協同一致，是很重要的事。巴菲特與蒙格都是延遲享樂的大師，而身為波克夏海瑟威股東的你，若是不跟他們一樣願意延遲享樂，最終一定會變成一位很不開心的股東。

巴菲特樂於放棄蓋可的當期獲利，以獲取額外的保戶。不過只要有把握，他也願意增加支出以及會減損獲利的同期費用，因為他總是著眼於每位顧客的終身總價值。一間公司的顧客終身價值與獲取顧客成本比率高的時

候，就理應盡可能多投資以獲取新顧客。這就是巴菲特對於蓋可花錢買廣告，以獲取有利可圖顧客的思維：他以顧客的淨現值去思考。

波克夏海瑟威在保險業務方面，不但樂於在欠缺有利可圖的承保機會時，放棄業務與市場份額，在某些情況下還願意在當年度蒙受直直落的承保損失；但是做為交換，他們可取得在未來許多年內，能夠產生收入的浮存金。事情還能夠糟到哪裡去？所有的費用當下都已認列，然而所有的收入只有在未來這些年內，浮存金產生投資獲利時才會認列。這就是延遲享樂發揮到極致的結果。

所有這些案例的關鍵都在於：身為股東的你，是否願意把延遲享樂這件事，做到像巴菲特與蒙格那樣的程度？倘若做不到這種程度，你可能會想要重新審視是否要持有這張證券，以及其他具有類似長期思維的經營團隊所經營的證券。要記得，只有抗拒眼前唾手可得的棉花糖，未來才能得到一整盒的時思松露巧克力。

對於致力於在一兩年內就創造顯著收益增長的公司，投資人通常會高估其價值，因為他們不想等那麼久才獲利。對於那些投資於未來，但是採取新方案而常導致當下初期獲利低落的公司（因為產能需要時間加以活化），投資人則是往往退避三舍，因為其獲利成長前輕後重。就算這些公司經營得不錯，它們接下來四到八季的「財報」獲利成長會很低，甚至可能會出現由於折舊漸增加上初期獲利薄弱（這是由於產能活化量低所致），獲利反而衰退的情形。就算這些公司預期之後的獲利會呈現指數性成長，然而股市通常不會在一開始就讓這些公司的市值增加；不過當獲利成長明顯可見的時候，股市就會重新評價這些公司了。

身為投資人，倘若我們挑出這些公司，並且具備持有的耐性與信念，就會獲得競爭優勢。雖然這些公司就長期基礎來說，價值明顯遭到低估，但是要投資它們，在心理上卻頗有挑戰性，更別說要持有了。這些難處導致少有

投資人會投資這些股票，進而造成訂價錯誤，因為當投資人的注意力很少放在這些股票上頭的時候，價格發現的力道就很薄弱。

只有在我們自己就看得很遠的情況下，才有可能投資在致力於創造長期價值的公司。你若著眼於長期結果，就要準備好在短期內經常被人誤解，不僅是經營企業與投資是如此，經營人生與人際關係亦是如此。要投資具有「受苦能力」的公司，就必須願意跟著它們一起受苦；換句話說，我們需要對於短期痛苦具備高度的忍受力。

> 你必須在股價下跌時買進。股價下跌時的成交量遠超過股價回升時，而且那時買家的競爭少得多。買得太早幾乎永遠都優於買得太遲，但你必須要做好心理準備，買到的東西還會再跌價。
>
> ——賽斯‧克拉曼

一位基金經理人必須要具備能夠撐過屢屢定期績效不彰的韌性。盧梭在 1999 年投資雀巢、海尼根、聯合利華等等高品質企業，這些公司在當時推動市場的投機力道之下極為失寵。盧梭的基金當年下跌了 2%，道瓊指數卻上漲了 27%；在隔年前期盧梭又虧了 15%，市場則上漲了 30%。盧梭之所以能夠堅定不移，是因為他具有受苦能力，當時把錢交給他的投資人也是如此。這就是為何一位投資經理人的成敗關鍵，除了對於錯誤的投資觀念說不以外，也取決於他或她是否有篩選出潛在客戶的能力。

股票投資就像是一棵竹子，我們播種後除了熱情以外，一路上也需要有耐心以及深深的信念。竹子需要五年以上才會開始生長，但一開始生長，短短六週就會迅速長到二十五公尺高。知名部落客安蘇爾‧凱瑞（Anshul Khare）說得好：「複利在頭幾年會測試你的耐性，之後好幾年則是會讓你不知所措。」[12]

彼得‧林區的投資經驗與這個具有啟發性的竹子故事，有一個很具象徵性的共通之處：「讓我賺得最多的股票，是在我持有它們第三年或第四年時，才產生最大的獲利。」[13] 股價低迷的時間可能會比我們預期的來得更長，之後重新訂價的速度，也可能比我們預期的快得多。

我們應該根據企業的經營結果，而不是其股價的波動性來評判它們。股市著重於後者，但投資成敗取決於前者。只要經營團隊經營得好，股價終究會趕上來的。不急著從手頭上既有的高品質成長股獲得立即報酬，事實上還能夠建構起反脆弱性。耐性在這種時候扮演關鍵性的角色，比方說波克夏海瑟威的股票截至 2019 年 10 月，在過去四十二年內創造了 21% 的年複合成長率（CAGR）；不過倘若你在 1997 年買進波克夏的股票，就得要先等上五年，才能看到這支股票終於產生正報酬。同樣的道理，Adobe 從 1986 年 8 月 IPO 算起，截至 2019 年 10 月為止，創造了 24% 的 CAGR，但是其投資人必須經歷 2000 年到 2013 年，長達十三年的零報酬時期。投資很難，真的很難。

具備長期觀點是會有報酬的，但是長期的投資時程，必須要搭配願意不斷質疑核心投資論點的投資過程。投資人應當採取主動式耐性，也就是勤勉地不斷驗證其原先的投資論點，在相反或負面的事實浮現之前按兵不動。我們實在是太常在一支股票表現不如預期時，才把它稱之為「長期投資」。我們投資人經常在投資前，花很多時間去了解一家公司及其經營團隊，但我們一這麼做了之後，想法就很難再改變。投資人不想要覺得他們把所有的時間，全浪費在知道了什麼卻又不據此採取行動。而我們則是在研究新觀念以及既有持股時，在智識上保持誠實，並且只投資少數我們認為機會明顯對我們有利的標的，藉此逐漸獲得優勢。投資人容易變得自以為是，在股價上漲時不再質疑其既有持股，只有在股價開始下跌時才會繼續仔細鑽研。不要只在股價下跌時才去分析你的持股，一支既有持股只因為股價上漲而保留，並不一定表示其業務沒有什麼壞事發生。

投資人的最大優勢

你若想要在華爾街賺到錢，就必須具備妥善的心態。沒有人說得比哲學家史賓諾沙 (Spinoza) 更好……史賓諾沙說，你必須以永恆的角度看待事物。

—— 班傑明‧葛拉漢

想在股票上賺錢，你必須要有發掘的眼光，買進的勇氣，以及持有的耐性。而耐性是這三者之中最罕見的。

—— 湯瑪斯‧菲爾普斯（Thomas Phelps）

投資人在面臨所有勸告你賣出既有持股，獲利了結的建議與誘惑時，還能夠無動於衷，就充分展現出了相當異乎尋常的心理素質。

擁抱延遲享樂的概念，可以為投資人創造出最大的優勢。人類的天性讓人很難善用這項優勢，然而這個困難度卻正是優勢之所以能夠存在的理由，而且因為人類天性永遠也不會改變，對於性情正好能善用這項優勢的人來說，這項優勢可長可久。貝佐斯提到這項優勢的源頭時這樣說：「倘若你做的每一件事都必須在三年內發生作用，那你就必須跟許多人競爭。但倘若你願意投資一項為期七年的計畫，你就只需要跟一小撮人競爭，因為很少有公司願意這樣做。只要把時間拖長，你會願意投入你從未想過要投入的心力。」[14]

能夠採取長期導向的能力，如今比起以往任何時候都還要占優勢。在五十年前，紐約證交所的平均持股期間是七年，如今僅僅四個月長。這種全然瀰漫於市場中的短線心態，造成人們出於各式各樣的理由進行不理性買賣；這會密切牽動股價的短期走勢，然而跟公司的長期價值卻一點關係也沒有。

由於財金社群著眼於下一季的趨勢愈來愈明顯，採取長期導向對於投資人來說，是一種結構性的競爭優勢；隨著我們經歷科技創新與社群媒體推波助瀾下，資訊、資料與雜訊爆炸的洗禮，這項優勢會隨著時間漸趨強化。華爾街大多數人的天分以及資源，都集中於未來數季的短期競技場裡彼此競爭，這個事實會讓那些能夠放眼三、五年後靜靜地思索大局的人，擁有相當好的機會。這種長期導向有助於找出少數幾個真正要緊的關鍵變數，這些變數鮮少（如果有過一次的話）是公認的下一季每股盈餘，或是精確到小數點後的財報獲利率。善用他人想要規避波動性的欲望，是這個策略管用的關鍵所在。

客戶會要求你不斷成功，對於短期績效不彰沒多少耐性，這意味著基金經理人倘若不著重於下個月、下一季，或最多明年的績效，就得要冒著管理資產以及自己的工作一併丟掉的風險（後者也叫做「職涯風險」）。這種客戶顯然不懂投資績效只有三種類型：很差，淨表現不錯但偶爾很差，以及總是表現優異但其實是詐欺。

客戶這種沒耐性的心態，以及因此對基金經理人造成不得不在每一季都打敗指標的壓力，導致投資組合變動過度，摩擦成本因而高居不下。再加上高費用率，這就導致大多數的主動式基金經理人未能打敗其對應的指標。主動式投資與被動式投資對決的「實質記分員」標普道瓊指數，在 2018 年的美國標普指數對決主動式投資計分卡（SPIVA U.S. Scorecard），就點出了這個事實（表 11.1）。[15]

換句話說，在為期十五年內投資績效能夠打敗其對應指標指數，大型股基金經理人每 12 個才有 1 個人，中型股基金經理人每 14 個才有 1 個人，小型股基金經理人每 31 個才有 1 個人。擁有最佳大腦與才華經理人的投資機構，卻因為太執著於要規避波動性，只能繳出如此平庸的績效。

表 11.1 美國股票型基金績效被指標超越的百分比（2018 年結算）

報告一：美國股票型基金績效被指標超越的百分比

基金類別	比較指數	1 年 (%)	3 年 (%)	5 年 (%)	10 年 (%)	15 年 (%)
所有本地基金	標普 1500 綜合指數	68.83	81.49	88.13	84.49	88.97
所有大型股基金	標普 500 指數	64.49	78.98	82.14	85.14	91.62
所有中型股基金	標普 400 中型股指數	45.64	74.29	79.88	88.03	92.71
所有小型股基金	標普 600 小型股指數	68.45	84.35	89.40	85.67	96.73

圖表出處：Aye Soe, Berlinda Liu, and Hamish Preston, *SPIVA U.S. 2018 Scorecard*, S&P Dow Jones Indices, Year-End 2018, https://www.spindices.com/documents/spiva/spiva-us-year-end-2018.pdf, https://www.spglobal.com/_assets/documents/corporate/us-spiva-report-11-march-2019.pdf.

我們可以從凱因斯（表 11.2）以及蒙格（表 11.3）在其管理基金期間，長期來說相當成功但起伏頗大的績效紀錄，看出一位有耐性的投資人，基於跟基金經理人類似的長期心態，能夠按兵不動有多麼重要。

> 只要機率對我們有利，而我們也沒有把整間公司賭在擲骰子之類的事情上，我們就不在乎這樣做造成的波動性。我們要的是機率對我們有利。
>
> —— 查理・蒙格

投資進場的代價，就是要應付這種暫時的波動性，但是參與市場的人卻沒幾個願意付這種代價，那正是為什麼具備有耐性的心態，著重於 CAGR 而非逐年報酬，並且願意擁抱波動性，可以造就顯著的財務回報。這是時間套利在運作。

合格機構配售（qualified institutional placement，簡稱 QIP）是市場中很適合進行時間套利，且報酬優渥的一塊領域。一間公司在進行 QIP 之後，其股價表現在緊接著好幾個月內通常都是負的，這是因為各機構對於該公司

表 11.2　凱因斯的投資績效紀錄（1928 年至 1945 年）

年度	年度百分比變動率	
	切斯特基金 （Chest Fund）（%）	英國股市 （%）
1928	0.0	0.1
1929	0.8	6.6
1930	−32.4	−20.3
1931	−24.6	−25.0
1932	44.8	−5.8
1933	35.1	21.5
1934	33.1	−0.7
1935	44.3	5.3
1936	56.0	10.2
1937	8.5	−0.5
1938	−40.1	−16.1
1939	12.9	−7.2
1940	−15.6	−12.9
1941	33.5	12.5
1942	−0.9	0.8
1943	53.9	15.6
1944	14.5	5.4
1945	14.6	0.8
平均報酬	13.2	−0.5
標準差	29.2	12.4

圖表出處：John F. Wasik, *Keynes's Way to Wealth* (New York: McGraw-Hill, 2013).

表 11.3　查理‧蒙格的投資績效紀錄（1962 年至 1975 年）

年度	蒙格合夥投資事業（%）	道瓊指數（%）	標普 500 指數（%）
1962	30.1	−7.6	−8.8
1963	71.7	20.6	22.6
1964	49.7	18.7	16.4
1965	8.4	14.2	12.4
1966	12.4	−15.8	−10.0
1967	56.2	19.0	23.8
1968	40.4	7.7	10.8
1969	28.3	−11.6	−8.2
1970	−0.1	9.7	3.6
1971	25.4	9.8	14.2
1972	8.3	18.2	18.8
1973	−31.9	−13.1	−14.3
1974	−31.5	−23.1	−25.9
1975	73.2	44.4	37.0
總報酬率	1156.7	96.2	102.6
年度報酬率	19.8	4.9	5.2
波動性	33.0	18.5	17.7

圖表出處：Janet Lowe, *Damn Right* (Hoboken, NJ: Wiley, 2003).

股票的主流需求，都已經被 QIP 吸收了。經營團隊在路演時承諾投資人長到天上的獲利前景，藉以在 QIP 之前推升股價，因此在 QIP 之後好幾個月內，無論有什麼好消息，股價都會無動於衷，因為股價已經反映過這些消息了。另一個抓到 J 曲線揚升點的關鍵，在於新注入的資本需要經過一段時間，才能賺到跟既有投入資本一樣的股東權益報酬率（ROE），因此 QIP 後

的 ROE 若是較低，就會進一步拖累股價。

　　要投資在想法跟你類似、有能力長期經營的公司。投資是一場長期遊戲，你讓遊戲進行的時間愈長，失望的機率就愈低。自 1950 年開始到 2019 年 9 月為止，以標普 500 指數衡量的任一年股市報酬（使用摩根大通提供的研究資料），從 +47% 到 -37% 都有，但是任五年的股市報酬就落在 +28% 到 -3% 之間。[16] 報酬範圍在任二十年期間，進一步收縮到 +17% 到 +6% 之間。簡單來說，打從 1950 年以來，任何一個二十年的期間，投資人在股市裡都會賺到最起碼 6% 的年度報酬率。雖然過往績效並不保證未來報酬，然而歷史顯示時間拉得愈長，賺到滿意報酬的機率就愈大。

> 你把時間拉得愈長，這場遊戲就變得愈沒有競爭性，因為這世界大多只在很短的時間內就了事。
>
> ——威廉‧布朗恩（William Browne）

　　凱因斯提到，我們有著像動物那樣被短期思維淹沒的傾向，他說那是「一股自發性的衝動，總想要採取行動代替坐視不管，而不是審視以量化的益處乘以量化的或然率，加權平均計算出來的結果」。[17] 市場經常會對與公司有關的短期負面事件反應過度，但那些事件對於公司的長期內在價值其實影響甚微。批判性思考總是相當困難，而在我們感到害怕時，那幾乎是不可能做到的事——當我們腦中塞滿了恐懼感，就沒有可容納事實的空間。一旦人們腦中對某件事產生恐懼，他們就無法注意到不遠處的其他事物。〔你可以研究班丹銀行（Bandhan Bank）的股價在 2018 年 10 月 1 日，為什麼會跌停鎖死 20%，那是個很有說明性的實例。〕在這種時候著重於長期因素，可為投資人提供行為優勢，讓他們不至於在大腦中的杏仁核觸發戰或逃的反應時，倉促地犯下錯誤。（我們都是先情緒化，然後才講邏輯，我們生來就是

如此運作。自動反應機制起源於大腦中較早演化出來，又稱為「蜥蜴腦」的部分，這是由小腦、基底核，以及杏仁核所構成。深思熟慮的心智則是在前額葉皮質運作，那屬於額葉的一部分。）彼得·貝弗林在其著作《尋找智慧》（*Seeking Wisdom*）裡寫道：「依據衝動行事，先情緒後講理，是我們的天性。在我們的演化史中，對於生存以及繁衍至關重要的行為，時至今日依舊適用。」[18]

雙曲折現

神經科學指出，人腦在處理不同時期的價值時，標準並不一致。我們很在乎短期價值，對於長期價值漠不關心。我們的大腦天生就追求立即可得的獎勵，打從人們開始投資以來，就一直在尋找能夠立即致富的神奇公式。「尋求立即滿足」是人類的天性，而市場是被一群無論如何就是不願意多等個幾年，以獲取大得多的獎勵的個人所主導。因此許多投資人最後都採用「雙曲折現」（hyperbolic discounting），也就是用非常高的股票風險溢酬，把在遙遠的未來可提供大筆現金流的高品質公司大大地折現，最後得出的是遠比在其他情況之下低得多的公司內在價值估值。因此即使這些公司在短期內可能得到公平的估價，最後就長期基礎上仍然會被大大地低估。桑傑·巴克希教授（Sanjay Bakshi）在 2013 年 10 月的研討會白皮書中，闡述這種高品質公司何以經常被市場錯誤訂價的異象。[19]（按照定義，數十年來的年複合報酬率達到 15% 至 20% 的任何一支股票，都是長時間被市場低估的股票。）

致富之途

投資就是為了日後能夠消費得更多，而放棄當下的消費。

——華倫·巴菲特

延遲享樂、儲蓄以及複利，是通往持久財富之途。要以一種你可以合理地享受現在的生活，同時確保明天能夠擁有璀璨未來的方式，養成儲蓄的習慣；存夠了錢之後，你就能夠在未來過著比現在更優渥的生活。減少你的欲望也能夠產生同樣的增富效果，卻沒有下檔風險。對生活感到滿足，並減少生活需求，可讓你在任何情況下都過得快快樂樂，那才是真正的財富與自由。這就是為什麼愛比克泰德（Epictetus）曾說：「自給自足是最偉大的財富。財富不在於擁有很多財產，而是要減少欲求。」

當你儲蓄並且謹慎投資時，益處就被延遲了，但是更重要的是益處同時也獲得了複利效果。美國退休體系極為獎勵那些延遲享樂的人，與 62 歲就領取的人相較之下，在 70 歲才領取社會安全福利金的人受到的抗通膨益處高出 76%。

請抗拒立即享樂的誘惑，擁抱延遲享樂的概念。

財富其實是你看不到的東西。財富是你沒買的車，沒敗家的鑽石，推遲的裝修，放棄不買的衣服，拒絕升等的頭等艙。財富是放在銀行裡頭，還沒有變成你眼前各種東西的資產。

——摩根·豪瑟

透過簡單的步驟，就能幫你削減生活成本。你可以自己開伙，購買折扣商品，冬天時在家穿件毛衣然後把暖氣關掉，任何不是百分之百必須的支出

全部省下來。學著抱持節儉精神，這將是通往財務自由的墊腳石。我在美國生活的頭三年，沒有買過任何一件昂貴的東西，我相當以此自豪；即使在有了高薪工作之後，我還是每天步行往返辦公室（除了下雪的冬日），以省下搭計程車的錢。我在美國頭幾年拿最低工資站飯店櫃檯時（我的工作是幫客人登記入住，搬行李，偶爾還得到廚房幫忙洗碗），我會買二手書省錢。時至今日，我還是很懷念那段時光。

蒙格在 2014 年 9 月接受傑森・茲威格訪問時提到，很少有人具有延遲享樂的基因：「等待能夠在成為投資人的路上助你一臂之力，然而很多人就是等不及。**你若沒有延遲享樂的基因，就得要卯起來克服這個問題。**」[20]

蒙格為什麼這麼說？

為了明瞭這背後的深層原因，我們必須倒回到數萬年前尋找答案。尤瓦爾・哈拉瑞（Yuval Harari）在其著作《人類大歷史》（*Sapiens*）中，為「貪食基因」理論提出解釋：

我們必須深入研究形塑我們的狩獵採集世界，**因為我們在潛意識中，仍然居住在那個世界中。**

比方說為什麼人們愛吃那些對身體沒什麼好處的高熱量食物？現今這個富裕社會處於肥胖為患的困境中，而且情況還迅速地蔓延到發展中國家。我們為何狂吃所能找到最甜最油膩的食物，這真是個謎啊，直到我們把採集時代祖先的飲食習慣考量進來，這才恍然大悟。

在祖先們居住的熱帶莽原與森林，高熱量甜食極為罕有，食物一般來說也不太夠。一個生活在三萬年前的採集者，一般來說只能取得成熟水果這種甜食種類。一個石器時代的女人倘若路經一棵結實累累的果樹，最合理的舉動就是在當地的狒狒把水果橫掃一空之前，當場能吃多少算多少。這種愛吃高熱量食物的本能，**天生就寫在我們的基因內。**

我們如今也許生活在冰箱裡塞滿食物的高樓大廈裡，但我們的 DNA 仍然覺得自己居住在熱帶莽原上。就是這個 DNA 讓我們在冰箱裡找到一整桶的班傑利（Ben & Jerry's）冰淇淋時，會搭配特大杯可樂一匙一匙吞下去。[21]

所有特定的人類渴求，都是廣泛演化欲望在現代的某種體現。因為害怕被當地狒狒搶走，因此把所有可得的甜美果實全部大口吃下去，這股深植人心的欲望時至今日，依然存在於我們體內。我們大吃明知對自己不好的食物，又追逐我們明知風險可能很高的股票，那都是因為我們害怕可能會錯過吃下去或買進之後能得到的立即享樂。

倘若我們不是生來就有延遲享樂的基因，難道就沒有辦法給自己灌注這種基因嗎？

其實這問題有個簡單的解決辦法。

雖然簡單，卻不容易。

這需要極大的耐性、一貫性、努力，以及對複利的力量抱持深刻信念。

一次邁出一小步

羅伯特・莫勒（Robert Maurer）所著的《一次一小步，改變你人生》（*One Small Step Can Change Your Life: The Kaizen Way*），是我最喜愛的書籍之一。書中探討每天做些小小的正面行動，所能夠產生的複利力量。這本小書也談到「改善法」這個了不起的觀念，這在日語中的意思是「一次一小步，持續做出改善」。

失敗者與成功者的差別，在於他們是否有**反覆採取行動**的勇氣。大多數人在面臨改變時，多多少少都會感受到一點恐懼，這份恐懼經常會讓人不願

意實際做出改變。「改善法」的概念就是在生活中做出這種小小的改變，讓大腦甚至沒有察覺到你在試著改變，因此就不會跑出來礙事。「改善法」是一種俐落的心智伎倆，有助於繞過大腦的恐懼反應。

莫勒在書中談到能夠幫我們在一段時間之內，為生活帶來重大改變的六個策略：

1. 提出一些小疑問
2. 思索一些小想法
3. 採取一些小行動
4. 解決一些小問題
5. 給予一些小獎勵
6. 認出一些小時機

起步要小……真的要小……小還要更小

通常當我們嘗試一勞永逸地做出某項重大的生活改變，像是完全不攝取糖分、學習投資股市，或是養成閱讀習慣等等，也許可以撐上一段時間，但很快就會放棄。那是因為重大改變會觸發大腦潛意識的恐懼感，那終究會對我們造成妨礙。所以循序漸進地一次只邁一小步，這就是克服困難的成功之道。

舉例來說，我們在投資股市時，會被「我要怎樣才能挑出最棒的股票加入投資組合？」或是「其他人都失敗了，我怎麼有辦法成為成功的投資人？」這些大哉問給淹沒。你可以改採「改善法」，著重於「我今天能夠踏出什麼樣小小的一步，學習如何有效地選股？」這樣的小問題。

你若想要養成每天讀一份年報的習慣，就先從一天讀一頁年報開始，然後增加到一天兩頁，接下來一天三頁，以此類推。

我就是靠著「改善法」，在我當初開始試著要減肥時，學會如何有效地使用健身房裡的跑步機。光是想到要連著三十分鐘在高坡度模式下輕快地跑起來，我就覺得那似乎是遙不可及，連嘗試一下都不想。不過後來我開始每天以慢速走低坡度五分鐘，過了一段時間之後，變成以稍微快一點的速度，每天走稍微高一點的坡度六分鐘，以此類推，最終達成了我設定的時間長度、速度與坡度目標。

重點是要讓事情變得簡單、有習慣性，而且有趣。沒有人可以說他每天連一分鐘都擠不出來，對吧？

你知道的，有如新年新希望般宏偉大膽的行動，往往能讓我們初嚐成果，卻沒有把恐懼感或精神抗拒這些事情納入考量。然而一次一小步卻能讓我們達到想要達到的目標，因為每一小步都比較容易整合到我們的日常生活中。一次一小步讓延遲享樂變得比較容易，也比較能夠維持。

因此無論是要戒掉壞習慣還是養成好習慣，重點是從小處開始著手，真的要非常小，然後逐漸積累起來（圖 11.1）。俗話說：「只要方向正確，一直走下去就對了。」

在這段充滿挑戰的追求財務獨立之路，擁有支持自己的伴侶非常重要。延遲享樂意味著做出犧牲，而投資人的配偶通常會把另一半的夢想，當成他們自己的夢想。這些共通的長期目標，在頭幾年那段辛苦的歲月中，將讓他們的家庭保持溫暖舒適。對於這樣子真摯的關懷、情感與真愛，我只有抱持最高的敬意與讚賞。

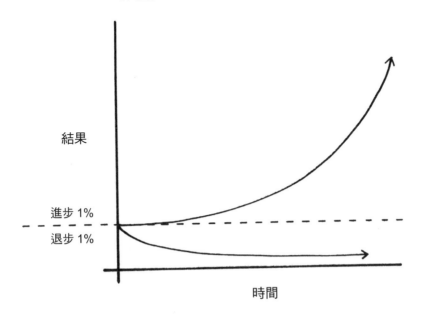

每天進步 1%

每天退步 1%。 $0.99^{365} = 00.03$

每天進步 1%。 $1.01^{365} = 37.78$

結果

進步 1%

退步 1%

時間

圖 11.1　改善法的長期表現

小習慣經過時間積累出來的效果。舉例來說，倘若你每天能夠進步個 1%，一年後就會比現在進步將近 37 倍。

圖表出處：James Clear, *Atomic Habits* (New York: Avery, 2018), used by permission of the author.

PART III
普通股投資

12
以擁有公司的心態，建構營利能力

當投資最像是一門生意時，就是最智慧型的投資。

——班傑明・葛拉漢

　　巴菲特在 1977 年的股東信中，分享了他對於具備擁有公司心態的偉大見解：

　　我們的經驗是，相較於以整間公司為籌碼進行交易協商的價格，真正傑出企業按比例計算的股份，有時候會在證券市場上以低非常多的折扣價出售。因此，在企業購併時根本不可能直接談到的購入企業所有權特價，卻可以透過股票所有權間接獲得。只要價格合適，我們願意持有嚴選企業非常大比例的股份，但這既非我們有意接管公司，也不是我們預見股份收購或併購，而是因為我們預期這些公司卓越的經營成果，長期下來會轉化成為相應的卓越市場價值，以及派發給公司擁有人的股利，無論你持股多寡都一視同仁……

　　我們在 1977 年對首都城市傳播（Capital Cities Communications）投資了 1,090 萬美元……

　　首都城市傳播的資產與經營都很出色，這些經營技巧不但涵蓋企業營運，也延伸到企業資本使用上。若是直接收購像首都城市傳播這樣的資產，成本會是我們透過股市收購股份的兩倍，然而直接擁有這間公司，卻不會為

我們提供什麼重要的優勢。雖然控制權可以賦予我們管理公司營運與資源的機會（這也是責任），然而我們無論在哪方面，都無法提供能與眼下已經到位的經營團隊，相提並論的經營方式。事實上呢，我們別插手經營的話，經營結果會比插手來得更好。這看法有點異端，不過我們相信論點很紮實。[1]

　　企業一旦建立起堅實的基礎，擁有者就不需要為錢勞碌了，而是錢幫他們辦事。身為一名投資人，你的錢是全天候在幫你辦事。隨著你的公司內在價值不斷增加，你每分每秒都變得更富有。滴答、滴答、滴答。

　　投資人透過擁有公司的心態，建構營利能力。要被動收割自己經營公司時所產生大部分主要益處，投資公開上市公司是絕佳方式，而且還不必暴露於直接經營公司時，各種世事無常所衍生出來不成比例的風險。這樣的被動投資法提供了多重好處：

1. 你可以用一小筆投資額，部分擁有一間公司

　　對一個中產階級來說，資本通常是他開設公司的一大限制。這並不是說一個人要是有很棒的想法，他或她沒辦法找到所需的資本挹注，然而這往往是開設公司最具挑戰性的一部分。

　　比方說某人想要在印度西孟加拉邦開設一家小規模的化工廠，所需最低初始投入資本可能高達 1,000 萬印度盧比（折合 14 萬美元）。這可能意味著他得把畢生積蓄全數投入一家新創公司，但成敗卻是未定之數。或是這個人也可以只拿出這筆錢的一小部分，擁有全世界最大的異丁基苯（IBB）與 2-丙烯醯胺 -2- 甲基丙磺酸（ATBS）製造商維納提有機（Vinati Organics）一部分股權。想要從零打造出一間居於全球市場領導地位的公司，需要花上好幾年甚至好幾十年的時間。若是從運用資本報酬率來看，維納提產生的報酬率超過 30%，因此即使投入的資本較少，投資人的運用資本報酬率在大多數

情況下，仍然會比私人擁有一間化工廠來得高。

2. 透過分散投資，把風險降到最低

投資人任何時候，都能夠擁有十到十五間現存最佳企業的部分股權。分散投資降低完全喪失資本的風險，倘若你只擁有一間公司，出了任何無法預見的倒楣事，就有可能會這樣。但由於你的資本分散在各種公司裡，這就減緩了與個別公司相關的特質風險。沒幾個人能夠事先認出哪間公司是下一間薩蒂揚 ❶、安隆（Enron）或印度理光 ❷。分散投資亦可保護投資人，免於因為天災或一兩間公司出現任何顯著負面發展，投資毀於一旦的風險。

以 2015 年 4 月尼泊爾地震為例，我要是只在當地直接經營管理一間公司，有可能就此血本無歸，或是得要花上很長的時間，才能透過一般保險給付彌補損失（如果公司有保險）。相對來說，就算我的投資組合裡某間叫做赫斯特生物科技（Hester Biosciences）的公司，旗下有間工廠因這場地震受損，我也能夠安然度過這場風暴，因為此時我的投資組合裡還有很多其他公司，絲毫未受到這場地震影響。有時候諸如貨幣貶值或利率上升之類的因素，會對我們投資組合裡的某些公司造成傷害，同時嘉惠另一些公司，因此整體影響就會互相抵消。最值得一提的是，倘若我們投資一個由好公司構成的分散性投資組合，那麼大多數時候其中幾間公司順風揚帆的效果，就會抵消其他公司逆勢營運的影響，從而保護我們不會蒙受永久性的資本損失。

3. 有頂尖經理人為你經營公司

投資人投資股市時，就等於是免費獲得頂尖經理人為你服務。投資人獲得了搭上順風車的機會，讓這些獨具互補技能的人士為其服務。這種具有顯

---

❶ 薩蒂揚（Satyam），印度 IT 服務業者，2009 年爆出作假帳風波。

❷ 印度理光（Ricoh India），因經營不善而在 2018 年宣布破產。

著價值的投資法又名「側車投資」（sidecar investing）：我們身為公司的投資人，這些技能等於是零成本取得，然而從中獲得的益處卻很龐大。相對來說，當你經營一間私人公司時，要讓具備這些技能的人為你服務，費用可能昂貴到令人卻步，獲得非凡報酬的機會也就因此明顯降低。

4. 由你來決定購入公司擁有權的條件

這就是葛拉漢談到投資人具有的「基本優勢」：明智地選擇要打哪些戰役很重要，而我們應該要選擇打那些明顯比較有機會勝出的戰役。人生往往不讓我們擁有選擇戰役的機會，然而股市卻給了無比珍貴的彈性，讓我們不但能夠選擇打哪些戰役，很多時候還可以選擇參戰的地點與時機。

人類是由一大堆認知與行為偏誤堆積而成活得亂七八糟的生物，扯到錢的時候尤其如此。股市宛如拍賣場的本質，混雜著輕率急躁的人類情緒與情感，使其成為觀察人們定期出現不理性行為，有時候極端到幾近可笑的絕佳場所。市場總是不乏貪婪與恐懼，決定當前股價的也總是最近的邊際意見，而非長期的內在價值。這為我們提供了獲得驚人特價的絕佳場所，任何一個神智清楚的私人公司擁有者，都不會提出這麼優惠的價格。

對生意人來說，股市則是尋求以大幅折扣收購公司，或是以巨幅溢價出售公司的最佳場所。個別投資人最大的優勢，在於他可以選擇冷靜地等待，直到他發現有公司以顯著低於其內在價值的折扣價出售時才出手。在私下交易時，這種情況絕無可能出現，你只要想想倘若你提議以低於帳本上的現金額度，購買一間正在成長且獲利性高的公司，對方會如何回應就不言可喻了——你八成會被轟出大門吧！然而身為股市裡的投資人，你這輩子卻很可能有機會用這種大特價進行投資。

5. 有機會逮到移動迅速的稀有大象

人們認為稀有就是有價值。我以前曾透過股市，擁有印度微型金融產業領導廠商巴拉特普惠金融（Bharat Financial Inclusion）的低成本服務、艾徹汽車公司（Eicher Motors）令人垂涎的皇家恩菲爾德（Royal Enfield）特許經銷權、住宅金融公司坎菲住家（Can Fin Homes）完善的資產品質、HEG 緊守的石墨電極專利技術、班沙利工程聚合物（Bhansali Engineering Polymers）在印度 ABS 樹脂市場的領導地位，以及 CCL Products 與世界各地咖啡生產商根深蒂固的合作關係。時至今日，股市又讓我部分擁有巴賈吉金融（Bajaj Finance）、鄉村信用存取（CreditAccess Grameen）、SBI Card 金融服務公司，還有艾瓦斯金融家（Aavas Financiers），它們個別在消費者金融、鄉村微型金融、數位支付，以及可負擔住宅金融方面深耕的業務。此外，還有班丹銀行、AU 小型金融銀行，以及烏吉萬（Ujjivan）小型金融銀行的新興銀行服務。其他領域，我也間接擁有 PSP Projects 強勁的計畫執行技巧、HDFC 人壽的產品創新能力、HDFC 資產管理公司紮實的自由現金流製造能力、維納提有機在 ATBS 和 IBB 的全球市場領導地位、迪克森科技（Dixon Technologies）在製造消費者電子用品的規模經濟，以及赫斯特生物科技生產小反芻獸疫（Peste des Petits Ruminants）疫苗的全球低成本優勢。

6. 能夠迅速順利退出，極為寶貴的彈性

即使你經營的是獨資公司，也需要花很多時間完成繁文縟節，公司才能開張營運。倘若你開的是私人有限股份公司，這過程就更加繁瑣得多，所有應備要求都符合之後，每個帳戶才能夠算清，把錢分配給所有股東。只要企業有一位以上的合夥人，當你想要退出時，而他們之中有人想要繼續營運，事情就會變得更為複雜。然而當你投資股票時，即便你是某間公司的部分擁有者，倘若你有任何緊急或個人因素，只要按幾下滑鼠就能出清所有持股，

整筆售股資金幾天內就會存入你的銀行帳戶。當你認為公司前景在走下坡，看起來沒有反轉跡象，經營團隊操守有問題，抑或只不過是你找到另一個更加有利可圖的替代投資標的時，這種易於退出的彈性就極為有用。

股票很像債券

巴菲特在 1977 年接受《財星》雜誌訪問時，解釋了股票為什麼很像債券。[2] 搞懂他針對這個主題想要教會我們的那些細微之處，能夠讓身為公司部分所有權人，以及兩種主要資本提供者之一（債券持有人和股票持有人）的我們，更能理解構成企業價值的兩大要素（也就是債務跟股權），有哪些細微的相似點。

1. **票息：** 一間公司的股息，就是公司為擁有者產生的營利。我們身為投資人的工作，就是要給這些股息評估一個價值。一部分的股息會以股利的形式派發，投資人想要拿這筆現金做什麼都行，但是公司營利剩餘的部分，則會留在公司裡。一間公司每年要保留多少盈餘，是由公司裁量決定。保留盈餘是資本主義比較不吸引人的一面，這讓任何具有一個經紀帳戶以及些許耐心的人，都可以輕易取得企業的生產力（倘若他把這筆錢投資在全市場指數型基金上，他取得的就是整個市場經濟的生產力）。

2. **到期日：** 股票照說是永久性的，並沒有一個顯而易見的到期日。企業會持續經營，也就是打算永存不墜，然而創造性破壞卻使得史上沒幾間公司能夠永遠存續。事實上大多數公司的股票在永垂不朽之前，早已灰飛煙滅，因此雖然企業是基於永續經營的假設而存在，

事實上它們的股票卻有一個不確定的到期日。

3. **面值：**股票的面值就是股權的帳面價值。這是一個會計價值，用來估算倘若公司立刻停止營運時，對股東而言公司值多少錢，也就是說並未把未來成長性納入考量。這是一間公司擁有的資產，與它欠其他人的債務差額。巴菲特提醒投資人，不要把帳面價值跟內在價值混淆了。「重要的當然是每股內在價值，而非帳面價值。帳面價值是一個會計術語，衡量的是包括保留盈餘在內，投入企業中的資本。內在價值則是投資人在企業有生之年，能夠從中提領的現金估算現值。就大多數公司來說，這兩個值並沒有什麼干係。」[3]

巴菲特的見解很寶貴，他提醒我們股票不只是一疊紙，而是我們部分擁有實體企業的憑證。我們用股票去對企業營利分一杯羹，而營利會隨著企業投資於生產活動、營運良好並產生報酬而成長。

身為熱情的投資人，每當投資組合裡有某間公司跟新客戶簽約，贏得一紙指標性合約，如期完成訂單，著手進行前景看好的擴張，被認可為卓越企業時，我們內心那股純然的喜悅實在難以言喻，你一定得親身體驗過才會懂。

對企業感到熱情，但要對股票保持冷淡。企業成功時你可以額手稱慶，企業失敗時則要反省檢討。所有權帶來的真實感覺，讓投資人有個可以堅持的信念：當你以企業所有人的心態去思考時，就不會再把股票看成一疊「目標價」到了就買進的紙，而是把它們視為企業的部分所有權，而你會想要跟主事者同舟共濟。隨著企業成長茁壯，獲利漸豐，股東也可以分享增加的利潤與股利。要長期投資，同時全然地活在當下。

世界各地有數以百萬計的人們，每天都在這麼多間企業裡努力打拼。

身為投資人，我們對此由衷感謝。

13
字裡行間投資術

我們也許有 90% 的股份，是由以波克夏作為主要持有證券的投資人所持有，而且無疑地經常是他們的最大持股。這些股東有許多人願意花很多時間閱讀年報，我們則試著以倘若角色互換的心態，在年報中提供那些我們會覺得有用的相同資訊。

——華倫‧巴菲特

我們開始鑽研一個投資想法時，第一件想知道的事情，就是這間公司體質是否健全，而且有利可圖。我們閱讀公司年報，以取得淨收入、負債、現金流、獲利性、財務比率等等數字。我們假設這些「經過審計」的數字一定準確可信，但就連安隆和薩蒂揚的數字，都是經過審計師「簽證」過的，結果卻是大大的會計醜聞與企業詐欺。（一般來說，對於具有一大堆子公司與交叉持股，結構錯綜複雜的公司，都要格外小心留意。）

我們身為投資人，要怎樣知道經營團隊有沒有告訴我們真相？一位誠實的執行長會以什麼樣能夠建立信任的態度，與股東溝通意見呢？

蘿拉‧黎頓郝斯（Laura Rittenhouse）在其著作《投資前的精準判讀》（*Investing Between the Lines*）中，試圖回答這些問題。[1] 她提供了一些線索，讓我們能夠從年報、企業傳訊，以及季度獲利電話法說會的誇誇其談中，分辨出哪些屬於事實。

藉由黎頓郝斯在書中提到的這些想法，我們可釐清各種雜訊，更貼切地

解讀執行長的話。

資本盡責治理

只要我們把事情做對，股價就會自己照顧好自己，我們的股東也就會獲得報酬。

—— 吉姆・辛尼格（Jim Sinegal）

著重於盡責治理投資人資本的公司，長時間下來比較能夠創造優渥報酬。黎頓郝斯寫道：「身為投資人，你的目標是找出會盡責治理資本，對其言行負責任的領導者所經營的公司。從資本盡責管理可以看出執行長的行動，是否對於交付給他運用的投資人資本具責任感。」

要檢驗資本是否有盡責治理，可以在股東信、年報，以及其他經營團隊傳訊裡，尋找與下列主題有關的蛛絲馬跡：

- **資本約束：**擅於配置資本的執行長，通常會對於投資案、投資資本，以及資產的報酬提供評論。執行長的資本約束能力強弱，表徵於他對於淨值或市值的評論。在閱讀執行長在年報裡的評論時，你可以拿這些問題來檢驗：他是否有明確理性地討論資本配置？其言行是否一致？其言行是否長期一致？
- **現金流：**不斷產生現金流對於公司的長期存續非常重要。許多投資人喜歡投資低價的非耐久消費品公司股票，因為這些東西幾乎是習慣性購買，而且其消費無法無限期延遲。（基於同樣的理由，在景氣循環產業中，消費品導向的公司比資本支出導向的公司享有更高估價，因

為後者的產品替換循環期很長。）有鑑於現金流的重要性，投資人會預期每一封股東信都要對營運與自由現金流加以評論，然而大部分的股東信卻未能針對這方面進行報告。你要找出那些把重點放在現金流量，以明確的態度與股東溝通的執行長。另外也要查看公司的資產負債表和現金流量表，以確定列在這些財務報表上面的現金流量數字，是否與執行長所說的數字相符。

- **營運與財務目標：**有意義的財務目標聲明，顯示執行長對於有效配置資本相當認真。經營有效的執行長不會說出「我們的目標是讓所有顧客都感到愉悅」之類的陳腔濫調，而是會針對可量化的目標聲明，提供有意義的論述。你可以拿這些問題來檢驗：執行長有何動機？他怎麼樣獲得薪酬？有沒有根據投資報酬率計酬的成分？要找出那些薪資低、持股高的執行長與內部人士，因為只有他們的股東變有錢的時候，他們才會一起變有錢。

發表財務與營運目標，著重於資本約束、現金流，以及資產負債表健全的執行長，是資本盡責治理的典範。

坦誠以告

坦誠是信任的語言，意思是說話實在。巴菲特說過：「我們在跟你報告時會很坦白，著重於提升公司價值很重要的優勢與劣勢。我們的準則是要告訴你，倘若角色互換，我們自己也會想要知道的公司事實，一點也不隱瞞。」[2]

巴菲特是執行長與股東坦承溝通的至高典範。他不但會具體說出他犯錯

造成的會計成本，就連其機會成本也會一併告知。他在 2014 年的股東信中寫道：

> 波克夏為了德克斯特鞋業（Dexter）付出了 4 億 3,300 萬美元，其價值卻幾乎立刻就降到零，然而 GAAP 卻遠遠未能記錄我犯錯的規模。事實是，我付給德克斯特賣家的是波克夏的股票，而不是現金，那些用來收購德克斯特的股份，如今價值 57 億美元。這場財務災難應該要登上《金氏世界紀錄》。[3]

要檢驗經營團隊是否坦誠，最簡單的方法是把問題反轉過來，檢驗是否欠缺坦誠。我們要如何檢驗經營傳訊是否欠缺坦誠？黎頓郝斯寫道：

> 黎氏評等公司（Rittenhouse Rankings）在分析股東信時，手上會先拿支紅筆，把「員工是我們最大的資產」、「前景燦爛」、「動能上揚」、「我們的目標是創造股東價值」等等陳腔濫調劃起來。這種無意義的術語與陳腔濫調，只會減損我們對於公司的理解，以及對於領導階層的信任感。
>
> 我們劃完線之後，會再回頭看看頁面。要是我們看到紅線比黑色墨水還多，就把這間公司列為留校察看。然後我們會更進一步，檢視該公司的會計帳及其市場聲明。安隆就完全是這種情況，他們在 2000 年的股東信裡，提供了下列這些辭藻麻藥：
>
> 「我們擁有天才洋溢的員工、全球布局、財務強健，以及對市場了解甚深，這一切創造出我們可存續又獨一無二的業務。『安隆線上服務』會加速成長，我們打算運用這一切的競爭優勢，為股東創造出顯著價值。」
>
> 安隆在短短一段話裡，就用上了執行長愛用的六大陳腔濫調：天才洋溢的員工、全球布局、財務強健、了解市場、運用競爭優勢、為股東創造顯著

價值。

每一項「競爭優勢」都是重要的業務概念，但是用上這麼多泛泛之論，對於讀者卻沒有什麼意義。這些陳腔濫調不但未能激發信任感，反而會讓謹慎的投資人不禁揣想，這間公司到底在隱瞞什麼。

在字裡行間尋找欠缺坦誠跡象的投資人，就能夠發現像這樣可能會碰上麻煩的公司。[4]

這不是因為執行長在股東信或是其他傳訊中，撰寫的內容難以理解，有時候這些內容是刻意寫得讓人無法理解。「重組」是我們經常聽到執行長濫用的詞彙之一，他們過去犯下了代價高昂的失誤，如今想要返回正途，卻只會在未來犯下更多這種失誤。「一次性」的重組費用，往往會變成永久性的，遺憾的是造成代價如此高昂錯誤的執行長與經營階層，投資人卻永遠得不到他們一個小小的道歉。

大多數的年報以及其他類似財務披露的寫法，不是要讓讀者了解，而是要保護提供資訊的人。那是因為發行股權、債權，以及其他金融工具的人，大多擔心倘若他們用大白話說明，可能就會有人真的搞懂風險何在。想像一下如果有個投資銀行家或是 IPO 說明書上這樣說：「你要是買進這個，有可能會血本無歸。」你會作何感想？

黎頓郝斯用 FOG 這個縮寫表示欠缺坦誠，意思是「缺乏事實，不著邊際的泛泛之論」。投資人若是發現公司傳訊霧裡看花（裡頭多的是陳腔濫調、術語跟誇口），就必須自問：「是執行長搞不清楚業務，還是他或她**不希望**股東搞清楚？」

我們在閱讀充滿術語跟陳腔濫調的內容時，經常會認為是我們不夠聰明才搞不懂，低估了個人判斷能力。黎頓郝斯寫道：「是不是因為我們擔心倘若公司領導階層有問題，我們會因此受到傷害，因此不得不信任他們呢？光

是想像他們會為了自身利益傷害我們，就夠令人不安甚至害怕了，因此我們選擇反過來質疑自己不夠聰明。」

你若覺得自己不夠聰明，無法了解企業傳訊裡頭寫的東西，別擔心，那不是你的問題。經營團隊有責任把股東信寫到讓一般讀者也能輕輕鬆鬆看懂。

你不需要取得特許的內部資訊，才能夠評估經營團隊的品質。箇中祕密早就在你眼前，白紙黑字地夾雜在每封股東信、年報，以及其他企業傳訊的遣詞用句之中。一旦你學會如何讀出企業傳訊字裡行間的祕密，你就能對於經營團隊的品質及其意圖，做出更佳的評估。

14
檢查清單在決策過程中的重要性

慣用檢查清單可幫你避免許多錯誤。你應該要具備這項基本的俗世智慧，然後透過一張心智清單加以運用。世界上沒有其他的運作方式，能夠比這運作得更好了。

—— 查理・蒙格

過去有相當多的研究指出，檢查清單具有極高的價值。我們經常會對自己的能力過度自信，檢查清單可以提醒我們並非無懈可擊，我們是會犯錯的，不應該對於自己的決定太過有把握。

你可運用下列一般原理，設想檢查清單：

- 一張好的檢查清單，應該要簡潔、明確、有效率，即使在困難情況下也易於使用。檢查清單並不是要試著把每件事都搞得一清二楚，而是只針對最關鍵、最重要的步驟做個提醒。
- 一張不好的檢查清單，內容模擬兩可，不夠明確，太過冗長，難以使用，還會試著要把每個步驟都講得一清二楚。
- 檢查清單應當要加以確認：先按照記憶與經驗進行工作，然後歇歇手，用檢查清單確認所有的事情都做得正確無誤。
- 檢查清單應當要加以審視：一邊檢查清單，一邊進行工作。
- 檢查清單應當列入一些破局問題，以及其他一些需要取捨的問題。

投資股票並不像動手術或駕駛飛機那麼複雜，但是檢查清單還是能夠扮演重要角色。艾莉絲・施洛德在過去一篇巴菲特的訪談中，談到他把「不合格特質」當成檢查清單項目之一：

人們不是很明瞭的一點是，巴菲特的思考方式一般來說，是去找出一項投資的**不合格特質**。他會很快檢查一遍，只要有一項不合格，他就不投資。他不喜歡那位執行長？算了。尾端風險太高？算了。業務獲利率低？算了。**許多人會試著找出是否有其他因素，足可彌補這些不合格特質，但他可不會從 A 一路分析到 Z，那只是在浪費時間。**[1]

使用檢查清單進行投資的想法能夠流傳開來，這點經常歸功於查理・蒙格。彼得・考夫曼在《窮查理的普通常識》中，用一張檢查清單總結了蒙格的投資原理：風險、獨立性、準備工作、智識上保持謙遜、扎實的分析、配置、耐性、決斷力、改變，以及集中。這是一張所有投資人都必讀的檢查清單。

讓你在投資這一行裡表現良好的，不在於你有什麼樣的答案，而在於你問了什麼樣的問題。問對了問題，你就會得到寶貴的答案。先把初步的基本功課做好，一位謹慎的投資人絕對不會在完成必要功課之前，就貿然買進一間公司的所有權。先從公司網站、檔案，以及網路上面的資訊，對這間公司及其競爭廠商（有列出來的跟沒有列出來的都要）有所了解。閱讀過去十年份的年報、股東委託書、財報附注與明細，以及經營階層討論與分析（注意他們對於產業前景的說法是否有改變），並且觀察內部人士持股的近期變化趨勢。

會計是商業的語言，具備基礎會計的基本認識，對於投資人來說相當重要。由於會計是一套複式簿記系統，每一筆偽造的帳目，都必須要有對應的

數字能夠抵銷。倘若損益表、現金流量表，以及資產負債表，這三份會計報表中有一份是偽造的，另外兩份就會出現蛛絲馬跡。報表上的所有數字，在算數上都必須要能夠對得上，就算公司詐欺性地把關鍵數字列錯也一樣；只要簡單地加加減減算一下，你就能及時找出會計詭計。比方說倘若淨收入太過引人注目，那就去研究資產負債表的存貨與應收帳款項目。投資人在分析任何公司的季報或年報時，在瞥一眼損益表之前，首先應該要檢查資產負債表，看看有沒有任何警訊。

做完初步的基本功課之後，就以檢查清單的方式，研究下列參數。

一、損益表分析

- **營收成長**：營收成長愈高愈好（前提是有利可圖）。長期來說，由於獲利率會回歸平均值，股票報酬與營收成長高度相關。由內部收益驅動有機營收成長，是最理想的狀況，但要當心主要由高價併購驅動的高度成長。
- **毛利率**：要著重於長年趨勢。倘若毛利率以循環模式大幅波動，那就表示該公司對顧客不具有訂價能力，而且也無法把增加的原物料成本轉嫁到顧客身上。相反地，倘若毛利率高**而且**長年保持穩定甚至改善，那麼這間公司可能具有經濟護城河。碰上這種情況，要更深入進行研究（當一間公司的營業利益率高出同業甚多時，也值得研究）。
- **利息收入（通常列為「其他收入」）**：檢查資產負債表上的現金與投資數字，倘若利息收入沒有最起碼相當於銀行的定期存款報酬，那就要進一步分析，看看該公司把現金拿去投資到哪裡去了。
- **利息支出**：光是利息支出低或是利息保障倍數高，是不能就這樣照單

全收的，一定要檢查該公司是否有把利息成本**資本化**。把總負債乘以類似評等公司能夠獲得的現行利率，然後把這數字跟計算利息保障倍數時所使用的總利息支出數字做比較。

- **人事成本**：詐欺公司報上來的人事成本，可能會與公司檔案或網站上記載的既有員工數，所估計出來的人事成本相差甚遠。
- **其他費用**：有些雜支會被加總列在這個項目底下，這是個很容易動手腳的地方。「其他費用」在市場蕭條或經濟成長遲緩時反而大幅上升，就表示錢有可能被挪為他用。
- **稅金**：稅金分配率應該要很接近一般營利所得稅。倘若稅金分配率很低，那就檢查該公司過去是否有累計虧損，還是享有在經濟特區或其他具有稅負優勢地區營業的稅負優惠。
- **淨利率**：淨利率愈高愈好，不過要當心營收成長高，淨利率卻在衰退的公司。以獲利性為代價，追逐成長性的公司，通常無法為股東創造可持續的財富。

二、現金流量分析

- **營業活動現金流（CFO）**：CFO 愈高愈好。把過去幾年的 CFO 跟淨利互相比對，看看資金是被卡住了，還是從營運資本中釋放出來。
- **資本支出（CAPEX）**：把資本支出跟 CFO 互相比對，看看該公司能否以其營運活動現金流，負擔其資本支出。能夠在沒有太多資本支出的情況下，創造高營收成長的公司，就比較有可能成為毋需投入大筆資本的複利製造機。
- **總負債**：負債愈低愈好。高負債（對於非金融業來說）表示入不敷

出，要避開這些非常倚賴陌生人善意的公司。

- **現金餘額**：公司持有非常多的現金卻不發股息，就應當小心檢視。資產負債表上的現金，有可能是捏造的。
- **自由現金流（FCF）**：這是能夠分配給股東，公司可自由裁決的盈餘。FCF 占 CFO 的比例愈高愈好。倘若 FCF 是負的，股息總是要靠舉債才能發放，那麼投資人就不該為了高殖利率感到有一丁點開心。倘若公司一直都無法創造 FCF，那麼這不過是從彼得那裡拿錢付給保羅的伎倆，就有可能相當於一場永久性的龐氏騙局。要記得內在價值是由在公司存續期間，能夠從中取出的現金算出來的；如果一間公司說它有獲利卻在流失現金，你要採信的永遠是現金流的趨勢。獲利造假最常見的徵兆，就是負的自由現金流，伴隨著負債升高，流通在外股數增加，以及應收帳款、存貨、非流動投資、無形資產等等項目膨脹。

三、報酬率分析

- **可持續成長率（SSGR）**：這代表一間公司不靠舉債的成長率。成長速度比 SSGR 更快的公司，用上了比他們固有營運所能產生更多的資源，也因此舉債規模會更為上升。SSGR 最好能夠高過營收成長率。
- **稅前淨利／平均淨固定資產**：這個比例愈高愈好。一家公司靠有形資產（也包括有形股權以及運用資本）賺的錢，應該要比銀行定存利息來得更多。
- **有形權益稅前報酬率**：稅前報酬率愈高愈好。把公司淨值扣掉無形資產與優先股，就能算出有形權益。要小心公司的股東權益報酬率數字很高，主要是以較高的槓桿推高的情況。

- **運用資本報酬率**：這項報酬率愈高愈好。把稅前息前獲利除以運用資本，就能算出運用資本報酬率。

四、營運效率分析

- **淨固定資產週轉率**：這個比率愈高愈好，表示該公司很有效率地運用其固定資產。
- **應收帳款週轉天數**：這天數愈低愈好。這數字若是偏高，就表示該公司讓顧客享有更長的信貸期間，才能產生營收。在公司虛構營收、沒有從顧客那裡收到現金的情況下，應收帳款週轉天數會不斷上升。
- **存貨週轉率**：這個比率愈高愈好。存貨週轉率較低，意味著該公司累積了很多存貨（這些存貨之後可能就會過期了）。

五、資產負債表分析

- **淨固定資產**：資產負債表上的這個數字若是劇烈增加，要特別留意。這表示該公司完成了一項資本支出計畫，這會在未來推升營收與獲利。
- **在建工程資本**：資產負債表上的這個數字若是劇烈增加，要特別留意。這表示該公司目前正在進行一項資本支出計畫，有可能即將完成。
- **股本**：股本在理想狀態下，應該要長年保持不變，或是因為股票回購而減少。股本若不是因為發放股票股利而增加，就表示既有股東的權

利遭到稀釋。要記住股票分割以及發放股票股利，只會影響股票的流動性，並不會影響其內在價值。

- **負債權益比**：這個比率愈低愈好。檢查是否有退休金負債提列不足、爭議性法律糾紛、不可取消之營業租賃，以及諸如創辦人擁有之法人所做企業借貸保證之類的或負債，這些沒有列在資產負債表上的披露項目。透過利息覆蓋率（稅前息前獲利／利息）以及自由現金流（FCF），檢驗公司的償債能力。一間公司的負債權益比也許很低，但倘若其現金不足以應付近期的付款義務，仍然會面臨財務壓力。

六、經營分析

研究公司創辦人的背景與資格，並上網搜尋任何關於公司治理的議題。使用「詐欺」、「騙局」、「訴訟」、「調查」等等關鍵字進行搜尋。

經營警訊包括：離譜的薪資、津貼，以及佣金（若是在虧損期間支付的，就格外令人擔心）；內部人士持股質押比例高，創辦人把他們疲弱的私有公司合併到公開上市公司裡頭，進行大額相關人士交易，指派欠缺適當資格的親戚擔任公司職務；採用激進的會計手法，三天兩頭更換審計師；把公司名字換成含有當前供不應求熱門產業的流行語，還有進行過度著重宣傳面的活動，像是引用券商報告作為營收或獲利參考，或是頻繁發布沒什麼意義的新聞稿等等。用力推銷自己，通常意味著接下來就要進行某種募資活動；你找出一個對公司股價念茲在茲的創辦人，我就能讓你看到一間對現金狼吞虎嚥、老是需要募資的公司。一定要閱讀公司提交給證交所的年報以及季報檔案裡的「流動性與資本資源」那一部分，評估你手邊研究的這間公司的募資需求。

七、蒙格的人類誤判標準原因心理檢查清單

- **聯想偏誤**：這種偏誤會自動把某個刺激物，與痛苦或愉悅感串連起來。這包括把對於某個事物的好惡，與某件好事或壞事串連起來，只要看到相似的情況，就覺得事情一定是怎樣。

- **低估獎勵與懲罰的力量**：人們會重複進行可產生獎勵的行為，避免會受到懲罰的行為。人們若是能夠不勞而獲，就很容易一試再試，成功了就會過度樂觀地承擔風險，失敗了則會過度悲觀地規避風險，即使在成敗只不過是機運使然的時候亦然。我們是殺雞儆猴，並不是想要讓殺掉的雞變得更好。要把動機跟績效掛鉤起來，確保人們表現得很好或不佳時，都會得到相對應的獎懲。讓他們明瞭表現與獎勵之間的關聯性，以及你希望他們達成什麼成果。要針對個人表現給予獎勵，而不是根據他們付出多少努力，或是在組織裡待了多久。

- **低估一個人自私自利的力量**：想要說服他人，就問他們一些會凸顯其行為後果的問題。要訴諸他們的利益，而不是講道理。

- **自利性偏誤**：這種偏誤會讓我們對於自己的能力過度自信，或是對情況過度樂觀。媒體上的成功故事吸引的目光，總是比失敗故事多得多。我們愈是覺得自己對一個主題知之甚詳，就愈是不願意採用其他想法。我們會用一種與我們行事作風相符的方式解決問題。因此，一定要自問：「我可能會怎麼樣出錯？」

- **自欺欺人，否定事實**：我們會一廂情願地扭曲現實，以減低痛苦感。就如同狄摩西尼（Demosthenes）所說：「人心之所願，亦必信之。」

- **一致性與承諾傾向偏誤**：這種偏誤會讓我們堅持要與先前的承諾與想法保持一致，即使有反證擺在眼前亦然。這包括確認偏誤，也就是我們會尋找能夠證實我們想法的證據，同時忽略或扭曲其他反證，以減

低認知失調造成的壓力。我們還會因為沉沒成本謬誤，加倍努力去做失敗的嘗試，在某個事物上花費愈多時間或金錢，就愈是不可能放棄它。我們進行了一項投資之後，就會尋找能夠證明自己做出正確決定的證據，同時對於顯示我們做錯了決定的資訊視而不見。就如同巴菲特曾經說過的：「人類最擅長的就是解讀所有的新資訊，好讓他們先前的結論仍然完善無瑕。」[2]

一個決策愈是受到大眾關注，我們就愈是不可能改變它。堅定的信念對於真相來說，是比謊言更加危險的敵人。把事情做對當然比一條路摸到黑更好，但是要修正路線，需要對各種觀點保持開明心態，去探索各種替代假設。

你若能試著證明自己錯了，就更有可能把事情做對。你應當要在穩健地朝向可能的真相邁進的同時，根據你一路上學到的事情，在腦中探索與之矛盾的各種可能性。你要是發現自己已經陷在坑裡，就別繼續往下挖掘。承認你是錯誤的，意味著你今天比昨天更睿智了；什麼爭論都想要贏的內在欲望，是追尋真相的最大敵人。當你最終正正當當地認同那些不認同你的人的論點時，你就能從中學到東西。你若發現他人的批評很真誠、論理有據，而且是出於想要幫助你的念頭，就要樂於接納。成長需要堅定不移地致力於轉變適應，你要保持開明心態，人們的看法若是與你不同，一定要重新審視你的見解。與那些見解與你不同的人打交道，就會更加了解他人的思維與道理，並利用這些道理對你的想法進行壓力測試，藉此提升個人看法正確的或然率。要記得你是在尋找正確的答案，而不是只要找到靠你自己想出來的最佳答案。只要試著把事情做對就好，至於正確的答案是不是從別人那裡得來的，並不重要。就如同卡爾·波普爾（Karl Popper）所說：「爭論或討論的目的，不應該是為了勝利，而是為了箇中過程。」

著重於了解真相，而不是人家是否認同你。判斷是在了解事情之後產生，而不是反過來。

- **剝奪症候群偏誤**：當我們喜歡並且擁有（或是差一點就能取得）的東西，被奪走或失去時（抑或有被奪走或失去的危險），就會產生這種強烈反應。這也包括我們想要獲得自己無法擁有的東西，並且賦予它們更高的價值。人們會對當下的威脅做出反應，卻很容易忽視那些逐漸發生變化的事情。倘若廣告商或銷售業務這類服從執行師想要讓一個人承擔風險，他們會試著讓他覺得自己好像落於人後。

- **維持現狀偏誤以及無所事事症候群**：這種偏誤會讓事情保持原狀，把努力降到最低，讓人比較喜歡預設選項。我們的無意識心智宰制行為。我們的感官每秒向大腦發送大約 1,100 萬位元的資訊，這大大超出我們的意識處理能力，據估計大腦最多每秒只能處理 50 位元。研究顯示這項偏誤可能是出於具有挑戰性的心智活動，需要消耗更多葡萄糖這種身體的基本燃料，而當我們避免辛苦地思考時，就能節省心智能量。我們天性就是會發懶，自然而然就想沿著最不費力的路走下去，亦即柿子挑軟的吃，而不是把必須執行的事情做完。

- **沒耐性**：當我們把當下的價值看得比未來更高時，就會變得沒耐性。

- **羨慕與嫉妒偏誤**：人們為了感到被愛戴，讓自己成為人人豔羨的對象，什麼事情都幹得出來。

- **對比扭曲**：這項偏誤是指在判斷某個東西的絕對大小時，不是檢視它本身，而是只相較於近期或周圍出現的其他事物，或憑該事物過去的某個印象，比較兩者之間有多少差異。這包括低估長時間逐漸變化所造成的後果（低對比度）。

- **定錨偏誤**：我們會過度著重某些資訊（往往只是出於隨機的無意義原因），把這當成未來決策的參考。

- **過度受到鮮明或近期事件所影響**：「故事」一定要有事實與數字作為佐證。很多時候資料與故事不符，但人們還是寧願相信故事。當事情牽涉到情緒性或政治性議題時，人們的想法通常不會隨著資料而做出改變。
- **遺漏與抽象目盲**：我們產生這種偏誤時，只會看到我們碰上或吸引到我們注意力的刺激物，而忽視漏失以及抽象的重要資訊。從古至今有上百萬人都沒有中樂透，但我們眼中既看不到沉默的輸家，也沒看到那些猜號碼猜不中的人。漏失的資訊不會吸引我們的注意。這項偏誤也包括不注意視盲（inattentional blindness）。
- **互惠傾向偏誤**：我們會回報他人對我們的善意善行。這項偏誤包括施惠、讓步、改變態度，以及共享資訊。
- **過度受到喜歡傾向影響偏誤**：我們會相信、信任、認同那些自己認識並且喜愛的人。這種偏誤包括過度想要獲得社會認可，也包括不喜歡傾向偏誤（我們更容易不認同自己不喜歡的人，就算他們可能有道理亦然）。好人的論點有可能很爛，壞人的論點也可能有道理，你要對事不對人，發揮健全的智識。
- **過度受到社會證據影響偏誤**：我們容易模仿「跟自己相似的他人」行為。這項偏誤包括群眾愚行——所有人都有責任時，就沒有人有責任。
- **過度受到權威影響偏誤**：我們容易信任並遵從公認的權威或專家意見。
- **自圓其說**：我們為某個結果提出符合的解釋時，可能會太過急於得到完整的結論，認為這些已經發生的事件，在事前就可以預測得到。任何事情事後諸葛看來都顯而易見，你一定要以先前做決策時的當下情境，評估你的決策品質。

- **有理由就有理**：我們經常只因為有人給了一個理由，就順從其要求。你若總是告訴人們理由，他們就會覺得這比較重要，也比較容易順從。比起他們明白的事情，人們更容易被自己的感覺打動。
- **先相信，然後才質疑**：人在精神渙散時，很容易就會相信不是事實的事。
- **記憶侷限**：這會讓我們選擇性地記錯一些事情。這項偏誤也包括暗示造成的影響。
- **妄動症候群**：我們可能只是因為不想要束手無策，就貿然採取某些行動。
- **說點話症候群造成的心智混淆**：我們在無話可說時，經常會覺得好像必須要多少說點話。就如同俗話所說：「寧可保持沉默被當傻子，也別為了釋疑開口。」
- **情緒騷動**：在情緒激動時，很容易匆促做出判斷。這包括過度誇大未來事件造成的情緒影響。
- **壓力、生理或心理痛苦、藥物或疾病影響，所造成的心智混淆。**

在研究過程中，要很誠實地進行自我情緒檢查。寫下你當下的感覺，以及你想要買進這支股票的主要原因。你只是因為對這支股票努力做了大量研究，所以才一定要買進嗎？你是否不太想接受不一樣的意見？

你要抗拒先買進再研究的衝動。不要只因為其他人在買進這支股票，而且靠它賺了不少錢，就忍不住跟著買進。不要成為擔心錯過飆股的受害者。關掉電視跟社群媒體，有必要的話休息一下，讓頭腦清醒一點再說。

檢查清單是啟動理性大腦的系統化方法。對投資人來說，這也是用來對抗被蓋伊·斯皮爾稱為「古柯鹼大腦」非常有用的疫苗。他說：「你會進入貪婪模式……神經科學家發現能夠賺到錢的可能性，對於大腦的原始獎勵迴

路產生刺激的部位，跟古柯鹼一模一樣。」[3]

怎麼樣算是理想的檢查清單？這是很主觀的，每個人各有千秋。我不建議你採用一張借來的或是外包的檢查清單。每個投資人都必須依據他或她的個人經驗、知識，以及先前所犯的錯誤，建立自己的檢查清單，用這種方式創造出來的檢查清單最好用。蒙格也是這麼說：「對於不同的公司，你需要不同的檢查清單，以及不同的心智模型。我永遠也沒辦法把事情簡化成『選股三要事』，你必須自己整理出來，好讓它在你的餘生都能深植在腦中。」[4]

投資人最後應該要有自覺，很清楚地知道他或她想要達成什麼。彼得‧貝弗林在其著作《尋找智慧》裡寫道：「根據事先建立起來的規則、篩選條件與檢查清單做事，經常會比純粹看心情辦事來得更有條理。但我們若是未經思考，就會搞出太多規則、篩選條件以及檢查項目。**我們一定要很清楚，自己試著想要達成的是什麼。**」[5]

除了檢查清單以外，我們還有另一項可改善決策技巧的寶貴工具。

那就是寫日誌。

15
寫日誌是自省的有力工具

觀察眾生，尤其是你自己。

— 班傑明·富蘭克林

知人者智，自知者明。

— 老子

倘若我們大多數人都保持對自己無知，那是因為自知之明很痛苦，我們寧願活在幻覺的愉悅中。

— 阿道斯·赫胥黎（Aldous Huxley）

　　人類的記憶有很大一部分是虛構的。我們很容易虛構記憶，大腦潛意識會先扭曲某些事件，再以記憶的形式儲存起來。許多研究結果都支持選擇性記憶的概念。人類的大腦是一台生產意義的機器，凡事都要萃取出要點，以保存能量做最佳運用。我們觀察任何事物的同時，大腦會立刻試著從我們所見之中拾取意義；對我們大多數人來說，這個意義屬於個人的。一般來說，記憶是我們先入為主的想法與個人偏誤的產物，也就是對我們有意義、能夠契合自我世界觀的信念。與這個主觀解讀矛盾的任何資訊，都會被大腦灰質拋棄；換句話說，我們的心智會被「感覺像是真實的事物」所吸引，但那不一定就是真實。每次我們從記憶中取出一塊資訊，就會得到一份含有許多漏

失細節的摘要；為了理解那一塊記憶，大腦會立刻重現其中某部分，以看起來煞有其事的東西，充滿想像力地補上漏失的細節，然而那卻不一定是實際發生的事。每一次我們觸及任何一塊記憶，都會以這種方式重現。當我們想起某件事的時候，其實只不過是把一堆虛假的細節拼湊起來而已；說不定我們每次回憶時，都還會再加油添醋一些新的錯誤細節。這種在記憶重新鞏固過程中出現的反饋迴路，會隨著時間讓這個問題更形棘手。我們會記得自己希望記得的事情，其他打算拋諸腦後的事情則容易忘得一乾二淨，因此我們的記憶有很大一部分是自我扭曲的虛構產物。

做出有效決策是一件複雜的事，但那是我們身為投資人的主要任務。我們的工作是做出決策，然而卻沒幾個人思考過我們是如何做出決策的。把實際經驗跟虛假記憶混淆，可能會大大妨礙我們從過去的投資結果中學習，倘若我們未能有效地從過去經驗中學習，就無法改善箇中過程，從而做出更佳的決策。由於敘事謬誤、後見之明，以及記憶不完美，想要百分之百準確地回想起過去我們出於什麼原因，做出了某個特定的決策，幾乎是不可能的事。大腦會愚弄我們，扭曲做決策當下所處的情境，讓我們對於一支股票何以變成選股失誤或大賺一筆，做出錯誤的結論。

我們往往很難改善決策技巧，因為我們很少得到關於所做決策品質好壞的回饋。好決策並不保證能夠成功，但是爛決策幾乎總是導致失敗。想要檢驗決策品質，方法是去檢驗做決策的過程，而有個很簡單的方法可以做到這點。

雖然簡單，卻不容易。

因為要施行這個方法，需要心態極為謙遜，智識上也要極為坦誠。

那就是隨身攜帶一本筆記，把你所有的重要決策都記下來。

決策日誌得以讓你搜集到自己做決策時的想法，既準確又誠實的回饋。這種回饋能夠讓你明瞭，哪些時候你只是單純地福星高照。有時候事情之所

以進行得很順利，原因跟我們當初想見的大不相同。想要明瞭自己所知的侷限所在，關鍵在於檢查做決策所造成的結果，與當初預測的事情過程有何出入，以及那時為何認為事情會那樣發展。

這個反饋迴路十分重要，因為這事大腦可不會自己來。我們不知道的事情，跟我們以為自己知道的事情一樣多。我們自認自己明瞭其實我們不明瞭的事，卻又沒有能夠糾正自己的方法。大腦會修改歷史，以保留我們對於自己的看法。我們對自己說的故事，會在做出的決策與實際結果之間，編織出一種線性的因果關係。決策日誌就是對抗這種認知失常的最佳解藥。

把你原本在買進時的投資論述，以及賣出時的理由，都寫在日誌裡。羅伯特・海萊恩（Robert Heinlein）曾經寫道：「人類並非理性動物，而是會合理化的動物。[1]」什麼事情在事後看來都顯而易見，任何事件都可以事後諸葛，漂亮無比地重新建構出一套基本面分析。日誌是讓你對自己保持坦誠、避免後見之明，最客觀的方式。更重要的是，日誌有助於你不斷從自己的錯誤中學習，而這些見解將成為你的人生、生意以及投資的最佳導師。一個人在其投資生涯中，從他個人所犯的錯誤中學習（比這更重要的，是藉由他人的錯誤中學習），其顯著的內在價值往往被大幅低估。

規畫謬誤與未雨綢繆的重要性

對於計畫結果做出過度樂觀的預測，這種情形隨處可見。丹尼爾・康納曼（Daniel Kahneman）跟阿莫斯・特沃斯基（Amos Tversky）把這種偏誤稱為「規畫謬誤」，這是一種在預測完成一項未來的工作，需要多少時間與成本時，展現出過度樂觀態度的現象。當計畫與預測假設會出現最佳情況，並忽略過去類似案例出現的基本比率時，就會產生規畫謬誤，結果反而造成時

間與成本大幅超標。

　　是什麼原因讓人們陷入規畫謬誤？據康納曼與特沃斯基所說，元兇是「內在看法」。我們在評估未來前景時，都會自然而然地採納內在看法；但是當我們的直覺牽扯到或然率與統計數據時，就不該信任直覺。我們很容易把注意力放在特定情境上，在個人經驗的小小世界裡尋找證據，這個現象就叫做「可得性偏誤」。當我們擁有某個個案的相關資訊時，很少會想知道該個案所屬參考類別的統計數據，而是根據擺在眼前的資訊做出預測，這又是可得性偏誤在作祟。我們不會考量到可能會接二連三出現，導致工作延宕得更久的事件。換句話說，我們會漠視世上本來就有「未知的未知」存在的事實。

　　據康納曼所說，我們可以藉由採取外在觀點，破解規畫偏誤所造成的過度自信幻覺。所謂採取外在觀點，就是讓你的注意力從手上的特定案例，轉移到類似案例的所屬類別上。檢查類似案例過去的成敗比率統計數據，你若想知道事情會不會如你所願，就看看過去在類似情況下，事情有沒有如他人所願——也就是基本比率。

　　最厲害的投資人會**事先**養成排好流程的習慣，這有助於抑制情緒性大腦的熱切反應。

——傑森・茲威格

　　一切完全如計畫進行，對我們的大腦活動來說，根本算不上什麼事。倘若我們在心理上已經準備好面對最糟狀況，並且口袋裡有一套應變計畫，就非常不容易反應過度，或在壓力突如其來的狀況時犯下代價不菲的錯誤。武聖孫子說得好：「夫未戰而廟算勝者，得算多也；未戰而廟算不勝者，得算少也。」所謂未雨綢繆，就是在壞結果發生之前，先想好要下一步怎麼辦。

我們很容易浸淫在對未來的樂觀看法中，高估了較好結果發生的或然率，未雨綢繆可以緩和這種內在偏誤。

在投資時未雨綢繆，可讓我們在未來即時採取適當的矯正行動。在你買進一支股票前，先想像你買進之後過了一年，而且在市場穩健的情況下，這筆投資還是虧錢了。你現在可以拿張紙，寫下未來可能出差錯的地方。這招「保護性後見之明」可以逼你放開思路，去思考各種結果，考量外在觀點，把注意力放在那些你第一次想到要買進股票時，可能發生但沒有直覺聯想到的下檔風險來源。投資人先想像在他掌控之外的變數所造成的各種情境，也有助於他對於個人持股規模與建構投資組合，做出更好的決策。

許多投資人會事後檢討，從他們做過的決策中記取教訓，然而未雨綢繆卻是先假設某個決策失敗了，然後自問何以致此。在進行投資前就要先想想哪裡會出差錯，並且與時俱進繼續進行評估。要避免複利反過來作用在你身上：你要賺錢就得要有錢，換句話說若要把獲利最大化，就得要把虧損降到最低，你必須把保存資本放在第一位。價值投資人在評估一項潛在投資機會時，總是先思考可能有哪些下檔風險。就連價值投資之父葛拉漢在定義投資時，也先講到返還資本，才提到報酬率：「投資操作是指透過分析，確保本金安全並獲得適度報酬。不符合這些要求的操作，就屬於投機。」[2]

當你進行投資時，一定要自問：哪裡可能會出錯？倘若事情確實出了差錯，我會有什麼反應？有哪些風險？風險發生的可能性有多高？風險有多大？倘若風險成真，我能夠承受嗎？當你在不確定的情況下做決策時，一定要思考後果（以及「後果的後果」），而且不能只思考或然率。富蘭克林在《窮理查的年鑑》裡寫道：「在計算成本之前就動手蓋房的人，他的行為很愚蠢；在動手蓋房之前先計算成本的人，會發現他沒有算對。」

寫作是增進自覺、理解與快樂的媒介

我在 2014 年底花了 10 美元買了一本日誌，我認為這是我所做過最棒的價值投資之一。從那天開始，我就一直在日誌裡記錄我的投資決策與後續發展，這個習慣讓我大大地更加了解自己，無論是身為一名投資人還是一個人，都進步不少。我得到許多寶貴回饋，用它們來糾正我的偏誤。我也為 2015 年到 2019 年間多次市場恐慌時的媒體評論以及投資者行為，做了一份個人資料庫；我發現每當市場經歷週期性劇烈修正時，回頭參考一下這份資訊，非常有幫助。市場上的人類行為自古至今，實在是沒有改變多少。

把想法架構成一條條日誌的過程，可以釐清我們的思維。親手寫日誌可降低後見之明偏誤的可能性，因為你看到自己的筆跡，就很難否認這是你先前的想法。定期回顧日誌，是這個過程很重要的一部分，你就是靠這麼做而開始進步的。了解到你在什麼地方犯了錯，為什麼會犯下這些錯誤，以及你容易犯下哪些常見的錯誤，這些都可以讓你日有所進。每當你已經得知過去決策所造成的結果，就回頭看一下決策日誌，你有可能會發現一些驚奇之處。你經常會發現，雖然得到了比較好的結果，但你原先的推論並不正確；結果時常會把我們的思維大為扭曲，除非你很謙遜並且保持智識坦誠，否則好結果反而會讓你學到錯誤的教訓。要坦誠地回想起事情如何發展，並不符合直覺，尤其是得到超級好的結果時。我們很多時候得到正確的結果，但那很可能是出於錯誤的原因。自我了解的過程可能會令人感到羞辱，但那也是我們藉此學習並增進自我的方法。

寫作除了是一種溝通工具以外，也是一種思考工具。你幾乎不可能在寫東西的同時，分心去想別的事。當你逼自己動手寫東西時，就會把思維也導向相同的方向。寫日誌不但是思考工具，也是用來集中精神非常有效的媒介；你寫得愈多，建構起來的想法也就愈精確。寫作是一種思考運動，可以

發揮預防腦袋生鏽的作用。寫作也是一種讓我們保留閱讀得到的知識，並且加深理解的有用工具。

寫日誌還有個附加的好處，那就是加深你的投入程度。光是把東西寫下來這個舉動，就會加深我們想要讓好事在生活中發生的決心。那就像是一份個人聲明，可作為不斷激勵我們的原動力。

寫日誌還具有療效。寫作可幫助我們自省，這是消除生活中任何不快樂感的絕佳方式。寫作還能改善記憶力，因為當我們把想法與學到的東西寫下來，就會記得更多。

史蒂芬‧金（Stephen King）說過：「寫作是一種魔法，相當於任何創作藝術的生命之水，而且還免費，就喝了吧！」[3]

寫下來，做出更好的決策，然後你就會變得更快樂。

16
絕不要低估激勵之力

永遠不要在你應該考量激勵之力時，還分神去想別的。

——查理·蒙格

你若想說服人，訴諸其利害，而不是講道理。

——班傑明·富蘭克林

我從投資學到主要的人生教訓是：自利是世上最強大的力量，能夠讓人們擁抱、捍衛幾乎任何事情。

——傑西·李佛摩（Jesse Livermore）

永遠不要問任何人，他們有何意見、預測或建議。只要問他們的投資組合裡有什麼東西就好——或是沒有什麼東西。

——納西姆·塔雷伯

要知道人們真正在想什麼，注意他們做什麼，而不是說什麼。

——笛卡兒

我們傾向做能夠得到獎勵的事，並避免去做那些會受到懲罰的事。激勵是我們所面對大多數情況的根源，然而我們卻經常沒有將其納入考量。我們

觀察到的行為，通常來自沒有觀察到的激勵所造成的結果。激勵具有扭曲我們行為、使我們昧於現實的力量。勞倫斯·恩德生在其著作《感官之石》裡寫道：

> 只有當我們花時間謹慎考量**當前利害所在時**，才能真正洞察全局。如果我們能考量到背後的利害不同時，情況可能會有什麼變化的話，那就可以了解得更為透徹……
>
> 激勵至關緊要，要是低估其影響，後果自負。**人們會遵循通往激勵的最短路徑。**比較有好奇心的人，會對於金錢或其他形式的激勵特別留意。[1]

生活的鐵律是，你會得到你被獎勵的東西。人們追逐激勵就像螞蟻追逐糖分一樣。可作為寶貴心理工具的獎勵，自二十世紀中葉就成為了學術詞彙，當時行為心理學家史金納（B. F. Skinner）提出了他的「正向增強」（positive reinforcement）概念，也就是藉由獎勵系統形塑行為。史金納對於心理學領域的最大貢獻，在於他對於操作制約以及行為主義的實驗。操作制約可以總結為下列這段話：「行為之後會產生後果，後果的本質則會改變生物體在未來重複這項行為的傾向。」

我們對於創造出來的激勵系統進行深入思考至關重要，因為若是忽略了激勵系統的二階或三階效應，經常會導致意想不到的後果，這叫做佩茲曼效應（Peltzman effect）。恩德生寫道：「有個例子是相關當局提供金錢獎勵，鼓勵人們協助消滅老鼠跟蛇等等不受歡迎的動物。結果當局沒有預見到的是，人們開始飼養老鼠跟蛇。」

激勵不但要對稱，避免人們操弄獎勵系統，也很重要。人類具有為了一己之利而操弄獎勵系統的傾向，因此最好是把錯過獎勵當成是可取的行為，也不要製造出一個鼓勵作弊行為的激勵系統，因為不良行為一旦受到獎勵，

就會形成習慣，並接著傳播開來。我們若是想得周密些，就能夠觀察到由激勵造成的偏誤與社會證據，會造成劣幣驅逐良幣的魯拉帕路薩效應：不良行為驅逐良好行為。威廉・奧福斯（William Ophuls）說過：「就如同經濟學裡的劣幣驅逐良幣，不良價值也會驅逐良好價值，道德通貨因而不斷貶值。」[2]這一切在在證明了多種行為偏誤的交互作用，會導致極端不理性的結果。這就是為什麼蒙格建議：「反操弄特性在系統設計中，扮演相當龐大且必要的角色。系統設計還需要用上『懼怕』這個訓誡元素。」激勵不只是金錢，也包括名聲、自由、時間、頭銜、權力，以及讚賞，這一切都可以做為強力的激勵。據蒙格所說，很少有什麼力量比激勵更為強大：

幾乎每個人都覺得自己完全了解激勵以及遏制對於改變認知與行為的重要性，但往往並非如此。比方說，我認為自己成年之後，對於激勵之力的了解幾乎是名列同年齡層的前 5%，但即使如此，我依然總是低估了激勵的威力。每一年總是會有些驚奇，讓我對於激勵的超凡之力，再多上那麼一點理解。[3]

想要解決行為問題，往往只需要讓激勵與希望達到的目的一致就夠了。蒙格就這點與我們分享他最喜歡的案例：

就人類事務而言，決定行為的是決策者的激勵項目。

在各行各業的激勵案例中，我最喜歡的是聯邦快遞（Federal Express）的例子。他們系統的核心部分——也就是造就其產品完善的關鍵——在於要讓他們所有的貨機都在半夜集結到同一個地方，把所有的包裹在飛機之間交換完畢。倘若中間有延誤，整個作業就無法完善地達成對聯邦快遞顧客承諾的使命。

而這點他們總是會搞砸。他們永遠也沒辦法即時完成作業。他們什麼方法都試過了，道德勸說啦，威脅恫嚇啦，你想得到的都用上了，沒一招管用。

最後有個人想到一個辦法：所有工作人員不是以時計酬，而是以班次計酬，工作完成了就能回家。唔，他們的問題一夜之間就此煙消雲散。[4]

波克夏海瑟威以組織架構設置激勵的教訓

資本配置是執行長最重要的工作。他或她如何配置資本，決定這些資本長期下來，可以為這間公司及其股東創造多少價值。許多執行長未能妥善配置資本，因為其激勵架構與他們在短期內能有什麼作為一致，而不是與其長期應該有何作為一致。這就是為什麼蒙格說：「也許管理學上最重要的規則，就是要把激勵做對。」[5]

股票選擇權在理論上，應當可使經理人與股東利益一致，然而就如同尤吉・貝拉（Yogi Berra）所說的：「就理論上而言，實際與理論沒有差異，然而實際上卻不然。」

股票選擇權有兩個特性，使其對於激勵經營效果不彰。首先是股票選擇權是一種資本成本，對於手握固定價位選擇權的經理人來說，保留盈餘相當於「免成本」的資本。再者，經理人並未承擔任何下檔風險，股東則不然，因此這比較像是經理人的免費樂透彩券。

巴菲特在 1996 年的股東信中，解釋了波克夏海瑟威的激勵津貼原則。這被廣泛認為是組織應當如何設計激勵與津貼架構的藍圖：

激勵架構的目標應該是：(1) 為特定營運公司的經濟原理量身訂做；(2)

性質單純，因此實現時的多寡可以輕易衡量出來；(3) 與計畫參與者的日常活動直接相關。因此順理成章地，我們避免設計像是波克夏股票選擇權這種「樂透彩票」，因為這些選擇權的最終價值——從一文不值到價值連城都有可能——完全不是我們想要影響其行為的人所能控制的。在我們看來，一個會產生唐吉訶德式報酬的系統，不但對股東來說是一種浪費，實際上還可能會妨礙我們希望經理人具有的專注行為。[6]

研究業務內容，了解其推升價值的關鍵因素，然後把激勵與那些推升價值因素掛鉤，這是非常重要的。巴菲特就是這樣處理蓋可保險的：「自湯尼・奈斯利以下，數十位高級主管能夠得到多少紅利，僅取決於兩個關鍵變數：(1) 自願性汽車保單的成長幅度；(2)「舊汽車業務」的承保獲利性（意指登記在冊一年以上的保單）。」[7]

巴菲特是如何確保他給經理人提供正確的激勵，好讓他們把所有多出來的資本，都送到波克夏海瑟威的總部？他的方法是把激勵直接與經理人的津貼，以及他們所控制的領域掛鉤：

我們在設定津貼時，喜歡承諾給予優渥報酬，但要確定這些優渥報酬直接與經理人所控制領域的業績成果掛鉤。當投資於某項業務的資本很龐大時，我們一方面對經理人運用的增額資本進行高額抽成，另一方面對於他們釋放出來的減額資本進行高額獎勵。

這種「錢不是免費的」做法，在史考特費澤（Scott Fetzer）這間子公司上頭明確可見。倘若拉夫・舒伊運用的增額資金能夠得到很好的報酬，他這樣做就值得：隨著額外資本獲利超過一個有意義的門檻，他的紅利也會跟著增加。不過我們的紅利計算機制是對稱的：倘若增額投資只能產生低於標準的報酬，那麼賺得不夠的部分對拉夫造成的代價，會跟對波克夏造成的代價

一樣大。這種雙向安排的結果,就會讓拉夫把任何他無法具有優勢地運用於自己掌管公司的現金,全都送到奧瑪哈,而這樣做對他也很有好處。[8]

切身利益的利用

> 一個系統的可靠程度,與做決策的人必須要承擔後果的程度成正比。
>
> —— 查爾斯 · 法蘭柯(Charles Frankel)

> 羅馬人在建造拱門時所用的系統,是真正可靠的系統範例。建造拱門的那個人,要在移除鷹架時站在拱門下方。這就好比為自己的降落傘打包一樣。
>
> —— 查理 · 蒙格

激勵若是錯置,會導致很荒誕的結果。不過,你若能夠把每個人的激勵因素,以正面與負面雙向配置好,就可以創造出一個自行運作良好的系統。想想別人的激勵何在,對於創造雙贏關係是必需的。蒙格經常說,人們對於他們認為是激勵或遏制的事物,反應最為強烈。納西姆 · 塔雷伯認為,比起諸如風險價值之類時下流行的統計方法,激勵與遏制是更好的風險管理工具。激勵會鼓勵人們做出你想要的行為,遏制則能夠防止人們做出你不想要的行為。

將近四千年前,巴比倫國王漢摩拉比(Hammurabi)制定了世上最早的一套法律。《漢摩拉比法典》是一部經過翻譯的最古老書寫法典,由 282 條法律構成,內容大多與懲罰有關。塔雷伯與喬治 · 馬丁(George A. Martin)把《漢摩拉比法典》第 229 條法律,譽為「風險管理最佳法則」:

漢摩拉比這條法則,明確分別了代理人以及她理應代理的客戶本人,兩者之間的利害關係。這在社會科學領域裡叫做代理人問題,通常與道德危機問題密切相關,也就是當事人因為自己並未承擔其行動所造成的所有實際成本以及(或者)潛在成本,而有動機採取經濟上或社會上屬於次佳的行動(例如過於冒險)……這條漢摩拉比法則確保代理人必須承擔充分的不可分散風險,以激勵代理人基於她以及客戶本人的共同利害關係採取行動,從而解決共同代理與道德危機的問題。[9]

這條道德原理正是賽斯・克拉曼在其著作《安全邊際》(*Margin of Safety*)裡頭提到的:

如果一間餐廳的主廚老是跑到其他地方吃飯,你大概不會選擇在那裡用餐。對於一位自己端出來的菜都不吃的基金經理人,你也不應該感到滿意。值得一提的是,沒有幾位機構基金經理人,願意把自己的錢跟著客戶資金一起投資,因為只要不這麼做,這些經理人就能放手去做,一心一意追求他們公司的最佳利益,而不是他們客戶的最佳利益。[10]

錯置激勵經常導致荒誕結果

在全錄(Xerox)發展初期時,當時於政府任職的喬・威爾森(Joe Wilson),必須要回到全錄去,搞清楚為什麼全錄更棒的新機器賣得比功能較弱的舊機型差那麼多。當然,他一回去就發現了原因何在:根據佣金計畫,業務員有強烈的動機推銷比較差的機型。

—— 查理・蒙格

在大多數情況下，複雜對賣家有利，單純對買家有利。任何具有豐厚佣金的產品，無論它對於顧客來說多麼有害，都會被業務員大力推銷。蒙格說：「任何時候，只要你的結構會製造出巨大的佣金差異，當業務賣掉還算安全的 A 產品，能夠得到 X% 的佣金，而賣掉有毒的 B 產品，則能得到 10X 的佣金，你就知道結果會怎樣，百試不爽。」[11]

激勵造成的偏誤俯拾即是，幾乎各行各業都會發生。相較於創辦人，上市公司外聘的執行長會避免進行能夠創造長期價值的投資與研發，因為他們的津貼是基於達到或超出市場每季預期。律師會讓客戶沒必要時也興訟，醫師會開立昂貴的原廠藥而非學名藥，承包商會操作簽訂「成本加成」合約，審計師會漏看會計帳對不上的地方，評等機構會給予垃圾等級投資工具高評等，投資銀行家會把 IPO 價格訂為從客戶身上榨取最大價值。這一切都是因為他們是在這個基礎上獲得報酬。

激勵的真正力量，在於它能夠操弄認知過程。一個平常算是正直的人，可能因為他或她受到系統裡流行的荒誕激勵所驅使，從而做出不道德的事情。當你為某人工作時，也可能面臨同樣的問題。由於激勵造成的偏誤會在潛意識層次自行運作，你可能會被這偏誤糊弄到以為對你來說很好的事情，對你的客戶也很好。結果你可能會發現自己只是為了賺錢，販賣菸酒之類會成癮的有害產品，或是溢價且銷售費很高的保險和投資產品。光靠薪水很難變有錢，因為你在工作時分析並解決某個問題，是按照線性計薪；但是你若以投資人、創投資本家或企業家的身分，找到並把握住機會的話，報酬是以指數型態計算。

身為投資人，我們可以在公開市場中找出某些蛛絲馬跡，有智慧地把激勵之力轉為自己的優勢。比方說倘若原本的私有股權合夥人，在 IPO 時並未出售任何股份，或是公司創辦人在季報公布前的交易截止最後一刻，從公開市場買進股份，那我們就該密切注意其動靜了。如果創辦人宣布一個價格

沒有吸引力的新股認購權，那可能是因為他知道成長前景強勁可期，想要刻意勸退小股東參與認股，以增加他的公司持份。有企業主注資的公司，內部人士持股比重高的話，有助於讓創辦人與小股東的激勵因素協同一致（你應該會寧願創辦人把他或她的全部身家，全押在單單一間公司上頭，而不是擁有好幾間上市或私有公司）。

永遠不要問理髮師你是否需要理髮

> 由於激勵造成的偏誤隨處可見，對於你的專業顧問提出的建議，應當要經常持疑或不可盡信，就算他是工程師也不例外。你的一般對策是：(1) 專業建議若是對顧問好處特別大，要格外小心；(2) 跟顧問打交道時，學著運用顧問那一行裡的基本知識；(3) 反覆檢驗，不要輕信，把他跟你說的內容換掉一大半，直到那建議經過客觀思索之後，似乎算是妥當為止。
>
> ——查理‧蒙格

蒙格在 1988 年的魏斯可金融公司財務年會上表示：「所有領佣金的業務員，都有為了成交而罔顧真相的傾向。」蒙格建議我們永遠都應該思索下面這個問題：「這個人從中得到了什麼？」經理人與經紀人拿的份愈多，投資人賺的就愈少。巴菲特說過：「就整體而言，投資人動作愈多，報酬愈低。」[12] 投資人賺到的是他們沒有付出的費用。許多投資顧問其實是經紀人、複委託經紀人、共同基金經銷商，以及保單業務員偽裝的，他們的目的是要把佣金與手續費最大化。要確保你的顧問「僅收服務費」，無法從你以外的任何來源收取回扣。

基金管理業理應是受託業務，但許多基金經理人經營業務的方式，卻是以投資公司作為包裝，實則是銷售投資工具的行銷公司。學著區別這兩者的差別：

- 行銷公司會對於旗下最熱門基金的歷史紀錄大打廣告。投資公司則不然。
- 行銷公司會根據最新潮流，創造新的「產業」基金──不是因為他們認為那是對客戶好的投資，而是因為比較好賣。投資公司則不然。
- 行銷公司會大量生產「孵化基金」，把那些績效不佳的基金清算埋藏，那些能夠存活下來的則大肆打廣告宣傳。投資公司則不然。
- 投資公司會一直對客戶進行市場波動性教育，對他們解釋為何過往績效並不能代表未來績效。行銷公司則不然。
- 以中小型股為標的的投資公司，在基金規模逐漸膨脹，開始造成衝擊成本過高，使其無法對小公司持有具有意義的部位時，會對新的投資人關閉基金。行銷公司則不然。
- 投資公司會在管理資產增加，營運成本比率隨之改善時，以降低費用的形式，把節省下來的獲利分享給客戶。行銷公司則不然。

投資公司若能著重於產生出最有可能達成的風險調整後報酬，並且清楚明確地持續與客戶交流其投資過程與哲學，那麼剩下的事情應該會自己就緒。讓事情保持單純，單純推升價值，把價值分享給客戶，就能確保長治久安（圖 16.1a 與 16.1b）。

最後一點，克服激勵造成偏誤的最佳方法，就是達到財務獨立，因為獨立性會讓你看見事情的真相。只有自由的人才能夠保持坦誠，也只有坦誠的人才得以自由。

巴菲特就完全掌握到了激勵的超凡力量，他說：「我可以在五分鐘內就解決國家赤字問題。你只需要通過一條法律就好：任何時候國家赤字超過3%的國內生產毛額（GDP），所有在任的國會議員就失去連任資格。」[13]

　　我沒有要補充的地方。

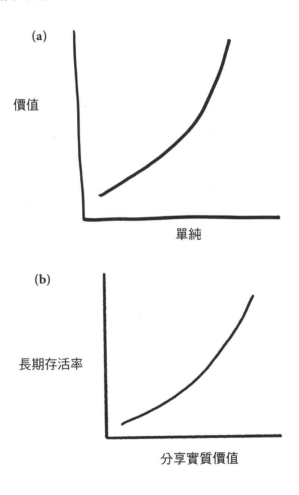

圖 16.1 （a）單純推升價值，（b）把價值分享給客戶，可確保長治久安

圖表出處：The Behavior Gap

17
永遠要以數學思考，但要避免物理羨慕

投資股票是一門藝術，不是科學。受過訓練，什麼都要量化得一清二楚的人，將處於很大的劣勢。

——彼得・林區

數學有助於我們在情況合理時進行評估，而且不為時移。二加二等於四，一百萬年前成立，一百萬年後也還是成立。

我們把某個事物量化成數字形式之後，就能進行比較分析，以凱因斯的智慧之語，做出健全的評估決斷：「寧可約略正確，也別錯得精準。」

在上個世紀末的網路泡沫鼎盛時，巴菲特就體現了凱因斯的智慧：

我們買進一支股票時，總是當成是在買進整間企業，因為這樣讓我們能夠以生意人的方式去思考，而不是以股票投機的方式去思考。比方說有一間公司前景璀璨，但是當你現在以估值 5,000 億美元買下它時，它什麼股利都沒有發……為了說明得更清楚，我們假設在公司開始發股利之前，只有拖延一年，而你想要 10% 的報酬。你若付了 5,000 億，那麼每年都要回吐 550 億現金給你，它得每年賺個 800 億左右的稅前營利才行。現在你放眼商業界，有多少公司能夠每年賺 800 億的稅前營利，或是 700 億、600 億、500 億、400 億，甚至 300 億都好？你一家都找不到。[1]

請注意巴菲特是怎樣運用極度的減法原理以及「反證法」，大大簡化一個投資決策。

　　身為投資人，我們並不需要無止境地力求精確，只要約略正確，擁有足以把事情搞定的良好安全邊際即可。要記得你不需要有一台體重計，才知道體重 200 公斤的人太過肥胖。不用太執著要確定這間公司下一季每股盈餘是 2 元還是 2.05 元，而是要著重於找出目前價格，與你保守估計能夠維持長期獲利能力的價值之間，是否具有能夠創造出巨大安全邊際的差距，以免你當初的評估有誤而造成損失。不過倘若你需要用上複雜的金融模型，才能合理化買進的決定，那就不要投資。讓事情保持單純。

　　巴菲特認為中國石油值 1,000 億美元，而他以 370 億的價格買進。你可以用上各式各樣的精巧分析，不過巴菲特把所有事情都歸結為目前的價格與他保守估計算出的估值之間，是否存在夠大的差距，能夠讓他享有很大的安全邊際。

　　不要太看重可以量化的東西，也不要太看輕無法量化的東西。要當心別在一個複雜的世界裡，執著於錯誤的精確感。

> 不是所有重要的事都能算，也不是所有能算的事都重要。
>
> ——愛因斯坦

　　蒙格在 2003 年於加州大學聖塔芭芭拉分校經濟系，進行名為〈學院經濟學：考量跨學門需求後的強處與缺失〉的演講時，他說：

> 你有一個複雜系統，它吐出一堆很棒的數字，讓你能夠測量某些因子。**但是還有其他極為重要、可你無法給它們精確數字的因子。**你知道這些因子很重要，但你沒有相關數字。唔，第一，實際上大家太看重能夠數字化的東

西，因為這可以用上他們在學院裡被教授的統計技法。第二，他們無法駕馭那些**或許更為重要**，但是難以衡量的東西。2

　　扯到投資時，精確這回事遠比投資人以為的來得不實用。在精確不存在時還想要找尋精確性，是一種人類偏誤，蒙格在同一場演講中將其稱為「物理羨慕」。彼得‧考夫曼在《窮查理的普通常識》寫道：

　　查理努力把複雜的情況，簡化成最基本、最不帶情緒的基本要素。然而在追求理性與單純的同時，他很小心避免產生他所謂的「物理羨慕」（physics envy），也就是人類普遍渴望把極為複雜的系統（像是經濟學裡的那些系統），簡化成一體適用的牛頓力學公式。他反而是大力推崇愛因斯坦的告誠：「科學理論應當要盡可能單純，但不能比那更單純。」或者用他自己的話來說：「我反對的是自信滿滿，自認確知自己的某個行為利多於弊。你在應付的是各種高度複雜的系統，一切事物都跟其他所有事物互相影響。」。3

　　效率市場理論就是這個問題的指標性範例。這個理論假設所有參與市場的人都是經濟人（也就是完全理性的生物，起碼就經濟定義而言是如此），這是想要把硬科學原理應用於經濟學上的結果，但經濟學實際上並不是硬科學，而是社會科學。市場完全是人類行為，雖然用來總計資訊與評估資料很有效率，但肯定不是理性的。市場太過複雜又太敏感，難以讓自己適用於宰制硬科學的那種原理。不連續性是市場的基本要素，完全不是可以忽略的異象，這使得金融有別於自然科學。麥可‧莫布新說：

　　複雜的適應性系統具有三個特性。第一個特性是這個系統是由一些異質性的行為者構成，這些行為者每個人都要決定自己如何行動，而最重要的特

點在於，這些決定會隨著時間而演變。第二個特性是這些行為者會彼此互動，而這種互動會產生第三個被科學家稱為「突現」的特性：**整體會實實在在地，變得大於個別的總和**。關鍵點在於，光是看構成系統的個別部分，無法真正了解整個系統⋯⋯

你在複雜適應性系統裡看到某件事發生時，大腦就會編出一段話，去解釋發生了什麼事，即使在這種系統中的因果關係難以理解。事後諸葛真的很棒⋯⋯

複雜無法像某些傳統的線性金融模型那樣，讓自己適用於乾淨利落的數學。[4]

價值投資人經常開玩笑說，Excel 比 Word 創作出更多小說。由於根深蒂固的確認偏誤，我們並不需要用到試算表，才能提供「目標搜尋」功能。這項功能深植在我們大腦之中。我個人做投資決策時，從來沒有一次打開過試算表，我使用過最先進的科技，就只是一台做加減乘除四則運算的口袋計算機而已。

一大張的試算表還有複雜的量化軟體工具，對你的財務福祉可能會有害。只要小小地改變一下輸入假設，就能大大地改變內在價值估值，因此銀行家與交易顧問可以便宜行事，想做什麼一廂情願的反向工程都能隨心所欲。（折現現金流模型仍然是最佳決策模型，因為任何分析師對於本益比、股價淨值比、市銷率，以及企業價值乘數的想像，都影響不了現金流量。）葛拉漢說：「精確的公式加上非常不精確的假設，可以用來建構或是寧可合理化，幾乎任何你想要建構或合理化的價值。」[5]永遠不要低估激勵之力。

你無法不透過數字了解投資世界，但同時也無法光是透過數字就了解投資世界。只倚賴複雜的量化分析，會分散我們對於真正要緊事情的注意力。比方說試算表無法為信任、正直、善意、名聲、經營執行能力等等提供模

型，因此你在勤奮研究投資時，也需要具有比較軟性、主觀的一面。投資是一部分的藝術，加上一部分的科學，需要你做出細膩的判斷。

巴菲特說：「你付出的是價格，得到的是價值。」[6] 因此我們必須確保自己為一間公司付出的價格，沒有超過它的內在價值，而這會形成一種挑戰：我們必須拿可以精確衡量的價格，去跟本質上不精確的價值估值做比較。然而大多數投資人試著做到的，卻是想要得出內在價值的「精確」數字，比方說分析師報告裡精確到小數點後最後一位的目標價，就是個會讓人緊抓不放的誤導定錨，因為精確的目標價會對讀者灌注一種錯誤的信心，而這種錯誤的信心容易讓讀者容易犯下嚴重錯誤。這是標準的物理羨慕在發揮作用。

這些年來我愈來愈了解到，投資是一門簡化與近似的領域，而不是極為精準的量化巫術。我也了解到投資不太像是金融領域，而是更接近於人類行為領域。投資成功的關鍵不在於你懂多少，而是在於你的行為，那影響遠比你的費用、資產配置，或是分析能力來得大。倘若你屈服於行為偏誤，就算有低成本的指數型基金，也幫不了你。真正的風險在大多數時候並不在市場中，而在於我們的行為。情緒商數對於投資成敗的影響，遠大於投資人上什麼大學，或是他們的投資策略有多麼複雜。投資人的高智商在大多數時候會適得其反，因為投資人會對自己及其能力極具信心，以致於無法改變其想法。在一個複雜的世界裡，想要保持簡單總是需要一番掙扎，對於受過高度教育的人們來說更是如此。你愈是聰明，就愈擅長建構一套說詞來支持自己的個人想法，把資料放在一個合理化的框架下，以符合你的論點或觀點。你也許很聰明，但不一定有智識，因為智識是能夠以準確的因果關係，敘述現實狀況的能力。

巴菲特經常說，要計算內在價值是一大挑戰。他在波克夏股東手冊裡如此說道：

計算內在價值並不是一件那麼單純的事。就如同我們的定義所指出的，內在價值是個估計值，不是一個精確的數字，此外倘若利率有變動，或是對於未來現金流的預測有修正，這估計值就必須要改變。[7]

巴菲特在 2005 年的股東信中寫道：「計算內在價值雖然至關重要，但一定不會很精確，而且經常會錯得離譜。**一間公司的未來愈是不確定，對於其內在價值的計算，就愈有可能產生很大的偏差。**」

巴菲特在 2000 年的股東信中亦提到：「使用精確的數字其實很愚蠢，**用一個可能的範圍來估算，是比較好的做法。**」[8]

身為投資人，我們可以用各種不同經營情境下的簡單近似估值，預估任何一支股票的潛在報酬，然後跟既有被動投資工具的預期報酬，以及股票投資機會集合裡的其他選項做比較，最後選擇預期報酬最高的那個選項投資。

順向思考與逆向思考

每當我們試著解決問題，預測可能會發生什麼事情，或是判斷某事的真偽時，都應該同時順向思考與逆向思考。以下是蒙格對於這個主題提出的一些想法：

「順向思考，然後逆向思考。反過來想，永遠要反過來想。」

「許多困難的問題以逆向思考處理時，能夠得到最好的解決。」

「複雜適應性系統與心智建構的運作方式是，倘若你把問題反過來想，經常就會變得比較簡單，甚至通常也會比較容易解決。」[9]

蒙格在 1996 年 7 月發表啟迪人心，名為〈對於實用思考的實用思考〉的演說時，舉了一個在一百五十年內把 200 萬美元變成 2 兆美元的案例。（注意：要處理很大的數字時，算數基本功很有幫助。在這個案例中看似很龐大的 2 兆美元，可以換算成 9.64% 的 CAGR。即使成長率只是中等，只要經過一段很長的時間，就會產生極為可觀的結果。）雖然你可以從這場演說的逐字稿中，汲取到許多偉大的教訓，不過我從中獲得的重要觀念是，蒙格並不是以今日的內在價值去思考事情，因為那不但是個不精確的數字，而且經常會一發不可收拾地引起人們爭論，該用多少折現率評估未來獲利，或是在明示預測期間結束時，該用多少永續成長率（其金融用語是「終端成長率」）。在各行各業的公司壽命受到科技擾亂而迅速縮短，終端價值（一般來說占公司內在價值估值的一半以上）的概念受到質疑的情況下，永續成長率如今可說是兵家必爭之地。價值從過時的營運模式，遷移到更能夠滿足顧客最重要的優先需求的新營運模式，這樣的趨勢正在加速進行。歷史顯示許多公司最終的終端價值等於零，所以當你要對終端價值做出假設時，一定要相當保守。

蒙格在這場演說中，教導我們如何思考得到潛在的未來價值，然後以此與公司的目前市值比較，以計算預期報酬。在這個案例中，我們要算出潛在未來價值時，不得不以在假設中沒有明說的數學來進行思考。這個方法以金融用語來說，就是進行「反向折現現金流」運算。（如你所見，反過來想確實可以解決許多生活上的問題。）

為了解釋這個過程，我們來做個簡單的假設性範例。假設我們想要買進 X 公司的股份，它目前的市值是 10 億美元。為求簡化，我們假設這公司不發放股利，沒有股票選擇權，沒有舉債，也沒有資產負債表外的義務。這間公司有 4,000 萬的業主盈餘（Owner's earning），假設其未來十年（這個範例中的明示預測期間）的平均年成長率為 10%，如此可估算出這間公司十年後

的業主盈餘為 1 億 400 萬。

我們假設市場對這種公司願意付出平均 15 倍的本益比，而且公司在這段期間沒有發生價值重評或降評的狀況，這樣可以估算出該公司十年後的市值為 15.6 億。與該公司目前 10 億的市值比較，我們可以得到年報酬率等於 4.5%。

現在只要把這個報酬率，跟其他可得的投資機會預期報酬率做比較就行了。倘若未來十年的預期報酬率，甚至連最高評等的國債殖利率也搆不上，那麼以目前的價格持有這支股票，就是個不理性的決定。一間公司可能有很棒的經濟特質，但倘若預期報酬率遠遜於既有的替代選項，投資人就該敬而遠之。

倘若我們想知道在什麼樣的情況下，能從這支股票上頭賺到 15% 的年報酬率，需要做出哪些假設才能達到呢？更重要的是，那些假設合理嗎？

目前市值 10 億，年報酬率 15%，十年後的市值就會達到 40 億。以退出乘數 15 倍計算，十年後的業主盈餘是 2 億 7,000 萬。這意味著業主盈餘的平均年成長率是 21%（以最初是 4,000 萬來進行計算）。假設這公司的淨利率是 15%，這表示十年後的營收是 18 億，意味著這十年的營收年成長率是 21%。現在我們可以對所需營收成長率、每單位營收實現趨勢、市場份額等等因素做出各種假設，評估就營收成長、訂價能力、淨利率、市場規模、市場份額，以及競爭優勢的過往趨勢與歷史紀錄而言，哪些假設是合理的。我們也能夠找出什麼因素對於未來業主盈餘的影響最大（因此也會影響到價值），以及這因素在哪些情況下可能會有變化，然後就可以據此採用建構性的「未雨綢繆法」。

為了建構多重冗餘，以充當安全邊際來源，我們應當總是採用保守的假設，避免假設未來成長率大大超過歷史成長率（長期或短期皆然），在明示預測期間結束時，採用合理的退出乘數，並且只對穩定的經營模型使用這套

方法。

　　以長期預期報酬率代替精確的當前內在價值進行思考，本質上就具有多重優勢。這套方法逼著大腦去思考未來的價值驅動因素，幫助我們藉由客觀比較位於我們能力圈內相互競爭的可用投資替代選項，決定適當的投資部位規模。它也能幫助我們，只選出那些相對更能預測其未來發展的單純公司。我們無法把這個模型應用於日新月異的科技公司，但是可以用在「滿足人類基本需求與欲望，在相對未飽和的市場中具有長期成長前景，並具有護城河」的公司，這些公司的經營模式變化率，通常都比較低。

　　用蒙格在 1990 年的波克夏年報裡的話，最能總結這一章的精髓：「我們從來不曾坐下來計算數字，再把它們折現回算出淨現值……**決策應該要顯而易見才對。**」[10]

18
智慧型投資，完全在於了解內在價值

內在價值的一般定義，是指可以藉由資產、盈餘、股息、明確的前景等等事實，加以合理化的價值。在一般情況下，決定價值最重要的單一因素，如今可說是有跡可循的平均未來獲利能力。先對這份獲利能力進行估計，再把這個估值乘以一個適當的「資本化因子」，就能夠發現其內在價值。

——班傑明·葛拉漢，《證券分析》（Security Analysis）

　　決定一間公司內在價值的過程，可說是某種藝術。你無法遵從一套死板的規則，把資料輸入試算表，然後希望它能夠對你吐出內在價值的數值。股票的價值在於人們願意為它們付出多少錢，而沒有任何捷徑能讓你得到確切的均衡價值。內在價值是個隨著基本面資料出爐，投資人根據所知以及過往經驗更新其「預期」，不斷在變化的動態目標價。

　　巴菲特過去曾經把內在價值描述為私有業主價值，也就是一位博識多聞的買家，願意為整間公司及其未來現金流付出的價格。因此一項資產的內在價值，等於該資產在其剩餘的可用壽命期間，預期能夠產生的現金流總和，再以金錢的時間價值，以及是否能夠收到這些現金流的不確定性，折現計算之後的結果。

　　倘若我們謹慎地閱讀在這一章開頭葛拉漢對於內在價值的定義，就會注意到一件有意思的事：他說未來獲利能力是「決定價值最重要的單一因素」。因此我們試著要回答的主要問題是：這間公司常態化的獲利能力是什

麼？換句話說，倘若我是私人買家，這間公司在支付維持競爭優勢所需的花費之後，每年會把多少現金放到我的口袋裡？我可以預期從這間公司獲得多少常態化的業主盈餘？

業主盈餘才重要

巴菲特在 1986 年的股東信中，給了業主盈餘以下定義：（A）財報盈餘，加上（B）折舊、耗損、攤提，以及某些其他非現金費用等等……減去（C）公司為了完全維持其長期競爭優勢與銷售件數，必須要為廠房設備等等支付的平均年資本化支出。（倘若公司需要增加額外的運用資本，才能維持其競爭優勢與銷售件數，那麼其增額也應當納入（C）計算。）[1]

在華爾街，「盈餘」這個詞指的是損益表上的淨收益或每股盈餘，那是大多數分析師緊抓不放，陷入可得性偏誤的窠臼。（他們未能留意蒙格的警告：「倘若你只有一個想法，那就沒有比那個想法更危險的事物了。」）另一個廣為使用的指標，是稅前息前折舊前攤銷前盈餘（EBITDA），這個詞在華爾街雖然無所不在，卻是個相對新穎的金融概念。（直到 1980 年代的槓桿收購潮之後，EBITDA 才被廣為採納成為一個金融量測標準。）然而，EBITDA 並未把資本支出（capex）、利息與稅金之類真正的現金費用納入考量。

對於價值投資人來說，能夠用來評估價值的盈餘，就是業主盈餘。淨收益和每股盈餘是用會計原理計算出來的財報數據，然而業主最終能夠拿到的實際現金，完全是另一回事。業主盈餘讓我們知道有多少現金流進業主口袋裡，而且是實際可以拿來花的現金，不是存貨或應收帳款什麼的。這就是為什麼巴菲特把它叫做業主盈餘。要記得，買進一支股票，就是買進一間公司

的部分所有權。

巴菲特對於業主盈餘的定義，被價值投資社群普遍奉為了解一間公司真正獲利能力的聖杯。不過請注意，巴菲特的定義很微妙地省略了一個東西。

巴菲特從財報盈餘開始算起，做了些許調整以算出業主盈餘，但他並未針對廣告以及研發之類，具有準資本支出性質的支出項做出調整；這些項目在算出財報盈餘之前，通常是在損益表中被當成費用處理。因此巴菲特這條方程式的第一個變數（財報盈餘），在逐漸出現護城河的公司有可能遭到低估，因為這些公司正在投資能夠創造長期價值的方案，然而這些投資在當前的損益表中，卻會被當成費用提列。

投資人應當把這種類型的支出資本化，在保守估計的經濟生命週期中加以攤提。要進行這種調整，必須滿足兩個條件：營收與市場份額都要有所成長。企業分析師應當要把用來拓寬護城河的每一塊錢，當成是如同資本支出一樣，能夠創造持久優勢的支出。然而遵循保守會計原則的公司，卻會把所有花在這種用途上面的錢，都在損益表中列為費用。成長型公司的這類支出也會成長，因此倘若對此做出調整，就會造成業主盈餘超過財報盈餘。這就是為什麼在進行投資分析時，會計數字應當永遠只當成一個基本的起始點。

對於具有護城河並且把錢花在拓寬護城河，因此要進行這項調整的公司，業主盈餘或經濟收益才是應該用來決定內在價值的正確數字。把未來的這個數字折現算回來，就能得出現在的公允價值。

傳統上根據財報盈餘或會計淨值衡量出來的價值，對於具有護城河的公司，很多時候會導致表面上很高的本益比或股價淨值比，而投資人會認為這些公司價值被高估，最終犯下錯過這些公司且代價高昂的錯誤。不過就如同巴菲特所說：

「價值投資」這個詞，無論是否合適，都被廣為使用。一般來說，這個

詞隱含著買進具備低股價淨值比、低本益比，或是高殖利率等等特質的股票；遺憾的是這些特質即使連袂出現，仍然遠遠無法斷定投資人是否確實買到了值得買進的股票，因此真的按照獲得價值的原則在進行投資。相對而言，**買進具有高股價淨值比、高本益比、低殖利率等等相反特質的股票，也不見得就不符合「價值投資」。**[2]

關鍵在於那些公司的盈餘成長率即使只是普普，只要維持很長的時間，那些看似很高、嚇得許多價值投資人不敢出手的本益比，實際上反而非常低。這意味著，倘若你以看似「依照當年度盈餘來算的原價」，買進一間護城河強大的公司，你以複利累積金錢的速率，就會高於你用來算出「公允價格」的折現率。一間公司的競爭優勢期間（CAP）愈長，其價值就愈有可能比市場認為的高很多。護城河的「耐久度」是關鍵因素，市場很容易低估具有真正強大護城河的公司，因為其護城河的高耐久度，往往能夠讓它們的競爭優勢遠比許多人預期的維持更久。對於長期投資來說，應當把重點從進入本益比乘數，轉移到 CAP 的持續期間。本益比乘數應該要是價值評估的結果，而不是成因。從正確的觀點評估會計數字，是投資人成功的關鍵所在。

舉例來說，商譽反映的可能是花太多錢進行併購，也可能是承接了價值隨著時間增長的長期無形資產；投資人必須要自己搞清楚是哪種情形，因為會計師可不會代勞。有了這個觀念之後，我們來評估一些構成經濟收益的重要因素，也就是維護性資本支出以及營運資本。

我的觀察是：市場總是會展現其智慧，對於維護性資本支出較高的公司，賦予較低的估值，因此使它們看似比其他公司來得便宜。你必須用年報資料把維護性資本支出算出來，或是在舉辦電話會議或股東年會時，從經營團隊口中得知。（永遠要把經營團隊說的話，跟他們實際申報的內容做交叉查核。）總資本支出會出現在現金流量表的投資部分，所有不屬於成長性資

本支出的資本支出，都必須要歸為維護性資本支出，因此倘若我們能夠估算成長性資本支出，就能夠估算維護性資本支出。有時候很明顯地因為競爭壓力之故，幾乎所有的資本支出都屬於維護性，比方說類似巴菲特把他旗下紡織廠關閉的例子，在商業界比比皆是，所以可別把會計師對於資本支出的定義照單全收。會計師不會做估價，他們只負責記錄交易內容，就算有什麼東西出了差錯，他們也會很精確地把它呈現出來。一筆商業交易是怎麼被記錄下來的，並不會改變那個事件或是它對價值的影響。要避免可得性偏誤，你要自問：「這筆支出像是會讓未來的經濟收益，產生可維持的提升嗎？」

倘若利潤或生產力的提升必須要完全傳遞給顧客，就不會是這種情況。倘若資本支出是為了替換廢棄的機器設備，這只能讓公司維持其獲利能力。倘若這個產業在打割喉戰，技術變遷迅速使得技術很快就會落伍，就需要不斷進行資本支出以求自保，或是不斷發明新技術應用以求不落後於競爭對手，但這又會讓舊有技術變得落伍。倘若在高通膨時期的歷史會計成本，造成折舊項目提列不足，那麼資本支出也無法對經濟收益產生貢獻。在以上所有這些情況下，該公司都無法產生真正的利潤。一旦我們正確地把花費在這類三不五時就會發生的資本支出計畫的錢，當成維護性資本支出而非真正的資本支出，我們就知道基本上不會有業主盈餘產生。沒有業主盈餘，就沒有價值可言。

上面這句話永遠成立，就算股市在某段時期給這種公司數十億美元的估值也一樣。這種時候是凱因斯式的選美競賽現象在發揮作用，投資大眾給股票訂價的依據，不是他們認為這些股票的基本價值是多少，而是看他們認為別人覺得這些股票值多少錢，或是別人預測這些股票的平均估值是多少而定。這種現象在某產業或某資產類別形成泡沫時非常普遍。

泡沫化與其說是經濟或金融現象，更像是個社會現象。人們渴望參與到某個新穎刺激的事物。這些泡沫通常都源自於健全的前提，但後來卻被過度

引申，搞得太過誇張。換句話說，每個泡沫的本質都是堅強的基本面，卻被興奮莫名地外推過度。葛拉漢曾經談到，在華爾街那些起初很健全的想法最終是如何被搞過頭的：「好點子讓你惹上的麻煩，遠比壞點子來得多，因為你會忘記好點子也有其限度。」[3]

巴菲特解釋為什麼某些擁有大量資產，但是沒有業主盈餘的公司，會在開始派發其受限盈餘（restricted earnings）時遭遇麻煩：

並非所有的盈餘都生來平等。通膨會讓許多公司的部分或全部財報盈餘變成次等品，對於資產收益比高的公司尤其是如此。倘若公司想要維持其經濟地位，這個次等盈餘的部分——我們姑且把它們稱之為「受限盈餘」——就不能當成股息派發出去。要是這些盈餘被派發掉了，公司就可能會在下列這幾個領域中處於劣勢：維持銷售件數的能力、長期的競爭優勢，以及財務體質。一間公司的股息派發率無論有多保守，只要它一直在派發受限盈餘，除非股東權益另行增資，不然就注定要灰飛煙滅。

受限盈餘對於業主來說，鮮少是毫無價值的，但往往必須要重重地給它打個折扣。[4]

這種公司三不五時就會舉債或稀釋股權。新的投資人不斷把錢倒進公司裡，卻永遠也無法從公司拿到任何東西；倘若公司有發放任何股息，那也不是來自於營運現金流，而是來自於舉債或股東增資注入的新資金。這些公司只不過是把現金從新的投資人那裡，轉手給舊的投資人而已，這在功能上等同於龐氏騙局。巴菲特在波克夏五十週年股東信中，對這種公司作出以下描述：

以接連發行溢價股份維持的經營模式，就如同連鎖信模式一樣，大多是

毋庸置疑地財富重分配，**卻完全沒辦法創造財富**。儘管如此，這兩種每一位企業創辦人夢寐以求的現象，往往在精心設計的偽裝下定期在國內蓬勃發展，而結局永遠都一樣：錢從容易被騙的人流向騙子。股票可不像連鎖信那樣，被騙走的金額可能多得令人驚愕。

我們在巴菲特合夥事業跟波克夏，從未投資過死命發行新股的公司。這種行為是經營團隊只想推升股價、會計體質貧弱、股價過高，以及赤裸裸地不坦誠（這實在太常發生了），最確鑿的指標之一。[5]

蒙格也對這種公司發表過意見：

葛拉漢曾經提到「凍結企業」，也就是公司規章禁止它支付業主任何東西，永遠不能變現或出售。葛拉漢提出一個問題：「這種企業有多少價值？」

我認為這確實是個有趣的案例，因為我認為有一種公司，它們最終的「現金返還」部分，似乎只是夢幻泡影。還真的有這種公司哩，**你一直把錢不斷地投進去，但從來就沒有現金返還給你。**[6]

在業主盈餘定義裡的營運資本部分，是進行價值評估時的重要輸入項。一間公司在任何時候需要額外資本（固定資本或營運資本），但是無法提升銷售件數或市場份額，這筆花掉的錢就該被當成費用。在競爭條件變差時，像這樣的必須支出總是會增加，這通常是未來經營的警訊。倘若議價權永久性地從公司轉移到顧客或供應商，那麼該公司單單只是為了要守住銷售件數與競爭優勢，所需的營運資本量就會增加。這個增加量是在巴菲特方程式的（C）項，應當被視為費用而非盈餘。

當然啦，我們實際上在許多案例中，會發現（C）超過（A）＋（B），這表示根本沒有真正的盈餘可言。沒有真正的盈餘，就沒有真正的價值，即使

這項資產的市值可能在一段時間內相當可觀亦然。巴菲特指出：「任何在其存續期間損失金錢的公司，無論這期間曾經得到多高的估值，其價值都是被摧毀，而不是被創造出來。」[7] 當他發現旗下的紡織事業沒有業主盈餘時，就把紡織廠關閉了，拒絕把良幣投進劣幣裡。

與大眾的認知相反的是，葛拉漢在《證券分析》中，其實花了很多時間探討未來盈餘——不是公司過去賺到的盈餘，而是我們能夠預期公司未來每年平均可以賺到的盈餘。葛拉漢指出估值是一門藝術，決定一間公司所有未來現金流的現值，需要觀察這間公司 DNA 的各種面向，包括其資本密集度、經營模式的耐久性、資產負債表強健程度、獲利性、競爭優勢、未來成長前景、經營層面廣度等等因素，而這些全都是以目前的價格進行權衡比較。有些公司估值起來比其他公司容易些，現金流是否具有預測性，是一個重要的因素。葛拉漢談到這點時說道，證券分析師必須「運用良好的判斷能力，分辨哪些證券跟情況比較適合價值分析，哪些比較不適合。價值分析的運作假設，是過往紀錄至少能夠作為未來某種約略的參考；這個假設愈是可疑，價值分析就愈沒有價值可言。」[8]

換句話說，對營運狀況與現金流穩定的公司進行估值，比營運狀況每年都有高度波動的公司來得容易些。內在價值是明示預測期間的現金流現值與終端價值現值的總和；預測性較低的現金流，必須要採用較高的折現率。這把我們帶到什麼是資本成本適當起點的討論。

巴菲特與蒙格都知道，計算一間公司的資本成本，是一門不甚精確的藝術，不會產生很精確的估值。這點在他們於 2003 股東年會上的評論中反映出來：

巴菲特：查理跟我並不知道我們的資本成本是多少。商學院有教這個，
　　　　但我們對此持懷疑態度。我們只是尋求就手上具有的資本，做

出盡我們所能最有智慧的安排，任何事情都會拿來跟替代選項做權衡。我從來沒見過一筆算起來有道理的資本成本，查理你有見過嗎？

蒙　格：從來沒有。你去查曼昆（Gregory Mankiw）最棒的經濟學教科書，他說有智慧的人會根據機會成本做決策——換句話說，關鍵在於你的替代選項。我們就是這樣做出所有決策的。但這世界上其他人卻突發奇想地覺得股東權益有個成本。這真是有夠令人驚奇的心智失常。[9]

　　我們以巴菲特跟蒙格的話作為基準，標普 500 指數在二十世紀 9.7% 的長期年化報酬率，可以當成是投資人長期機會成本一個相當合理的代表值。布魯斯・葛林華德教授（Bruce Greenwald）在他的價值投資課程中，經常告訴學生：「就用 10% 來算吧，這數字夠接近了，算起來也容易。」[10] 在計算一間公司的價值時，用 10% 當成資本成本估值起始點，是相當合理的假設。（美國以外國家的投資人，可以用他們自己國家的長期股市報酬率，作為估值起始點。）然後你可以根據該公司的風險特性，把這個數字往上或往下調整。

　　談到評估公司價值時，投資人能夠期待達到最好的結果，是得出一個價值的範圍，然後等待市場提供一個明顯低於這個範圍下緣的價格——這不但能夠為你提供安全邊際，以免你的分析有錯，而且在你的分析正確時，讓你的投資能夠產生高報酬。倘若你很了解這間公司，很容易就可以根據隨手簡單計算出來的價值，迅速判斷其股票是「明顯便宜」抑或「明顯偏貴」。《證券分析》探討價值範圍的概念時是這樣說的：

　　基本要點在於證券分析**並不是**要決定某證券的內在價值**到底是多少**，只

需要確定價值是否**適當**（比方說足以保護債券安全，或是讓買進股票顯得合理），否則該證券的價值就是**明顯高於或明顯低於**市場價格。**就這個目的而言，對於內在價值有個不明確的約略估計，應該也足以應付了。**[11]

從這段話我們可以推論，葛拉漢從不認為內在價值是個單一的估值點，而是比較偏向於某種價值概念。事實上葛拉漢在 1934 年版的《證券分析》，討論內在價值的概念彈性時提到，內在價值是個「非常具有假設性的『粗略價值範圍』，隨著大局的不確定性增加，範圍也會變得更大」。[12]

為了應付天生就充滿不確定性的未來，投資人在預測一間公司未來的現金流，並計算其內在價值時，必須要考量各種可能發生的情境。投資人可以用敏感度分析，算出可能的內在價值範圍。敏感度分析是指對於未來現金流成分的假設，隨著時間產生變化的分析法；每種情境都會產生一個不同的離散現值估值，投資人可以用來抓出可能的內在價值範圍。最接近中央點的值，代表投資人認為最有可能（或然率最高）是該公司真正內在價值的估值，而比較靠近兩端的值，則是投資人認為比較不可能出現的情境。隨著不確定性增加，可能的內在價值範圍就會變得愈大；該公司產生現金流的時機、期間、多寡，以及成長性都處於高度不確定的情況時，所產生估值的範圍就會變得很大。

當可能結果的範圍很大時，透過情境分析計算估值是很不智的。情境分析是說你算出該公司的內在價值在（a）基本情況是多少錢，有 60% 的或然率；（b）樂觀情況是多少錢，有 10% 的或然率；（c）悲觀情況是多少錢，有 30% 的或然率，然後再以此算出股票的加權平均價格是多少。這就好比是一個 180 公分高的男人不會游泳，卻想泳渡平均深度 150 公分的溪流一樣，他忘記溪流的深度介於 120 公分到 360 公分之間，下場就是會淹死。忽略各種可能性的範圍是很不智的，在石油業或任何涉及從地下挖東西出來的

行業，這個範圍可能極為寬廣。

　　每間公司的經濟體質都不同。所有的盈餘並非生而平等。像是穆迪公司這種資本輕盈，毋須多少再投資的公司，它賺到 10 塊錢的盈餘，顯然比通用動力（General Dynamics）這種資本密集公司賺到的 10 塊錢盈餘，來得有價值多了，因此投資人把它們資本化的方式，也應當要有所區別。投資人必須去看每間公司的獲利能力，同時考量公司的未來前景，以決定他們願意付出多少錢，取得該公司的未來現金流。

　　很多企業家懂得創造財富並非零和遊戲的道理，也知道只要他們的行為符合道德規範，公司就能夠享有比他們偷雞摸狗時高得多的估價乘數。具有高估價乘數的股票，並不只是為公司創造高估值而已，還可以為經營團隊提供很好的機會，能夠以較低的股權稀釋條件，藉由併購達到無機成長。A 公司收購 B 公司的股票時，A 公司一定是賣掉了公司的一部分股權，才能去收購 B 公司。

　　盈餘是公司創造出來的，但是本益比卻是市場創造出來的。在其他條件不變之下，一間營運以所有股東利益為依歸的公司，比只為控制股東的利益服務的公司，來得更有價值。巴菲特過去曾經指出這個很重要的點：「比起自私自利、自行其是的經理人所掌管的公司，對於託付給照顧股東利益的經理人管理的公司，投資人應當要付出更多的錢。」[13]

關於價值陷阱的一些想法

　　傳統的「價值投資人」想法，是要買進便宜證券，等待價格反彈到「內在價值」，然後賣出再換下一檔投資機會，但這想法有瑕疵。

　　在今日這個資訊即刻傳遞、日新月異的世界，便宜證券愈來愈像是價值

陷阱：它們往往是受創於科技干擾，陷入長期衰退的公司。這種資本的迅速循環運用，也對我們的稅後報酬造成巨大拖累。此外，我們把精力放在這些投資機會時，也因為沒能把精力轉放在目前所見的出眾創新 S 曲線所產生的巨大機會，從而付出了巨大的機會成本。

——馬塞洛・利瑪（Marcelo Lima）

　　在大多數時候，從一支本益比高的股票換成一支本益比低的股票，會證明是個錯誤。價值陷阱到處都有，俯拾即是。我學會了尊敬市場的智慧，任何東西會以那個價位成交，都是其來有自。高品質會以昂貴的估價成交，垃圾或不良品質則經常可以用便宜（或是有害的「就相對基礎看來，似乎更為便宜」）的估價成交。我花了好多年才學會這個大大的市場教訓：貴有貴的道理，便宜也有便宜的道理。

　　在股市中，價格先行，然後財報基本面才會浮現。（舉例來說，上市公司舉債時，若要評估其違約或然率，與其依靠信用評等機構給出評等，股價反應通常反而是更為準確的指標。）一間公司的股價在一個還算穩定的股市中暴跌，通常是公司基本面惡化的準確預兆。在你跳下去買進之前想想這點，可別投資在快融化的冰磚上；要是產業的逆風吹得更猛，看似便宜或相對不貴的股價，還可能會繼續變得更低廉。股價不理性地下跌，會讓股票變得便宜；股價理性地下跌，卻會讓股票變得更昂貴。許多在昂貴市場中的高殖利率股票，最終都變成了價值陷阱，摧毀投資人的財富。當你看到一支深度價值股突然爆量跌價，卻沒有明顯可見的解釋時，那就要注意了，你很可能正看著一個價值陷阱。價值陷阱是指公司看似便宜，但其實很昂貴，原因可能有很多：

- **盈餘具有循環性**：本益比低的股票，可能因為公司盈餘達到景氣循環高峰而顯得便宜，但倘若經過景氣循環調整後，常態化的本益比可能實際上並沒有那麼低。
- **App 創新風險**：一間計程車公司就過往盈利能力來看可能很便宜，但 Uber 問世之後，這盈利能力可能就無法存在了。
- **經營團隊資本配置不佳**：倘若經營者不斷在一些爛計畫裡頭燒錢，而且這種資本錯置的情況遏止無望，市場就可能正確無誤地，用低本益比懲罰這間公司。
- **公司治理問題**：一間由騙子經營的公司，由於財報帳上有大筆現金，看起來可能相當便宜，直到現金完全被掏空為止。面對基於社會性目的經營，或是創辦人不老實的公司，你要給它們帳上的現金估值為零。這類公司的內在價值增加往往不會反映在投資人的實現報酬，因為內部人士早已中飽私囊。要記住，人類的天性不會改變，騙子可不會突然冒出一股受託義務感。永遠要記住湯瑪斯・菲爾普斯的話：「要記得，一個願意幫你偷東西的人，就會偷你的東西。」[14] 不要參與以這種方式經營的公司，即使這看起來似乎是錯失良機，也在所不惜。未能把握良機所造成理論上的損失，任何時候都可以彌補，但是跟騙子合夥造成的實際損失，則是永久性且無法彌補的。

19
投資最重要的四個字：安全邊際

當證券以遠低於其潛在價值的價格買進，足以容許人為錯誤、運氣不佳，或是在一個既複雜又無法預測、迅速變遷的世界中的極端波動，就可以達到安全邊際。

——賽斯·克拉曼

　　我們可以從過去的經驗中，學到一些關於投資人對當下熱門股票的離譜估值買帳，未來可能會得到何等報酬的重要教訓。且讓我們回首過往，詳查「漂亮50」（Nifty Fifty）年代這個對投資人來說繁榮昌盛的歷史一頁，看看如今一飛沖天的那些股票，可能會有什麼樣的未來。你若對於在1972年達到巔峰的漂亮50年代不怎麼熟悉，以下是傑諾米·席格爾教授（Jeremy Siegel）對於那個時期的描述：

　　漂亮50由全錄、IBM、寶麗萊（Polaroid）、可口可樂等等優質成長股組成，在1970年代初期成為機構投資寵兒。所有這些股票都有經過驗證的成長紀錄、持續增加的股息（自二戰後，沒有任何一間公司削減過股息），以及高度的市場資本化。最後一項特質讓投資機構得以大量買進這些股票，而不至於大幅影響其股價。
　　漂亮50經常被稱為「一生一決」的股票：買進之後就永遠不要賣出。因為這些股票前景如此璀璨，許多分析師聲稱它們的股價只會往上漲。由於

它們讓許多人致富，基金經理人買進這些股票時，幾乎不會有任何投資人怪罪他們。

當時許多投資人似乎一點也不覺得為這些世界性的卓越成長股，付出 50 倍、80 倍、甚至 100 倍的本益比，是不合理的價格。[1]

服務於財富管理公司「財富金融」（Fortune Financial）的勞倫斯・漢提爾（Lawrence Hamtil），計算了這些昂貴的漂亮 50 股票自 1972 年 6 月開始算起，接下來四十年的報酬率。表 19.1 就是他的研究發現。

表 19.1　自 1972 年 6 月開始，漂亮 50 的報酬率

「昂貴的」漂亮 50 股票

公司	股票代碼	起始本益比	後續年化總報酬			
			10 年	20 年	30 年	40 年
麥當勞	MCD	85.7	1.75%	12.06%	11.53%	12.17%
國際香精香料公司	IFF	75.8	−5.24%	6.93%	5.50%	5.87%
迪士尼	DIS	81.6	−3.78%	10.81%	9.40%	9.12%
嬌生	JNJ	61.9	1.72%	10.48%	13.38%	10.62%
可口可樂	KO	47.6	−6.93%	11.83%	11.52%	9.98%
禮來	LLY	46	−0.72%	8.26%	11.17%	7.99%
默克	MRK	45.9	−0.23%	14.31%	13.11%	9.75%

圖表出處：Lawrence Hamtil, "Price Is What You Pay; Value Is What You Get-Nifty Fifty Edition,"Fortune Financial (blog),May 24, 2018, http://www.fortunefinancialadvisors.com/blog/price-is-what-you-pay-value-is-what-you-get-nifty-fifty-edition

漢提爾進一步說明：

　　我認為這個研究帶出來的教訓，是投資人在下注時，應該總是要意識到初始估值的影響。**除了少數例外之外，實在過高的估值終究會回檔到比較合理的程度，這往往會造成中期績效不彰。無論新公司業務看似多麼具有革命性，也無論你認為它具有多大的潛力，情況似乎都是如此。**當然啦，倘若你的想法是打算持有這些股份數十年，估值對於長期報酬的影響可能確實沒那麼大，但這是建立在你擇善固執的假設上。在歷經幾年低於標準的績效之後，事情可就顯得說的比做的容易了。[2]

　　所有的快速成長股，最後終究會變成穩健股或緩慢成長股。這個痛苦的轉型過程，可能會造成投資人失落的十年，這段時間的估價減損造成股價持平或陷入盤整。市場屢屢教訓我們，好公司與好股票之間的差別有多大。

　　對於投資人而言，買進優秀公司股票的價格若是太高，可能會抵銷接下來十年公司有利發展所帶來的效果。

　　　　　　　　　　　　　　　　　　　　　　　　——華倫·巴菲特

　　我認為人類大半的悲慘境遇，是他們錯估事物價值，為其所欲付出太多所招致的。

　　　　　　　　　　　　　　　　　　　　　　　　——班傑明·富蘭克林

　　很多時候，我們長時間持有的股票估值漲到高得荒謬，應該能夠毫不猶疑立刻賣出才是，但這種賣出在心態上並不容易執行，因為估值膨脹也會帶來鉅額的獲利，導致投資人過度貪婪，接著很容易揚棄「傳統」的估值標

準。

　　以中等但穩定的報酬率，長時間進行複利積累，遠比只靠一兩年銳利的超前績效來得優越。平均值可能會造成很嚴重的誤導，因此倘若我們想要正確地了解報酬，就應該總是利用等比數列，看一看 CAGR。一位在五年期間的年平均報酬率為 14% 的投資人（20%、40%、20%、–50%、40%），績效會落後給每年的平均報酬率穩定保持 9% 的投資人。截至 2018 年 2 月，印度的上市公司淨利在 140 萬美元以上的，只有 5% 的公司在過去十年內的盈餘成長 CAGR 超過 20%；相對地，有 55% 的公司盈餘陷入衰退。由於盈餘長期會驅動報酬，這恰恰顯示出想要以超過 20% 的 CAGR，在可持續的基礎上以複利積累財富有多困難。（能夠有幾年達到 100% 的 CAGR 值得稱許，不過要是能夠長達六十年達到 20% 的 CAGR，那你就是華倫‧巴菲特了。他玩這場投資遊戲玩得最久，也成為最大的贏家。）

　　要在長時間內達到投資成功，是一件有挑戰性的事，但是中間只要有一兩年的牛市，就會糊弄到很多參與到市場的人不這麼想。只需要很短的時間就能學會怎麼賺錢，但要花上一輩子才能學會怎麼不賠錢。投資時必須要有安全邊際，才能避免「反向複利」。一個連著兩年穩穩賺到 20% 的投資人，績效會超過在第一年的牛市裡耀眼地賺到 100%、但是在第二年賠掉 30% 以上的新手。（大多數經驗不足的投資人，會在垃圾股票於牛市過後終於開始崩跌時，才痛苦地體悟到這殘酷的數學原理；只有在這之後，他們才會開始懂得投資於高品質股票有多麼重要。）只要有一年蒙受重大虧損，就會抵銷過去所有的辛勞與犧牲成果。舉個例子，你若有兩年達到 15% 的報酬率，但第三年虧損 15%，你的 CAGR 不過才 4.0% 而已；你若有三年達到 15% 的報酬率，然後在第四年虧損 15%，你的 CAGR 會被砍到剩下 6.6%；你若在前四年每年都賺個 15%，但在第五年虧損 15%，你的 CAGR 會被砍到 8.3%。倘若以更大的絕對報酬數字來思考，這差距就會顯得更為驚人。你

若有兩年達到 30% 的報酬率，但第三年虧損 30%，你的 CAGR 不過才 5.8%；你若有三年達到 30% 的報酬率，然後在第四年虧損 30%，你的 CAGR 會被砍到剩下 11.4%；你若在整整四年的牛市裡每年都賺個 30%，但在第五年虧損 30%，你的 CAGR 會被砍到 14.9%。

巴菲特為大眾改編的安全邊際如下：

規則一：永遠不要賠錢。
規則二：永遠別忘記規則一。

布倫特‧畢舒爾（Brent Beshore）問巴菲特，什麼是波克夏的盡職調查過程，巴菲特的回答是：「我的盡職調查是價格。」[3] 這句話把他的投資哲學表達得再清楚不過了。巴菲特極有耐性並極守紀律，倘若任何交易付出的價格與得到的價值太過接近，他絕不會揮棒出擊。巴菲特的投資標準相當嚴苛，在他從多重優勢點考量之下，看到有充分的安全邊際之前，他不會貿然買進證券。投資機會必須要實在不容錯過才行。

你的入場價格只要夠低，就不需要發生很多好事，才能獲得不錯的報酬。就算爆出了一些關於公司的壞消息，因為你的買進價已經打過折扣了，這對股價的衝擊也有限。相對地，要是有任何好消息冒出來，你就會得到相當不錯的報酬。

在投資社群中，「深度價值」（就統計上很便宜的證券）以及「以合理價格成長」（高品質的複利製造機），似乎一直都壁壘分明。許多投資人確實靠著以合理價格買進偉大公司，並且長時間持有而獲利頗豐；其他投資人則比較喜歡買進品質一般般或平庸的廉價股票，然後在它們升值到公允價值時賣出，在多個新的投資機會中不斷反覆進行這個過程。

這兩種投資風格不同，但並沒有像大多數人描述的那麼不同。他們使用

的投資策略不同，但目標則是完全一樣——試著以低於真正價值的價格買進，或是試著找出低風險的「用五毛換一塊」。這兩種策略只是葛拉漢安全邊際原理的不同版本而已。

高品質會逐漸增加安全邊際

你若打算長期持有股票，它所產生並且得以再投資的資本報酬率，遠比你買進或賣出的價位來得重要。

——泰瑞·史密斯（Terry Smith）

安全邊際可以由價格與價值之間的差距形成，也可以由公司提升品質形成。比方說在其他條件相等的情況下，一間內在價值年成長率18%的公司，比起年成長率6%的公司有價值多了。長期持有高品質複利機器，其價值會遠超過低品質公司，因此前者會提供較大的安全邊際。

只投資就統計上很便宜的證券（又叫做「雪茄屁股」）的問題，在於公司潛在的經濟價值會與日俱減，讓投資變成跟時間賽跑。做為投資人，我們的目標應該是要把做決定的次數降到最低，並減低產生非受迫性失誤的可能性。投資於內在價值隨著時間成長的公司，比投資其他公司有利可圖得多，因為要是我們判斷錯誤，這可以提供更大的容錯空間，而倘若判斷正確，這就可以帶來更高的報酬。

查爾斯·艾利斯（Charles D. Ellis）在1975年，於《金融分析師期刊》（Financial Analysts Journal）撰寫了一篇題目是〈輸家遊戲〉的文章，談到職業跟業餘網球員採取的比賽策略，如何在投資中展現。艾利斯在文章中引用一本由賽門·拉莫（Simon Ramo）撰寫，名叫《網球庸手的高超打法》

（*Extraordinary Tennis for the Ordinary Tennis Player*）的書，裡頭所做的一項研究指出：「職業選手贏取分數，業餘選手則會失去分數。」[4]

關於業餘網球選手的這點，與許多投資人的投資方式雷同：大部分的財富毀壞，都是非受迫性失誤造成的結果。倘若投資人把精力放在減少非受迫性失誤，而不是試著打出下一隻全壘打，他們的投資報酬就會大幅改善。這就好比勝出的業餘網球冠軍，是因為他或她犯的錯誤最少，而不見得是因為他或她打出最多的正拍得分。在艾利斯看來，投資就像網球比賽，是一場輸家遊戲：在比賽中只要能夠少犯錯，就能夠以較為優秀的長期投資結果勝出。輸家之所以會輸，是因為他們反覆犯下相同的錯誤。沒有人能夠避免犯下新的錯誤，但是偉大的投資人比較不會重蹈覆轍。

股市就長期整體而言，是一場正和遊戲。背後有如此自然而然的順風加持，長期投資就是一場贏家遊戲。想要在投資時減少非受迫性失誤，有個方法是謹慎選擇我們決定擁有的公司：投資人若是能做出幾個扎實的長期選擇，結果會比在各種投機選擇之間轉換來轉換去，一直在追逐市場上最新熱門股票來得更好。（擁有幾位長期的好朋友，總比每週都為了短期利益換朋友來得好吧？）價格與價值之間的差距，最終會決定我們的報酬，不過挑出正確的公司，可能是減少失誤最重要的步驟。改善自己認出模式的技巧，可提升找出正確的公司進行投資的成功或然率。

雪茄屁股作為一個投資類別，短期持有的投資績效毫無疑問地有可能超過高品質股；但是長期來說，內在價值不斷增加的公司，假以時日顯然會是贏家。總的來說，就算是投資一間偉大公司，倘若你過了一兩年就必須賣出的話，付出高價買進的結果就不一定好；不過倘若你打算持有股票的時間比較長——比方說五年、十年，或是更長——那麼在評估安全邊際時，高品質就變得比便宜的初始估值「重要得多」。這得出了一個重要結論：在投資像是大宗商品、景氣循環股，以及特殊情況等等短期投資機會時，要對價格以

及回歸均值投以更多關注；不過在投資長期複利機器時，就要把注意力完全放在挑出高品質的公司與經營團隊。

舉例來說，以 30% 到 40% 的淨值買進印度的低品質公家銀行股，倘若股票估值能夠回到 100% 的淨值，那就是一筆好投資。不過倘若投資期間是十年、十五年或更長，那麼即使以 3 倍淨值的價格，買進像是 HDFC 銀行這種經營良好的高品質公司，應該也會得到更好的結果。（倘若兩家放款銀行的股東權益報酬率跟成長率都差不多，我會比較偏好股價淨值比較高的，原因有二：(1) 未來能夠以較低的股權稀釋，獲得資本增長；(2) 較高的股價淨值比，比較能反映出重要的未揭露層面，比方說優越的核貸技巧、堅實的內部流程，以及放款品質較佳等等。）

> 我們起初是葛拉漢的信徒（其實那套運作得還蠻不錯的），但我們逐漸產生更好的見解，了解到有些公司就算是以 2 到 3 倍的淨值出售，因為其市場地位隱含的動能，有時再加上某些個別人物或是系統，明顯具備的非凡經營技巧，仍然算是大特價。
>
> —— 查理・蒙格

對於信奉葛拉漢與陶德（David Dodd）投資哲學的投資人來說，安全邊際來自於比資產價值更低的價格，或是比 AAA 級債券殖利率更高的獲利能力，他們比較不注重公司品質或經營能力。對於巴菲特、蒙格、菲利普・費雪（Philip A. Fisher）一派的投資人來說，安全邊際則是來自於公司能夠長期持續以投入資本產生高報酬，這又是源自於掌管公司的卓越經理人創造出來的持久競爭優勢。這些著重於公司本身的投資人，倘若認為公司未來的盈餘會高出許多，就會毫不猶豫地為了買到高品質公司，付出以當年盈餘來計算很昂貴的本益比。

葛拉漢與陶德式的投資人信奉均值回歸，也就是好公司會碰上衰事，壞公司也會走好運。巴菲特、蒙格與費雪式的投資人，則是投資具有基本面動能的公司，也就是有很高的或然率能夠長時間維持超額報酬。這兩種意識形態經常在價值投資社群裡產生衝突：回歸均值對上基本面動能。大多數的公司適用回歸均值，不過對於某些卓越的公司來說，起初有很長一段時間適用回歸均值，但那之後就適用基本面動能。雖然葛拉漢是極為知名的深度價值投資人，不過他光靠投資蓋可這支成長股，其獲利就超過他整個職涯其他所有投資獲利總和。葛拉漢的投資合夥事業〔（葛拉漢－紐曼合夥事業（Graham-Newman）〕在 1948 年以 71 萬 2,000 美元買進了 50% 的蓋可股份，到了 1972 年價值變成 4 億美元，達到了彼得·林區式的 500 倍股報酬。他後來寫道：「很諷刺的是，單單這一筆投資決策孳生的利潤總和，遠超過合夥事業這二十年來經過深入研究、無窮思索與無數個別決策，在專精領域中進行廣泛操作所實現的其他所有獲利總和。」[5]

> 既然股市通常會基於報酬回歸均值的假設評價公司，而這假設也不能算不合理，那麼報酬沒有回歸均值的公司，其價值就會變得被低估。這就成為我們投資人的獲利契機。
>
> ——Fundsmith 股權基金投資人手冊

瑞士信貸集團（Credit Suisse）在 2013 年 6 月發表了一篇研究報告，作者提出強烈的證據，佐證巴菲特主張投資於以投入資本計算，具有創造高業主盈餘之穩定歷史紀錄的成功公司投資哲學（作者以「投資現金流報酬」充當業主盈餘）。他們觀察全世界在 1993 年到 2013 年間的數百間公司，在每年每一季初時，把這些公司切分成四等份：「Q1－－」是指績效最差的那四分之一公司，「Q4++」則是品質最高，投資現金流報酬最高的那四分之一公

司。研究者接著研究接下來五年期間，這些公司的績效移轉歷史，以判定它們的投資現金流報酬持續性或黏著度，最後得出表 19.2 的研究發現。

表 19.2　投資績效歷史研究

移轉或然率（%）

		季末四分位數			
		Q1: − −	Q2: −	Q3: +	Q4: ++
季初四分位數	Q1: − −	**56**	27	11	6
	Q2: −	28	**40**	23	8
	Q3: +	13	28	**39**	20
	Q4: ++	9	12	28	**51**

注：以粗體標出的數字，表示這些公司在接下來五年期間，保持在個別績效四分位級別的或然率。
圖表出處：Credit Suisse, "Was Warren Buffett Right: Do Wonderful Companies Remain Wonderful?"HOLT Wealth Creation Principles, June 2013, https://research-doc.credit-suisse.com/mercurydoc?language=ENG&format=PDF&document_id=1019433381&serialid=*EMAIL_REMOVED*&auditid=1182867.

這些結果告訴我們幾件事情：

1. 經營績效並非隨機分布。倘若是隨機的，那麼所有的或然率就都應該接近 25%。我們沒發現什麼回歸均值的證據。
2. 績效最好的公司有 51% 的或然率會保持績效最好，而績效最差的公司有 56% 的或然率會保持績效最差。
3. 偉大公司會繼續偉大，不然也會變成好公司（兩者或然率加起來達到 79%）。偉大公司只有 9% 的機會，會落到績效最差的四分位數。
4. 爛公司會繼續爛下去，不然它們會變得稍微好一點，但仍然達不到平均水準（兩者或然率加起來達到 83%）。最爛的公司只有 6% 的機會移轉到「績效最佳」的類別。

這項研究的作者布萊恩‧馬修斯（Bryant Matthews）和大衛‧霍蘭德（David Holland），以下列摘要做出結論：

企業獲利性有黏著度。很棒的公司會**繼續**很棒，爛公司則會**繼續**陷入泥淖。我們的實證證據顯示，**可持續的企業翻轉很難執行……**

防衛性產業的公司比起景氣循環性產業的公司，展現出較強的企業獲利性黏著度。然而績效的持續性依然相當顯著，因此無論是什麼產業，公司聲譽都會顛撲不破……

獲利性優異的公司，績效往往會超過那些資本報酬最差的公司。若是以公允價格買進這些高品質公司，其優越績效還會再進步。[6]

這項研究的關鍵發現在於，儘管已經被認可為成功公司，位列 Q4++ 類別的公司，長期下來仍會繼續產生出色的投資結果。但倘若市場是「有效率的」，這樣的事情就不該發生。這種股票的價格理當被一路追高，直到買家無法賺到額外報酬為止，但他們實際上卻賺到了。市場長時間有系統地對於公司品質訂價過低。

不只這項研究，許多其他研究也以實證證明了這點。金融經濟學家羅伯特‧諾維馬克斯（Robert Novy-Marx）觀察 1963 年到 2010 年間於紐約證交所上市的公司，以及 1990 年到 2009 年美國以外的國際公司，發現它們的高績效持續性不只反映在公司基本面，也反映在股市報酬上：「今天比較具有獲利性的公司，明天也會是比較具有獲利性的公司。雖然這點會反映在它們未來的股價上，然而今天的市場卻有系統地低估這些公司，使它們的股份有如未雕琢的鑽石一般，價格相對便宜。」[7]

從葛拉漢派進化到費雪派的巴菲特

巴菲特是如何從一位深度價值投資人，逐漸轉變為願意「付高價買品質」，研究他這些年來的思維演變，是最容易理解箇中過程的方式。就如同下列引用他的這段話所言：

素有經營長才聲譽的人，碰上素有基本面不佳名聲的公司，結果維持不變的是公司基本面不佳的名聲。[8]

我的想法跟三十五年前比較起來，已經產生大幅的變化。當年我被教導要偏好有形資產，避開價值主要倚賴經濟商譽的公司，這個偏見導致我做出許多錯失良機的重大錯誤，掌握到的良機卻相對沒幾個……

歷經許多直接以及受託的商業經驗洗禮後，最終形成我如今強烈偏好擁有大量可持續商譽，只持有最低限度有形資產的公司。[9]

以公允價格買進一間很棒的公司，遠優於以很棒的價格買進一間還算可以的公司。查理很早就明白這個道理；我開竅得比較慢。不過如今在買進公司或普通股時，我們總是尋找由第一流經營團隊執掌的第一流公司。[10]

假以時日，高品質總是能夠擊敗便宜貨。雖然凡事一定有例外，不過長期下來，撿便宜永遠也贏不了扎實的投資。這條單純卻深刻的原理，可以應用在生活中的各個層面。速效減肥、掠奪式訂價、不誠實、抄捷徑，這些旁門左道一時可能蠻管用的，但永遠也無法持續下去。

20
投資大宗商品與景氣循環股，
完全在於資本循環

為高品質股票付出太高的價格，雖然是個真實的風險，但這並不是一般證券買家面對的主要危險。經過多年的觀察，我們發現投資人的主要虧損，來自於在經營條件不錯時買進低品質證券。這些買家把目前還不錯的盈餘看成相當於「獲利能力」，並且假設生意興旺與安全同義。

——班傑明·葛拉漢，《智慧型股票投資人》

1955 年葛拉漢必須到美國參議院銀行業與貨幣委員會，為股市現況作證。下面這段摘錄自葛拉漢與委員會主席的對話：

主　席：舉個例子來說，當你發現了一個特殊狀況，並認為可以用 10 塊錢買進價值 30 塊錢的東西，於是你買進持有，但除非其他許多人也認為它值 30 塊錢，不然無法賣掉兌現，這過程是怎麼實現的？打廣告嗎，還是怎麼樣？

葛拉漢：那是我們這一行的謎團之一，對我來說跟對其他每個人來說都是個謎。我們從經驗得知，市場終究會追上來，總會以某種方式實現那東西的價值。[1]

葛拉漢對於價值被低估的股票，如何回升到公允價值的問題，其答覆有捕捉到回歸均值過程的本質。然而是什麼造成這種重新估值發生？要回答這個問題，就必須先了解資本循環。資本循環是基於高報酬會吸引資本（因而導致競爭激烈），而低報酬會讓資本退避三舍的前提，導致資本來來去去，經常以可以預測的方式，影響股東的長期報酬——這過程就被取名為資本循環。

　　在投資大宗商品與景氣循環股時，要找出位於向下大波段，<u>亟需</u>資本投入的產業。緊接著就要對這個產業裡的個別公司基本面以及行為見解，作出詳盡的分析，以發掘出價格大幅低於其內在價值的股票。再接下來，就要進行壓力測試，檢查入圍公司的債務是否可控管，能否在景氣衰退時再撐個兩年。然後就是等待那個產業裡的幾間公司破產或是關廠，在這些事情發生後，悲觀情緒高漲時，啟動你的買進程序。當循環開始翻轉時，還要再增加持有部位。

　　有鑒於資本循環投資法的逆向及長期本質，這套策略必須要具備扎實的市場變化認知，以及長期的持有期間。像這樣有紀律又有耐性的深度價值投資法，可以讓投資人在循環最終反轉時，獲得很高的風險調整後報酬。

　　根據金融歷史學家暨投資策略家愛德華・錢思樂（Edward Chancellor）所言，比起成長或價值導向的投資策略，資本循環投資法更加有利可圖。錢思樂的著作《資本報酬：透過資本循環投資》（*Capital Returns: Investing Through the Capital Cycle*），便捕捉到了資本循環投資法的本質。

資本循環警訊

即使我們無法主動監控某產業固定資產的變化，還是可以尋找與資本循環相關的泡沫化跡象。錢思樂提供了幾個這類的警訊範例：

- **看看投資銀行在做什麼。**「投資銀行是投資人的敵人。」錢思樂說。[2] 要小心併購、收購、IPO，以及舉債（尤其是高收益債）等等投資銀行活動頻繁的那些產業。IPO 是一種資本配置決策，往往代表公司或產業要強化產能。錢思樂說美國能源公司（U.S. Energy）在 2016 年大舉發行垃圾債券，就是叫投資人應該要避免投資該產業的徵兆。
- **當心投資人狂熱。**初期徵兆包括舉辦主題性的投資人大會，以及分析師、新頻道、商業雜誌與報紙，愈來愈常談論該產業。
- **當心資本投資變多的產業。**這是資本循環即將傷害投資人，最直接的徵兆。
- **監控像是資產、股份總數、舉債、資本支出折舊比，以及獲利性（淨利率與資本報酬率）等等指標。**這些指標任何一個有大幅成長，都是警訊。

錢思樂說：「要摧毀報酬，不需要增加供給面，只要增加資本支出就行了。」你要仔細研究資本是流進還是流出某個產業。投資人經常對於資本流向沒有留意，只根據近期經驗推算需求面，而且也沒有算到同時已經有多少供給即將到位。想要精準地預測無法得知的需求相當困難，而且基於人類天性，預測很容易就偏向樂觀。知名投資策略師羅素·納皮爾（Russell Napier）經常提到，分析師把 90% 的時間拿來思考需求面，只有 10% 的時間會去思考供給面，然而大多數產業的供給面都可以藉由唾手可得、白紙黑

字的指標數字，準確地進行預測，而且新供給需要一段時間才會上線。

錢思樂在他的書籍序章提供資料，展示資本循環投資策略有多扎實。錢思樂引述服務於法國興業銀行（Societe Generale）的安德魯・拉普索奈（Andrew Lapthorne）所做研究，指出股票自 1990 年到 2015 年的年報酬率與資產成長率幾乎呈現完美的負相關。各公司投資的資產愈多，股東獲得的報酬就愈差。

錢思樂寫道，學術研究「幾乎已經得出結論，指出歷史上觀察到價值股具有超額報酬，以及成長股報酬較低的現象，與資產成長率之間並非獨立無關。」錢思樂說，關鍵點在於分析價值性與成長性時，「必須把該公司以及該產業的資產成長率都納入考量。」他引用學術論文指出，在控制了資本投資變數之後，價值股效應就消失了。

那麼，對於不具備必須要有的性情，持續在長時間循環衰退期間，投資於大宗商品與景氣循環股並且堅持下去的投資人，他們要怎麼辦呢？對於諸如糖、石墨電極、鋼鐵、飯店等等，某些特定的大宗商品與景氣循環股，景氣循環通常會持續更長的時間，這讓投資人有充分的時間晚點進場，在剩餘的循環期間仍然能夠賺到不少錢。許多時候就算盈餘大大不如預期，或是分析師大幅下修預測，盈餘不佳的大宗商品或景氣循環股，實際上反而逆勢上揚。這是公司或產業觸底反彈的典型徵兆：在公司利空出盡之後，股價就不會再往下跌了。永遠要記得霍華・馬克斯（Howard Marks）的兩大規則：

規則一：大多數的事物都具有循環性。

規則二：有些最大筆的盈虧機會，源自於其他人忘記了規則一。[3]

同理心對於投資紀律的重要性

　　同理心是指能夠理解並共享他人感覺的能力。對投資人來說，具備這項特質是有幫助的。市場上有不同類型的玩家，在同一個場域裡玩他們的遊戲，而你需要做的就是別管其他人怎麼玩，繼續照你自己的方式玩遊戲。絕對不要把你的投資時程跟別人的搞混，一個對於短時程市場參與者有意義的價位，對於另一個打算持有較長時間的人來說，往往毫無干係。

　　同理心讓我們能夠接納不同觀點，並且揭露某些我們先前未能留意到的面向。就投資來說，這指的是從分析師、銀行家、價值投資人、顧客、供應商，以及社會整體的觀點，評估一家公司。設身處地換位思考，讓我們能夠就適當的脈絡分析情況。

　　運用我們天生的同理能力，是獲得投資優勢最好的方法之一。股價走勢圖能讓你對於目前股東有何感受知道甚多。試想一支長時間在 150 元遭遇壓力的股票，量價齊漲升到 170 元的情況，較高的交易量意味著創造出更多新股東，其平均成本基礎比原先的壓力區更高；倘若股價回跌，這些股東並不會太快賣出股票。更高的交易量也意味著許多平均成本接近原先壓力區的舊股東，賣出股票時有獲利；倘若股價回跌，他們比較會買回股票。

　　一般來說，原本的壓力愈強，新的支撐就會愈強。許多在 150 元買進，在 170 元賣出的人，體驗到投資的正面結果，就會創造出一個「在 150 元左右買進該股票，能獲得正面感覺」的心智捷徑，因此 150 元變成一個強大的支撐。事實上這種關聯會深植於潛意識中，導致投資人最終忽略該公司基本面前景惡化之類的事實。

　　假以時日，身為一個主動投入的投資人，你會培養出對於市場的「感覺」。倘若某個單一產業的一批股票，連著幾天全都同時迅速上漲，那就是該產業的機運可能即將反轉的強烈訊號，應當要進一步研究。倘若這個情境

是在該產業瀰漫著負面情緒時發生，甚至會更為顯著，這是當產業機運開始反轉時，找出產業趨勢轉折點最好的方法之一。在大多數時候，我們會觀察到一起上漲得如此迅速的股票，並沒有任何足以支撐其估值的現期盈餘，但我們通常是在事後才了解到，市場是一台極為聰明的折現機器。這就是為什麼傑洛德‧羅布（Gerald Loeb）說：「市場預測新聞的能力，比新聞預測市場的能力更好。」永遠要尊敬集體的智慧，倘若某支股票出現量價突破，達到52週／好幾年／史上新高，那麼那支股票就是應該要開始予以研究的熱門候選人。（以技術分析術語來說，倘若是價漲量縮，那可能快觸頂了；要是震盪量增，那就表示籌碼正在重新分配。圖表派投資人喜歡買進在盤整階段量縮的股票。）

時程長短很重要。其他條件不變的情況下，突破多年交易價格範圍的股票，比突破一年交易價格範圍的股票更有前景。在前面這種情況下，許多在多年前買進這支股票的人，可能老早就已經出於沮喪而賣出了，很少有人會等到股價回漲到損益兩平，然後在比較高的價格賣掉股票。要知道除非投資人的預期有所改變，不然股價是不會突破長期範圍的。有人願意付出很久沒有人願意付出的高價，這通常是該公司的潛在基本面，已經產生重大改變的徵兆。

對投資人來說，股票在強健的盈餘報告與基本面改善背書之下，創下新高價，沒有比這更為窩心的事了。股價創新高通常是利多事件，因為市場已經消化掉先前因為虧損而等著損益兩平就要出場的所有買家，創新高的股票沒有壓在頭上的供給需要滿足，因此後頭就有一馬平川的發揮空間──每個人都有獲利，大家都很開心。相反地，一支股價接近52週低點的股票，有一大堆等著要賣出的供給需要消化，股價又欠缺上揚動能，因為只要舊投資人在每個相對高點爆出新一波拋售潮，股價就會受到拖累。

除了強勁的盈餘成長以及產業基本面以外，技術─基本面雙管齊下的投

資人，在分析潛在的買進標的時，通常會以兩大原則為依歸。首先，他們要找展現出相對強勢的股票，也就是在市場大幅拉回時，保持震盪盤整的股票，之後市場復原時績效就會大幅超前；再者，就是找出在大幅修正期間或之後，率先突破 52 週新高價的股票，它們會在下一波的漲勢中脫穎而出。網際網路與社群媒體的美妙在於，每個人都可以用微不足道的成本，獲得地球上最偉大的頭腦所產生的資訊，而股價 52 週創新高的股票清單，往往是讓你得以接觸到聰明投資人在想啥的捷徑。市場在任何時候都只有少數幾個很棒的成長故事，卻有數百家投資機構想要擁有這幾檔股票。對這些機構來說，重點完全在於要掌握到下一檔飆股，本益比只是次要考量。趨勢會持續下去，因為供給很有限，早先買進的人不急著賣，卻有很多新買家想要進場。超棒的成長故事總是很稀缺，而市場就是那麼愛高成長。

即使你最後並沒有投資任何一支突破股，也能從這段練習得到一個正面教訓：你可以藉由研究該產業眾多公司的年報、簡報、電話會議錄音檔，以及通話紀錄，拓展你的心智資料庫。（在任何認真投資人的研究活動清單上，電話會議紀錄都占有重要成分。）對於真正具有熱忱的投資人來說，研究新公司就是開心，永遠也不會覺得厭倦。這股不滿足的智識好奇心，加上持續學習的深刻熱情，對於投資這一行的重要性，再怎麼強調也不為過。就投資來說，一切的知識都是積累而成，我們今日付出努力所獲得的見解，往往會在未來的某個時候，出奇不意地幫我們一把。今天付出努力，明天好運才有辦法找上門來。

股市裡的機會可能一轉眼就冒了出來，為了把握住它們，你必須準備好隨時可以行動。要確定你有妥善地分配時間，攻守兼備：採取守勢是指監控你已經擁有的公司，採取攻勢則是指遍視其他數千家上市公司，尋找優越的投資新想法。「愈努力就愈幸運」這句話帶有很多真實性，你若花了好幾週或好幾個月評估一間公司，最後卻在做完所有功課之後放棄投資，那並不算

浪費時間，而是把時間運用得很值得。你在這過程中獲得關於那間公司的一些見解，那會存放在你的心智資料銀行中，之後當某個類似或是相關的投資機會出現時，你的潛意識會警覺起來，因為你知道其背景與脈絡，因此評估的速度會更快。我們現今獲得的結果，是過去努力所導致的成果。

巴菲特在買進美國銀行（Bank of America）以及 IBM 任何股份之前，閱讀它們的報告已經讀了數十年之久。同樣地，我今天下的功夫可能不會立刻產生報酬，但我很有信心這在未來某個關鍵時候會發揮作用。這種情形以前就發生過好幾次了，過去積累下來的經驗，讓我腦中似乎突然冒出了獨一無二的見解，我因此得以迅速地串連起蛛絲馬跡。成功的投資完全在於「串連蛛絲馬跡」，金融面不過是許多蛛絲馬跡其中之一而已。投資在某方面來說，就像下棋一樣：新手知道棋子要怎麼移動，業餘的懂幾招開局，但是大師才能夠品味方方面面。

我與大宗商品投資的幽會

印度的糖業公司股價在 2015 年末，開始集體往上衝，許多支股票都出現大幅度的多年量價突破。我在此之前從未投資過大宗商品股票，一直侷限自己只投資一般的成長股。我基於閱讀到大多數投資人在這個投資類別的過往經驗，對於大宗商品持有強烈偏見。（凱因斯就點出了我的問題所在：「難處不是在於醞釀出新想法，而是擺脫舊想法。」）許多值得敬重的同儕當時都向我推薦糖類股票，說那是非常看好的投資機會，於是我決定走出舒適圈，頭一次試試在大宗商品股投資的手氣。

在研究過許多糖業公司之後，我在 2016 年 5 月買進 Balrampur Chini 這間公司的股份。我對於這個選擇感到很興奮，因為該公司被廣泛認為是整個

產業中營運最有效率、資產負債表最強健的公司。然而接下來幾個月發生的事情，可讓我完全猶墜五里霧中：那些資產負債表不佳，還在虧錢的糖業公司，股價繼續迅速上揚，我的 Balrampur Chini 卻是聞風不動。最後到了 2016 年 11 月，我沮喪地把股份賣出，賠了 7%。

我與大宗商品的第一場幽會，就這麼不甚成功地結束了。但是在我眼中，這整段經驗的意義比帳面盈虧大得多了，因為這打開了我對於大宗商品投資強勁潛在報酬的眼界。幸好我並沒有像馬克·吐溫那隻經歷衰事之後的貓：「我們應該要只吸取教訓，然後把那段經歷拋諸腦後，而不是像坐過熱鍋蓋的貓，她再也不會坐在熱鍋蓋上，但她也同樣不會再坐在冷鍋蓋上了。」

在這次事件過後好幾個月，為什麼我投資 Balrampur Chini 沒有成功，仍然是個有趣的謎團。我挑的是產業裡的頂尖公司，它卻成了落後最多的拖油瓶；同一個產業裡的其他同業股票迅速升值，我的投資績效卻有夠淒慘，這引發我極度的熱忱與好奇心，我開始熱切地在大宗商品世界裡遍尋投資機會。

這趟發現之旅很快讓我踏入一個前所未見的產業（圖 20.1）。我的投資操作很快讓我學到許多關於大宗商品投資，以及了解供給面有多麼重要的重大教訓。這也讓我透過經驗，終於能夠克服諸多個人的偏見。這使我在人生中培養出終生學習，以及在懷疑時永不放棄的美德。我的投資風格也因此有所翻轉，並學到個別持有部位有多麼重要，大大支撐起我的報酬表現，讓我一路直奔進入財務獨立觸手可及的範圍。

印度的兩家石墨電極上市公司，印度石墨（Graphite India）與 HEG，從 2017 年 6 月開始就連袂電梯向上，出現了多年期量價突破。當你真正擁抱終生學習的概念後，幸運女神與機運終究會給予你優渥的報酬。我在幾年前讀到薩法·尼維夏克（Safal Niveshak）在 2012 年提到印度石墨的部落格文章，因此對於該產業有個基本了解；這份先前建立起來的知識，讓我在

Gautam Baid
@Gautam__Baid

A multi-year fundamentals-driven bull market in the graphite electrodes industry worldwide is underway.Make the most of this big opportunity

> **Niraj Shah** ✔ @_nirajshah
> Spotlight @BloombergQuint
> HEG
> Jefferies on HEG
> Target price - 1050...

7:14 PM - 13 Sep 2017

圖 20.1　翻轉的投資操作

圖譯：世界各地的石墨電極產業，正要開始好幾年的基本面驅動大牛市。趁著這波大好機會大撈一筆吧。

圖表出處：Gautam Baid (@Gautam_Baid), "A multi-year fundamentals-driven bull market in the graphic electrodes industry worldwide is underway,"Twitter, September 13, 2017, https://twitter.com/Gautam_Baid/status/908152062638096385.

2017 年能夠更有效率地研究該產業。就投資來說，一切的學習都是一種累積，沒有什麼功夫是白費的。我做了進一步研究之後，覺得產業前景強勁，於是按照規畫在 2017 年 8 月買進了印度石墨的股份。我選擇印度石墨而不是 HEG，是基於以下原因：

- 印度石墨的資產負債表上有淨現金部位，HEG 則是運用高度槓桿。
- 印度石墨的產能比 HEG 更大，因此石墨價格上升時，也會獲益更豐。
- 印度石墨即使在艱困時刻也有獲利，HEG 卻是遭逢巨大虧損。

我這樣要怎麼輸？我的大宗商品投資檢查清單每一條都打勾勾了。買進產業中資產負債表最健全的最高品質公司，等到景氣循環回升時，就可以大賺一筆了。

結果事情又一次凸槌得離譜。印度石墨在我買進之後頭兩週，股價其實還下跌了，同時 HEG 的股價卻從 470 印度盧比漲到 690，漲幅幾乎有50％！

人生難免會犯錯，但是失去希望，變得灰心喪志，讓錯誤跟著自己一輩子，則是你自己的選擇。這次我拒絕讓事情就這麼過去，如果有什麼事情你搞不懂，捲起袖子，埋首鑽研就是了，要當一台學習機器。我立刻拜讀山姆‧澤爾（Sam Zell）的著作《我講得太隱晦了嗎？》（*Am I Being Too Subtle?*），這本書直探供需的核心基本概念。我也重讀了錢思樂的《資本報酬》，以及帕拉格‧帕里克（Parag Parikh）的著作《價值投資與行為財務學》（*Value Investing and Behavioral Finance*），關於大宗商品投資很優秀的一章。在正確的時候讀到正確的書，會告訴你一些在錯誤的時候讀到正確的書，就是沒辦法領悟到的事。我先前在 2016 年就讀過錢思樂跟帕里克的書，當時並不覺得這些書有多棒，但是 2017 年再讀一次時，它們卻改變了我的人生。

我通常會把一本書裡我最愛的段落劃起來，並且在頁面邊邊寫下我個人學到關鍵之處的筆記，之後則會反覆參考這些內容。一定要閱讀再閱讀，然後反思你從所讀的書裡學到的東西。當你閱讀超過一次，就會注意到隨著時間過去，你累積了許多個人以及可供借鑑的經驗，而能從同一本書中獲得額外的新見解。

如此一來，你就會開始培養出辨識模式的能力。

在繼續敘述後來發生了什麼事情之前，我想要花點時間討論一下直覺這回事。

將直覺之力轉變成優勢

你需要有一定程度的智力，不過超出某個程度之後，就只是浪費而已。
在那之後，更要緊的是要有直覺。

——史丹利・卓肯米勒（Stanley Druckenmiller）

每當買進股份的時刻來臨時，我一定信任自己的本能，這些年來獲取的
經驗與感覺。那就是我們稱之為直覺的東西。

——阿利舍爾・烏斯曼諾夫（Alisher Usmanov）

我每年閱讀 IBM 的年報，一讀就是五十年。今年我發現了一件好像有
點福至心靈的事情。

——華倫・巴菲特

　　自覺性對於投資人改善績效非常重要。對某些投資人來說，直覺感到有
危險時，會化為生理上的變化。每當喬治・索羅斯（George Soros）劇烈背
痛時，就表示他感覺到投資有什麼地方不對勁，而他的自覺性足以讓他看出
這些負面情緒是某種警訊。身為投資人，我們應該要能夠辨識出敲響警鐘的
激烈情緒，若是對這些感覺視若無睹，就可能會犯下大錯。每當你有一種強
烈的感覺時，可別盲目地掉頭不管，而是要把這些感覺當成催化劑，帶有分
析性地重新評估你的既有部位。投資決策始於直覺，但一定要以邏輯與扎實
資料作為保障。
　　在投資這一行，直覺所扮演的角色被大幅低估，但倘若善加運用，就能
有效地將其轉為我們的優勢。跟許多人認為的恰恰相反，直覺並不是某種神
奇的第六感，而是源自於辨識模式。時間並不一定會帶來智慧，不過倒是會

提供經驗，這在必要時可以取代智慧發揮作用。麥爾坎‧葛拉威爾在《決斷2秒間》（*Blink*）提到一個消防員的有趣故事：他在自己的專業領域裡擁有多年經驗，而源自於其經驗的專業技能，訓練他的潛意識去預期某些模式會出現。[4]

同樣的道理，巴菲特的直覺也不是一天就培養出來的，而是經年累月的經驗與研究積累出來的結果。巴菲特開始進行投資過程時，既不是在一堆可能的投資選擇裡頭進行比較，也沒有使用量化篩選工具，而是「直覺地」被他覺得有意思、也能夠理解的公司所吸引。然後他會分析這間公司，其所屬產業與估值，以判定這筆投資是否說得過去；要是說不過去，他就會繼續分析下一間直覺叫他去研究的公司。倘若這項潛在的投資似乎頗有吸引力，巴菲特會再次倚賴他的直覺，判斷公司經營團隊的能力，還有是否值得信賴。他還會運用直覺判斷該持有多少部位、判斷每個人，以及感覺是否有危險。比方說他不會光靠分析數據，評估某項投資的價值應該是 X 元，他有相當程度是根據直覺在做決策。

意象練習（visualization exercises）是一種讓投資人培養出直覺的絕佳方式。投資人在進行未雨綢繆分析工作、想像投資失敗、試著設想各種可能造成虧損的原因時，他就會培養出留意負面發展的直覺。投資人若能更清楚自己的個別公司在什麼地方可能會出差錯，對於未來就會有更好的準備。這種自覺性讓他們得以在其他人還在評估出乎意料的事態發展時（至少對他們來說是出乎意料），及時賣出手上的部位。這項小小的優勢經過許多次交易發酵，長年複利累積下來，就能造就具體的優越績效。

我在 2017 年廣泛研究大宗商品投資領域，獲得了許多寶貴的教訓：

- 經營良好的低成本大宗商品製造商，通常並不會產生更高的報酬。高成本的製造商反而會，因為他們帳面上的獲利率百分比更高。這一點

對於大多數投資人來說，非常違反直覺。

- 大宗商品在景氣上揚階段，會把產業裡的所有廠商一併往上帶。這就是低基期效應發揮作用的時候了，因為要讓稅前息前折舊前攤銷前盈餘（EBITDA）從 5% 改善到 10%，比起從 20% 改善到 40% 來得相對簡單些，這就是為什麼拖油瓶會贏過領導廠商的緣故，這會讓它們的股價上升得快得多。在投資這個領域，一定要著重於變化量，也就是盈餘成長率以及潛在品質變化率。

- 在比較大宗商品股票，決定要買進哪一家時，要以企業價值（EV）與裝機產能的比率來思考。就這個指標來看，HEG 比印度石墨來得更便宜。

- 大多數時候，產業領導廠商會率先上揚，股價也就變得昂貴。然後投資人的注意力會轉向產業裡的二流廠商，他們會開始理解到這些二流廠商比較便宜，然後競相買進，把股價墊高。

- 對於營收可觀，市值營收比很低，卻在虧損的公司來說，即使淨利率只是有一點小小的改善，也會造成可觀的利潤。此外，虧損公司通常會有先前景氣衰退時造成的可觀稅損退算，導致景氣上揚時的稅額較低，淨利較高。新手投資人會把這些暫時性的超額利潤無限上綱，在公司盈餘接近高峰時追高這些股票。你會聽到分析師說（有時候甚至知名投資人也會）：「這次不一樣，產業變動已經產生結構性的長期變化，這應該會把估值乘數推升到可維持的更高水準。」任何大宗商品在大發利市之時，人們會忘記過去景氣衰退時的市況有多淒慘，以及未來的市況也會變得有多淒慘。

- 大宗商品股票是以企業價值倍數（EV/EBITDA）來估價，而不是用本益比，大宗商品股票投資人必須把注意力從損益表轉移到資產負債表。在評估大宗商品股票時，負債是最需要查看的重要項目之一，這

在景氣上揚時，對盈餘（因為利息支出有稅負減免）以及市值會造成顯著影響。隨著這些高度槓桿的廠商營運現金流改善，負債下降，EBITDA 上升，減債額度完全流向企業價值方程式的股東權益項，市值也跟著劇烈上升。有些公司利用有利的公司境況，以較優惠的條件與較低的利率重新舉債，這會實質增加每股盈餘。

- 與其只看總裝機產能，還不如留意既有產能運用率以及額外產能空間，在景氣上揚時賣個高價，撈點好處。槓桿操作在這些情況下很有用。HEG 當時的產能運用率，比印度石墨來得低。要記得槓桿操作是雙面刃，能夠準確運用的人就能大撈一筆，搞錯時間的人則會賠到脫褲子。

- 在大宗商品景氣上揚時，具有自備電廠或是原物料供應鏈的整合性廠商，會成為最大受益者。HEG 有自備電廠，汽電共生發電量達到 77 千瓩。

- 永遠不要忽略激勵之力，讓你的利益與內部人士一致。HEG 的創辦人在 2017 年 8 月到 9 月，一直在公開市場上買進自家股份，一般來說這是個找出產業機運反轉點的好方法。許多公司的創辦人會在該產業即將全面復甦之前，於同一時間一起開始增加其公司所有權（透過優先配股權，或是發行權證給自己）。

- 有些大宗農產品（比方說糖）的用水量很大，這時候就要盯著是否有季風不足的情況，尤其是該來的一直都不來的時候，就會導致產量大幅減少。印度糖業在 2015 年就碰上這種情況。有時候就連國內的雨量分布也相當不均衡，這會導致某些地區供水不足。

- 檢查該大宗商品的價格，是由國內還是國際決定的。也要檢查進出口有沒有任何限制。有時候政府會以反傾銷稅或最低進口價格的形式進行干預，這也會形成很好的售價支撐。在這種情況下，當政府頒布這

類稅負或是保護性措施，並且市場認為這會持續五年以上時（而不是只維持一年而已），那就是有利可圖的完美進場時機。

- 許多公司開始宣布擴充產能時，就是該重新評估情勢或是直接退場，很好的參考訊號。那是因為大宗商品製造商在景氣循環達到頂點時，很容易搞出資本錯置或「多慘化」（diworsificaton）投資方案。他們會一直出現彼得‧林區稱之為「膀胱理論」的企業財務現象：「庫房裡積累愈多現金，把現金排出來的壓力就愈大。」[5]

- 大宗商品股票不是長期投資。在結合財務與營運槓桿之下，它們在短期內可以對投資組合產生超額報酬，而你的退場點不是在財報盈餘達到高點時，而是要在預期淨利率改善達到高點時。當政府決定抑制大宗商品產業的獲利性時，就是你開始計畫退場的好時機，這通常會跟產業開始變得有暴利、景氣循環接近頂點的時期重疊。舉例來說，當印度政府在 2017 年開始對糖業出手干預時，聰明的投資人已經在許多糖業股票上賺飽了幾百個百分點，開始把這些飆股倒貨給貪婪的跟風仔。

- 從中國農曆年立冬（許多工廠會因為霧霾因素停工）到夏天開始這段期間（工廠開始復工），經常會出現一些選擇性的大宗商品投機機會。

- 大宗商品投資相當有挑戰性，又違反直覺，因為公司盈餘即使創下新高，股價卻可能會創下 52 週新低。股價比較不會反映財報盈餘，而比較會反映供給動態，以及預期獲利改善達到頂點的情況。大宗商品股票通常會在市場預期盈餘再過個兩季就會觸頂或衰退時，開始從山頂上一瀉千里。一旦你感覺到這種事即將發生，可別等到看了下一季的財報才行動，要趁市場還很熱切的時候及時退場。保持高度警覺性，具有扎實的風險管理紀律。

- **整個產業只有一間公司有獲利時，該大宗商品可能處於或接近景氣循環的底部。**

　　未來當你發現類似這些典型資本循環的事實，開始變得清晰可見時，我們經驗老道的判斷能力（也就是直覺），就能夠協助我們及時辨識出模式（圖20.2）。反正「感覺對了」就是了。

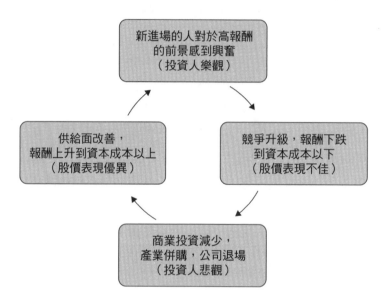

圖 20.2　資本循環

圖表出處：Edward Chancellor, *Capital Returns* (Basingstoke: Palgrave Macmillan, 2016).

　　查理‧蒙格說過：

　　經驗會確認一個經得住時間考驗的概念：只要準備好在這輩子，有幾次能夠劍及履及立刻採取行動時，做些既簡單又符合邏輯的事情，往往就能大

幅改善你這輩子的財務狀況。這幾個清楚可識的重大機會，通常會降臨在一直尋尋覓覓，願意等待，懷抱著好奇心，喜愛在多重變數之中審時度勢的人身上。然後你需要的就只剩下當機會好到不行時，運用過去以謹慎與耐性累積下來的資源，重重押注下去的意願。[6]

　　在蒙格的智慧之語加持之下，我把投資組合裡很大的一部分，以 700 印度盧比的價位配置給 HEG，還在初次買進之後接下來數週內，買進更多部位。為什麼？因為我預期嚴重的供給不足，會持續很長一段時間（圖 20.3）。

Graphite electrode shortage could last five years plus: Jefferies

The graphite electrode shortage could last five years or more, investment bank Jefferies said in a report Wednesday after spending time with management of Japanese producer Tokai Carbon.

Related podcast:
Electrodes, changing trade flows top of mind for many in steel

Jefferies said 10% of needle coke output is now being directed to the lithium-ion sector and anode material production requires the same facilities as graphite electrode production. It also said Hurricane Harvey had taken some needle coke capacity offline.

The natural growth in electric arc furnace-based output at the expense of blast furnace production, led by a drive to reduce pollution, would trigger stronger demand for electrodes, Jefferies said.

圖 20.3　石墨電極產業預測將面臨嚴重供給不足

石墨電極短缺可能會持續五年：傑富瑞投資銀行（Jefferies）在與日本製造商東海碳素（Tokai Carbon）經營團隊討論過後，在週三發布的報告中表示，石墨電極短缺的情形可能會持續五年以上。傑富瑞投資銀行表示，有 10% 的針狀焦產量，如今被導向鋰離子產業，而生產陽極材料需要用到跟生產石墨電極一樣的設備。報告中也提到哈維颶風導致一部分的針狀焦產能停擺。傑富瑞投資銀行表示，為了要減少汙染，用來取代鼓風爐進行生產的電弧爐，其自然成長會造成電極體的市場需求更為強勁。

圖表出處：Colin Richardson,"Graphite Electrode Shortage Could Last Five Years Plus: Jefferies," S&P Global, October 12, 2017, https://www.spglobal.com/platts/en/market-insights/latest-news/metals/101217-graphite-electrode-shortage-could-last-five-years-plus-jefferies.

2017 年 12 月 19 日，有媒體報導說印度政府打算對出口的石墨電極課徵出口稅。儘管我竭盡所能，還是無法評估此舉對於 HEG 經濟前景的衝擊，因此我在 2018 年 2 月 1 日，印度年度總預算案提出的當天上午，設定了那支股票的跌深停損委託單。雖然印度政府只不過是頒布了未來可課徵出口稅的賦權條例，不過這張停損單還是在盤中觸發（見圖 20.4 與 20.5）。在我看來，無論怎麼說，這支股票如今已是公允訂價，價位就在我設定的賣出價：每公噸 1 萬美元。（石墨電極的價格從 2017 年 4 月的每公噸 2,350 美元，飆升到 2018 年 1 月的每公噸 1 萬美元。）

在一個已然膨脹的投資組合中，以如此大幅的部位配置在不到五個月內就賺到超過 270% 的報酬，這對我來說是一段改變人生的經驗。我實現財務自由的夢想，如今已經觸手可及。

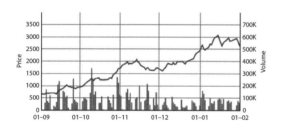

圖 20.4　HEG 股價，從 2017 年 9 月 1 日到 2018 年 2 月 1 日

圖表出處："HEG Ltd.," BSE India, September 1, 2017, to February 1, 2018, https://www.bseindia.com/stock-share-price/heg-ltd/heg/509631/.

圖 20.5　超棒的投資結果

圖譯：HEG 在短短五個月內，從 700 塊漲到 2620 塊，真是一趟夢幻之旅。我原本就打算在第四季盈餘達到頂點時，賣出這支大宗商品股，不過光是重押這一大筆初期配置，就讓我進入到財務獨立唾手可及的範圍！

圖表出處：Gautam Baid (@Gautam_Baid), "From 700 to 2620 in just months,it has been a wonderful journey in HEG," Twitter, February 1, 2018, https://twitter.com/Gautam__Baid/status/959131998685032448.

但我可沒有因此而停下腳步。當你真正投入充滿熱情的終生學習之旅時，你絕不會因此停下腳步（圖 20.6 與 20.7）。

我在 2018 年 3 月 5 日讀到一則新聞說，石墨電極在印度市場以每公噸 1 萬 4,500 美元的價格出售，供給情況變得比先前更為緊縮（圖 20.6）。當事實有變化時，你的想法也要跟著轉變。我立刻以 2,700 印度盧比的價位，再度買進 HEG，不過這次我只配置了上次出場時，部位所占百分比的一半（圖 20.7）。就這麼一次操作，我就得以克服一堆打從投資職涯開始，就一直在影響我的個人偏誤：定錨偏誤、一致性與承諾傾向偏誤，以及維持現狀偏誤。這就是為什麼這筆 HEG 投資對我來說，始終是那麼特別——這是我朝向理性演化邁出的一大步。

我最後在 2018 年 8 月，HEG 公布其 2019 年財務年度第一季報告後不久，以 64% 的利潤退場（根據我當時的評估，隨著較高的針狀焦合約價再過幾個月就會開始生效，HEG 的利潤改善終於走到了頂點）。以我最初買進這家公司股票的投入資本來計算，複合總報酬率超過 350%。

這就是好的投資決策在發揮複利的作用。這完全是一個智力平平的人，專心致力於追求終生學習，所造就出來的結果。追求知識讓我得以克服對於某個既定主題，最初了解有限的窠臼。當你真正充滿熱忱時，學習永遠都不會停止，你會不斷地挑戰自己，把自己逼到極限邊緣。這就是刻意練習的目的所在，假以時日，這些你在投資旅程中從個別證券設法榨出來的額外小小獲利，在複利累加好幾次之後，就會堆出一筆很大的數目。

真的會喔！就我到目前的投資經驗，我連一次可以引起投資人讚嘆的「十倍股」投資都沒有，但我並不需要那種程度的單一股票大獲全勝，才能夠達到財務自由，只要讓賺得比較少的「數倍股」複利累加個好幾次，就能讓我實現夢想。我體驗到的是**複利的喜悅**。（我一直都把下面這道簡單的數學算法牢記在心：「一萬塊錢＋兩次十倍股＝百萬富翁」）投資生涯想要成

Nigel D'Souza
@Nigel__DSouza

Following

Good news for Graphite Electrode producers like HEG & Graphite

VARDHMAN SPECIAL STEELS tells
@CNBCTV18Live @CNBCTV18News
*Prices of graphite electrodes +6x In last 1 yr
*Graphite Electrode Price/tn is at 14500$/tn
(Rs.950 to Rs.1000/kg)- This is higher dan analyst estimates

10:40 PM - 5 Mar 2018

圖 20.6　石墨電極在印度市場的售價有所更新

圖譯：HEG 與印度石墨等等石墨電極製造商傳來好消息。

瓦德曼特殊鋼鐵（Vardhman Special Steels）對 @CNBCTV18Live @CNBCTV18News 表示，石墨電極價格在去年一年就翻了 6 倍，如今每公噸要價 1 萬 4,500 美元，高於分析師預估。

圖表出處：Nigel D'Souza (@Nigel_DSouza), "Good news for graphite electrode producers like HEG &Graphite," Twitter, March 5, 2018, https://twitter.com/Nigel__DSouza/status/970896905399144448

Gautam Baid
@Gautam__Baid

Thanks for sharing this update Nigel. Re-entered HEG today after seeing this data point. I was pencilling in a selling price of $10,000 in my estimates. Looks like there is some good upside still remaining "even if" the Indian government imposes an export duty sometime this year.

> **Nigel D'Souza** @Nigel__DSouza
> Good news for Graphite Electrode producers like HEG & Graphite
>
> VARDHMAN SPECIAL STEELS tells @CNBCTV18Live @CNBCTV18News
> *Prices of graphite electrodes +6x In last 1 yr

11:51 PM - 5 Mar 2018 from Salt Lake City, UT

圖 20.7　當事實有變化時，你的想法也要跟著轉變

圖譯：多謝分享消息啊，奈傑爾。看到這份資料之後，我今天又重新買進 HEG，現在正寫下我預估要在 1 萬元賣出的價格。看來「即使」印度政府今年某個時間點要對石墨電極課徵出口稅，還是留有一些不錯的上檔空間。

圖表出處：Gautam Baid (@Gautam_Baid), "Thanks for sharing the update Nigel," Twitter, March 5, 2018, https://twitter.com/Gautam__Baid/status/970914649045479425.

功，真正重要的是盡可能以最低風險，提高整體投資組合價值的長期年複合成長率，而不是你需要找到多少支飆股。

我投資景氣循環股的最初經驗

在過去這幾年間，我的能力圈逐漸拓展到基礎建設與營建股這類景氣循環股。我在這期間研究一間叫做 Dilip Buildcon 的公司時，獲得了重要的見解：市場對於基礎建設與營建產業，只會獎勵那些執行力強大、資產負債表健全、足以支持執行未來訂單所需募資的公司股票。就是這一項見解最終讓我在 2018 年發現了 PSP Projects 這家公司。

我因為刻板印象偏誤，錯誤地忽略了 PSP 於 2017 年 5 月進行的 IPO。投資人通常不認為營造產業符合良好的公司治理標準，而且這產業經常會有工程延宕跟預算超標的問題，但是 PSP Projects〔以創辦人普拉哈拉德海・希夫蘭海・帕特爾（Prahaladbhai Shivrambhai Patel）為名〕卻顯然是個例外。這間公司以準時完工和高品質的執行力，在企業所在地印度阿默達巴德（Ahmedabad）素負盛名，也因此其關鍵客戶總是回頭再找他們做生意。PSP 自 2009 年開業以來，已為卡迪拉醫療照護（Cadila Healthcare）及其分支機構完成了十三項計畫，為激流製藥（Torrent Pharmaceuticals）及其分支機構完成了六項計畫，為尼爾瑪（Nirma）及其分支機構完成了四項計畫。這間公司還為印度政府執行了許多招牌計畫，包括阿默達巴德的薩巴瑪提河濱區（Sabarmati Riverfront）一部分的工程，還有古吉拉特邦（Gujarat）立法機關建築物的修繕工程。全世界最大的模板與鷹架製造商之一佩里集團（Peri Group），在 2017 年的印度營運年度回顧報告中，提到了二十五項承包商有使用他們家生產模板的招牌計畫，並且特別提到 PSP 具有「優秀的執

行能力」。

PSP 在 2017 年 11 月從眾多規模比他們大得多、聲譽卓著的同業激烈競爭中脫穎而出，贏得一項價值 2.25 億美元在古吉拉特邦興建蘇拉特鑽石交易所（Surat Diamond Bourse）的計畫。光是這一項計畫，預期就足以帶來相當於目前整間公司運行速度的年收入；更重要的是，若是能夠順利完成這項計畫，就可大幅提升 PSP 足以執行大規模計畫的聲譽，使其躋身於競爭者只有五、六家的大型承包商行列，與拉森特博洛（L&T）以及沙普吉（Shapoorji）等公司並駕齊驅。這還能讓 PSP 未來在老家阿默達巴德以外的地方，贏得類似的計畫。基本上這些如數家珍的機會，可望讓 PSP 未來具有多方位的發展空間。

PSP 的營收、營利與淨利，自 2012 年到 2017 年財務年度，分別以 18%、34%，以及 38% 的 CAGR 增長，資產負債表維持零負債，報酬率也很漂亮（平均股東權益報酬率超過 35%）。以他們目前的預購訂單，還有未來贏得大型訂單的前景大幅提升來看，中長期可望繼續維持健康的成長率。除了這些因素之外，我讀到夏鮑文（Bhavin Shah）在 2018 年 1 月份的《商業觀點》（*Outlook Business*）撰寫的文章後，對於這間公司的信念就更為增強了。夏鮑文在那篇文章中點出了幾件重要的事。[7]

PSP 在同業中的應收帳款週轉天數最低，三年平均值僅僅 29 天而已，相較之下同業平均則是 128 天。再加上動員設施預收帳款（用來支付 20 到 25 天的營建費用），PSP 實際上能夠以負承載模式進行營運（大約有 40 天的負現金循環週期），這也有助於 PSP 讓供應商感到滿意，其應付帳款週轉天數是 75 天，相較之下同業平均則是 124 天。PSP 並不會訂購大量材料，而是只訂購足以繼續營造的材料，因此得以把存貨維持在 5 天以內，相較之下產業平均是 50 天至 90 天。這是非常卓越的營運資本管理。（身為投資人，我們靠損益表賺錢，但是要靠資產負債表才能存活。捏造出來的損益

表，終究會沉沒在資產負債表的流沙中，牛市只不過是推遲這種公司不可避免的末日來臨而已。）

除了大宗商品與景氣循環股以外，市場還有另一個經常提供賺取超額報酬絕佳機會的區塊。

那就是企業分拆。

21
在特殊情況下，謹慎研究分拆投資

特殊情況是正格分析師快樂出擊的場域，比起做一般性的預測工作，他們更喜歡處理特定又可衡量的未來發展。

—— 班傑明・葛拉漢

　　葛拉漢以「沉思者」為筆名，在《分析師期刊》(*The Analysts Journal*)寫過幾篇文章。他在 1946 年第四季那一期，針對特殊情況投資寫了一篇極具影響力的文章，他寫道：「就廣義來說，特殊情況是指事態有特殊發展，即使整體市況並未提升，某證券仍然可以產生令人滿意的利潤。就狹義來說，除非那樣的特殊發展**已經在進行中**，不然就算不上是真正的『特殊情況』。」[1]

　　葛拉漢在文章結論處，把特殊情況的本質總結為「以過去經驗為鑑，在可預估的一段時間內，預期會發生的企業（不是市場）發展。」[2]

　　蒙格在一場與莫赫尼什・帕布萊的對談中解釋，若是把重點放在以下三件事情上，投資操作就能夠極為出色：

1. 小心觀察其他偉大的投資人在做什麼。這包括追蹤他們的 13F 報告。❶

---

❶ 13F 報告，是指管理資產在 1 億美元以上的所有美國機構，每個季度都必須向美國證券交易委員會提交報告，披露其持有美國股權以及資金去向。

2. 觀察那些有「食人族」之稱，大幅買回自家股票的公司。
3. 謹慎地研究分拆投資。

蒙格把一種特殊情況的特定投資類別（也就是分拆）挑出來說，光是這件事就值得讓任何認真的投資人做個注記。當我了解到分拆的成功基本比率有多高之後，我就更能夠欣賞並理解蒙格對於分拆熱切背書的原因。

由優勢顧問公司（The Edge）以及德勤會計事務所（Deloitte）所做的一項全球研究，自 2000 年 1 月到 2014 年 6 月，觀察了 385 筆母公司市值在 2 億 5,000 萬美元以上的全球分拆業務。要符合研究資格，交易內容必須是純粹的分拆，母公司股東會收到新上市公司的股份。這項研究發現全世界的分拆資產類別，從母公司獨立出來的頭十二個月平均獲利，是 MSCI 世界指數的 10 倍以上。[3]

最佳的分拆績效來自於消費品、醫療照護、公用事業，以及能源產業。重點是價值創造並不是倚賴經濟成長，或是分析師報導該公司；平均來說，每十件分拆裡會有兩件，在兩年內被收購或是下市私有化。

分拆在印度的績效甚至更為出色。SBI 資本公司分析了印度從 2002 年到 2016 年間的 154 筆分拆交易，指出分拆績效如何在市場循環的各個階段，都超越更廣泛的市場指數。這項研究顯示分拆產生的平均報酬率，超過印度市場 Sensex 指數大約 36%。[4]

投資人經常會得到像是「絕不要買進在賠錢的部位」、「永遠別向下攤平」，或是「別去接落下的刀子」之類的通用建議。我只有一個建議：永遠要思考過再說。

有利可圖的投資機會，往往會在一間前景可期但規模很小的公司，從一間大規模母公司分拆出來，而且還有殘存的機構持股時浮現出來。在交易最初的幾個星期或幾個月內，你經常會觀察到這些機構因為某些死板的機構要

求，比方說只能投資於某些產業，或是投資標的的市值有其限制，被迫賣出他們無法在投資組合裡繼續持有的新公司股票，最終對於你被分拆出來的公司股份既有持股，造成相當程度的帳面虧損。

每當人們在絕望中拋售股票時，都會賣得很便宜。身為買家，當我的交易方無論其持股的潛在價值是多少，都不得不接受任何成交價格時，我很樂於站在這種交易的另一頭。當那些投資人急於以任何價格拋售股份時，就是你的買進時機了。這些機構會在執行這些大型交易的同一天，對證交所發布相關公告以及大筆交易資訊。勤勉地追蹤這些檔案，是在這種情況下投資成功的關鍵。

分拆代表的是對於時間套利進行即時案例研究，耐心的投資人只要願意等待，讓該辦的流程跑完，就能夠獲得報酬。在印度，業務分拆過程通常依序涉及以下六個步驟：(1) 董事會核准，(2) 證交所核准，(3) 抵押債權人、無抵押債權人、股東核准，(4) 國家公司法法院最終核可，(5) 董事會宣布登記日，(6) 分拆公司上市。

有些利潤最為豐厚的分拆投資機會，會出現在綜合企業以很低的估值乘數進行交易時。然而，分拆出來的公司一旦從母公司分離出來，就會以高得多的估值乘數進行交易，而這個乘數所根據的估值參數，有時候與目前上市的母公司完全不同。（評估股市中各種公司時，對於所使用的相對估值及不同指標都具有健全的了解，能讓勤勉的投資人在分拆投資獲得顯著優勢。）個別的總和經常會大於整體，有些時候更是大得多；這會發生在母公司把虧損業務分拆出來，將虧損業務的大多數債務防堵起來的情況。母公司的估值乘數、淨利，以及市值，會因為獲利性與資產負債表獲得強化而上揚；同時，虧損業務也會根據股價營收比或是 EV/EBITDA（企業價值／稅前息前折舊前攤銷前盈餘）之類的乘數，獲得一些市值。

賽斯・克拉曼、喬爾・葛林布萊特，還有彼得・林區，都曾經在他們過

去的著作裡，詳細討論過分拆。

分拆公司通常不會大吹大擂其業務有多具吸引力，其股票有多麼受到低估，他們寧可一開始保持低調，不為人知。克拉曼解釋，「這是因為經營團隊通常會收到根據最初交易價格訂定的股票選擇權，在這些選擇權實際發下來之前，他們有要把股價壓低的誘因。因此有些分拆公司並不怎麼努力，或是完全沒有想要讓股價反應其潛在價值。」[5]

克拉曼指出在某些案例中，母公司也可能是具有吸引力的投資機會。他經常推薦分拆投資，認為這是找到具有吸引力投資機會的沃土。克拉曼在2009 年於葛拉漢投資中心發表演說時說道：「分拆是個值得觀察的有趣範疇，因為那裡有一批自然形成的賣家，卻沒有一批自然形成的買家。」[6]

喬爾·葛林布萊特是最為人所知的分拆投資倡導者。在他極具影響力的特別情況投資著作《你也可以成為股市天才》（*You Can Be a Stock Market Genius*）裡，有整整 76 頁是在探討分拆投資。

葛林布萊特引用一項賓州州立大學的研究，他們發現分拆投資的績效每年超越市場 10%。你若假設市場的報酬率是 10%，那麼理論上只要無腦地買進分拆股，每年就可以賺到 20%。要是你選擇性地挑一些分拆來投資呢？那就有可能賺到超過 20%。

葛林布萊特接下來討論到母公司為何要分拆子公司的五個理由：

1. 一般來說，綜合企業會以「綜合企業折扣價」進行交易。經營團隊把不相干的業務分離之後，就能夠把價值「解鎖」。換句話說，個別的總和大於整體。
2. 把「壞」業務從「好」業務裡頭分離出來。
3. 實現無法輕易出售的子公司價值。
4. 實現價值的同時，分拆能避免產生母公司出售子公司所產生的一大

筆稅金。

5. 解決管制障礙。比方說某公司可能正處於被收購的流程，但它可能需要分拆出子公司，以處理反托拉斯的相關顧慮。

葛林布萊特解釋，分拆投資報酬如此優渥的另一個原因，在於「資本主義儘管有那麼多缺點，還是管用的。」[7] 一旦分拆完成，其經營團隊就從母公司的官僚體制中解脫出來，有權做出創造股東價值的改變；這是因為倘若經營團隊擁有分拆公司相當大一部分的股票，他們就能直接受惠。葛林布萊特寫道：「投資分拆子公司或母公司股份的策略，一般來說應當可以產生一個經過預選、由強烈關注股東權益的公司所構成的投資組合。」經營團隊透過分拆，強烈宣示他們在乎股東投資報酬率。

葛林布萊特進一步說明他如何挑出最佳的分拆投資，跟讀者分享他尋覓的特質：

1. **投資機構不要的標的（而且理由不涉及投資績效）**。除了上述所列理由以外，分拆公司經常會堆滿債務或現金，這是母公司在把這些資產或負債，以免稅的方式進行移轉。了解分拆後的資產負債表會長成什麼樣子，有助於投資人更佳地分析其潛在績效。葛林布萊特談到運用槓桿如何產生不對稱的報酬：

無論你認為投資這類公司的風險有多高，**扎實的推論以及良好的研究所帶來的報酬，運用槓桿之後都會大幅翻倍**。倘若分拆基於某些原因，結果變得比當初看起來更具吸引力，運用高度槓桿就會放大我們的報酬。

2. **內部人士想要的標的。**永遠要對經營團隊對於分拆公司內部績效的誘因,具有扎實的了解。葛林布萊特在評估分拆時,把經營團隊誘因當成最高指標:

> 在挑選分拆公司時,內部人士是否有參與,是尋找標的的關鍵之一,對我來說甚至是最重要的關鍵。新分拆公司的經理人,其激勵誘因是否跟股東一致?他們所收到的潛在報酬,很大一部分是股票、限制性股票,還是選擇權?他們有沒有打算買進更多股份?當所有分拆必須要提交的公開文件都提交時,我通常都是最先看這個部分。

母公司的經營團隊一般來說,比較有興趣經營規模較大的公司,因此倘若他們決定轉到比較小的公司,又會在那裡得到一筆優渥的股票形式報酬,投資人就實在應該進一步挖掘。另一種值得研究的情況,就是當分拆公司的經營團隊在上市後,很快地宣布要回購股票,卻避免參與回購,以增加其持股籌碼。

3. **先前隱藏起來的投資機會被創造或揭露出來。**葛林布萊特寫道:「這可能意味著因為分拆的緣故,一間偉大的公司或是在統計上很便宜的股票,就這麼曝光了。」一定要對母公司以及分拆公司進行分拆交易後會變成怎樣,**雙雙**進行研究評估,因為分拆後的投資機會,可不一定完全落在被分拆出去的公司。「重點是研究即將有個複雜的部門要被分拆得乾乾淨淨的母公司,可能會產生一些相當有意思的投資機會。」身為投資人,我們可以選擇持有母公司、子公司,或是兩間公司都持有部位,這取決於哪種行動比較有利可圖而定。

換句話說，倘若分拆公司的經營團隊在上市之後，立刻開始對其前景大吹大擂，你就可以把這當成經營團隊並沒有打算多增持籌碼的訊號。

葛林布萊特推薦研究相關的證交所（SEC）檔案，看看分拆公司的經營團隊是否持有大量的股票選擇權。他寫道：「倘若經營團隊持有大量的股票選擇權，那麼在經營團隊有誘因開始推銷新分拆公司股票**之前**，就建立一部分你的股票選擇權部位，也許是個不錯的主意。」

一定要研究內部人士激勵誘因。有個方法是把分拆公司的 10-12B 表格檔案調出來看（在美國，這是母公司在分拆之前，提交給 SEC 的檔案文件），然後找到「主管報酬」的部分。我們應該可以從這裡知道，分拆公司有多少股份保留作為新經營團隊以及員工的激勵誘因。舉例來說，一間分拆公司的 10-12B 表格上，可能會有下列內容：「依據股權計畫的誘因獎勵，可能會發行一共 X 股的總合股數。」然後只要計算這些股數占分拆公司在外流通總股數多少百分比就得了。

彼得・林區在他的投資經典《彼得林區選股戰略》（*One Up on Wall Street*）裡，高度讚揚分拆的好處。他一開頭就這樣說：「分拆經常導致豐厚得驚人的投資機會。」[8]

林區認為母公司不會想要個分拆會完蛋的部門，因為這會讓母公司形象不佳。他寫道：「一旦這些公司獲得獨立地位，得以放手去做的新管理團隊，就能夠削減成本，採取能夠改善近期與長期盈餘的創意性措施。」[9]

分拆鮮少得到華爾街關注，經常受到誤解，因此也會被投資人錯誤訂價。這一切對於未來報酬都相當有利。

林區推薦尋找有內部人士買進股權的分拆公司，因為這可以證實經營團隊對於分拆公司長期潛力的信心：「你若聽說一件分拆案，或是你收到一部分某間新設公司的股份，你要立刻開始研究是否要買進更多股份。**在分拆完成後過了一兩個月，你可以看看新公司的幹部跟主管，有沒有大量內部人士**

買進股份的現象，這會證實他們也認為公司前景可期。」[10]要記住，內部人士可能會出於包括個人因素在內的諸多原因賣股，但他們買進自家股票只會為了一個理由：他們相信股價會上揚。一種稱為群集買進（cluster-buy）的現象，是特別強烈的內部人士買股訊號，這是指三個以上來自經營團隊的內部人士，在短時間內於公開市場買進股份。（當你看到財務長在公開市場買進股票時，要特別留意，他們可不是生來就覺得自己一定要擁有這些股票。）

部落格「老派價值」（Old School Value）的價值投資人 Jae Jun，研究了2001年到2011年，在分拆後一週內有大量內部人士買進股票的所有美國分拆公司，其第一年的績效。研究發現相當引人注目：除了一間公司以外，所有的分拆公司都以很大的幅度打敗市場指數績效（表21.1）。[11]

這一章的關鍵結論是：除了具有強烈誘因的經營團隊以外，分拆公司最初被迫出售股份，經常會產生一些具有吸引力的投資機會。

表 21.1　2001 年到 2011 年，在分拆後一週內有大量內部人士買進股票的美國分拆公司，其第一年的績效

分拆公司	年度	第一年報酬	標普 500 指數	是否打敗標普 500 指數？
GNW	2004	46.92%	6.71%	Yes
HSP	2004	22.62%	6.90%	Yes
LYV	2005	87.45%	11.32%	Yes
AMP	2005	36.42%	14.18%	Yes
THI	2006	39.96%	16.12%	Yes
SBH	2006	15.90%	5.71%	Yes
MWA	2006	−3.10%	17.76%	No
PCX	2007	−18.21%	−41.57%	Yes
TDC	2007	−20.97%	−28.00%	Yes
PM	2008	−23.53%	−38.63%	Yes
HI	2008	−26.57%	−35.93%	Yes
MJN	2009	74.49%	33.67%	Yes

圖表出處："Look at All These Spinoffs Beating the Market," Old School Value (blog), July 6, 2011, https://www.oldschoolvalue.com/blog/special_situation/look-at-all-these-spinoffs-beating-the-market.

PART IV
投資組合管理

22
長期價值投資的聖杯

暫且不論價格的問題，值得擁有的最佳公司，就是在很長一段時間內，能夠以非常高的報酬率，運用大量增額資本的公司。最不值得擁有的最爛公司，則是會反其道而行，或是不得不反其道而行的公司，也就是以非常低的報酬率，不斷運用到愈來愈多資本。

——華倫‧巴菲特

　　有一種可以檢驗公司成敗的核心測試，就是看投資下去的每一塊錢，是否能夠為股東創造出高過一塊錢的市值。巴菲特把這稱之為「一塊錢測試法」，他在 1984 年的股東信中解釋：「非受限盈餘只有在具有合理前景，最好是有歷史證據，或是在適當的情況下，有對於未來深思熟慮的分析佐證時，才應該保留在公司裡——也就是公司每保留一塊錢，就可以為股東創造至少一塊錢的市值。只有在保留資本能夠創造出等於或超過投資人一般能夠得到的增額盈餘時，這種情況才會發生。」[1]

　　巴菲特在談論一塊錢的保留盈餘，可創造出一塊錢的市值時（他喜歡以五年滾動基礎應用這項測試），他談論的是一塊錢的內在價值。他的意思是股市假以時日，會對於內在價值做出相當準確的評判。（有個迅速進行一塊錢測試法的簡單方法，就是把一間公司在一段時間頭尾的市值變化，與這間公司在同一段時間的保留盈餘價值變化做比較。）基本上巴菲特在說的是，市場假以時日會獎勵那些以保留下來的錢，創造高額報酬的公司（給予那些

公司較高的估值乘數），也會懲罰那些未能以保留下來的錢，賺到該賺的錢的公司（給予那些公司較低的估值乘數）。

根據查理・蒙格所言：

長期來說，一支股票很難獲得比該公司賺到的報酬更好的回報。倘若該公司在四十年內以資本賺到 6% 報酬，而你把這報酬扣著四十年，即使你原先是以大幅折價買進股票的，也不會賺到比這 6% 多多少。反過來說，倘若一間公司在二十年或三十年內以資本賺到 18% 報酬，就算你付出看上去很昂貴的價格，最後反而會得到很好的投資結果。[2]

蒙格這主張背後的數學原理並不難懂。18% 的投入資本報酬率（ROIC），經過數十年後就股東報酬而言，會大勝 6% 的 ROIC。就是這麼簡單。

雖然簡單，卻不容易。

投資最大的挑戰之一，就是要判斷一間公司的競爭優勢，更重要的是要判斷該優勢能夠維持多久。

競爭優勢是以一間公司創造「超額報酬」的能力來界定，也就是 ROIC 減去資本成本。能夠維持的競爭成本，是以一間公司長時間創造超額報酬的能力來界定，這需要具備進入障礙，以防止競爭者進入市場，侵蝕公司的超額報酬，如此就能夠長時間（這段時間又稱為競爭優勢期間，CAP）以投入資本創造超額報酬。具有超額報酬以及較長 CAP 的成長型公司，以淨現值來說更有價值。一間公司的 CAP 價值，等於光靠這些超額報酬產生的預估現金流總和，以金錢的時間價值，以及能否收到那些現金流的不確定性，折現之後所得的結果。

巴菲特在 1999 年接受《財星》訪問時，指出「護城河」是他投資策略的

主要支柱:「具有寬廣且可維持護城河的產品或服務,會為投資人帶來報酬。」[3] 巴菲特在 2007 年的股東信中,討論偉大公司、好公司以及可怕公司的差別時,寫到許多人認為哪些是競爭優勢與價值創造的關鍵成分。[4]

若要妥善評估盈餘增長,就一定要與必須的增額資本投資做比較。

偉大公司是那些幾乎不需要大筆投入資本,盈餘也能夠不斷增加的公司,它們會以增額投入資本產生非常高的報酬。真正偉大的公司,真的是隨時隨地都被現金淹沒的,它們要成長不需要多少有形資本,而是靠著強大的品牌名號,加上「心占率」(share of mind)、智慧財產權、專利技術等等無形資產,因此能夠賺到高到天上的資本報酬。偉大公司通常具有營運資本為負值,固定資產密集度低,具備真正訂價能力等等特色。

營運資本為負值的意思是,顧客事先付現,購買該公司日後才會送達的貨物或服務。這對於成長型公司來說是很有力的催化劑,因為基本上等於是顧客透過預先付款,為該公司的成長挹注資金,最棒的是這筆資金的利率是 0%,你很難找到比這更優惠的貸款。對於以訂閱為基礎,顧客預先付款購買一期又一期服務或使用權的經營模式來說,營運資本為負值很常見。由於營收是在服務執行時才加以認列,現金卻是先一步就流入,這些公司的營運現金流通常會超過淨收入。

固定資產密集度低的特性,可以透過比較不動產、廠房及設備的年度淨銷售額,或是資本支出的部分加以分析。在加盟經營模式中,授權者收取加盟主的權利金,以換取使用品牌名號、商業計畫,以及其他不動產資產的權利。隨著加盟主提供開拓新點的資本,讓授權者得以在不必挹注額外資本的情況下,增加收入與盈餘,整個體系也會隨之成長。倘若規模能夠放大的話,這個經營模式就非常棒,因為資本負擔很輕,而且只要拿授權者的品牌名號權益去做槓桿操作,就能抖出許多自由現金流。這就是為什麼巴菲特會說:「最棒的生意就是靠著他人成長收取權利金,本身又不需要多少資本。」[5]

把核心製造活動外包出去，自身專注於設計、行銷，以及打造品牌的公司，同樣也是固定資產密集度低。

倘若一間公司提供的產品或服務有區別化，轉換成本高，或是對顧客來說很重要（占顧客總成本很小的百分比），那麼該公司也許能夠一直把價格提高到超過通貨膨脹的程度。這是要在不投入額外資本的前提下，讓盈餘成長最簡單的方法，因為價格提高造成的溢流利潤，通常都相當高。像是彭博（Bloomberg）跟時思糖果（See's Candies）這樣的公司，擁有把價格提高到等於或超過通膨率的悠久歷史，巴菲特認為這是在分析一間公司時，最重要的變數之一：「**訂價能力是評估一間公司，單一個最重要的決策**。你若具有可以提高價格，又不會把生意拱手讓給競爭對手的能力，你就擁有一間相當不錯的公司。」[6]

偉大公司很稀少罕有，因此很有價值。當這些公司的成長期間可以相當確切地預測時，市場通常會給它們很優渥的估值乘數。能夠長長久久地成長下去的公司，在日新月異的現今世上，確實是愈來愈稀少了。一間公司能夠被納入標普 500 指數的平均時間，在 1960 年代大約是六十年，如今僅僅十年而已。1955 年名列《財星》500 大的公司，過了六十二年之後，只有不到 12% 還名列 2017 年的榜單上，多達 88% 的公司不是破產，就是被另一間公司合併或收購，就算還活著也掉出《財星》500 大公司之列了（榜單是以總營收做為排行）。[7] 這就是約瑟夫・熊彼得（Joseph Schumpeter）所說的「創造性破壞」發揮到極致。

市場很看重確定性。有望長年保持可預測盈餘成長的股票，比較會維持長期的估值過高狀況，直到它們的盈餘再也無法穩定成長為止。對於市場來說，長期成長的可預測性，比起近期的絕對成長率更為要緊，因此一支在接下來兩年內盈餘有望成長 50%，但是之後前景不明的股票，市場給它的估值乘數，會比「成長率比較低但是具有高度預測性，可以維持長得多期間」

的股票來得低。一致的成長趨勢會增加估值，一致的擾動趨勢則會減低估值。市場對於成長的期間長短，總是比絕對成長率更為重視，因此你經常會看到在未來十到十五年內，預期會有 12% 到 15% 盈餘成長率的股票，當期本益比（P/E）可以達到 40 至 50 倍。這個現象會讓大多數的新手投資人大惑不解，不過有了經驗之後，他們就會開始欣賞市場的微妙之處，並且懂得尊重市場的智慧。昂貴的高品質一般成長股，比較會長時間維持居高不下的估值，因為持有這些股票的投資人，通常都願意坐等盈餘追上估值為止。市場對於具有好幾年可持續盈餘成長的公司，會提供不成比例的獎勵。

稀有性溢酬原理不僅適用於整體市場，也適用於個別產業裡可供投資的高成長股票數目。倘若市場上只有少數公司能夠達到 30% 至 35% 的高成長率，一旦人們發現成長率可維持這個水準的公司，其本益比往往會高達 40 到 50。（只要高成長的預期保持健全，估值甚至可能會更高，並且通常會在整個牛市期間繼續膨脹。）相反地，一間成長率為 20% 的公司，倘若市場上有許多成長率同樣有 20% 的公司可供選擇，其本益比可能不會超過 15 到 20。（這就是為什麼光是看本益成長比（PEG），可能會導致二流的報酬結果。）

當成長變得很稀缺時，市場寬度會收窄，供需動態則會接掌全局。在熊市階段時，投資人想要成長具有確定性；在牛市階段時，投資人則是準備好進行信仰之躍。在這種不確定性瀰漫的期間，市場焦點會變得極為狹窄，精挑細選出來的少數幾檔高品質成長股，其估值會一直膨脹，直到其成長率與市場上大多數股票的平均值相較之下，高不了多少為止。（然而大多數投資人在這個階段會繼續否定事實，因為這些昂貴的股票還繼續變得更昂貴。）當成長終於開始減速，估值就會開始降評。牛市股票實際上的威脅，並不在於估值過高，而是在於估值依然很昂貴，然後隨著該公司只交出高於平均值一點點的成長率，股價變得太過昂貴，投資社群對其成長預期進行劇烈修

正。市場喜歡沒有擾動的高成長率，並且對於能夠說服市場、且有能力長時間一直交出高於平均值成長率成績的公司，賦予優渥的估值。

對於高本益比股票有偏見的投資人，會錯過某些史上最偉大的股市贏家。一間每股盈餘成長率飛快的高本益比公司，其績效最終會超過每股盈餘成長率較低的低本益比公司，即使前者在中間某段期間的估值降評也一樣。倘若你可以在一間成長率為 15%，本益比為 15 的公司，以及另一間成長率為 30%，本益比為 30 的公司二選一，投資人應該總是要選後者，尤其是那些相當有可能維持長期成長的公司。

身為投資人，我們一直在試著找出「新興護城河」，這麼一來我們不但受惠於該公司頭幾年的高成長，還能夠從後續的估值升評得利。獲利率較低，營運資本密集的企業對企業（B2B）公司，轉型為獲利率較高，交易條件較佳的企業對顧客（B2C）公司，就是一個不錯的例子。即使我們錯過了最初的高成長階段，不過只要能夠在中間階段發現這些新興護城河公司，假以時日還是能夠創造出許多財富。

偉大公司是那些需要把盈餘大筆再投入以求成長，並且能夠以增額投入資本產生合理報酬的公司。許多公司都屬於這種「投入賺更多」的類別。

可怕公司則是賺的錢低於資本成本，縱使成長需要投入大筆增額資本，卻還要努力追求高成長，從而摧毀價值。這些公司通常是高資本密集，很容易受到迅速的技術過時波及；它們從來無法創造出任何真正的經濟利潤，因為它們是「紅皇后效應」（Red Queen Effect）的受害者，不斷投入愈來愈多的資本，只為了跟上競爭，維持住同樣的起始位置；若是停止投資新科技，就會灰飛煙滅。（負債、競爭激烈，加上高資本密集，就是致命方程式。）巴菲特對這種公司描述得最好：「世界上最糟糕的公司，就是大家都在不斷成長，你只是為了要撐著不退場，就不得不跟著一起成長，被迫以非常低的報酬率再投入資本。有時候人們身處在這些公司中卻不自知。」[8]

結果這些公司的經營團隊，在淪為被巴菲特稱為「制度性強制力」的受害者之後，往往只能無腦地模仿競爭對手的行為。他們沒有察覺到自己一直在往下的電扶梯上頭試著往上跑，而電扶梯已經加速到人往上跑也只能停留在原地了。他們被產業的迅速成長率所蒙蔽，未能留意到葛拉漢的警告：「一間公司具有實質成長的明顯前景，並不見得能夠轉化為投資人的明顯獲利。」[9]

巴菲特從他老師那兒，非常扎實地學到這個寶貴的見解。他在 1999 年接受《財星》訪問時表示：「投資的關鍵並不在於評估某產業對於社會將造成多少影響，或是該產業會有多少成長，而是要判斷任何一間公司的競爭優勢，以及最要緊的，那份優勢能夠維持多久。」[10]下次有分析師或是所謂的市場專家，把任何產業的疾速成長率當成投資該產業股票的理由時，你可得當心了。在其他條件不變之下，擁有較高的 ROIC 總是一件好事，但成長可就不見得了。投資完全在於個別股票及其經濟特質，你若想要參與某產業的高成長率，但那個產業的獲利性不佳，那就間接透過另一個具有較佳經濟特性，競爭較低的附屬產業進行投資（倘若那是間獨占公司，是主要產業所有公司唯一的供應商，那就再好也不過了）。比方說印度的規畫式行李箱產業（競爭程度中等），就可以用來代為賺取航空公司（競爭極度激烈）運載量高度成長所獲得的利潤。

巴菲特在 2007 年的股東信中，用一個很棒的類比為這段討論作出總結：「總結來說，你可以用三種『存款帳戶』來思考。偉大帳戶會給你非常高的利率，而且過幾年利率還會再提高。好帳戶會給你有吸引力的利率，後來加存的存款也能賺到同樣的利息。最後是可怕帳戶，不但利率不夠高，而且還要你一直補錢進去，去賺那些令人失望的報酬。」[11]

我們喜歡淹沒在現金裡的公司。營建設備是另一種不同類型公司的範

例：你辛辛苦苦工作了一整年，結果利潤就這麼停放在院子裡。我們避免投資像那樣的公司。我們喜歡的是那些在年末會寫張支票給我們的公司。

—— 查理‧蒙格

　　要記得巴菲特對於「哪種公司最值得擁有」的定義。我喜愛蒙格談到的那種公司，每年都會從業主盈餘裡撥錢出來，寫張支票給我。然而理想中我在尋找的，是內部有具有吸引力的再投資機會，因而放棄寄支票給我的公司。換句話說，我喜歡不但能夠以投入資本產生高報酬，並且還能一直把盈餘的一大部分再投資，以獲得類似高報酬的公司。這是長期價值投資的聖杯，到了這個份上，這間公司才真正發揮到內部複利之力。這是兩個因素造成的結果：增額投入資本報酬，以及再投資率。這股複利之力假以時日，終能創造出巨大的價值。

　　艾德加‧羅倫斯‧史密斯（Edgar Lawrence Smith）在幾乎一個世紀前，就發現了這個現象，後來凱因斯在 1925 年 5 月，評論史密斯的著作《長期投資獲利金律》（*Common Stocks as Long Term Investments*），讓主流投資社群注意到這件事。凱因斯說道：「這也許是史密斯先生最重要的論點……也絕對是他最新奇的論點。經營良好的產業公司照此規則，**不會**把它們所賺利潤全額派發給股東。它們在營運順遂的年頭（如果不是每年都這樣的話），會把部分利潤保留下來，投回到公司裡，因此這裡頭會有**複利**因素在運作，對於健全的產業投資有利。」12

　　這裡有兩大觀念：利潤再投資，以及複利。一般來說，「複利機器」享有適得其所或某種持久競爭優勢的好處，使它們得以長時間達到高資本報酬。投資於這些再投資護城河的關鍵，在於相信它們具有長遠的成長前景，以及能夠產生那些高報酬的競爭優勢，會隨著時間維持下去或甚而強化。我

在尋找具有高 ROIC 的公司時，我真正在看的是增額投入資本報酬率（ROIIC），也就是一間公司以增額投資，假以時日所能產生的報酬。一間公司內在價值的成長，取決於它以增額投入資本能夠賺到的報酬而定；至於成長是好是壞，則得看 ROIIC 而定。對於 ROIIC 以及資本成本差距很大的公司而言，高成長是好事，能夠增加許多價值；其他條件不變之下，對於這種公司來說，成長較為快速可直接轉化為較高的本益比。高 ROIIC 公司的價值，對於人們認為它們的成長率變化極為敏感。

投資人會把 ROIIC 跟 ROCE（運用資本報酬率）混為一談。ROIIC 減掉資本成本的差額，可驅動價值創造。特許經營權已然確立，成長機會很低或根本沒有的老牌護城河公司，即使它們的 ROIC 很高，但你若在今天買進它們的股票並持有十年，那不太可能達到優異的報酬。在這種情況下，該公司的高 ROIC 反映的是先前投入的資本報酬，而不是增額投入資本報酬。換句話說，今日財報上就算有 20% 的 ROIC，倘若再也沒有把利潤再投入以獲得 20% 的 ROIC 的投資機會，那麼對於投資人來說，這 20% 的 ROIC 就沒有太大的價值。股息殖利率很不錯的成熟老牌護城河公司，或許可以保存投資人的資本，但它們以複利累積財富的能力不佳。

我喜歡內在價值會隨著時間成長的公司。這種成長不僅會讓我們在估值上獲得安全邊際，也可以在價格與內在價值差距獲得安全邊際，這會隨著公司價值持續成長而愈差愈大。倘若 A 公司跟 B 公司的當期 ROIC 都是 20%，不過 A 公司可以獲得 20% 報酬率的投資額，是 B 公司的兩倍，那麼 A 公司假以時日可為業主創造的價值，會遠超過 B 公司。這兩間公司看上去都會產生 20% 的 ROIC，但 A 公司卻明顯優於 B 公司，因為 A 公司可以對較高比例的盈餘進行再投資，因此假以時日就能創造出多得多的內在價值。你持有 A 公司的時間愈長，A 公司與 B 公司投資結果的差距就會變得愈大。

這個關鍵事實再怎麼強調也不為過：雖然估值在短期內比較重要，但長期來說（至少七到十年），高品質加上成長則是重要得多。你持有股票的時間愈長，該公司的品質就愈是要緊，你的長期報酬幾乎總是會趨近於該公司的內部複利積累結果。投資正確的公司，遠比擔心你是否付出當期盈餘 10 倍、20 倍、抑或甚至 30 倍的本益比，來得重要多了。許多平庸公司能夠以不到 10 倍的本益比買到，但是長期持有它們也只能獲得平庸的投資結果。高品質公司的內在價值會與日俱增，從而在股價停滯時增加安全邊際，這為投資人創造出令人舒服的反脆弱狀況。相反地，倘若一間公司的內在價值在萎縮，那麼時間就是你的敵人，你必須盡快把它賣出，因為持有愈久，它的價值就愈低。

時間是好公司的朋友，卻是平庸公司的敵人。

——華倫・巴菲特

在低價的甜美被遺忘之後，品質不佳的苦澀卻會持久不散。

——班傑明・葛拉漢

最棒的股票在大多數投資人眼中，總是價格過高。

——傑洛德・羅布

有個驚人的異象是，這些無與倫比的護城河再投資機會，經常是藏匿在眾目睽睽之下。大多數投資人瞥了一眼就避之唯恐不及，提到它們昂貴的當期估值，卻忽略了它們長期的內在複利積累之力。選擇正確公司背後的數學原理相當有力。

我們來考量兩筆投資案，觀察它們經過十年歲月之後，哪一筆會產生較

佳的結果（表 22.1）。第一間「再投資公司」因其強大的再投資護城河，能夠以高報酬率投入所有保留盈餘；市場當然知道這種可能性，因此進場價格相當高，本益比達到 20，大多數的深度價值投資人對其嗤之以鼻。相對地，「低估值公司」是典型的葛拉漢雪茄屁股，也就是一間股息殖利率不錯，只以 10 倍本益比出售的穩定公司。假設這兩間公司假以時日，其估值都會跟市場一樣，是 15 倍的本益比。

表 22.1　投資結果比較

	再投資公司	低估值公司
當期獲利能力	$100	$100
初始本益比	20X	10X
當期估值	$2,000	$1,000
再投資盈餘百分比	100%	50%
保留盈餘報酬率	25%	10%
累積股息 *	$0	$629
第 10 年獲利能力	$931	$163
第 10 年本益比	15X	15X
第 10 年估值	$13,970	$2,443
總 IRR**	21.5%	13.6%
原始投資倍數	7.0X	3.0X

注：IRR= 內在報酬率
* 假設全部沒有再投資的盈餘，都當成股息派發。
**IRR 加上稅率因素之後，只會進一步擴大再投資公司的優勢。
圖表出處：Saber Capital Management.

這是投資最微妙，也最為人所誤解的層面：**倘若有利可圖的再投資真的能夠發揮作用，公允價格可能遠比你認為的要高得多。**

——湯姆・蓋納（Tom Gayner）

最重要的是……不要買進過於強調股息派發，以至於侷限其成長實現的公司。

——菲利普・費雪

公司把股權資本當成黃金時，就算是那些內部複利成長有限的投資機會，也能夠透過有紀律的資本配置，創造出顯著的股東價值。倘若多出來的自由現金流無法再投資，那就去找尋能夠產生股息，或是促使價值增生的股票買回與收購的健全資本配置機會。特勵達科技（Teledyne Technologies）的亨利・辛格頓（Henry Singleton）堪稱資本配置者的典範，當他公司的股票以本益比 40 到 50 的昂貴價格在市場交易時，他會發行股份收購比較便宜的公司；而當他的股票本益比低到個位數時，他就會回購股票。在股份以高昂的估值在市場交易時，以很低的稀釋度提高股權，是很聰明的資本配置。

公司能否創造顯著股東價值，其規模的絕對大小並沒有影響，獲利性才有影響。公司可以藉由高獲利率達到高報酬，資本運用效率才是關鍵。獲利率還不錯的公司，則可以藉由高資產與存貨周轉率，達到具有吸引力的報酬。在這兩種情況下，最終的關鍵都是在於每股內在價值是否有成長。市值變化長期而言，會趨近於企業內在價值變化，加上資本配置決策所增加的任何價值。

用業主盈餘除以投入資本，就能算出 ROIC。投入資本等於營運資本（扣除多餘現金）加上淨不動產、廠房與設備。某些可創造價值的長期支出，並不一定會被歸類於資本投資，而是在損益表上列為費用，比方說廣告

費用或研發（R&D）成本。若要算得很準確，你就必須要知道哪部分的廣告是維持當前獲利能力所必須（跟維持性資本支出類似），超過那個數字的部分，就相當於成長性資本支出，應當納入運用資本。研發也可以用同樣的方式來思考。

投資有藝術的成分，也有科學的成分，不過就長期而言，投資於能夠以增額投入資本賺取高報酬的公司，可以大幅提升達到高於平均報酬的或然率。找到一間能夠為你代勞所有苦差事，讓你能夠被動地坐等價值複利積累的公司，再好也不過了。這些公司讓長期投資人得以隨著公司前景改善以及經營優越，享受向上攤平的喜悅，這就好比發紅利給你績效最好的員工，獎勵他表現超出預期一樣，畢竟被我們投資的這些公司的創辦人，日以繼夜地努力工作，為我們創造財富。我有一個至高無上的簡單信念，讓我非常樂於向上攤平我所擁有的偉大公司。在接下來數十年內，印度的 GDP 將會增加數兆美元，假設市值與 GDP 比率（亦稱為「巴菲特指標」）會逐漸接近100%，那麼國內經營最好、證明營運能夠擴大規模的公司，將會攫取印度股市這股即將來臨、創造財富榮景的一大部分。

當你在尋找具有護城河的公司時，那些具有可持續的高股東權益報酬率（槓桿程度不高），或是高資本報酬歷史的公司，是個不錯的起始點。請注意我說的是起始點，不是終點。最終決定投資報酬的，是一間公司的報酬比率、獲利率、資產負債表，以及營運資本情況的未來軌跡，不是這些數字或比率當前的絕對值。〔韋恩・格雷茨基（Wayne Gretzky）的名言，用在這裡很貼切：「我是滑到冰球會到的地方，而不是冰球先前的位置。」〕

你也許想問：要怎麼判斷過去有吸引力的報酬，未來也能夠持續下去？巴菲特在 1987 年的股東信中，分享了他對於能一路堅持下去的公司的見解：

位列《財星》榜上名列前茅的公司，會在兩方面讓你大吃一驚。首先，與它們付利息的能力相較之下，它們大多只運用非常少的槓桿，真正優秀的公司通常不需要去借錢。再者，除了一間「高科技」公司，以及其他幾間製造處方藥的公司以外，其他公司的業務總體來說，似乎都很平凡無奇。它們大多在銷售不具魅力的產品或服務，銷售方式跟十年前相差無幾（雖然現在銷售量比較大，或是價格比較高，也可能兩者皆是）。這二十五家公司的過往紀錄證實，**把一門已經很強健的特許生意做到最好，或是專注於單一項勝出的業務主題，通常就能夠產生卓越的經濟效益**。[13]

投資於高品質的複利公司，比起投資「就統計而言很便宜」的證券，犯錯的比例應該會比較低（也就是永久性資本虧損較低）。這並不表示前者表現一定會比後者好，因為勝率較高並不一定意味著報酬較高。不過倘若你想要減少「非受迫性失誤」或是投資虧損，把重點放在高品質公司會更有益。身為投資人，當你投資於高品質的複利製造機時，感覺著實愉悅美好。巴菲特如此建議：

身為投資人，你的目標應該就是單純地以合理價格，買進一間業務容易理解，其盈餘幾乎可以確定會在距今五年後、十年後，以及二十年後，大幅增加的公司部分所有權。隨著時間過去，你會發現只有少數公司符合這些標準，因此當你看到一間合格的公司時，就該買進有意義的股數……湊出一個各公司總合盈餘會隨著時間往上增長的投資組合，投資組合的市值也就會跟著增長。[14]

我在幾年前在瀏覽網路時，偶然間看到了一張股票報酬範例表（表22.2），那是讓我終於理解到巴菲特的見解，其真正力量的覺醒時刻。它引

表 22.2　2008 年與 2013 年的股票報酬比較

股票／指數	2008 年 1 月 當期市場價格	2013 年 1 月 當期市場價格	報酬率
BSE SENSEX	21,000	19,650	−6%
Hawkins	230	2,350	922%
ITC	110	287	161%
Titan Industries	77	281	265%
HDFC Bank	340	684	101%
Reliance Communications	780	73	−91%
Reliance Capital	2,800	495	−82%
DLF	1,080	225	−79%
HDIL	900	106	−88%
GMR Infra	125	20	−84%

圖表出處：Indianwallstreet (blog), https://indianwallstreet.wordpress.com/2013/01/02/sensex-at-21000-in-2013-making-sense-of-the-sensex/.

發出一種撥雲見日，有如啟蒙般的澄澈感，大概跟讓阿基米德從浴缸裡跳出來，大喊「優里卡！」（Eureka，意思是「我找到了！」）的感覺差不多。

　　想像一下你把 2 萬塊投資在 Hawkins、ITC、Titan、HDFC Bank 這些偉大公司，五年後增值了幾乎 5 倍，漲到 10 萬塊錢；你若把同樣一筆錢投資在 Reliance Communications、Reliance Capical、DLF、HDIL、GMR Infra 等等可怕公司，則會遭到殘酷的毀滅，五年後僅僅剩下 3,000 塊錢。

　　這讓我得到在投資之旅當中，最重大的發現之一：即使是從前一次牛市巔峰算起，直到接下來熊市快要結束時，偉大公司依然可以創造出許多財富。若想要大大地創造財富，投資人只需要在股市陷入亂流時，有紀律地持有這些公司，並且堅持下去即可。流動性與情緒化會在短期內驅動市場指數，然而個別公司的盈餘才是長期的股價驅動力。偉大公司會在橫跨市場週

期的長期持有期間，創造出巨大財富，即使在這中間出現高通膨、利率上升、地緣政治緊張、總體經濟資料疲弱、政治不確定性等等負面新聞亦然。可怕公司最終會摧毀財富，無論新聞是好是壞皆然。

舉個例子，道瓊工業平均指數在 1964 年 12 月 31 日是 874.12 點，在 1981 年 12 月 31 日則是 875.00 點，這漫長的十七年間幾乎沒有任何變動。然而巴菲特在這段期間，以超過 20% 的 CAGR，複利積累他的資本。投資是要找出具有高品質盈餘成長以及資本配置的偉大公司，並且只要它們依然展現出這些特質，就牢牢地繼續持有。當你投資於這種公司，最重要的是堅持下去，股市如何波動就長期來說，並不是真正要緊的事。

串在一起：ROIC、競爭優勢，以及資本配置

> 嚴格地評估競爭優勢的持久性，以及資本配置會對股東價值造成什麼影響，就能夠創造出在挑選長期持有的股票時，與眾不同的覺察力。
>
> ——派特・多爾西（Pat Dorsey）

把這一章提到的幾個關鍵見解結合起來，我們就得到投資的涅槃：長期持有具有競爭優勢和顯著再投資潛力，並由優秀的資本配置者以及對股東友善的團隊負責經營的公司。

競爭優勢

價值創造的指導原則，就是公司運用從投資人那裡取得的資本，以超過

資本成本（投資人要求給付）的報酬率製造未來現金流，從而創造價值。公司增加收入，並且以具有吸引力的報酬率，投入更多資本的速度愈快，就能創造出愈多價值。**成長加上相對於資本成本的投入資本報酬率（ROIC），就是驅動價值的推手。公司只有在具有明確的競爭優勢之下，才能夠維持強健的成長以及高投入資本報酬率，這就是競爭優勢這項企業策略的核心概念，與價值創造的指導原則有關聯的原因所在。**這項指導原則可推出一個稱為價值保存的必然結論：任何無法增加現金流的事物，就無法創造價值。

——提摩西‧柯勒（Timothy Koller）

能夠產生高資本報酬率的公司，一般來說是以下列兩種方式之一做到這點：賺到優於平均值的獲利率，或是迅速週轉其資本。這基本上就是杜邦分析（DuPont analysis）的核心：投入資本報酬率＝業主盈餘 ÷ 銷售額 × 銷售額 ÷ 投入資本。

公司藉由消費面的優勢（高獲利率）或是生產面的優勢（高資本週轉率），達到高資本報酬率。公司規模愈小，競爭優勢就愈難以從業主或創辦人身上分離出來獨立運作。（對小公司來說，「創辦人創業精神」是影響本益比最大的因素。公司歷史愈短，投資過程的藝術成分就愈高，科學成分則愈低。）

資本主義是很殘酷的。超額報酬會吸引競爭，只有少數罕見的公司能夠創造出結構性的競爭優勢或經濟護城河，從而長年享有超額報酬。

長期的超額報酬會提升公司價值。競爭優勢的來源有很多，包括品牌、專利、執照等等無形資產，還有轉換成本、網路效應，以及低成本優勢等等。

無形資產

有些品牌無所不在且廣受信賴。想想百威（Budweiser）、汰漬（Tide），以及美極（Maggi），這些品牌降低了顧客的搜尋成本，又提供了心理優勢，透過聯想跟巴夫洛夫制約，把潛在顧客從緩慢、論理、深思熟慮的系統二思維，轉換成快速、自動化、直覺反射性的系統一思維。有些品牌創造地位價值（像是勞力士或勞斯萊斯），有些品牌則是可給予權威性〔像是尼爾森控股（Nielsen Holdings）或高德納公司（Gartner）〕。

雖然地位性跟權威性品牌是根據強健的社會共識建立起來的，然而那些只能夠靠傳統的上架空間陳列優勢，降低顧客搜尋成本的現售品牌，就非常容易受到破壞性網路新創公司的威脅。像是一元刮鬍刀俱樂部（Dollar Shave Club）或是精釀啤酒公司（Craft Beer Co.）之類的挑戰者品牌，不需要社會共識產生變化，就能為新使用者提供高價值（它們跳過中盤商，也省下一般的零售端漲價。）此外，它們使用社群媒體平台，大幅減少接觸到大眾市場的成本，因此規模化的速度快得多，獲得新顧客的成本也更為低廉。除了這些新創公司以外，亞馬遜一直都是個威脅。就如同貝佐斯著名的妙語：「你的獲利就是我的機會。」

有些公司（比方說蘋果）只提供一種遠比競爭者優秀的產品或服務，有些公司則提供品質跟競爭者差不多的產品或服務，但是說故事的本事就是比別人好〔比方說蒂芙妮（Tiffany & Co.）〕。主要靠故事在做行銷的公司，很容易因為消費者行為轉變而受創。（最要命的替代品是不但價格較低，而且至少具有一個比較優秀的特質。）品牌化在歷史上有幾個關鍵目的：保證產品品質有達到最低標準，並且讓人們能夠在社交情境下表現其身分。品牌在資訊稀缺的環境下會蓬勃發展，在這種情況下，顧客與公司之間形成了一種不對稱的關係，然而這股趨勢很明顯地已經走到了盡頭。品牌必須要真實不

虛，因為如今在公司與大眾之間，已經剩沒幾層面紗了。在今天這個資訊時代，一切都是隨時公開的，在這個高度相連、資訊通達的世界裡，對顧客的價值是分析一間公司最需要考量的因素。

專利是另一種無形資產。專利會造就合法的獨占公司（就創新公司而言是這樣），有一籃子的專利比過度倚賴單一專利來得好。有些區域性或全國性的獨占公司，具有一種類似收費道路，顧客很難避開不用的產品。（巴菲特經常用一種比喻的方式，談到他對於收費道路的熱愛，比方說在鎮上只有一家報社的那家報紙。）同樣的道理，執照以及管制許可透過管制命令，造就合法的寡占地位（就如同信評機構的情況一樣）。

轉換成本

轉換成本有很多種形式，可能是明擺著的（金錢與時間），或是心理上的（源自於深植人心的損失規避或維持現狀偏誤）。這些成本在於關鍵性產品〔比方說甲骨文公司（Oracle）的 SAP 軟體〕與顧客業務流程密切整合，若是更換供應商會天下大亂且成本高昂，或是產品具有高效益成本比（比方說穆迪的信評服務）。

網路效應

網路效應優勢源自於提供的產品或服務，其價值會隨著使用者數目擴張而提升，比方說 Airbnb、Visa、優步，或是印度國家證交所等等。只要它們不濫用訂價能力，使用者體驗也沒有變差，這就會形成強大的護城河。要創

造出一個類似拍賣或市集業務的雙邊網路，需要買賣雙方參與，而且只有在一方認為另一方也會出現時，他們才會出現。一旦這個網路建構起來，隨著雙方面都有愈來愈多參與者使用，網路就會變得愈來愈強健：有愈多買家出現，就可吸引愈多賣家前來，而這會吸引更多買家加入。一旦這個強大的反饋迴路就位，就幾乎不可能說服買家或賣家離開這裡，轉而加入新平台。這種生意在成長並展現出基礎動能加速時，其實會變得更為強健。Airbnb 強健的雙邊網路，就是一個能夠從正面反饋迴路大大獲益的經營模式範例（圖22.1）。

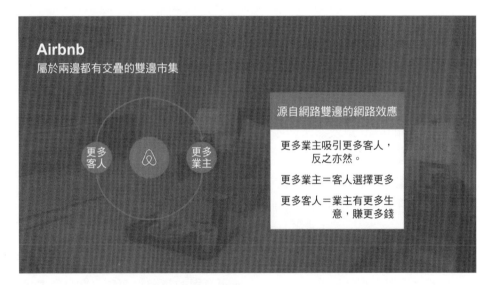

圖 22.1　Airbnb 享有的強健網路效應

圖表出處：”Airbnb TWOS: Network Effects,” SlideShare, March 7, 2016, https://www.slideshare.net/a16z/network-effects-59206938/34-AirbnbT_W_O_S_I.

低成本優勢

低成本優勢源自於各種來源，包括執行業務過程、規模、適得其所，以及相互關聯性。

- **執行業務過程：**一間公司創造出更廉價的提供產品方式，而且無法被輕易複製，就能產生優勢。印地紡（Inditex）、蓋可保險與西南航空（Southwest Airlines），都是很好的例子。
- **規模：**一間公司把固定成本分散到很大的基數上，就能產生優勢。以好市多（Costco）和內布拉斯加家具商城為例，它們在市場上的相對規模，比它們個別的絕對規模更為重要。
- **適得其所：**一間公司以相對於整體可得市場來說，具有足以主導該產業的高額最小有效規模，就能產生優勢。西屋制動公司（Wabtec Corporation）以及斯派瑞莎克工程公司（Spirax-Sarco Engineering）就是如此。
- **既有業務內容與新方案具有相互關聯性：**一間公司的產品線或業務內容彼此相關，並且能夠互補有無，就能產生優勢（比方說赫斯特生物科技便是如此）。馬克爾公司（Markel Corporation）的薩拉赫·馬丹把這稱為「章魚模型。」[15]菲利普·費雪過去曾經談到這種競爭優勢來源：「投注相當程度資源，改良或研究與既有業務範疇之間具有某種程度關聯性產品的公司，投資人通常能夠從中獲得最佳報酬。」[16]

低成本廠商因為顧客量大，就算用比競爭對手更低的獲利率銷售產品或服務，仍然有利可圖。直接把汽車保險賣給美國人的蓋可保險，是一個很好的低成本廠商範例。蓋可保險具有業界最低的營運成本，主要是因為它不僱

用保險業務員，而是直接賣保險給顧客。巴菲特經常談到蓋可保險相對於其競爭者的成本優勢，是強大的護城河：「其他人也許可以仿效我們的模式，但他們無法複製我們的經濟結構。」[17]有愈多顧客跟低成本廠商購買，其成本優勢護城河就會隨著時間更加拓寬，創造出一個會跟著業務成長加速的「飛輪」。

企業文化護城河

我們已經探討過傳統的競爭優勢來源，不過還有一個不怎麼受人重視，但是可持續且難以複製的競爭優勢來源，那就是企業文化。諸如波克夏海瑟威、亞馬遜、好市多、基威特公司（Kiewit Corporation）、星座軟體（Constellation Software），以及馬克爾公司等等，都是企業文化的最佳典範。

為了說明組織文化具有多麼關鍵的重要性，試想：巴菲特從 1957 年到 1969 年，在股東信中連一次也沒有提過「文化」這個詞；但是從 1970 年到 2017 年，他提到這個詞三十次以上。具有強健文化的公司，會著重於提供很棒的顧客價值提案，還有比競爭者更有效率地與顧客溝通。為了提供強大的價值提案，廠商應該詢問顧客他們想要達成什麼需求，以及他們如何衡量成敗。（然而還是有太多廠商詢問顧客他們想要什麼。顧客可不是提供答案的專家。）

身為投資人，我們在尋找那些瘋狂執著於顧客福祉，比競爭者更能夠對顧客感同身受的公司。企業文化對於長期投資人來說很重要，因為這讓公司員工在執行日復一日的工作時，表現得比競爭公司員工稍微好一點；這些小小的優勢日積月累，就會變成較大的優勢，這可以持續得比傳統智慧預期的

長久得多。

「什麼東西可以拓寬公司護城河？」這個問題的答案應當要始終驅動著經營團隊的策略。對亞馬遜來說，答案是改善顧客體驗。對好市多與內布拉斯加家具商城來說，答案是共享規模經濟。對優步來說，答案是增加訓練有素駕駛的車輛數目。對臉書來說，答案是提升使用者黏著度。

投資一直在拓寬護城河的公司，隨著時間過去，這些公司總是會變得比我們起初進行估值時便宜得多。

絕對市場份額高〔想想通用汽車（General Motors）〕並不是護城河。很棒的科技產品（例如 GoPro）卻無法鎖定顧客，也不是護城河，因為商品化跟競爭干擾無可避免。熱門產品〔比方說卡駱馳（Crocs）鞋〕可以在短時間內創造高報酬，但是可持續的超額報酬才能形成護城河。在評估任何公司的護城河時，只要自問聰明又手握無限銀彈的競爭者，能夠多快加以複製就得了。倘若競爭者就算知道你的成功祕訣也無法仿效，那你就擁有強大的護城河。

> 我在評估一間公司時，總是會自問的一個問題是：假設我擁有豐厚的資本跟熟練的員工，能夠與之競爭，我還會有多喜愛這間公司。
>
> ——華倫・巴菲特

資本配置

資本配置是公司內在價值與股東價值之間的橋樑。倘若一間公司具有高報酬的內部投資機會，就應該大筆進行再投資，然而成熟公司儘管其資本報酬率很低或是在衰退，卻往往還是繼續投資。（公司跟人一樣，老化很難熬

啊。）這些公司應該透過股息或股票回購的方式，把資本返還給投資人。股息之所以重要，不只是因為這是運用閒置現金的明顯理由，也是因為這展現出一種紀律：一間公司若要發放股息，就必須要有真正的獲利。要記得，倘若股息的資金來源不佳（有時候只因為股東預期要收到股息，經營團隊就舉債來發股息），或是以淨現值很高的投資計畫作為代價，因此造成很大的機會成本，那麼有股息就不一定是件好事。

股份回購應當總是出於對內在價值的客觀評估，但很多時候卻是為了抵銷股票選擇權的稀釋效應，或是對於財報上的每股盈餘**進行管理**。請注意股票回購不會創造價值，這只是讓財富在股東之間進行重分配而已。股票回購若是在市值高於內在價值時執行，就會把財富從既存股東手中轉移到前任股東手上，反之亦然。

喜歡構建帝國的經營團隊，經常會透過奢侈的合併與收購案（M&A）摧毀價值。一定要檢查經營團隊薪資的計算因子，是否包括以總營收來衡量的公司規模，卻沒有提到獲利性。如果經營者會因為資本配置不當而獲得優渥薪酬，他們就會這樣做。激勵誘因很重要。

> 告訴你一個祕密：做交易大勝工作。做交易既刺激又有趣，工作有夠可鄙的。不管經營什麼，主要都是得做一大堆可鄙的細節工作，幾乎沒什麼刺激感，所以做交易既浪漫又性感。那就是為什麼你會看到一堆毫無道理可言的交易內容。
>
> ——彼得・杜拉克（Peter Drucker）

M&A 的簡單經驗法則如下：交易規模愈大，買家與併購標的的相似度愈低，這筆交易就愈有可能摧毀價值。在 1982 年的 M&A 熱潮期間，巴菲特就提到過這些交易有許多是「經營團隊的腎上腺素勝過理智，**追逐帶來的**

刺激感蒙蔽了他們，以至於看不到追到手之後的後果。」[18]大宗 M&A（經常被譽為「轉型」）的成功基本率很低。規模較小、業務範疇較為相似，將其納為旗下部門的收購案，成功基本率會比較高。一般來說，M&A 在經營團隊素有紀律嚴整、增長價值的收購歷史，並且能夠作為經營策略的核心要素時，就有比較高的機會能夠創造價值。這種類型的公司相當罕見，想想波克夏海瑟威、楓信金融控股（Fairfax Financial）、馬克爾公司，以及星座軟體等公司便知。

最重要的是，真正卓越的資本配置者，會以股東受託人的身分採取行動。做決策時，這些人會展現理性以及全然的情感抽離。

資本以擴大價值的方式進行配置時，股東可受惠於公司內在價值增加，以及價值增生的行動。價值會為股東以複利積累。〔威廉·索恩戴克（William Thorndike）的著作《非典型經營者的成功法則》（*The Outsiders*），非常漂亮地詳述了一些具有資本配置才華的著名經營團隊故事。[19]〕

偉大的資本配置者可以彌補欠缺競爭優勢的缺點（比方說巴菲特的紡織廠），偉大的競爭優勢也可以彌補資本配置不佳的問題，包括摧毀價值的 M&A（例如微軟）。

總結來說，量化資料通常已經納入訂價，不過質化見解的訂價比較沒那麼有效率。學校無法教授它們沒辦法打分數的東西，因此無法量化或容易評估的事物，就會成為適得其所的投資機會。在我看來，質化分析比量化分析更為重要，因為像是分析師報告之類的量化資料，往往是落後指標，等到你在財報上看到這些資料時，早就為時已晚。評估品質的時機，是在訂價行動開始之前，而不是之後。

對公司做出正確的質化判斷，包括其成功因素的長期持續性，這比長期持有的買進估值更為重要。在合理的範圍內，你承受得住為一間成長型高品質特許公司付出過高的價值。倘若你一定得犯錯，那就錯在估值上，但可別

錯在品質上。

　　以巴菲特針對量化投資與質化投資之爭的看法為本章作結，似乎還蠻貼切的：

　　非常有趣的是，雖然我認為自己主要是在量化班上唸書（我寫下這句話時，沒有人返校上課，我可能是班上剩下的最後一位學生吧），但我這些年曾經有過那些真正極佳的想法，卻相當偏重於我具有「高或然率見解」的質化面，這才是讓收銀機真正響起來的時候。然而，這種見解通常不會三天兩頭就冒出來，而且量化面當然也不需要任何見解，那些數字應該會像被球棒擊出一樣，往你的腦中飛來。**所以能夠做出質化決策的投資人，比較能夠真正賺到大錢，不過最起碼在我看來，做出顯而易見的量化決策，比較能夠穩穩地賺到錢。**[20]

23
市場大多時候很有效率，但並非絕對

在投資這一行裡，股市極容易讓人分神。

—— 約翰・伯格（John Bogle）

巴菲特在 1987 年的波克夏海瑟威年度股東信中，探討市場先生的概念：

在我看來，投資成功不是靠祕方、電腦程式、抑或由股票或市場的價格行為造成的快閃訊號。投資人之所以成功，是具備良好的商業判斷，並懂得把自己的思緒和行為，與市場上翻騰且極具感染力的情緒保持絕緣，兩者能力結合起來的結果。在我自己努力與這些情緒保持絕緣的過程中，我發現牢牢記著班（葛拉漢）的市場先生概念，相當有效。[1]

巴菲特提到「懂得把自己的思緒和行為，與市場上翻騰且極具感染力的情緒保持絕緣」時，他特別點出具有健全氣質的關鍵重要性。巴菲特談到成功投資的必備條件時，一直都把性情排在智慧上頭。

生活在俗世中，容易隨波逐流；自己獨處時，則容易照自己的意思過日子。但是偉大之人身處在群眾之中，依然能完美保持獨處自立的甜美。

—— 愛默生

別讓市場榮景沖昏了頭。別讓悲觀的市場氣氛揪住了心。心猿意馬遠比股價波動危險多了，保持客觀心態是投資成功的關鍵。要記得，市場擾動也許加速了，但是人類天性與投資人心理，幾百年來都沒有改變。俗話說：「別把過去拋諸腦後，哪天時運不濟時可能用得上。」無論是在市場極為恐慌，還是極度繁榮之時，都要當個熱忱學習人類行為史的學生。這方法可讓你在這些時候堅定不移，謹守拿破崙對於軍事天才的定義：「能夠在周遭一切都陷入瘋狂時，還能若無其事的人。」你這輩子身為投資人能夠有什麼成就，主要取決於你在偶爾會出現的極端市場行為期間如何自處。

葛拉漢說過：「對於真正的投資人來說，價格波動基本上只有一個顯著的意義：它們提供了在價格劇烈下跌時睿智地買進，以及在價格大幅增長時睿智地賣出的機會。其他時候倘若把股市給忘掉，多注意股息報酬以及公司的營運結果，他的投資結果會更好。」[2] 你要反覆閱讀並細細反思葛拉漢歷久不衰的智慧之語。你若能夠在投資生涯中遵從這些話語，就必然會成功。這也是巴菲特分享如何在股市裡變有錢的祕訣時，他提到的建議：「我要告訴你如何變有錢：把門關起來，**在他人貪婪時感到恐懼，在他人恐懼時感到貪婪。**」[3]

市場先生的心情擺盪，會影響市場所有層面

對於小型公司來說，有一種重要的矛盾現象存在：它們較少經過徹底研究，但其實相對容易研究。跟大型公司相比，小型公司的帳戶比較簡單，經營團隊更容易接觸得到，業務環節數目很少。市場經常會對小型股公司訂價錯誤，因為它們相對比較缺乏流動性，而且往往被大戶忽略。

談到藍籌股（又稱績優股）時，許多投資人都有一種普遍的偏誤，讓我

想起姬蒂・吉諾維斯（Kitty Genovese）謀殺案中看到的「旁觀者效應」。（所有目睹這場犯罪的人都沒有報警，因為他們全都以為有人已經報警了。）許多投資人避免研究那些廣被追蹤的大型股，因為他們假設其他每個人都在追蹤了。這些投資人認為這種股票一定已經被完整訂價，欠缺具有價格優勢的可能性。

然而驚人的現實是，永遠存在的貪婪與恐懼特質，會讓人著重於短期思維並欠缺耐性，而市場參與者想要立即享樂的內在欲求，經常導致就算是大型藍籌股的股價，也會暫時大幅偏離其潛在的內在價值（表 23.1）。

表 23.1　2019 年 10 月 11 日的標普 500 指數前 10 大公司

公司	股票代號	目前市值（10 億）	52 週低價	52 週高價	變動率（高價／低價）	市值變化（10 億）
蘋果	AAPL	$1,052	142	235	65.5%	$420
微軟	MSFT	$1,048	94	142	51.1%	$366
亞馬遜	AMZN	$844	1307	2036	55.8%	$361
谷歌	GOOG	$823	970	1289	32.9%	$221
臉書	FB	$511	123	209	69.9%	$245
波克夏海瑟威	BRK-B	$510	186	224	20.4%	$93
Visa	V	$373	122	187	53.3%	$146
摩根大通	JPM	$371	91	120	31.9%	$93
嬌生	JNJ	$342	121	149	23.1%	$74
沃爾瑪	WMT	$335	86	120	39.5%	$97
平均變動率（高價／低價）					44.3%	
平均市值變化（10 億美元）						$212

圖表出處：John Huber of Saber Capital Management.

看看這些數字，值得注意的是即使在這段期間大多數時候，市場波動性已經是史上最低，然而這十間地球上規模最大、最被廣為追蹤的巨型股，其52週高價與低價之間，還是有平均45%的落差。

買低賣高永遠是個好策略，而市場先生會不斷提供我們許多這樣做的機會，即使是持久不墜、地位確立、廣被追蹤的公司也不例外。彼得‧林區把這些公司叫做「大笨象型」，它們是沒有太多高成長潛力的大公司，不過你偶爾可以用折扣價買進這種公司，並且在回升30%到50%之後賣出；這主要源自於估值乘數回歸平均數所致，而不是公司價值增加。永遠要記得：股價每天都會隨機波動，有時候會激烈地上漲或下跌，但公司價值的變化卻很緩慢，在這裡頭就有很大的獲利機會。把重點放在移動的東西上頭，是我們演化直覺的一部分，這解釋了為何市場參與者比較著重於老是在上上下下的股價，而不是變化非常慢的公司價值。

如何在各種時間點思考市場狀況

牛市一般始於廉價的流動性加油添醋，而通常會在利率遽升時結束。利率對於估值有多麼顯著的影響，巴菲特曾經跟我們分享過以下的重要見解：

利率在經濟學中扮演的角色，跟重力在物理學世界的角色很像。任何時候在世界上任何一個地方的任何一個市場，利率只要有一丁點的細微變化，就會改變每一項金融資產的價值。你可以在債券的價格波動上清楚地看到這點，但這條規則也適用於農地、石油儲備、股票，以及每一樣其他的金融資產。這個效應對於價值的影響，可能會相當巨大。[4]

投資人從任何一種投資中需要得到的報酬率，與他們能夠從政府證券賺

到的無風險利率有直接相關。倘若政府利率上升，所有其他投資的價格就必須向下調整，直到它們的預期報酬率能夠跟上為止……

無論是股票、不動產、農場，或是任何其他東西都一樣，其他非常重要的變數幾乎也都在發揮作用，這意味著利率變化所產生的效應，通常會顯得模糊不清。儘管如此，這效應就跟看不見的重力拉力一樣，一直都在發揮作用。

在 1964 年到 1981 年這段期間，長期政府債券利率大幅上升，從 1964 年底剛超過 4%，到 1981 年底已超過 15%。如此的利率上升對於所有的投資價值，產生巨大的抑制效應，不過我們會注意到的當然是股價。因此在利率的重力拉力翻了三倍的情況下，大致上就能夠解釋為何經濟大幅成長，卻伴隨著股市停滯的現象。[5]

巴菲特提醒我們，一定要以恰當的脈絡評估資料：「股價很高，看起來真的很高，但其實沒有看上去那麼高。」[6] 舉例來說，美國股市在 1921 年的本益比（P/E）很高，不過應該不用擔心，因為當時企業利潤相當受到壓抑，而且正處於景氣循環的低點。1929 年略低一點但還是很高的本益比，才是你應該要擔心的情況，因為這時獲利率以及盈餘已經達到高峰。

倘若在過去的金融危機故事裡，有什麼主題反覆出現的話，那就是市場流動性突然性地抽回。史丹利·卓肯米勒在 1988 年接受《巴倫周刊》訪談時，指出流動性對於牛市的關鍵重要性：

流動性是我們主要在關注的事情，這是指經濟概貌的結合。放眼這個世紀的偉大牛市，跟許多財經媒體聲稱的相反，股價上升的最佳環境其實是聯準會一直試著要促成，非常乏味且步調緩慢的經濟體。[7]

投資人通常會因為熊市的緊張氛圍而加倍努力，在牛市時則比較容易變得志得意滿。你應該要反過來，夢想要大，風險要控管，在牛市時加倍努力，以便早日達到財務獨立。當你幸運地碰上牛市時，要確保它對你的人生造成很大的改變，善加利用牛市來賺錢。你也要懂得善加利用熊市來學習。

到了這個點上，你大概想問：「那我們要怎麼樣辨識牛市？」

約翰·坦伯頓（John Templeton）是這樣描述牛市的：「牛市生於悲觀，長於懷疑，成於樂觀，死於狂喜。」[8]

霍華·馬克斯如此定義牛市三階段：「我很幸運地是在 1970 年代初期，就學到生涯中最寶貴的教訓之一，也就是牛市三階段：第一階段是少數有前瞻性的人，開始認為事情會好轉；第二階段是大多數投資人發現，事情其實在好轉；第三階段則是每個人都認為，事情會永遠地好轉下去。」[9]

Ivanhoff.com 的作者伊瓦羅·伊凡諾夫（Ivaylo Ivanov），則是這樣描述典型的牛市三階段：

典型的市場上揚趨勢會歷經三個主要情緒階段：

1.「什麼牛市？馬上就又要跌一波了啦！」

大多數的上揚趨勢跡象都已然出現：錢為了追逐較高收益而撤離防衛性股票，市場廣度正在改善，相關性以及波動性都大幅降低。儘管如此，許多人還是不相信回升在即，寧願放空那些「超買」股票，結果卻被巨幅地增值浪潮擠成齏粉。

股價升值在第一跟第三階段最為快速。

2. 接受階段

有愈來愈多人逐漸接受我們身處於上揚趨勢，應該認為市場「在證明

有罪之前是無辜的」。股價已經上漲一段時間了,小跌也只是曇花一現。

在第二跟第三階段之間,通常會有一段跌幅較大的市場拉回,測試市場漲勢的復元力,把一些遜咖甩下車,讓新的支撐得以成形。錯過漲勢最初階段的投資機構,會把跌幅較大的市場拉回當成買進機會,這會把市場推向新高。

3. 一切都會永遠上漲

在第一階段,大多數人都抱持懷疑,因為市場才剛從具有高度相關性,回歸平均值的環境轉換過來,人們大多不願意看見緊接而來的市場調性轉變。到了第二階段,只因為股價已經上漲了一段時間,投資人的態度就逐漸轉為看多。分析師與策略師為了管理他們的職涯危機,也開始轉為看多。進入第三階段之後,大多數的市場參與者欣喜若狂,不只是因為股價已經上漲好一段時間,也因為他們自己從中賺到了不少錢。一切看起來都是那麼輕而易舉,未來看起來一片光明,志得意滿的感覺取代審慎行為。[10]

IPO 是反映市場情緒一個很有效的指標。在第一階段,好公司以低廉的估值進行 IPO;在第二階段,好公司以昂貴的估值進行 IPO;而到了第三階段,爛公司(它們很多甚至沒有賺到任何盈餘)以荒唐的估值進行 IPO,但是散戶還是大舉超額認購,這種現象如雨後春筍般在市場上冒出時,就是景氣循環進入晚期的指標。初級以及次級市場出現非常高程度的保證金融資,就是牛市進入最終噴出階段的顯著特色(這時候估值已經過高的牛市產業龍頭股價,會在幾個月內以拋物線飆升一或兩倍,直到再怎麼天馬行空的想像,也無法合理化它們荒謬的估值為止。)熊市在這之後就會接著來,普通

股回到應得的長期持有人手上。這就是查爾斯・麥凱（Charles Mackay）的話成真的時候了：「俗話說得好，人們的想法跟著群眾一起走，也會看到他們跟著群眾陷入集體瘋狂，然後再一個個慢慢地恢復理智。」[11]

投資人的投資組合品質，是另一個盛行中的市場心理之寶貴指標。隨著牛市漸趨成熟，許多投資人會把他們的投資組合，從具有穩定成長與高報酬的高品質股票，轉移到比較便宜但成長率更高、然而經營品質不佳且報酬率較差的股票，然後再轉往大宗商品以及景氣循環股，接著轉往營運紀錄有限的微型股，最後轉到預測營收會疾速成長，運用高度槓桿的公司。到了這個點上，牛市通常會觸頂，而在這狂喜階段結束時，大多數投資人的投資組合裡，只剩下一堆垃圾。（只有在退潮時，你才會發現誰在裸泳。）在緊接而來的熊市期間，高品質股票以及垃圾股票的股價都會大跌，但是前者最終會在後續的復甦中反彈，後者卻會低迷好幾年，直到下次牛市再臨。投資人只有在熬過兩三次這種循環帶來的痛苦後，才能夠抵抗不斷想要把品質下修，追逐更快實現報酬的衝動。最偉大的教訓總是來自於熊市，而這些熊市的教訓會讓你終身受用。永遠別讓熊市白白浪費了，熊市能夠教給你複利反向運作，加上欺詐的經營團隊或疲弱的經營模式，背後殘酷的數學真相。這時候我們就會領悟到安迪・葛洛夫（Andy Grove）話語中的深沉智慧：「壞公司被危機摧毀，好公司能夠倖存下來，偉大公司則因危機而改善。」[12]當投資人能夠大刀闊斧，開始重新建構投資組合，把強健的高品質公司納入時，這就是進入轉型階段的觸媒。關鍵在於再次身處未來的牛市中，不要屈服於貪婪的念頭。

你可能有注意到所有這些牛市定義，完全是主觀性的。當股價觸及某個先前設定的目標價或是市場情緒訪查程度時，可不是說牛市就結束了。

最厲害的投資人願意謙遜地承認，市場循環並不會展現出任何確定性或可預測性。對於這個主題，我們應該完全忽略所謂的市場專家、節目來賓，

以及總體經濟預測師的意見。我們不可能確知市場循環什麼時候會結束，因為市場無論是往哪個方向，都有可能擺盪得太遠。股市風險管理的挑戰在於，你只能夠約略質化地評估風險程度，但永遠也無法精確地抓到會導致風險實現的觸發點。前任聯準會主席艾倫・葛林斯潘（Alan Greenspan）廣為人知的「非理性繁榮」評論，是在 1996 年發表的，不過科技股泡沫要到 2000 年 3 月才破滅。凱因斯說得很正確：「市場維持不理性的時間，比你維持付得起錢的時間還長。」

對於每個顯示股價高估或低估的股票所有權或是投資人情緒資料點，都存在一個邏輯完善、相對應的反駁論點。任何時候你看到一個試圖定義股市目前階段的資料集或單一資料點，要對它保持懷疑態度。市場是由情緒驅動，而只有人類大腦才有的情緒，則會毫無徵兆地受到突如其來的變化影響。（市場的特色是具有後設隨機性。股票對新聞具有條件隨機性，新聞對人們具有條件隨機性，人們對心情具有條件隨機性，心情則對心態具有條件隨機性。）這裡頭涉及數以兆計不斷在變動的部分，實在不可能光靠單一變數或少數變數，就讓我們得知好時光或壞時光究竟會在什麼時候結束。

要以資料做出符合邏輯的論述很容易，但是要說服人們忘掉他們的感覺可就困難多了。倘若投資人在投資生涯頭十年，就經歷到極端的經濟或股市事件，他們會執著地認為那將在他們這輩子反覆出現。我們從 2009 年以來，就一直被市場要崩潰的傳言給淹沒。（這有許多是出於近期性偏誤，因為我們在過去二十年內，目睹或經歷了兩次史上最為被廣泛記錄的市場崩潰。）許多論述很有智慧地去解釋，為什麼牛市應該要結束，然而這些論述到現在都還無關緊要，日後也一樣。股市總是完全無法預測，因為這是個複雜的適應性系統。（喬治・索羅斯的反射理論顯示，市場不可能對未來進行折現評估，因為市場不只是在對未來進行折現，而且也在幫忙形塑未來。反射實際上是一種雙向反饋機制，現實形塑市場參與者的思維，市場參與者也

會形塑現實，這是一個永無止境的迴圈。）

投資人花費太多時間，試著判定當前市場看起來像哪一年的市況。這是1999 年的翻版嗎？還是就像 2007 年呢？會不會是 1987 年，或者是 1929 年就更棒了？（補充一點趣聞：你若是在市場大漲或大跌時查看推特，就會看到人們張貼過去的極端歷史，與當前市況如出一轍的圖表或資料。）投資人最近的經驗會形塑他們的行動，所以 2020 年就會像 2020 年，唯一恆常不變的是投資人的情緒會形塑市場行為，在比較短期的時間內尤其是如此。這就是為什麼坦伯頓、馬克斯，以及伊凡諾夫等人，全都用市場心理來敘述牛市，而不是用經過景氣循環調整過的長期本益比來定義牛市。〔景氣循環調整本益比一般叫做 CAPE 比率或席勒本益比（Shiller P/E），這是一般用於標普 500 指數的估值方法，定義為價格除以通膨調整後的十年盈餘移動平均值。〕

市場循環預測是不可能具有任何精準度的，我們能做的最多就是運用消去法，確認我們並非身處在哪個市場循環階段。如同霍華·馬克斯適切地點出的：「你無法預測，但可以做好準備。」[13]

時至今日，大多數投資人早就度過悲觀與持疑階段（除了那些一路錯到底的人以外）。市況正在改善，既沒有殺得血流成河，也沒有因噎廢食的遺珠之憾。現在可不是貪婪的時候。

這些情況是否意味著你該出清所有持股了，因為從 2009 年 3 月以來，已經賺到巨額獲利了呢？

要不要賣出取決於投資人的時程，這是如何看待與經歷風險的主要決定因子。你的投資時程愈長，承擔的風險就愈低。在金融市場上，耐性是平衡循環的絕佳工具。造就財富創造的不是掌握市場時機，而是長時間在市場裡跟好公司待在一起。這就是彼得·林區以下這段金句的意思：「想要用股票賺錢，真正的關鍵在於不要被它們嚇壞了。」[14] 投資報酬有些年很低，有些

年是負的，這都是投資遊戲司空見慣的一部分，你必須長時間留在這場遊戲中才能贏，所以關鍵在於不要因為魯莽的決策，玩到一半就被踢出遊戲。我們無法控制市場走向，或是它要給我們多少報酬，但我們可以控制投資過程中某些很重要的層面（圖 23.1）。

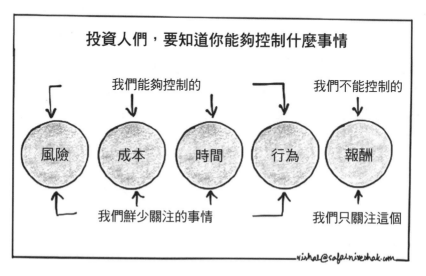

圖 23.1　投資人能夠控制的事

圖表出處："Dealing with Stock Market's Moments of Terror," *Safal Niveshak* (blog), February 5, 2018,　https://www.safalniveshak.com/dealing-stock-markets-moments-terror/.

　　牛市終究會有結束的一天。巴菲特說過：「牛市可以讓數學法則模糊不清，但是無法讓它們失效。」[15]股價劇烈下跌，我們就開始經歷熊市。這些事情都是預期會發生的，但是什麼時候會發生，除了市場先生以外沒人知道。我重複一次，沒人知道。不過有個現象通常是真的：在熊市全面來襲之前，市場通常會直線飆升一大段。除此之外我們所經歷的，都只不過是市場在隨機定期修正而已。（在市場修正期間要加強研究行動，因為這時候你大

多數灰心喪志的競爭對手，都只想要「苦撐過去。」）一個大熊市前面必須要有全然的狂喜階段，突然來個「出乎意料」的重大負面混亂狀況，流動性隨之完全乾枯。2008 年的熊市之所以會發生，是因為金融機構即將破產，當時市場是狂喜階段（印度的 Nifty 指數在 2003 年到 2007 年間上漲了 7 倍），流動性卻完全乾枯（在雷曼兄弟破產後，信貸市場陷入凍結）。

為什麼在一個主要基礎深植於效率最大化行為、市場均衡，以及穩定偏好等等假設的效率市場，出現景氣過度榮枯的情況如此頻繁？答案在於丹尼爾‧康納曼描述的「可得性捷思法」，這是最狡猾、最強力的認知偏誤之一：

人們會以他們從記憶中取出相關資料的難易程度，評估各項議題的相對重要性，而這主要取決於媒體報導的程度多寡。經常提到的話題會深植在腦中，其他話題則會從意識中淡去。相對地，媒體會根據在他們看來，大眾腦中目前關心什麼話題來多加報導。威權主義對於獨立媒體施加巨大壓力，並不是什麼意外的事。由於大眾的興趣最容易受到戲劇性事件以及名人撩撥起來，因此經常會看到媒體一窩蜂卯起來報導。[16]

可得性偏誤是人類推論犯蠢的常見源頭。每當有某段記憶出於高頻率以外的原因——可能是因為這段記憶是最近產生的，血淋淋地歷歷在目，獨具特色或令人心煩意亂——位列心智搜尋引擎結果清單頂端時，人們就會大幅高估其再度發生的可能性。由於媒體兩個方向都會極度渲染，廣為傳布的貪婪會滋養貪婪，廣為傳布的恐懼也會滋養恐懼。價格劇烈上漲或下跌時，會創造出自我增強的迴圈，這會導致接下來股價完全與潛在公司價值脫鉤的景氣榮枯循環。在這種時刻，投資人一定要留意巴菲特的建議：「別人做事愈是不謹慎，我們自己做事就愈是要謹慎。」他繼續說：「在這種嚇死人的時

期，你永遠不該忘記兩件事：首先，**身為投資人，廣為傳布的恐懼是你的朋友**，因為這讓你有機會用大特價買進。再者，**個人恐懼則是你的敵人。**」[17]

市場在極度樂觀與極度悲觀之間震盪，這就是為什麼具備「逆向現金流折現心境」很有用。反過來想，永遠要反過來想。股價有時會下跌到十分極端的程度，光是接下來三、四年的盈餘加起來，就相當於當前的市值；反過來說，股價有時候也會上漲到十分極端的程度，就算維持長達十年的高盈餘成長率，也無法產生足夠的盈餘，讓未來的價值合理化到值得今天就買進。用逆向現金流折現分析法進行思考，在這種期間評估股票，有助於投資人做出更佳的決策。

市場先生是個對抗起來很愉快的對手，因為就算是在一般的市況下，他仍會讓投資人從他出於成見、老是習慣把某一批股票全部等同論之，所產生訂價錯誤的結果中獲利。換句話說，市場先生經常憑藉概括分類，或是被康納曼稱為與「刻板印象」有關之不必要的負面內涵：

> 刻板印象在我們的文化中，是個不好的詞彙，但是我使用這個詞彙是中性的。系統一的基本特質之一，是它以常態跟原型範本的形式呈現類別。這就是我們思考馬、冰箱，以及紐約警察的方式：我們會把對於每一種類別裡，某個或某幾個「一般」成員的記憶，當成那個類別的代表。那些類別如果是社會性的，我們就把這些代表稱為刻板印象。有些刻板印象錯得要命，具有敵意的刻板印象更會產生可怕的後果，然而刻板印象的心理面事實卻無可迴避：刻板印象無論對錯，就是我們思考類別的方式。[18]

現在來想想以下這些關於有偏誤的市場先生，如何三天兩頭就讓有耐性的投資人，享有許多機會的顯著範例：

1. 著重於會計盈餘，而非業主盈餘以及標準化的長期獲利能力，因而大幅低估就長期基礎而言具有護城河的公司。在這些案例中，即使會計本益比表面上看起來很高，經濟盈餘通常還是會超過會計盈餘。

2. 忽略了那些在大宗商品產業價值鏈中扮演關鍵角色，一直展現出長期穩定的高毛利率，因此具有訂價能力的「隱藏冠軍」。

3. 沒讓學習機器型的創業者享有夠多的犯錯機會，即使他已然糾正了過去犯下的錯誤，並且採取了一系列創造價值的方案。

4. 完全跳過連續收購者這個廣闊的類別，即使沒幾間公司具有經過考驗、成功使價值增生的 M&A 交易長期紀錄。

5. 完全規避 IPO，即使這意味著偉大公司在熊市以低廉估值出售，仍只顧著提出各種 IPO 經常被談到的缺點，比方說銷售時點選擇權掌握在內部人士手上，有許多買家卻只有少許賣家，以及商人銀行家具有為內部人士最佳利益服務的激勵誘因，以盡可能發行最少股份，募得最多資金的方式「管理」IPO。（有些值得注意的警訊，比方說公司剛好在 IPO 之前更名，以便跟當下火紅的產業沾上邊；銷售額或獲利性在 IPO 當年或前一年驟升，前些年的成長率卻不一致；IPO 的主要目的是「為了滿足營運資本需求」；或是在產業循環、本益比以及盈餘皆在高峰時進行 IPO。）要注意業務如同旭日東升，完全沒有或是只有少數上市公司同業的公司，它們的 IPO 會享有稀少性溢酬。

6. 不太願意以合理估值投資偉大公司，只因為它們的股價絕對值很高。

7. 欠缺延遲享樂的能力，因此對於「當下進行大規模擴張計畫，會因其產生大筆初期營運費用，產能運用卻偏低，導致近期財報盈餘受

到壓抑」的公司，在遙遠未來所能產生的現金流，進行大幅度的折現。

8. 以刻板印象認為薪酬豐厚的公司創辦人沒有道德，即使在全面考量過與眼前投資處境有關的各方層面之後，不跟這些天縱英才站隊的機會成本可能很高。

9. 把整個產業貼上禁忌標籤，完全無視裡頭有表現出色的人。

10. 把風險與不確定性混為一談，這會在某些案例中導致大幅訂價錯誤。風險是指資本或購買力有可能會產生永久性虧損，不確定性則是指無法預測的各種可能結果。在這些情況下，最終還是價格說了算。只因為一間公司的未來目前看來未知或具有高度不確定性，並不意味著投資就很冒險。事實上，有些最佳的投資機會具有高度不確定性，但是導致永久性資本虧損的風險卻很低。

11. 因噎廢食。這在分拆以及破產清算的情況很常見。突如其來的訂價錯誤機會，在金融市場中總是再三出現，一定要保持警覺性。

12. 根據某種「標籤」，把某間公司的債券分成高風險與低風險兩種。有時候一間公司會以較高利率發行「次級債券」，以較低利率發行「優先債券」。投資人在這種案例中，應當遵從葛拉漢的智慧之語：「倘若一間企業的**任何**償付義務，能夠符合信用可靠的投資標準，那麼該公司**所有的**償付義務，都必須要符合標準。反過來說，倘若一間公司的次級債券不安全，那麼它的第一順位抵押債券的信用同樣不可靠。要是公司的第二順位抵押不安全，那麼公司本身就很疲弱，而一般來說一間疲弱的企業，不可能具有信用可靠的償付義務。」[19]

在這些形形色色情境下要能投資成功，完全在於讓人們「之後」認同你。價格與價值之間的一致性，在短期內可能會大大受到心理與技術因素扭

曲。就如同葛拉漢說過的：「市場在短期內是一部投票機，但是長期來說卻是一部秤重機。」[20] 諷刺的是為了要製造超額報酬，投資人需要市場「最終」具有效率。市場必須要了解到它先前犯了錯誤，然後加以糾正，否則訂價錯誤就會永遠持續下去，而在那樣的市場裡，沒有人能夠確實地擁有超額績效。

市場效率與群眾智慧

資訊並不是某件被鎖在保險櫃裡的寶貝，而是點點滴滴散落在世界各處。每個人都握有整體可得資訊的一小塊，倘若資訊散布得既廣且散，那麼就沒有任何一個人，會擁有相較於整體夠多的資訊。事實上，無論一個人多麼聰明睿智，多麼博學多聞，任何一個人在任何時候，都只擁有整個市場可得資訊的一小部分。市場的功能在於整合資訊，加以評估，並且將其整合到價格中。透過群眾智慧以及效率市場之力，一支證券的當前價格會迅速反映市場對於有可能會發生、應該會發生，以及發生也不奇怪的未來事件，其發生可能性的集體評估結果。〔若想了解並懂得賞析股市驚人的資訊搜集能力，可以研究麥可‧馬隆尼（Michael Maloney）與約翰‧哈洛德‧穆赫林（John Harold Mulherin）著名的個案研究，標題是〈效率市場價格發現的複雜性：股市對於挑戰者號墜毀的反應〉（*The Complexity of Price Discovery in an Efficient Market: The Stock Market Reaction to the Challenger Crash*）[21]〕不過可別讓市場變成你的主人，當一窩蜂的群眾心理甚囂塵上時，可能會導致人們集體喪失理智。想要分辨市場什麼時候理性得很，什麼時候又變得極端不理性，就得要從經驗以及廣泛研究學習金融史。

在市場中的群眾智慧整合過程，是藉由把個人所擁有的（一部分）在地

化知識轉換到群體中，製造出一個「準確」的答案。由法蘭西斯‧高爾頓爵士（Sir Francis Galton）所撰寫，一篇名為〈公眾輿論〉（Vox Populi）的文章中，分析一項在 1906 年的公牛猜體重競賽，是群眾智慧現象一個很知名的範例。[22] 效率市場的三大關鍵宗旨皆與資訊有關，群眾智慧則會在六種條件之下實踐這些宗旨。對於以下每一條宗旨，不需要所有投資人參與，只需要足以達到門檻的投資人數目，條件就能成立。

1. **散布**：資訊必須要可得且能夠觀察到。
2. **處理**：這個團體必須具備了解事實或專家之姿，擁有相當程度的特定領域知識，群眾必須要多元化，投資人必須各自獨立行動。
3. **資訊**：投資人要進行交易，不應該面臨顯著的障礙，否則價值估算就無法表徵、整合，並且納入到股價中。每個個人也必須要有激勵誘因，提供他們認為是正確的估值。

在符合這些條件的情況下，群眾就會產生一個準確的答案，個人想要打敗集體，幾乎是毫無可能的事。

我在拜讀詹姆士‧索羅維基（James Surowiecki）的著作《群眾的智慧》（*The Wisdom of Crowds*）時，終於領悟到交易量的重要性及其更深刻的意涵。當你對一支股票的價格突然暴漲或暴跌感到懷疑時，就看一下成交量，市場的集體智慧在大多數時候，會為你指引正確的方向。知識會隨著時間複利累加，透過直接經驗與替代經驗雙管齊下，在大腦中形成新的神經連結，心智模型網格也就隨之開始發展起來。保持每天學習，不斷培育滋養這個生氣蓬勃的心智網格。你永遠不知道你會在何時體驗到重大的「優里卡」時刻。（這一刻到來時，一定要馬上把發現記下來。時候拖久了，可能會想不起來。）這些發現的任何一點，都可能在你投資之旅任何一個突如其來的幸

運階段，幫你賺到一大筆利潤。繼續努力創造出機會吧，讓機運能夠在最不可能的時間地點，造訪你的人生！

24
投資組合管理與個別部位大小的動態藝術

分散投資是承認你不知道未來會發生什麼事情的最佳應對方式。你以分散投資準備好一個能夠應付各種未來可能性的投資組合，並藉此承認你自己的無謬性。

—— 班·卡爾森

　　許多關於投資的文章、書籍，以及白皮書，都建議擁有一個高度分散的投資組合，然而實際上你在這種情況下所做的，只不過是把某種風險轉換成另一種風險罷了。你把個別公司風險（非系統化風險）換成了市場風險（系統化風險），而前者根據你投資的公司種類，有可能相當低；這麼一來風險並未減少，只是從某種形式轉換成另一種而已。分散投資被譽為可同時減少風險與波動性，雖然一個分散的投資組合確實能夠減低你的整體風險，但也可能一併降低你的潛在報酬。投資組合的分散程度愈高，它充其量就是反映整體市場表現的可能性也就愈高。

　　許多投資人都想獲得優於市場平均的投資報酬，因此對於投資組合選擇分散或集中的利弊得失，具有清楚的充分了解相當重要。在建構投資組合時，應當要考量具有某種程度的分散性，但那不該是主要的驅動因素。投資操作的主要焦點，永遠都應該是要建構出一個最能夠達成個人人生目標與財務需求的投資組合。任何投資人應該關心的唯一指標，就是他們是否位於通往當初建構投資組合時，想要達成目標的道路上。我從這些年的閱讀中，整

理出以下這些關於分散投資與集中投資的想法。[1]

過度分散投資會導致平庸的績效……

學界人士推崇分散投資的概念，這對智慧型投資人造成了非常糟糕的損害。我真的覺得這整個概念幾乎可說是瘋狂，它竟然強調當你的投資結果沒有跟平均值相去甚遠時，應該要覺得很棒。

——查理·蒙格

集中化的投資組合魅力在於，這是投資人能夠以值得一提的幅度，打敗平均值的唯一機會。

——法蘭克·馬丁（Frank Martin）

因為過了某個點之後，分散投資的好處就會開始衰減。

統計分析顯示，在不同產業持有十四支不同公司的證券後，與個別證券相關的風險就獲得適當地分散，再添加額外持有部位所帶來的增額益處微乎其微。

——梅森·霍金斯（Mason Hawkins）

在買進六到八檔不同產業的股票之後，你應該要記住兩件事情：一是為了降低風險而把更多股票加入投資組合，能夠帶來的好處很少，二是光靠把更多股票加入投資組合，並不會消除整體市場風險。

——喬爾·葛林布萊特

我決定持有一個集中的投資組合。如同喬爾·葛林布萊特所指出的，僅僅持有八支股票就能消除只擁有一支股票81%的風險，而即使持有三十二支股票也只能消除96%的風險。這項見解對我來說極為重要。

——大衛·安宏（David Einhorn）

偉大的想法很罕見……

要找到良好的投資機會很困難，所以集中投資幾家公司就好，這想法在我看來順理成章。然而投資界有98%的人卻不這麼想。

——查理·蒙格

在普通股的領域中，什麼股票都持有一點，永遠都只是持有少數傑出股票的差勁替代品。

——菲利普·費雪

所以……集中投資，專注於你最棒的想法。

菲利普·費雪相信集中大約十支好投資，並且樂於投資數目有限的投資法，我們差不多就是這樣玩的。他也相信應該要對於自己確實投資的東西知之甚詳，我們也是這樣玩的，而我們之所以會這樣玩，有一部分是因為這是從他那裡學來的。

——查理·蒙格

我們認為倘若一個集中的投資組合，能夠、也應該要提高「投資人對於一間公司的思考強度」，以及他「在買進前，對其經濟特質必須要感到

的放心程度」，那麼這樣的投資政策就可以減低風險。

—— 華倫・巴菲特

避免過度分散投資……

對於個人來說，持有超過二十支不同的股票，就是財務無能的徵兆。

—— 菲利普・費雪

風險在於，你不知道自己在做什麼。

隨著時光過往，我愈來愈相信投資的正確方法，就是把相當大筆的資金投資在他認為自己多少懂一點，而且經營團隊完全信得過的企業。反之，把投資分散在過多他知之甚少、沒有什麼獨具信心的特別理由的企業，以為這麼做就能侷限風險，這樣的想法是個錯誤。

—— 凱因斯

想要把選股風險分散到一些不同證券的欲望，必須要考量到研究資源會過度分散，導致無法對於某公司或某產業具有嫻熟了解的負面影響。在這種情況下，多元化的分散投資可能會變成「多慘化」。

—— 李・安斯利（Lee Ainslie）

避免像巴菲特與蒙格那樣極度集中投資，除非你本事超群……

你若能找到六間棒透的公司，那就是你所需的全部分散投資，還可以賺到很多錢。我還可以跟你打包票，投資第七間公司而不是把更多錢投入

第一間公司，一定會變成一個糟糕透頂的錯誤。沒幾個人是靠他們最棒的第七個想法致富的。

——華倫・巴菲特

一個良好的分散投資組合，只需要四支股票就夠了。

——查理・蒙格

你反而要施行充分的分散投資……

對於散戶投資人來說，你會想要擁有至少十支、十五支，甚至多達二十支不同證券。許多人可能會認為這是個相對高度集中的投資組合，不過在我們看來，你會想要擁有你能夠找到最佳的十間或十五間公司，而你若能投資於低槓桿／高品質公司，那樣就已經做到了相當令人安心的分散程度。

——比爾・艾克曼（Bill Ackman）

並且建構一個就曝險來說，既集中又分散的投資組合。

大多數的投資人認為，分散投資就是要持有許多不同的東西，很少人理解到只有在投資組合的持有部位，能夠在環境變化時產生不同的反應，分散投資才會有效。

——霍華・馬克斯

我們的每個持有部位倘若都涉及類似的賭注（比方說通膨避險、利率敏感度、單一市場或資產類別），那麼只要投資人對於總體環境的認知有

所改變，我們整個投資組合就會暴露於突如其來的劇烈反轉。既然我們無法預測未來，就不能冒險集中投資到這種程度。

——賽斯・克拉曼

凱因斯於 1938 年 5 月在寫給劍橋大學國王學院財產管理委員會的備忘錄中，列出他的投資政策：

1. 考量投資機會在未來幾年之內可能具有的實際與潛在內在價值，相對於其價格是否算便宜，並且跟當時的其他投資機會比較過後，謹慎選擇幾項投資（或是幾項投資類型）。
2. 堅定不移地大量持有這些投資，跟它們同甘共苦也許好幾年，直到它們達到原本的期待，或是證明買進它們明顯是個錯誤。
3. 投資部位要平衡，也就是儘管個別持有部位很龐大，風險的種類卻是形形色色，如果可能的話最好是相反的風險。[2]

霍華・馬克斯於 2006 年 9 月撰寫了一篇名為〈勇於偉大〉（Dare to Be Great）的備忘錄，在文中讚揚長期擔任耶魯大學投資長的大衛・史雲生（David Swensen），其著作《開創性投資組合管理》（*Pioneering Portfolio Management*）裡的一段話：「要建立並維持一個非典型的投資風格，需要你能夠接受特立獨行到令人不舒服、在傳統智慧眼中經常顯得有夠輕率鹵莽的投資組合。」[3]（巴菲特在 1966 年 1 月合夥人信件中的投資組合管理論述，就是關於這個主題的一篇傑作。）

貝比魯斯效應

已故管理大師彼得・杜拉克說過：「效率是把事情做對，有效則是去做對的事情。」就投資而言，後者指的是挑出對的股票，前者則是指適當的資本分配。任何人都能找出一支贏家股票，但是偉大投資人的差別在於，他們敢於大幅持有個別部位。有鑒於一個投資想法的平均成功率低於 50%（即使對於最厲害的投資人亦然），你贏的時候就要贏得夠多，這點真的很重要。當你找到一個偉大的投資想法時，要買進得夠多，讓它對你的人生產生有意義的差別。成功的投資不僅只是投資本身要正確，那差得可遠了，而是在於偉大的想法如何落實，也就是最初如何配置，以及後續如何積累。要緊的並不是贏的頻率，而是贏的次數乘以報酬幅度。麥可・莫布新把這稱為「貝比魯斯效應」（Babe Ruth effect），這就是喬治・索羅斯說過的：「你是對是錯並不重要，重要的是你在對的時候賺了多少，在錯的時候又賠了多少。」[4]

我們要如何把這種「期望值」的思考方式，灌輸在投資決策之中？

> 把賺錢的或然率乘以可能賺到的數目，然後減掉虧損的或然率乘以可能虧損的數目。我們就是試著這樣做，雖然不完美，但一切就是這麼一回事。
>
> ——華倫・巴菲特

股市是個同注分彩系統。參與者下注，賠率就按照賭注產生變化，因此唯一能夠持續贏過市場的方式，就是要比其他投資人更擅於評估市場參與者分派給各種潛在結果的或然率。

投資成功的關鍵，在於明確地分辨基本面（也就是根據預期的未來結果，算出來的公司內在價值）與市場預期（也就是股價，以及目前已納入股

價考量的未來結果）。投資完全在於預期，結果則是由修正預期所驅動，這會造成股價變化。因此具備妥善地解讀市場預期，並且猜到那些預期會如何修正的能力，就是獲得優越報酬的跳板。為了成功地做到這點，投資人必須具有「差別認知」，也就是必須要具有一個立論扎實，又與市場共識具有相當差別的觀點。（投資最令人滿足的時刻之一，就是這個世界對一間公司的看法，跟你三、四年前的看法一樣。）

蒙格在 2003 年於加州大學聖塔芭芭拉分校的演講中，把投資跟同注分彩系統做了一個類比：「對我們來說，投資就相當於出門下注，跟同注分彩系統對作。我們在尋找一匹勝率有五成，但是賠率 3 賠 1 的馬，也就是在尋找訂價錯誤的賭局。投資就是這麼一回事。而你必須要懂得夠多，才會知道賭局是否訂價錯誤，那就是價值投資。」5

同注分彩系統為我們帶來的關鍵投資教訓，在於要不頻繁地做幾次豪賭。投資人應當要遵循蒙格很簡單但深刻的建議：「要觀察很多交易，但幾乎全都不要去做。」6

蒙格在 1994 年一場名為「投資管理與商業的基礎俗世智慧一課」的演說中表示：

人類並不具有在任何時候，都對天下事無所不知的天分。但是努力在世間篩選，尋覓訂價錯誤賭注的人們，倒是偶爾會找到一個。

有智慧的人們，在世界提供他們這樣的機會時，就會重重地押注。他們遇到這種機會時大把下注，其餘時候則聞風不動。就是這麼簡單。7

不過投資人要如何判定個別下注的最佳大小？凱利準則（Kelly criterion）給了我們答案。

凱利準則

凱利準則是由約翰‧凱利（John L. Kelly）整理出來，愛德‧索普（Ed Thorp）實用大獲成功，因而聲名大噪的一條公式，用來判定在一組給定的或然率與報酬之下的最佳賭注大小。這條公式可以用好幾種方式來表達，不過在《新世紀金融怪傑》（*Hedge Fund Market Wizards*）這本書對索普的訪談中，出現的是下列的擴充版本：

$$F = P_w - (P_L / [\$W / \$L])$$

F ＝凱利準則算出要下注的資本比例

P_w ＝贏得賭注的或然率

P_L ＝輸掉賭注的或然率

$\$W$ ＝贏得賭注賺到的金額

$\$L$ ＝輸掉賭注賠掉的金額[8]

倘若這個人很精確地知道某一筆賭注的機率與彩金，凱利準則算出的下注金額大小，長期下來會賺到最多的資本。然而關鍵性的困難在於，人們並不知道精確的機率，而且只有在很罕見的特殊狀況或套利機會，才能對於彩金有個合理的看法。另一個困難之處在於，凱利準則所謂的「長期」是指事件發生次數，不是時程長短。一個下注不頻繁的投資人，要進行夠多次的投資，以獲得應用凱利準則全部的長期益處，實際上會有困難。

另一項關鍵限制在於，人們會低估不頻繁發生的高衝擊事件或是塔雷伯所謂的黑天鵝，它們所扮演的角色。投資人在運用凱利準則時，對於負面黑天鵝事件發生的或然率以及下行程度，可能沒有做必要的考量，因此在運用

這條公式時可能會高估 F，而不斷地高估可會導致毀滅。任何超過最佳下注大小的金額，遲早會導致完全虧損。

　　儘管要在現實世界投資裡運用凱利準則，有實務上的難度與阻礙，不過把其背後邏輯當成一種思考方式，用來評估是否要在某種情況下建立部位，以及倘若要建立部位，應該要投資多少比例的資本，還是相當有助益的。

　　我根據對於潛在風險的評估，分配投資組合裡各個部位的大小，規模最大的部位不但其永久性資本虧損的可能性最低，而且潛在報酬也高於平均值。我建立的新部位最初都占最少 5%，倘若經營團隊表現超出我的預期，後續還會一路向上攤平。個別部位大小之所以重要，不僅是因為它會影響到整體投資組合績效，也在於它會影響到心情是否平靜。倘若某個部位在我的投資組合價值中，所占比例已經大到讓我覺得不自在，我就會把它賣到能夠「安然入睡」的點。具有長遠壽命、扎實的成長前景，以及有紀律的資本配置者的公司，一定要配置較大的比重。一如梅・蕙絲（Mae West）所說：「好事永遠不嫌多。」

　　身為投資人的我們，應當把焦點不斷放在增加投資組合的內在價值，讓市場根據它自己的節奏給我們獲利。只要我們有耐性，終究會得到報酬，因為金融市場最終會把錢從平庸停滯的公司抽走，重新導向在成長中、有利可圖的公司。金錢從來不會睡著，每次危機都會帶來機會。我們有一種看待這個世界，以及深入思考投資更好的方式，那就是水杯半滿法，這源自對於資本主義運作方式具有基本的了解。每當市場某個領域泡沫化，都是在為另一個領域的榮景奠定基礎；每一間公司上升的成本，都是另一間公司上升的營收；每一間公司下降的營收，都是另一間公司下降的成本。最棒的是，股市通常都能夠很有效率地找出每個情境下的受益者，把它們的股票送上 52 週高點清單。金錢有一種形而上的吸引力，會把自己放在最佳的使用位置上。這是資本主義強大的修正力量之一，要好好加以利用。

我們不該把目標放在「於最短時間內，追求最高的可能報酬」，而是應該追求「在長期時間內，以最低的可能風險，追求高於平均的報酬」。風險管理在投資過程中應當列為優先，經過風險調整後的報酬，是比絕對報酬優越得多的績效指標，這在牛市期間尤其如此，激進的冒險行徑經常被誤認為聰明睿智。真正重要的是，基金管理人或投資顧問公司採用的投資過程，以及達到那些高報酬的客戶投資組合所承擔的風險大小，這才是投資長期可維持性的關鍵所在。光是絕對報酬很高，對於評估投資績效來說，沒有什麼大太的意義。

　　牛市會把許多錯誤隱藏起來。亨福萊‧尼爾（Humphrey Neill）說過：「別讓牛市把你的大腦搞渾了。」〔舉例來說，在 2017 年這樣的牛市中，我要是靠著拉薩超級遺傳（Lasa Supergenerics）以及白色有機（White Organic）這種有問題的選股賺到了錢 ❶，那意味著我很聰明嗎？那可不。靠一支股票賺到錢，跟選擇正確並不是同一檔事。〕牛市會讓投資人養成許多壞習慣，他們在後續的牛市才會學到慘痛的教訓。舉例來說，認為公司要交付在良好經營團隊之手很重要的想法，在牛市中會逐漸消退，而在熊市追逐高品質股票時卻會增強好幾倍。當某個產業或某支股票需求強勁時，很少有投資人在乎經營團隊的操守，這樣的人終究會為此在市況惡化時付出代價。熊市通常是由一大堆的詐欺舞弊積累而成，甚至也不乏一些過往的藍籌股參與其中。

　　在牛市時，沒有什麼價格是過高的，投資人似乎是從買進溢價股票中獲得快感。但是在市況不確定時，他們就會擔心報酬率、現金流、資產負債表品質、經營團隊操守、經營模式等等。能夠在熊市賺到超額報酬的沒幾個人，但是阿貓阿狗都可以在牛市裡賺到超額報酬。我們在牛市大發利市時，很容易認為這是我們的分析能力在發揮作用，然而睿智的投資人卻知道妄自

---

❶ 這兩支股票在 2017 年皆有過一波凌厲漲勢，但 2018 年後皆從高點暴跌接近九成。

尊大的危險，會把績效卓著的大部分功勞歸諸於牛市使然。我要很謙遜地承認，我的個人投資組合大大受惠於 2014 年到 2017 年印度股市的強勁表現。

倘若我們能夠繼續長時間賺到高於平均值的報酬，並且避免在熊市遭遇永久性的資本虧損，長期複利的魔法最終會自己孕育出甜美結果。

發展健全投資過程，堅守個人哲學

包括投資在內，在任何牽涉到或然率的領域中表現最佳的人，一定都強調過程勝於結果。投資過程是一套指導投資人行為，讓他們得以堅守個人哲學宗旨的準則。一個思慮健全、定義明確的投資過程，可幫助投資人在績效不彰或自我懷疑期間堅定不移，並且增加他們在整個市場循環中以更高的一致性，做出審慎決定的機會。

健全的過程所產生的較佳結果，可謂實至名歸。不良的過程伴隨著不佳結果時，則可說是咎由自取。運氣是決定短期成敗的主要因素，然而要維持高報酬需要的不只是運氣，長期來說，技巧將是主要決定因素。據麥可‧莫布新所說：

關鍵在於「技巧矛盾」這個觀念。隨著人們在某項活動表現愈來愈好，最佳與平均之間的差距，以及最佳與最差之間的差距，會縮小很多。隨著人們變得更有技巧，運氣就會變得更重要，那正是投資世界中發生的事。

運氣之所以會變得那麼重要，不是因為投資技巧無關緊要，而是因為技巧既高超又有一致性。也就是說，在較長的時期中，技巧能夠發揚光大的機會高得多。

你在短期內可能會鴻運當頭或衰運纏身（而這會壓過技巧成分），但是

運氣的效應在長期會被淡化，這時技巧就會決定結果如何。[9]

投資界常執著於人們無法直接控制的短期結果。一套健全的投資過程，偶爾會產生欠佳的結果（運氣差），就跟一套不良的投資過程偶爾會產生優異的結果一樣（走狗運）。在績效不佳期間，累積的壓力會改變一個人的投資哲學，然而投資哲學是經年累月逐漸構成的。我們無法控制市場走向，就如同我們也無法控制報酬多寡一樣，然而我們永遠都能夠藉由遵循一套健全的投資過程，並且忠於個人投資哲學，從中獲得相當大的智識滿足感。要賺到錢需要運氣，但要創造財富需要的是一致性。任何投資策略無論多麼健全，一定會遭遇定期性的績效不彰階段，然而解決方法可不是一直變換投資策略，而是要堅持下去，心裡清楚「保持紀律」是獲得長期超額績效必須要付出的代價。複利是一場終身之旅，一個對於自己的投資過程欠缺耐性的人，可能會做出致命決策，讓這場旅程無疾而終。你要堅定不移，忠實地謹守你的個人投資哲學與投資過程。專注是成功的關鍵，成功的投資人會找到他們擅場之所，守在那裡學習適應，逐漸演化進步。蒙格說：「所有有智慧的投資，都是價值投資。」價值投資人既不會把風險跟隨機的股價波動混為一談，也不會把高風險跟高報酬相提並論，而是會以有智慧的努力與報酬之間的正向關係進行思考。就如同葛拉漢在《智慧型股票投資人》擁護的投資原則所言：

那些無法承擔風險的人，理應對於其投入資金獲得相對較低報酬感到滿足，這是一條既古老又扎實的投資原理。從這點發展出的一般性概念認為，投資人理應期待的報酬率，多多少少與他願意承擔的風險程度成正比。我們的看法則有點不同：**投資人期待的報酬率，其實端看投資人願意且能夠投入研究工作，運用智識的努力程度而定。**[10]

25
想要率先跑完，就得先跑得完

倘若我們無法忍受某種可能發生的後果，即使發生機率再怎麼渺茫，我們都
會避免播下惡果的種子。

——華倫·巴菲特

最糟狀況造成的後果，遠比預測本身來得嚴重，這在糟糕狀況無法令人
接受時尤其如此。然而當代措辭對此卻不留餘地，一點都沒有。

——納西姆·塔雷伯

我只想知道我會死在哪裡，我就絕不會去那裡。

——查理·蒙格

有年老的投資人，也有大膽的投資人，但就是沒有年老的大膽投資人。

——霍華·馬克斯

下面這段話摘自巴菲特在 2010 年撰寫的股東信，〈生命與債務〉（Life
and Debt）那一部分，他談到流動性的重要性，以及槓桿的危險之處：

賽車的基本原理是：**想要率先跑完，就得先跑得完**。這句格言同樣適用
於商業界，並且指引我們在波克夏所做的一舉一動。

毫無疑問地，有些人透過借來的錢，變得非常富有。**然而那也是一種讓人變得非常窮的方法。**槓桿發揮作用時，會放大你的獲利，你的伴侶會覺得你很聰明，你的鄰居會對你感到羨慕。但是槓桿是會上癮的，一旦嘗過槓桿神奇的獲利能力，沒幾個人會退回到比較保守的操作。我們在小學三年級都學過（有些人是在 2008 年才學到），**任何一連串的正數無論有多大，只要乘上一個零，就會瞬間蒸發。歷史告訴我們太常運用槓桿會製造出零，就算是非常聰明的人使用槓桿也不例外。**

　　槓桿當然也會對公司造成致命影響。大量舉債的公司經常會假設，這些償債義務到期時都可以獲得再融資。這樣的假設通常成立，但偶爾會因為公司本身的問題，或是世界性的信用緊縮，導致這些到期的債務必須實際償還。到了那個份上，只有現金才管用。

　　借錢的人於是會發現，**信用就像氧氣一樣，充足時沒人會注意到它們的存在，但要是消失了，誰都只會注意到它們。即使信用只是消失一小段時間，都可能會讓一間公司一敗塗地⋯⋯**

　　此外，在經濟體內偶爾會爆發的金融混亂期間，當其他人在掙扎求生時，我們卻會在財務面以及情緒面都準備好採取主動。那就是為什麼我們得以在 2008 年雷曼兄弟破產後，市場陷入恐慌的 25 天之內，投資 156 億美元。[1]

　　現金是一種機會的買權。手握大筆具有流動性的現金，讓投資人握有寶貴的選擇權，可以在機會出現時以折扣價買進，同時讓他們具備反脆弱性質。現金是一種相當被低估的資產，它是極少數價格穩定、又同時具有高度價值彈性的資產：其他資產價格下跌時，現金的價值卻會增加。其他資產價格下跌得愈多，現金就會變得愈有價值。

　　相反地，倘若你被迫在買家數目很少的市場中出售資產，最後可能會被

大砍價格。流動性差的股票、奢侈品，以及像是藝術品跟葡萄酒之類專業資產的市場，尤其是如此。

那麼你要怎麼樣避免這種事發生在你身上呢？你要手握充沛的流動性（現金準備），這樣才不會被迫在市場陷入亂流並劇烈下跌時，被迫賣出資產。先設立一筆相當於兩年生活費的緊急資金，之後隨著你逐漸增加股票的曝險，再慢慢把它增加到五年生活費。你若需要花錢卻沒得花，那就是風險。對於投資人來說，在價格谷底出售資產，以換取現金支付基本開銷，沒有比這更糟糕的事情了。這是某些人會變有錢，某些人卻沒有的關鍵區別：變有錢的人會投資能夠為他們不斷製造現金流的資產。

若要對於風險真正的意涵具有較為整體的理解，我們必須就風險的傳統定義（賠錢的機會），再加入時間以及預期未來負債的元素。

> 風險與時間是一體兩面，要是沒有明天，也就沒有風險了。**時間會讓風險轉變，風險的本質則是由時程形塑而成。**未來是風險發揮擅場之處。
>
> ——彼得・伯恩斯坦（Peter Bernstein）

任何對於風險的定義，都必須納入時程因素，否則定義就不完整。時程會改變你對於風險的看法，以及所經歷的風險本身；你擁有的時間愈長，承擔的風險就愈少。舉例來說，標普 500 指數在一年期間內的波動性，通常會比任何長期美國公債來得更高，但是在史上任何三十年期間，標普 500 指數的風險性反而低得多。就我們所擁有資料的任何三十年期間，標普 500 指數的績效都超過美國十年期公債。

尼克・瑪吉歐利（Nick Maggiulli）在他的部落格上談到一個公式，可以讓我們用來思考自己承擔風險的能力：

承擔風險的能力＝資產－負債＋時間

擁有更多資產，更少的未來負債，以及更多時間，都可以增加你承擔風險的能力。你無法控制自己擁有的時間，不過時間可以提供收復虧損的機會，所以時間愈多愈好。[2]

摩根・豪瑟以類似的論調寫道：「在思考風險時最重要的問題，不在於你想要多少波動性或上檔空間，**而是你的情緒與目標需要多少時間，能夠讓那樣的波動性失去作用。**」[3]

你若借錢去買股票，或是負責管理一檔每天或每星期都可以選擇贖回的開放式基金，抑或你的個人性情並不慣於長期思維，那麼對你來說，波動性就相當於風險。

著重於後果，而非僅看或然率

> 每當有個天縱英才、錢又很多的人搞到破產，那都是槓桿使然。
>
> ——華倫・巴菲特

我們在做關鍵決策時，應當要同時著重於事件的發生頻率，以及後果的輕重程度。（我們經常沒這麼做，因此罕見且難以置信的事件往往遭到大幅訂價錯誤。）謹慎的人會把風險管理定義為：處理自己犯錯時可能會造成的潛在後果之過程。巴菲特在 2007 年對一群佛羅里達大學的 MBA 學生發表演說，分享他對於避險基金長期資本管理公司（LTCM）崩潰的想法：

他們為了去賺自己沒有、也不需要去賺的錢，去承擔他們確實有、而且也需要承擔的風險。那很愚蠢，實在是有夠愚蠢的，智商再高也沒有任何差別。為了得到對你不重要的東西，拿著對你很重要的東西去冒險，那實在沒有任何道理可言。我不在乎你成功的機率是99%還是99.9%，你要是給我一把有一千個彈倉的槍，一百萬個也無所謂，接著在其中一個彈倉裡塞顆子彈說：「拿槍抵住你的太陽穴，你要多少錢才願意扣一次板機？」我才不幹哩！你愛喊什麼價隨便你，但是對我來說，上檔空間沒有任何意義，我倒是覺得下檔風險非常明顯（大笑）。所以我對這種遊戲沒有興趣，然而人們卻在財務上這麼做，也沒有多想。[4]

人生、生意與投資，都是或然率的遊戲，而幾乎所有的或然率都低於100%。因此即使機率對你有利，你有時候還是會出錯輸掉遊戲。彼得·伯恩斯坦說：「你就是要為出錯做好準備，並且了解到你的自我最好不要建立在證明自己是對的。出錯是這個過程的一部分。存活下來才是致富的唯一道路。」[5]

一定要當心潛在的下檔風險。倘若某個行動的後果對我們來說無法接受，那麼無論或然率多麼低，都要避免採取那個行動。倘若破產、死亡或聲譽受損是潛在的下檔風險之一，那麼無論有多少上檔的可能性都不重要，因為它們變得全然無關緊要。任何謹慎的人都應該避免賭命，無論機率看起來多麼一面倒都一樣。想要長期存活下來，關鍵就在於把人生規畫好，為衰運罩頂的機率做好準備；這需要你策略性地著重於分散化，留下容錯空間，並且避免產生單點故障，尤其是那些嚴重又無法進行保險的風險。在小決策上信任自己的直覺沒什麼問題，不過我們永遠都應該謹慎考量人生中的重大決策，避免犯下致命錯誤。這就是為什麼巴菲特說：「我們不用比其他人更聰明，只要比其他人更有紀律就行。」[6]

一晚好眠以及確保能夠存活下來，遠比一個人整體福祉具有較高相對報酬，來得重要得多。

查理跟我在操作時，喜歡手上握有許多層多餘的流動性，並且避免任何可能會大幅消耗現金的償債義務。這在一百年裡會有九十九年減少我們的報酬，**不過在其他許多人失敗的第一百年，我們卻能夠存活下來。**而且我們這一百年全都可以高枕無憂。

——華倫·巴菲特

身為投資人，在你的有生之年，如何做出最佳的準備，讓你能在無可避免的週期性大幅修正熊市中存活下來？要確定你的投資組合裡持有的是網球（高品質公司），而不是掉到地上就會濺了一地的雞蛋（低品質的垃圾股）。在市場崩潰時，高品質股跟垃圾股都會跌價，但是高品質股終究會東山再起，垃圾股卻永遠也不會復原。許多人在牛市賺到了大筆的紙上富貴，卻在熊市終究來臨時全部虧掉。你在熊市復原時能夠賺回多少，遠比你在牛市時賺到多少紙上富貴來得重要得多。對於持有長期財富而言，公司的品質最為要緊。

任何最好的東西總是有市場，因為喜歡高品質的那些人，似乎任何時候總是有錢。（不動產跟古董是這樣，股票與債券亦然。）一旦你達到財務獨立，重新調整你的投資組合，使其主要持有高品質公司，這點很重要。在人生達到財務充裕的狀態後，要確定你採取了所有必要的步驟，避免讓自己又被丟回起始點。達到成功然後又失去一切帶來的情緒衝擊，遠比在達到成功之前失敗來得嚴重。擁有傑出公司的人，晚上睡得比較好。公司品質以及經營團隊操守，對於創造長期財富至關緊要，更重要的是能夠守住這得來不易的財富。這正是為什麼在任何股市中，少數高品質一般成長型公司得以實至

名歸地享有稀少性溢酬，並且能夠長時間以優渥的估值在市場上交易。

我把投資組合裡的二線股票比例，限制在 20% 以下。在市場上打滾十幾年下來，我看過許多明日之星消逝得無影無蹤。經過千錘百鍊的一線股，報酬也許不算光彩奪目，但是長期下來卻比較一致可靠。這輩子想要投資成功，關鍵並不在於要做出漂亮的複雜決策，而是要避免做出蠢事。

人們試著要聰明睿智，我則是試著不要做個白痴，**但那比大多數人以為的還要困難。**

—— 查理・蒙格

你只需要致富一次

大舉槓桿就好比在開車時，方向盤上插著一支匕首，對準你的心臟。你要是這樣幹，你會成為比較厲害的駕駛人，發生意外的次數會比較少；但只要有意外發生，就會成為致命意外。

—— 華倫・巴菲特

巴菲特在佛羅里達大學談到長期資本管理公司的那場演說中，指出僅靠「有記載的」過去，是怎麼讓人產生盲點，忽略了「總體曝險程度」：

這是對於那些「六個標準差」事件……過於有恃無恐所造成的……那些人會說：「不會那麼倒楣啦。」但他們錯了……歷史沒有告訴你未來金融事件發生的或然率……同樣的事情可能會以不同的方式，發生在我們任何人身上……我們對於某件至關重要的事情真的會有盲點，因為我們對於別的事知

道得太多……亨利·考夫曼（Henry Kaufman）曾經說過，「有兩種人會在這種情況下破產：一種是一無所知的人，另一種則是無所不知的人。」[7]

巴菲特在 2006 年波克夏年會上，被問到波克夏的下一任投資長人選時，他說：

我在年報裡提到，我們在尋覓接替我的投資經理時，是在尋覓一個不單能夠從已經發生的事情中學習，還能夠**預想從未發生過的事情**的人。這是我們在保險以及投資方面的工作。**許多人都很聰明，但他們並沒有思考以前沒發生過的事情的習慣……**

0 不管在什麼時候都是 0，而只要有一年是 0，我才不在乎其他每一年的紀錄有多棒。我們在尋覓一個慣於以這種方式思考的人，能夠看到沒有發生過的風險，並且認知到已經發生過的風險。查理跟我都見過不少破產或差點破產的人，他們一百個決策裡有九十九個都很棒，但就是在第一百個上頭栽了跟斗。[8]

日常決策可歸諸於以下三種類別之一：

1. **結果已知**：在這種情況下，結果的範圍已知，個別的結果同樣已知。這是最容易做決策的情況。
2. **結果未知，不過或然率已知**：在這種情況下，結果的範圍已知，但是個別的結果未知，這就是風險。把這種情況想成在賭城賭博，所有會出現在賭桌上的結果已知，它們個別的或然率同樣已知。
3. **結果未知，或然率也未知**：在這種情況下，結果的分配情形未知，個別結果同樣未知，這就是不確定性。黑天鵝就藏身於此。

我們深深地相信自己是在第二種情況下做決策，並且據此採取行動。我們對於跟第二種情況很像的世界頗有準備，這個世界有各種已知的結果，其或然率也可以估計。然而，我們實際上卻生活在一個酷似第三種情況的世界裡。

歡迎來到極端世界

極端事件是你會找到毀滅的地方。這些證券價格的極端變化，也確實可能比你根據普遍使用的高斯或常態統計學，所做的預期大得多。

——愛德·索普

我們所有人都會很傷心地發現，魔鬼藏在殘差裡。

——霍華·馬克斯

據塔雷伯所言，這個世界可以分為安全舒適的平庸世界，以及既不安全又看似不可信的極端世界。在平庸世界裡，沒有什麼是可擴增的，一切都受到邊界條件、時間、生物變異性限制，以及時薪上限所侷限。由於這些侷限與我們的知識有其限度，平庸世界存在著屬性的隨機變異，並且可以用高斯或然率模型（也就是鐘形曲線，或是其他類似於鐘形曲線的統計分配）有效地加以描述。事實上在極端世界裡，許多屬性值的分布情形，並不怎麼符合已知的任何模型。舉凡每位作者著作的銷售數量分配，每個人的財富分配，或是每間公司的營收分配，例子不勝枚舉。

據塞巴斯蒂安·馬拉比（Sebastian Mallaby）所說：

在 1960 年代初期，有一位特立獨行的數學家本華・曼德博（Benoit Mandelbrot），主張分配的尾端可能比一般鐘形曲線假設的來得更肥；當時就認識曼德博的效率市場理論之父尤金・法瑪（Eugene Fama），對股價變動進行測驗，證實了曼德博的論點。倘若股價變動屬於常態分配，那麼每日股價資料大約要每隔七千年，才會出現超過五個標準差的變動，**然而這種情況卻是每隔三、四年就會突然出現一次。**[9]

本華・曼德博是一位出生於波蘭的數學家兼博學家，他發展出一門名叫碎形幾何的數學新學科。這門學科可找出隱藏在看似無秩序裡的秩序，看似無計畫中的計畫，以及自然界不規則中的規則模式。曼德博發現在自然界的隨機模式裡顯而易見的冪定律，同樣適用於許多金融工具的價格上下起伏。股價起伏遵循的是冪定律，而不是高斯或常態分配。

曼德博在他跟理查・哈德森（Richard Hudson）合著的《股價、棉花與尼羅河密碼：藏在金融圖表裡的風險》（*The (Mis)Behavior of Markets*）中，援引「聚類」（clustering）的重要概念：

市場動亂會聚類。經驗老道的交易者，對此不會感到意外……他們也知道華爾街最大筆的財富，就是在那些最狂野的時刻——在金融世界中罕見但層出不窮的危機——賺到或是虧掉。

價格大幅變動的時期會聚類，中間穿插點綴著變化相對沉靜的區間——這顯露了投資人長期記憶與堅持不退的跡象。展現出一種縮放現象。

價格大幅變動之後，會繼之以更大幅度的價格變動，無論是上漲或下跌皆然。價格小幅變動則會繼之以更小幅度的價格變動。**波動性會聚類。**[10]

聚類這個概念很像帕累托法則，那是在說許多事件 80% 的效應，源自

於 20% 的成因。聚類現象對於投資人具有重要意涵。

市場報酬大幅聚類，繼之以長期在一個範圍內變動。波動性經常會在轉捩點達到最高點，然後隨著新趨勢建立起來之後消退。有耐性極為重要，只要投資組合大小超過了某個點，複利效果就會變得很強大。能夠長期存活下來，可確保你賺到錢的或然率較高。

我們投資組合裡的報酬也會聚類，某幾支股票會占報酬的一大部分。適當的配置是產生較佳報酬的關鍵。

在鑽研投資想法時，我們投入的研究努力也會聚類。一小部分的資訊與分析，會決定我們根據某個想法採取行動。

估值會聚類。我們花了大量時間，結果不是高估就是低估。我們只會短暫地經歷極度低估或極度高估，而鮮少會經歷到公允估值。好消息會聚類，壞消息亦然。

你要留意獲利率、內部人士持股比例、股票交易量、資產負債表上的在建工程成本，以及其他相關領域的任何劇烈變動，因為像這樣的聚類會產生許多有趣的投資想法。從長期困境中脫身的公司，可能會經歷績效改善的聚類效應；同樣的道理，長期績效強勁的公司，也可能會經歷績效惡化的聚類效應。《證券分析》最初版的扉頁上，引用賀拉斯（Horace）的著作《詩藝》（Ars Poetica）裡的一句話，最能夠總結市場循環，以及在牛市與熊市中的產業領先與落後廠商的本質：「今之沉淪者必將再起，今之榮耀者必將沉淪。」[11]

風險是在你考量過所有可能會發生、應該會發生，以及發生也不奇怪的事情後，剩下來的東西。人類心智慣於完全不把六個標準差，以及其他可能性領域中的罕見事件當一回事，這正是塔雷伯在其著作《黑天鵝效應》（The Black Swan）裡警告的現象。我們必須避免吵著要求精確的單點預測，而是以更廣泛、更黑暗的「倘若」情境與結果，對我們的投資組合進行壓力測

試。當我們謙遜地接受「要作出預測很困難，對未來尤其是如此」的事實之後，就會比較傾向於建構一個在各種結果之下，都能夠保持強健的投資策略。事先提高警覺，就可未雨綢繆。我們生活在其中的這個世界，實在是太過複雜，換句話說，實在是有太多未知的未知。沒有人是獨立於世的，沒有行動是沒有結果的。根據混沌理論（chaos theory），在動態系統中，任何過程的結果都對其起始點非常敏感——或是以那句著名的陳腔濫調來說，一隻蝴蝶在亞馬遜森林拍動翅膀，可能會導致美國德州產生龍捲風。在這樣的世界中，遙遠過往發生的事件，會繼續在現在產生迴響〔這叫作路徑依賴（path dependence）〕。按照塔雷伯的說法，我們主要生活在充滿反饋迴圈與相互依賴，因此充斥著黑天鵝的極端世界中。塔雷伯的黑天鵝理論指的是沒有預期到，其程度、後果，以及在歷史上扮演的角色相當吃重的事件。這些事件正是列寧（Vladimir Lenin）下面這句話背後的真正原因：「有些時候幾十年都風平浪靜，有時候幾週內就天翻地覆。」

以下是我對於明年黑天鵝風險的詳盡清單：

1.
2.
3.

這張清單永遠都是空的，因為你無法預測黑天鵝事件。黑天鵝是完全出乎每個人意料之外的事件，是沒有預見的風險，因此按照定義是無法預測的。

這種極端離群事件整體來說扮演的角色，遠比尋常事件大得多。我們全都考量過並且理解在三個標準差之內發生的事情，然而每一件在金融史上的重大事件，都發生在三個標準差之外，但還是有很多聰明人不認為這種罕見

事件有一丁點發生的可能性。此外，據說能夠控管肥尾風險的複雜數學模型，會製造出一切都在掌控中的幻覺，結果是讓人們對其信念產生過度自信，把整間房子拿去押在他們偏好的賭注上，並且堆砌出成噸的槓桿。這種盲目地僅僅倚賴有記載歷史的做法，最終導致毀滅。失敗往往源自於未能想見失敗的情景。

歷史告訴我們，危機往往導致問題以承平時候想見不到的方式，相互產生關聯性……**當關聯性突然浮現時，可能會觸發嚴重的系統性問題。**

——華倫・巴菲特

永遠不要把你的整筆資本，押注在單一股票或產業上。就算你持有不同產業的股票，也要進行徹底的分散化，確保它們不會易於受到任何單一事件或共通因子的連帶衝擊，比方說全都在共通的城市或州裡營運，或是具有任何其他風險共通的集中因子。就統計上來說，任何投資機會都可能看似有吸引力，然而統計學按照定義適用於群體，樣本規模愈大，觀察到的模式就具有愈高的統計顯著性。把所有的錢全部放在「幾乎」穩贏不輸的賭注上，最後可能是犯下致命的財務錯誤。霍華・馬克斯分享過一個故事，有個賭徒把所有錢賭在一場只有一匹馬出賽的比賽上，他是要怎麼輸？「結果賽馬跑到一半，那匹馬跳過柵欄跑掉了。事情一定有辦法變得比人們預期得更糟。也許『最糟狀況』指的是『我們過去所見過的最糟狀況』，但那不表示事情在未來不會變得更糟。」[12]

這個故事給投資人一個寶貴的教訓：無論你對於結果多有把握，絕對不要把全部家當賭在單一投資上面。你永遠也不知道什麼時候會碰上跟賽馬發瘋一樣的衰運。風險經常源自於你想像不到的來源。要避免對於集中投資過度瘋狂，而是要謹慎地分散投資。就如同巴菲特所說：

倘若單一筆交易存在顯著風險，應該可以藉由讓該交易決策成為許多相互獨立的其中一個投資，減低整體風險。因此，倘若你認為在衡量過或然率之後，獲利會大幅超過虧損，並且可以投入一些類似但無相關的投資機會，你就有可能心如明鏡地買進一筆風險很大的投資——也就是有顯著可能性會造成虧損或傷害。大多數的創投資本家都採用這套策略。你若選擇這條路，就應該採用擁有輪盤的賭場思維，他們會想要看到人們下很多注，因為就或然率來說他們比較占便宜，但他們會拒絕人們下單一一筆巨大的賭注。[13]

最大的風險是那些沒有上新聞的風險，因為這些風險沒有被報導，人們對此就沒有準備。風險一直都在，但我們在牛市時很容易視而不見。人們會忘記市場上的風險從未被消除掉，只是從一個人身上轉移到另一人，或是從某種形式轉變成另一種形式。等到市場陷入史上類似的混亂狀況時，才要學習人類行為，是得付代價的。

歷史大多是在研究史無前例的事件，然後諷刺地拿來當成未來的借鏡。事物會演變，品味會改變，典範也會轉移，因此過去管用的，今天或是明天未必管用。歷史最寶貴的地方，在於研究史無前例的事情發生時，人們會如何行動，那是不為時移最一致的事情。

——摩根・豪瑟

近期性偏誤到處都有。我們會把最近的趨勢無限推衍，假設它們反映的是新常態，只不過這在一個循環性的世界裡可不是常態（圖 25.1a 與 25.1b）。

倘若某個量化交易策略在起初一段時間都很管用，就會蔚為流行。1998年流行的是收斂套利策略，長期資本管理公司假設某些資產的歷史關係模式會永遠持續下去，然後把其部位的槓桿開到超過 25 倍；當那些模式只不過

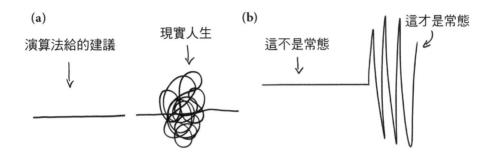

圖 25.1　（a）人生常態中突然出現的波動性　（b）金融市場

圖表出處：The Behavior Gap

改變了一小段時間，長期資本管理公司就炸開了。

標普 500 指數在 2017 年連一次 5% 的下跌都沒有，波動性幾乎不存在。但是就如同經濟學家海曼・明斯基（Hyman Minsky）所說，在金融市場中，「穩定性經常會孕育出不穩定性。」風平浪靜的環境，會把我們哄進一種全然志得意滿的狀態，並且準備好一些不懷好意的意外來整我們。

2018 年 2 月 5 日，以 CBOE VIX 指數（在華爾街又名「恐慌指數」）衡量的波動性，突然在單日內暴升 118%，創下自雷曼兄弟危機以來單日上升最高紀錄。這項事件伴隨著道瓊工業平均指數盤中下跌將近 1,600 點，創下史上最大跌點。❶ 這段插曲最著名的受害者，是由瑞士信貸發行，縮寫為 XIV 的 VelocityShares 每日放空短期波動率指數投資證券（ETN）。

這項由瑞士信貸負責管理的金融商品（該公司擁有該證券的 32%），押注於市場風平浪靜並放空波動性。由於市場波動性前兩年達到歷史低點，這項商品愈來愈受到歡迎；然而隨著 VIX 攢破天花板，XIV 單日就暴跌了 92%。XIV 花了六年時間，才從 11 美元上升到 144 美元，結果僅僅在一天

---

❶ 本書寫於 2019 年，2020 年道瓊指數已刷新單日最大跌點紀錄。

內就崩垮到接近 0 美元——六年來在推土機前面撿來的銅板，只要一回合就一把虧光。XIV 當初行銷說這是專為「專業投資人」設計的，而且的確實現了其公開說明書第 197 頁上面的聲明：「你的 ETNs 的長期期望值為**零**。你若持有 ETNs 並當成長期投資，就可能會虧損掉全部或一大部分的投資。」[14]

人們認為接下來的負面反饋賣出迴圈，是加劇當天市場騷亂的原因。這種毀滅性的事件任何時刻都可能在市場中發生，而且也會毫無預警地再次發生。你在這一行就是該預期意想不到的極端事件，不要自己設限，以為市場的行為有其極限。我在這一行所得到最大的領悟之一，就是意想不到又看似不可能的事情會一直發生。這就是為什麼對於投資人來說，閱讀歷史並研究過往在恐慌時候的人類行為，可提供寶貴的見解。2018 年 2 月 5 日到 9 日這個星期發生的事件，與約翰・布魯克斯（John Brooks）的經典之作《商業冒險》（*Business Adventures*）裡頭「市場波動」那一章敘述的情境，相似得令人毛骨悚然。馬克・吐溫說得真好：「歷史不會重複，但總是驚人地相似。」

永遠不要倚賴陌生人的善意

巴菲特在 2008 年的股東信說道：「我們從來不倚賴陌生人的善意，來滿足明日的償債義務。」[15]

某些公司因為老是倚賴「陌生人的善意」才能繼續存活，本質上就很脆弱。有個例子是內在價值股東權益報酬率很低的借貸公司，它們必須經常從資本市場籌資，充當營運原料；另一個例子是資本密集度高，自由現金流為負數的公司，它們需要不斷從外部注資。倚賴資本與信賴運作的槓桿機構，總是易於受到投機以及自證預言（self-fulfilling prophecy）所害。〔著名社會

學家羅伯特・金・莫頓（Robert K. Merton）在 1948 年提出自證預言這個詞彙：「自證預言起初是對某個情況的錯誤定義，但它會引發新的行為，使得原本錯誤的概念成真。」換言之，我們把話說出來，就有可能使其成真。公開聲明可能會讓他人採取行動，使得即使這項聲明並沒有事實根據，也就因此成真。在金融市場上，經常是這個樣子。〕

投資人在評估個別公司的適當估值時，需要考量到這些方面。舉例來說，微型金融公司不像銀行那樣通常有一筆不太流動的存款基礎，總是要倚賴來自於信貸市場的基金，而只要負面的商業事件可能會影響到向借款人回收貸款，信貸市場就會對借貸轉為敵意。再加上微型金融很容易受到一直都存在的政治風險影響，以及沒有抵押的借貸本質，很明顯這就是為什麼比起報酬率和資產品質較佳的銀行，微型金融公司理應獲得較低的估值。類似的原理適用於倚賴一兩個主要客戶善意的公司，倘若顧客知道他們對於公司存亡很重要，公司的訂價能力就消逝無蹤了。顧客過度集中的公司，其估值乘數通常不高。〔投資人應當研究，曾經有大約 85% 的營收來自 Visa 的印度 RS 軟體公司（RS Software India），發生了什麼事。〕

許多人生中最重要的教訓，是以慘痛的方式學到的，其中一課是關於在牛市被貪婪引誘，以及後續開槓桿的危險所在。雷蒙・迪沃二世（Raymond DeVoe Jr.）說得好：「為了追求殖利率而失去的金錢，比拿槍搶走的還多。」[16]

巴菲特經常說，倘若你很聰明，就不需要用到槓桿；而你若是很笨，用槓桿也賺不到錢。他在 2017 年的股東信裡，強烈反對用借來的錢買股票：

我們實在沒有辦法知道，股價短期內會下跌多少。就算你借的錢不多，持有部位沒有立刻受到暴跌的市場威脅，你的心智還是很可能被嚇人的頭條新聞，以及令人焦慮的財金評論給攪得不知所措。不知所措的心智，是做不出好決策的。[17]

培養持久力，以緩和毀滅風險

時間是脆弱性的最佳測試。時間籠罩在高度混亂中，而大自然是唯一一個由時間印上「強健」標記的系統……時間會抹去事物而不是打造事物，也很擅長破壞脆弱之物，無論是建築物抑或觀念皆然。

——納西姆・尼可拉斯・塔雷伯

巴菲特在 2014 年的股東信裡，跟我們分享具有持久力的公司特質：

一間具有財務持久力的公司，必須在各種情況下維持三個強項：(1) 大筆且穩定的獲利流；(2) 大量流動資產；(3) 沒有大筆的近期現金需求。忽視最後一項要求，通常會讓公司經歷意料之外的麻煩。公司有在賺錢的執行長們，實在是太常在償債義務到期時，認為無論金額有多大，一定能夠獲得再融資。在 2008 年到 2009 年間，許多經營團隊學到了這樣的心態有多麼危險。[18]

有持久力的公司，具有穩定的產品特性、強健的競爭優勢、分散開來的顧客與供應商基礎、謹慎的資本配置，對於長期獲利性以及可持續性，抱持著重點明晰的成長心態，有智識並且衡量所承擔風險的企業文化，創辦人家族或母公司現金充沛，可在高壓力期間注入資本，資產負債表具有高度流動性，以及兼具意願與能力，承受以短期盈餘換取長期投資的苦處。這些公司因此具有較長的壽命，較長的現金流持續期間，是故也具有較高的內在價值。

就投資人的觀點來看，持久力源自於對於投資紀律懷有強烈熱情，具有不斷學習的心智，長久持續的投資生命期間，個人債務很低或甚至沒有，節

儉度日，嚴守紀律，對於人類行為、市場歷史與認知偏誤有完善了解，具有耐性以及長期心態，還有在市場定期性的艱困時間，讓人倍感珍貴的家庭支持。

用巴菲特對於避免毀滅風險的一句深刻睿智話語結束這一章，似乎蠻合適的：「要建立聲譽需要二十年，要把它毀掉只需要五分鐘。你若想到這點，行事就會不一樣。」[19]

PART V
做決策

26
多讀點歷史，少做些預測

倘若我在華爾街這六十年來，有注意到什麼事情，那就是人們預測股市會發
生什麼事情，都不會成功。

——班傑明·葛拉漢

我們認為預測股票或債券短期價格，一點用都沒有。預測可以告訴你很
多關於預測之人的事，卻不會告訴你關於未來的事。

——華倫·巴菲特

沒有人能夠預測利率、經濟體的未來走向，或是股市。別管所有的這類
預測，把精力放在你投資的公司實際上發生了什麼事。

——彼得·林區

要成為企業分析師，而不是市場分析師、總經分析師或證券分析師。

——查理·蒙格

我們有兩種預測者：一種是什麼都不知道，另一種則是不知道自己什麼
都不知道。

——約翰·肯尼斯·高伯瑞（John Kenneth Galbraith）

巴菲特說過：「預測市場的人能夠填滿你的耳朵，卻永遠無法填滿你的荷包。」[1] 只要想想倘若你從 2009 年開始，聽從了商業媒體那些廣獲好評的所謂市場專家建議，會對你的荷包造成多少損傷就知道了（圖 26.1）。

圖 26.1　標普 500 指數與市場專家建議對照（2009 年至 2017 年）

圖表出處：Morgan Housel (@morganhousel), "Easy money," Twitter, August 28, 2018, https://twitter.com/morganhousel/status/1034447231967887360.

那些媒體上看似信心滿滿的權威人士，儘管大多數時候都是錯的，卻絲毫不受半點自我懷疑影響。你有沒有想過為什麼電視上的主播與市場專家，日復一日做出那麼多預測，又為什麼如此熱衷於做預測？

傑森・茲威格在其著作《投資進化論》（*Your Money and Your Brain*）裡，解釋人類為何老是有想要預測的衝動：「就如同大自然痛恨真空狀態一樣，人們也厭惡隨機性。人類想要對於無法預測的事物做預測的衝動，源自於位在反射性大腦中央的多巴胺。我把這種人類傾向稱之為『預測成癮』。」[2]

這種傾向是由大腦中，一種叫做多巴胺的愉悅化學物質造成的。大腦釋

放多巴胺會使得我們在做出下一個預測時，很自然地感到開心，接著就做下一個，再下一個……

茲威格解釋說，預測成癮是一股難以抑制的欲望，想要對於世上幾乎每件事都做出合理解釋，包括諸如未來股價之類不可能預測的事物在內。〔傳奇人物約翰・摩根（J. P. Morgan）被問到市場未來走向時，他說：「市場會波動。」〕我們甚至連自己的未來都無法預測，然而我們卻產生有控制感的幻覺，試著去預測總經情勢、市場、貨幣以及大宗商品價格。

投資作者丹・索林（Dan Solin）在一篇發表於《哈芬登郵報》（*Huffington Post*）的文章裡，寫到關於預測成癮的事：「這種成癮特別糟糕，不僅是因為我們的大腦生來就認為我們可以預測未來，並且對於隨機行為做出合理解釋，而且大腦還會獎勵我們這麼做。大腦進行這種活動時所體驗到的愉悅感，跟古柯鹼成癮或是賭徒走進賭場時所體驗到的愉悅感一樣。」[3]

預測成癮對於投資人來說，就如同毒販對於毒蟲，或是賭場對於賭徒一樣。

來試試這個趣味題：用谷歌搜尋任何市場專家過去在任何隨機選定的數年期間，對於任何總體經濟議題所做的預測結果，你就再也不會把那些人的任何話當真了。預測除了吸睛以外，什麼事情都無法達成。

經常有人說牛市是在攀爬一道擔憂之牆。自從 2009 年 3 月以來，各式各樣令人擔憂的新聞頭條，使得許多投資人在恐懼中賣出部位，完全退出市場。

「好事不出門，壞事傳千里」就是為什麼只是想捕捉到市場報酬都那麼困難，最主要的原因之一。你可能以為只要買進全市場指數基金然後放著不管，就可以簡簡單單做到這件事；確實就是這麼簡單，卻肯定沒那麼容易，**因為壞消息會拿擴音器對著你的臉廣播，好消息卻只會在背景**

安靜地播放。

——麥克·貝特尼克（Michael Batnick）

進步發生得太慢，很難注意到；退步發生得太快，很難忽略。

——摩根·豪瑟

無論你用什麼方法選股，能否成功取決於你有沒有能力無視全世界的擔憂，時間久到足以讓你的股票成功。無論你有多聰明，決定你命運的不是腦袋，而是會不會胃痛。

——彼得·林區

　　除了少數例外，大多數的人類奇蹟都是長期建構起來的事件。進步是一點一滴累積起來的，人類大步向前的祕訣，就是按部就班，循序漸進，世界跟著改善。並不是每個舉措，每一年都會有進步，但規則就是這樣。縱然世界面臨巨大挑戰，我們還是做出了巨大的進展，這是有事實作為根據的世界觀。我們在過去二十年間，讓全世界生活在極度貧窮狀態下的人數減半，然而「貧窮率持續下降」永遠也不會登上新聞頭條。當某種趨勢隨著時間逐漸改善，但是定期會大幅下降時，人們比較會注意到下降的部分，而不是整體的改善趨勢。新聞媒體會著重於充滿戲劇性或悲劇性的鮮明事件，而不是世上日有所進的日常增長。新聞頻道競相以鮮明的故事與戲劇化的敘事，吸引到我們的注意力；它們會著重於新發生又具有暫時性的異常事件，而不是模式變化緩慢、稀鬆平常的事件。基本面改善是會翻轉世界的事件，但是實在太過緩慢、瑣碎、細小到鮮少有資格成為新聞。流傳最快速的故事，都帶有恐懼或憤怒的元素，並且還會灌輸一種無助感。打開任何新聞頻道，或是上社群媒體看一看，你很可能會聽到或讀到關於政治動盪、市場混亂、天然災

害、謀殺、自殺、疫情、地緣政治緊張，無止無盡的壞新聞。人們經常會把當代貼上「史上最糟」的標籤，然而這些人顯然從未讀過一本史書。負面性情加上可得性偏誤，會導致人們對於世界抱持著瀰漫的悲觀主義，然而實際上我們卻是生活在人類史上最有前景的時代之一。這個世界幾乎在任何你觀察的長期時程之中，都在許多方面具有不可思議的進展，只不過壞消息是一個事件或一條新聞，好消息卻是一個過程或統計數據，相較於無趣的統計數據，壞消息可以做成一個比較鮮明又能夠吸引人們注意的故事。

> 我觀察到被大多數人奉為賢者的，不是在他人絕望時保持冀望之人，而是在他人冀望時感到絕望之人。
>
> ——約翰·史都華·彌爾（John Stuart Mill）

要記住，悲觀主義者聽起來感覺很聰明，但是樂觀主義者才能賺到錢。商業是文明的基本骨幹，我們投資股票時，就是在參與商業活動，支持它不斷有進展。那些著眼於大局的人，長期下來收獲頗豐；至於其他那些僅僅著重於危機的人，會挑在最糟糕的時刻神經質發作，碰上了具有前景的財富創造機會反而吃虧。

投資人應當要向巴菲特學習，他認為著重於個別公司極為重要，並且無視所有關於利率上漲、通膨遽升、股市崩跌、石油危機、政權垮台、景氣衰退、經濟蕭條，甚至全面爆發戰爭等等的市場雜訊。

巴菲特在 1994 年的股東信中寫道：

我們會繼續無視政治與經濟預測，對於許多投資人與商人來說，在這些事情上頭**分心的代價很昂貴**。三十年前，沒有人能夠預見越戰規模巨幅擴大，薪資與物價控管，兩次石油危機，總統下台，蘇聯解體，道瓊指數一天

下跌 508 點，以及美國公債殖利率在 2.8% 到 17.4% 之間波動。

然而意外的是，這些大事對於葛拉漢的投資原理，既沒有造成一絲一毫的損害，**也沒有讓「以合理價格買進優質公司」這件事變得不可靠**。想像一下倘若我們讓未知的恐懼阻礙或改變了資本配置，會讓我們付出多少代價。確實，**我們通常是在市場對於某些總經事件的憂懼達到高峰時，做一些最佳的買進**。恐懼是追逐潮流之人的敵人，卻是基本面主義者的朋友。

未來三十年內，一定還會發生各式各樣不同的重大衝擊。我們既不會試著去預測這些事件，也不會嘗試從中獲利。倘若我們能夠找到與過去買進類似的公司，外在意外事件對於我們的長期投資結果，不會有多少影響。[4]

他在 2012 年的股東信中亦提到：

我有個想法可以跟執行長夥伴們分享。即將到來的未來，當然是不確定的；美國自從 1776 年以來，一直都面臨著未知的未來。只不過人們有時會著眼於一直都存在的無數不確定性，有時卻會對其視而不見（通常是因為最近都沒什麼大事）。

隨著時間流轉，美國的公司會表現良好，股票也一定是如此，因為**股票的命運與公司表現息息相關**。沒錯，定期的挫折會發生，但是投資人與經理人都身處於一場**對他們相當有利**的遊戲中。（道瓊工業指數在二十世紀，從 66 點上升到 11,497 點，儘管中間經歷了四場代價高昂的大戰，一次經濟大蕭條，以及許多次景氣衰退，還是大漲了 17,320%。而且別忘了在這一個世紀裡，股東還收到了相當多的股息。）

既然這場遊戲基本上是那麼有利，查理跟我認為根據翻塔羅牌的結果、「專家」的預測，或是商業活動的起起伏伏，而試著進進出出市場，是個糟糕透頂的錯誤。**身處在這場遊戲之外的風險，遠遠高於身處其中的風險**。[5]

巴菲特為何一直強調投資人身處於一場「對他們相當有利」的遊戲？看看圖 26.2。要是長達兩個世紀的資料還是無法說服你巴菲特所言不虛，那大概沒有什麼能夠說服你了。

　　看看圖 26.2，我們就很清楚地了解到為什麼巴菲特警告你，不要把約當現金持有部位與貨幣為主的金融工具，當成無風險的資產，因為長期持有它們其實風險相當高。巴菲特把風險視為喪失購買力，而被廣泛奉為提供無風險報酬的債券，如今卻被訂價為提供無報酬的風險。

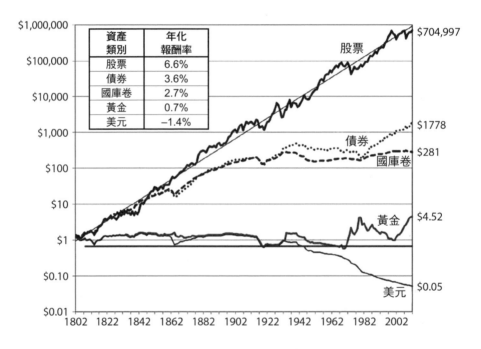

圖 26.2　美國股票、債券、國庫卷、黃金與美元，從 1802 年到 2012 年的實質總報酬

圖表出處：Jeremy Siegel, *Stocks for the Long Run* (New York: McGraw-Hill, 2014).

比起歷史證據令人印象深刻的分量，恐懼更能夠攫取住人類行為。

——傑諾米・席格爾

　　每當我面臨媒體上對於當前大局的質疑、絕望以及恐懼時，我就會試著把注意力放在更恢宏的大局上。倘若你想要對於股票的長期報酬維持堅定的信念，那才是值得你知道的事。

　　更恢宏的大局告訴我們，兩個多世紀以來，儘管有各種大大小小的災禍，以及千千萬萬個不斷被丟出來世界可能步向終結的理由，股票還是平均每年給持有人超過 6.5% 的實質獲利，遠超過美國國庫券、國債、黃金，以及全世界的貨幣儲備。歷史很清楚地顯示，股票會產生最高的長期實質報酬，完全凌駕於其他資產類別之上。根據這一點資訊採取行動，長期能夠獲得的報酬，遠比根據評論家和投顧服務不斷在預測下一次大蕭條的意見與建議，來得豐厚的多。

試圖預測市場修正以保護自己所虧掉的錢，比市場修正實際虧掉的錢更多。

——彼得・林區

　　霍華・馬克斯在 1993 年 2 月寫給橡樹資本（Oaktree Capital）客戶的備忘錄中寫道：「股票從 1926 年到 1987 年的平均年報酬率是 9.44%。但倘若你在那 744 個月裡表現最佳的 50 個月，把股票轉為現金，就會錯過**全部的**報酬。**這告訴我嘗試擇時進出市場，是一種風險來源，而不是保護措施。**」[6]

　　市場專家在面對劇烈修正時，通常會說像這樣的話：「近期前景不明……有許多全球不確定性……股價可能進一步下跌，所以先靜觀一段時間，直到情勢更明朗為止……等到流動性情況改善為止……等到大選結束之

後⋯⋯目前有很多政治上的不確定性。」

換句話說，就是要你「靜觀其變」。對於那些想要在牛市中享受股價上漲的狂喜，同時又想避免在熊市中飽受股價下跌折騰的投資人，正是這個建議幾乎總讓他們付出昂貴的代價。優越的股市報酬並不是以整齊劃一的模式產生，而是由好幾個突然爆發的強漲期間構成。此外，這些期間出現的時機，以及會持續多久，任誰都無法準確預測。牛市的總獲利有一大部分，會發生在最初的市場恢復階段；倘若投資人在這個時候不在市場中，他就可能會錯過一大部分的獲利。

根據 SageOne 投資顧問所做的研究指出，即使印度的市場指數（Sensex）從 1979 年到 2017 年上漲了 251 倍（年化報酬率 15.5%），倘若你錯過了表現最好的 7% 月份，或是表現最好的 1% 交易日，你的報酬就會變成零。[7] 投資人必須承擔週期性的下檔波動性，這是為了賺取股票優越報酬必須付出的代價。在市場上重要的是時間，不是擇時進出。能夠定期投資，無論市況好壞、上下起伏、牛市熊市，都能夠堅持不退，並且不擔心市場明天、下週或下個月的走向，這才是關鍵。就這麼簡單。

雖然簡單，卻不容易。

情緒是無法做回溯測試的，那就是為什麼所有先前的熊市，以及當時浮現出來的那些便宜股票估值，只有在事後諸葛看來才像是易如反掌的投資機會。蘋果公司打從 1980 年進行 IPO，到 2012 年已經漲了 225 倍，投資 1 萬元會變成 225 萬元；然而投資人在這過程中，必須蒙受股價兩次下跌超過 80%，以及好幾次下跌超過 40%。即使像是楓信金融控股這樣的高品質公司（到 2019 年 9 月為止，它已經在三十三年內創造了 18% 的 CAGR），在 1999 年到 2002 年間，股價也下跌將近 80%，這四年中每一年都是負報酬。你覺得有多少投資人能夠撐得住股價在四年間下跌 80%？人們認為自己能夠忍受股市大跌的幅度，跟真的遇到股市大跌時面對下檔波動性的忍受度並

不同。〔所有投資人都應該研讀摩根·豪瑟在 *Motley Fool* 上面發表，一篇名叫〈高報酬的痛楚〉（The Agony of High Returns）的文章。〕[8] 股市是唯一一個跳樓大拍賣的時候，人們反而爭相逃出商店的市場。請忽略那些大師與專家那些嚇人的預測，還有在市場恐慌期間，尤其是坐擁大筆未實現獲利時，那些老是叫你趕快變現的建議（那是當你想要把獲利變現的誘惑達到高峰時）。

當金融社群想要聽起來比較有智慧時，使用術語是他們喜歡使用的方法。比方說華爾街有句諺語：「別跟聯準會作對。」（也就是說，倘若聯準會在進行緊縮政策，就不要做多；倘若聯準會在調降利率，就不要做空。）聽起來既符合直覺又符合邏輯，對吧？我們來看看下列事蹟：

1. 2001 年 1 月 3 日：聯準會把利率調降 50 個基點，標普 500 指數以 1,347 點收盤。之後標普 500 指數到了 2002 年 10 月下跌了 43%，而聯準會在這段期間一路調降利率。

2. 2007 年 9 月 18 日：聯準會把利率調降 50 個基點，標普 500 指數以 1,519 點收盤。之後標普 500 指數到了 2009 年 3 月下跌了 56%，而聯準會在這段期間一路調降利率。

3. 2004 年 6 月 30 日：聯準會把利率調升 25 個基點，標普 500 指數以 1,140 點收盤。之後標普 500 指數到了 2007 年 9 月上升了 33%，而聯準會在這段期間，又調升了利率 16 次。

4. 2015 年 12 月 16 日：聯準會把利率調升 25 個基點，標普 500 指數以 2,073 點收盤。之後標普 500 指數到了 2019 年 7 月上升了 45%，而聯準會在這段期間，又調升了利率 8 次。

現在來想想看下列這些在商業媒體上經常聽到的評論：

1. 「由於利率上升，市場轉趨疲軟。」
2. 「根據歷史，股票在利率上升期間表現良好。」

你可以選擇你喜歡的說法（那大概會偏向於你的個人經驗）。媒體上那些聽起來很有智慧的說法，大多會在利率上升之後市場大跌期間選擇第一個意見。利率上升並不會出現在誇張的頭條新聞上，直到市場對此毫無反應，彷彿置身事外。事實上在這種時候，有些專家可能會拿出歷史圖表，說明過去在利率上升環境中的牛市期間，以合理化第二個意見。市場會先有動作，然後再伴隨著要把市場變動合理化的說法。一定會這樣。

然而真正的現實是，股市會選它自己想要的時候自行其是。投資人不該執著於那些三天兩頭冒出來的總經指標，只要著重於個別公司及其產業發展就好，那是投資人最能夠做到的事，沒有別的了。永遠要保持謙遜，在智識上保持坦誠。

投資人會在腦中反覆重播他們最近一次受到創傷的市場經歷，而那些回憶最終會決定他們未來會如何採取行動。本章分享的案例很清楚地說明，為什麼對於歷史具有扎實的底子，對於培養出在金融市場週期性混亂發生時，所需的膽識非常重要。

> 我在南加大研究所投資班遇見查理・蒙格，並且有機會詢問他這個重要的問題：「倘若我可以做一件事，讓我成為更棒的投資專業人士，那會是什麼事？」他回答：「讀史！讀史！讀史！」這是我所得到過最棒的建議之一了。
>
> ——包伯・羅里葛茲（Bob Rodriguez）

研讀歷史尤其可以讓我們警覺到除此之外，不會考量到的某些可能性。

我們經常會對某件人生中尚未發生的事情感到訝異，即使這個所謂史無前例的事件，在史上可能已經發生過許多次了。與其進行預測未來的無用嘗試，我們應該試著勤勉地盡量從過去中學習。研讀歷史並得知相關的基本比率，也就是相關統計族群在較長期間的歷史資料。這項練習可幫助你在一個儘管週期無所不在、財務記憶持續時間卻極為短暫的世界中，避免近期性偏誤與鮮明度偏誤（vividness bias）。

對於長期投資人來說，政治（無）關乎痛癢

> 你若不知歷史，就只會短線思考。你若知歷史，就會作中長期思考。
>
> ——李光耀

　　在威廉‧麥金利總統（William McKinley）遇刺後，共和黨的老羅斯福在 1901 年宣示就任。數十年後是民主黨的小羅斯福在任。從共和黨的老羅斯福任期之初，到民主黨的小羅斯福在任時期結束，這中間有各式各樣的經濟逆境，包括八次經濟衰退，經濟大蕭條，1907 年的金融恐慌，以及兩次漫長殘酷的世界大戰。然而，儘管有這些重大逆風，美國的 GDP 從老羅斯福在 1901 年就任的 210 億美元，到小羅斯福在 1945 年於任內去世時成長為 2,280 億美元，在四十四年間驚人地翻了 11 倍。在這段從進入二十世紀開始，直到第二次世界大戰結束期間，共和黨入主白宮二十四年，民主黨入主二十年。無論是被「紅營」還是「藍營」領導，美國都持續突飛猛進。

　　戰後年代的政治鐘擺繼續來回擺盪，然而維持著類似的平衡，美國還是一直在向前邁進。從 1945 年到 2016 年底，共和黨與民主黨在這七十二年裡，各當了三十六年的總統。在共和黨與民主黨執政的這七十二年間，美國

的名目 GDP 從 2,000 億美元成長到 18.6 兆美元，增長了 93 倍，相當於 6.4% 的 CAGR。比較好的衡量方式，是把這些數字做通膨調整，這樣產生的數字甚至會更為可觀。1940 年代中期的實質人均 GDP，以現值來算大約是 1 萬 3,000 美元，而如今大約是 5 萬 6,000 美元，購買力以及生活水準在短短 2.5 個世代中，增長了 4 倍以上。（請注意現今的美國一般中產階級，能夠取得的日常生活舒適用品與便利性，比起距今僅僅一百年前美國最有錢的約翰・洛克斐勒所能享受到的，還要來得優越得多。）

美國的成功有一大部分，源自於把豐富的天然資源，結合了一個讓公民擁有努力工作、追求創新想法、拿資本去冒險追逐財務獲利的政府系統。亞當・史密斯的「看不見的手」，在釋放資本主義的市場力量扮演了關鍵角色。移民與資本總是會被法治國家所吸引，哪裡有法治，其商業關係就幾乎有更多信任度存在。

美國會持續吸引世界各地最具天分的人才，並且創造出某些全世界最棒的公司，提供顧客創新的產品與服務。這會為這類公司產生更多利潤以及獲利能力，而身為企業部分擁有者的投資人，則會同時從那些公司逐漸繁榮的業務中獲利。

美國政府體系固有的制衡設計，凌駕於無論是誰坐在白宮裡的權力。美國的結構以及體系基礎，遠比任何單一男女或特定立法組織來得更為強健。無論在華盛頓掌權的是共和黨人還是民主黨人，美國的經濟進展都會持續下去。透過長期持有一批精選的高品質公司，擁有這個偉大體系的一小部分，是一場贏家遊戲。

在印度的選舉年，經常會有許多關於政府型態的雜訊與憂懼，投資人也總是在擔心倘若聯合政府上台，市場就會崩解。然而這些傳統信念，經常被扎實的資料與統計數據給粉碎（表 26.1）。

表 26.1　無論政權如何輪替，印度及其市場持續向前邁進

人民院任期	執政黨或聯盟最大黨的議員數	政府形式	任期內 Sensex 年複合成長率	總理
1984-1989	414	多數執政	21.8%	拉吉夫・甘地（Rajiv Gandhi）、
1989-1991	143	少數執政	48.6%	V.P. 辛格（V.P. Singh）、錢德拉・謝卡爾（Chandra Shekhar）
1991-1996	244	少數執政	24.7%	納拉辛哈・拉奧（P.V. Narasimha Rao）
1996-1998	46	少數執政	−5.3%	德韋・高達（H. D. Deve Gowda）、古吉拉爾（I.K. Gujral）
1998-1999	182	少數執政	24.3%	瓦巴依（A.B. Vajpayee）
1999-2004	182	多數執政	4.0%	瓦巴依
2004-2009	143	少數執政	19.0%	曼莫漢・辛格（Manmohan Singh）
2009-2014	206	多數執政	10.0%	曼莫漢・辛格
2014-2019	282	多數執政	11.5%	納倫德拉・莫迪（Narendra Modi）

俗話說：「一個想法的時候到了，什麼力量都擋不住。」印度的時候就已經到了，印度花了將近六十年，GDP 才總算達到 1 兆，但只用了七年就再累積了 1 兆。接下來的幾個兆預料會更快達成。就算股市市值與 GDP 長期維持平準，還是可以想見偉大的印度公司，將為投資人帶來數以兆計的財富創造，這些錢則會對國家繁榮產生正面的乘數效應。

每當投資人經歷劇烈且突如其來的下檔波動性暴升時，都會陷入焦躁。無論政權如何更替，牛市與熊市的定期下檔波動性，就跟日夜交替一樣可期。看看下列圖表，顯示自 1991 年以來的印度股市（Nifty 指數，圖 26.3），以及自 1920 年代晚期以來的美國股市（標普 500 指數，表 26.2），

在不同政權領導下的最大跌幅。

所有這些中間發生的股價波動，對於許多大筆創造財富公司的長期績效，有造成一丁點的減損嗎？沒有啊。

在平常的定期劇烈修正，以及偶然發生的景氣衰退期間，要切記保羅・哈維（Paul Harvey）的話：「在這種時刻，回想起過去一直都有像這樣的時候，是有幫助的。」

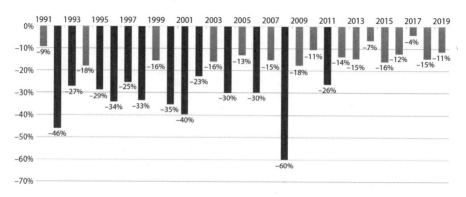

Nifty 50 指數最大年中跌幅

圖 26.3　印度股市最大跌幅（Nifty 指數）（1991 年至 2019 年）

圖表出處：Arun Kumar, *The Eighty Twenty Investor* (blog), October 11, 2019, used by permission of the author.

表 26.2　美國股市最大跌幅（標普 500 指數）（1929 年到現在）

總統	就職日	任期結束	股市最大跌幅
赫伯特·胡佛	1929年3月4日	1933年3月3日	−86.19%
富蘭克林·羅斯福	1933年3月4日	1937年1月19日	−33.93%
	1937年1月20日	1941年1月19日	−54.47%
	1941年1月20日	1945年4月11日	−28.79%
哈利·杜魯門	1945年4月12日	1949年1月19日	−28.47%
	1949年1月20日	1953年1月19日	−14.02%
德懷特·艾森豪	1953年1月20日	1957年1月20日	−14.43%
	1957年1月21日	1961年1月19日	−20.66%
約翰·F·甘迺迪 *	1961年1月20日	1965年1月19日	−27.97%
林登·詹森	1965年1月20日	1969年1月19日	−22.18%
理查·尼克森 **	1969年1月20日	1973年1月19日	−34.73%
	1973年1月20日	1977年1月19日	−47.32%
吉米·卡特	1977年1月20日	1981年1月19日	−17.07%
隆納·雷根	1981年1月20日	1985年1月20日	−25.30%
	1985年1月21日	1989年1月19日	−33.51%
喬治·布希	1989年1月20日	1993年1月19日	−19.92%
比爾·柯林頓	1993年1月20日	1997年1月19日	−8.94%
	1997年1月20日	2001年1月19日	−19.34%
喬治·W·布希	2001年1月20日	2005年1月19日	−43.46%
	2005年1月20日	2009年1月19日	−51.93%
巴拉克·歐巴馬	2009年1月20日	2013年1月19日	−22.60%
	2013年1月21日	2017年1月19日	−14.16%
唐納·川普 ***	2017年1月20日	???	???

* 詹森於 1963 年 11 月 22 日宣誓就職。

** 傑拉德·福特於 1974 年 8 月 9 日宣誓就職。

*** 注：本書（原文版）付梓時，川普總統任期尚未結束，因此作者未能更新資料。其任期於 2021 年 1 月 19 日結束。

當個金融史的勤勉學生

> 太陽底下沒有新鮮事，只有你不知道的歷史。
>
> ——哈利·杜魯門

> 記不住過往的人，注定要重蹈覆轍。
>
> ——喬治·桑塔亞那（George Santayana）

　　研讀過去的市場狂熱與崩跌，應當成為每個投資人歷史知識的一部分。幾乎沒有其他科目能夠像金融史那樣，讓我們得知並學到關於人們、政府以及國家的心理。更重要的是，這再度顯示市場上幾乎沒有任何事件是史無前例的，金融領域中唯一的新鮮事，就是我們還沒有讀到的歷史。我們的想像力只會受到自己的歷史知識所限制，因此在事前就知道事情會怎麼出差錯的各種可能性，讓我們得以為未來可能會再度出差錯的事情做好準備。

　　法國博學家古斯塔夫·勒龐（Gustave Le Bon），撰寫過《烏合之眾》（*The Crowd*）這本社會心理學最具影響力的著作，雖然是在抱怨法國政治，但他的觀察同樣可以用來描述股市狂熱如何產生。這本被廣泛認為是大眾心理學劃時代巨作的著作，儘管早在 1895 年就出版了，卻解釋了群眾心理何以從受到控制的邏輯理性，轉變成不受控制的情緒，導致理性人格消失在集體心智當中。個人受到群眾的影響，行為舉止會變得很怪異，為的是這麼一來就不會覺得自己很孤單。勒龐這本著作的關鍵發現，群眾的心智會統整在集體潛意識裡最低下、最野蠻的最大公約數——直覺、激情、感覺——而不是統整在事實或理性的層次。群眾會對奇觀、影像與神話感到印象深刻；錯誤資訊和誇大不實，會變得有感染性；重新證實共有信念的真信者，就會在群眾中享有威望。在這些條件下，群眾會追逐妄想，直到最終被經驗摧毀為

止。

我們引述傑西‧李佛摩的話：

研究人類因子有利可圖——人類很容易相信那些相信了就會很開心的事，而且也會放縱自己，甚至是促使自己，被自己的貪欲或是一般人粗心大意的金錢代價所影響。**恐懼與希望一直都是一個樣，因此研究投機者的心理，向來就非常有價值。**

沒有什麼地方比華爾街更會讓歷史如此頻繁又千篇一律地恣意重演了。你在閱讀當代榮景或恐慌的相關記載時，最讓你感到震驚的是，今日的股票投機或投機者，與昨日的竟然相差無幾。這場遊戲並沒有改變，人類的天性亦然。[9]

人類天性數百年來都沒有改變，長存的貪婪與恐懼情緒，會確保這些投機蠢事繼續上演，導致無窮無盡的榮枯循環。著名的歷史事件包括荷蘭鬱金香狂熱、南海投資泡沫（有一家神祕的公司因為「執行一項具有極大利益，但沒人知道是什麼的事業」而獲得特許權）、咆哮的 20 年代（包括佛羅里達州土地泡沫在內），接著是 1929 年的經濟大蕭條、1960 年代的「電子榮景」，以及 1970 年代的漂亮 50。比較近期的事件則有 1980 年代的美國生物科技股泡沫與日本資產泡沫，1990 年代的科技股泡沫，2000 年代的房地產泡沫，還有 2017 年的加密貨幣泡沫。投資人在這許多案例中，都認為他們在參與一場將重新發明新世界的冒險。（每當牽扯到投資時，成為一場科技革命、嶄新產業或發明一分子的浪漫魅力，往往會凌駕於投資人的獲利考量之上。）

泡沫一般來說的特色，包括有重大的科技革命、廉價的流動性、將高度槓桿包裝起來的金融創新（以約翰‧肯尼斯‧高伯瑞的話來說，「金融世界

不斷地在為發明輪子歡呼，但往往只是換個稍微更不穩定的版本而已。」）、對於前一次泡沫罹患健忘症，以及放棄經過時間考驗的證券估值方法。借來的現金和融資買進，更是火上添油。

當這些條件出現時，一定要記得約翰·坦伯頓的警告：「投資最危險的五個字，就是『這次不一樣』。」金融史上的每個泡沫最終都會破滅，不過破滅時機總是讓每個人都大吃一驚。你在市場狂熱時期可能一整年都沒有投資想法，不過有耐性總比變窮好。想賺錢有的是時機，要避免虧錢也有的是時機。市場是一台偉大的整平機，一場突如其來的崩盤就能讓人放眼全局，讓膨脹的自我砍半，並且讓你了解到自己的短處與盲點，最重要的是使得關於個別經營模型的耐久性、盈餘品質、謹慎地分散投資，以及經營團隊操守等等基礎教訓得以恢復。熊市使得投資的基本真理脫穎而出，若想要在我們剩餘的投資生涯中檢視並吸收這些真理，我們就必須懷抱謙遜，願意接受自己所犯的錯誤。

永遠要保持謙遜，記得在全球金融危機之後的這十年，對於投資紀錄以及專業投資生涯都很和善。倘若你是在這段期間任何一個時間點開始投資的，要心存感激——並且別吝於閱讀歷史。

以彼得·林區下面這段含義深遠的話，為這關於預測無用的一章作結，似乎蠻貼切的：「美國有六萬名經濟學家，他們許多人受僱全職嘗試預測景氣衰退與利率變化，只要他們連著兩次成功，現在全都是百萬富翁了……但就我所知，他們大多仍然受僱領薪水。這應該有告訴我們什麼了吧？」[10]

我沒有什麼要補充的。

27
以新證據更新我們的信念

倘若有任何人能夠駁斥我，指出我犯了錯或是對事情的看法有誤，我會很樂於改變。我追求的是真理，而真理從不會傷害任何人。傷害我們的是堅持自我欺騙以及無知。

—— 馬可・奧理略

二十一世紀的文盲不是那些無法閱讀跟書寫的人，而是無法學習、忘卻已知，並且不重新學習的人。

—— 艾文・托佛勒（Alvin Toffler）

能夠生存的物種，既不是最強大的，也不是最聰明的，而是改變最為迅速的。

—— 查爾斯・達爾文

事實改變時，我就改變想法。閣下會怎麼做呢？

—— 凱因斯

查理與我認為，當你發現與你的既有信念相牴觸的資訊時，你格外應該要檢視一番——而且要快。

—— 華倫・巴菲特

對別人來說，出錯是恥辱的源頭；對我來說，承認我的錯誤是自傲的源頭。一旦我們領會到理解不完善就是人類的處境，那麼出錯就不是恥辱，只有未能修正錯誤才是恥辱。

——喬治·索羅斯

人們會在心中累積大量的固定結論與態度，它們不會經常接受重新檢驗或改變，即使有許多有力的證據顯示它們是錯的亦然。

——查理·蒙格

南轅北轍欲之楚，馬良、用多、御善，此數者愈善，而離楚愈遠耳。

——《戰國策》

當人們必須在改變自己想法，以及證明沒有必要改變想法之中二選一時，幾乎每個人都忙著在尋找證據。

——約翰·肯尼斯·高伯瑞

相信你想要相信的事，不重視相反的資訊，這樣的確認偏誤摧毀了無數投資組合與公司。

——史考特·費倫（Scott Fearon）

倘若我們只是想要證實自己的信念，就永遠不會發現自己是否錯了。要保持自我批判，忘卻你最喜愛的想法，尋找能夠反證你的想法與假設的證據，並且考量其他可能的結果、觀點與答案。

——彼得·貝弗林

解剖學上的現代人類——「智人」這個人類物種——最早出現於大約二十萬年前位於衣索比亞的化石紀錄。在這數十萬年間，智人與包括著名的尼安德塔人在內，以及其他科學界所知較少、如今已經絕種的其他人種，在地球上共存。直到過去這兩百年，我們的生活水準才有所改善。麥可·羅斯柴爾德（Michael Rothschild）在其著作《生態經濟學：有如商業生態系的經濟體》（*Bionomics: Economy as Business Ecosystem*）裡，分享了一個令人吃驚的比較：倘若我們把這二十萬年壓縮成二十四小時，頭二十三小時我們都只是獵人跟採集者，然後從晚上 11 點到 11 點 58 分，人們是靠種田跟手工藝維持最低生計。羅斯柴爾德指出，工業化的現代生活是在人類存在的最後九十秒才開展來。我們鮮少改變，改變對我們來說也是新鮮事。[1]

> 世界上規模最大的計程車公司優步，一輛車也沒有。世界上最受歡迎的媒體臉書，自己不生產內容。最有價值的零售商阿里巴巴沒有存貨，規模最大的住宿供應商 Airbnb 也沒有不動產。有意思的事情正在發生。
>
> ——湯姆·古德溫（Tom Goodwin）

「我們生活在一個不斷變遷的世界中。」這句話既是陳腔濫調，卻也說得含蓄。法規一直都在變，新科技推陳出新，獨特的經營模式不斷演化，破壞性創新在生活的各個層面層出不窮，這是一個活著就令人覺得很興奮的時代。火箭會自己著陸，汽車會自己駕駛，錢還會自己管理，此外還有不斷從「購買所有權」翻轉到「訂閱使用權」這種顛覆許多常規的潮流。美國股市前五大公司（蘋果、谷歌、微軟、亞馬遜以及臉書）幾乎不需要任何資本也能夠成長，它們的成長速度全比卡內基的鋼鐵廠，或是洛克斐勒的煉油廠還要快得多。在十九世紀晚期以及二十世紀初期，得要花上數十年血汗以及大筆資本，才能在全國各地湊出一個煉油廠網路，但是馬克·祖克柏只花了八

年時間，就讓臉書從無到有，成為估值 1,000 億美元的公司，之後又僅僅只花了四年時間就成長到 3,000 億美元。

> 如今大勢是軟體正在蠶食世界，也就是過去一百五十年間發展出來的許多產品與服務，正在轉變成為軟體，或是受到軟體影響而崩潰……其意涵相當重大：軟體可以無限複製，透過網路又能夠以零邊際成本進行配送。當分配成本這項商業活動的主要投入項目變成零，整個產業就會崩解。若是有人能夠以全新的假設，從頭打造出經營模式，他就可以用非常難以防禦的方式，對現存廠商發動攻擊。

> —— 馬塞洛・利馬

彈性思維

過時僵化的投資模型與方法論，如今已逐漸崩潰；若是繼續倚賴這些舊伎倆，可能會把價值陷阱錯認為價值投資。價值投資並沒有死掉（媒體上卻經常這樣說），而是要看我們如何衡量價值。在過去這個世紀大多數時候，帳面價值是用來評估大多數公司價值最重要的工具，然而這對於像是谷歌、亞馬遜或臉書這樣的公司，卻沒有多大意義。隨著創新 S 曲線變得愈來愈陡峭，技術採用生命週期也變得愈來愈快速，如今新的經營模式能夠賺錢，並且為大眾所接納。儘管社群媒體的採用週期與無線電或電力不同，然而許多投資人仍以古論今，最後卻錯失了偉大的投資機會。從有形資產轉變為無形資產的這趟旅程，就是投資之旅的真正本質。

一個世紀前的偉大公司，主要局限在其所屬產業。洛克斐勒是個石油業者，他壓根就不會想要涉足零售業、銀行業或是任何其他產業。不過像是亞

馬遜這樣的公司，從零售業起家，之後運用他們的基礎與使用者基底，拓展了好幾條新的業務線。

在這樣的情境下，想要在現今這個時代成功，彈性思維是必須具備的關鍵技能之一。在心理學上這叫做認知彈性，心理學家認為這是想要成功的人，除了創造力、批判思考與解決問題的能力以外，另一項必須具備的關鍵心智技能之一。據巴菲特所言，在他那個時代的美國商業界，創下營運與資本配置最佳紀錄的亨利·辛格頓，在接受《商業周刊》（*Business Week*）訪談時表示：「我唯一的計畫就是繼續去工作……我喜歡每天掌舵的感覺，而不是去規畫長遠未來。」辛格頓避免擬定鉅細靡遺的策略計畫，寧可保持彈性：「我知道很多人對於他們從事的各種事情，都會訂下非常強硬明確的計畫，然而我們會受到非常多外在因素影響，而它們絕大多數都無法預測，所以我的想法是保持彈性就好。」[2] 基於類似的道理，蒙格也說在波克夏，「從來就不會有一個主計畫。任何人想要做個主計畫，我們就會打槍，因為那會自走自個兒的路，又不會涵蓋新的現實狀況。**我們想要人們把新資訊納入考量。**」[3]

彈性思維，是指能夠對接觸到的新事實或情況保持開放心態，並且無論先前持有的想法或信念有多麼牢固，都能夠隨之調適改變觀點的能力。大多數關於市場的論述，都是告訴你市場應該要怎麼樣，然而成功的投資人並不會認定市場就應該要怎樣，而是市場怎樣他們就跟著怎樣。好的投資人會做很多閱讀，並且實踐他們從書中習得的內容，但是最厲害的投資人會做出經過計算，有理有據，清清楚楚的努力，讓自己去適應他們所操作之各個當地市場的實際情況。

史考特·費倫在其著作《失敗學：那些殭屍企業教我的事》（*Dead Companies Walking*）裡寫道：「失敗把人們嚇壞了，他們會無所不用其極地低調處理，希望它煙消雲散，甚至直接假裝它不存在。大多數時候，即使身

處於困境的真相已然顯而易見，人們還是會繼續生活在否認中很久。」[4]

費倫提到所謂的「鴕鳥心理症候群」。鴕鳥在感到害怕或受威脅時，會把頭埋到沙子裡，覺得只要看不到危險就很安全。據心理學家所言，對於那些能幫助我們的資訊，反而卻加以忽略，這種鴕鳥症候群源自於人們想避免在接受令人不舒服的事實時，隨之而來的負面感覺。這個症候群就描述了人們產生心理否認，拒絕承認現實時，普遍會產生的人類錯誤。蒙格談論過這個人類傾向：「我認為一個人應當要承認現實，就算他不喜歡那個現實亦然；事實上，**尤其是他不喜歡那個現實時。**」

他也曾說過：

人生有一部分像是一場撲克牌遊戲，你必須學會蓋牌，有時候即使手握一手好牌也得蓋牌。你必須學會應付改變勝率的錯誤以及新事實。

我們全都一直在學習、修正，或是摧毀想法。在對的時候迅速摧毀你原先的想法，是你能夠獲得最寶貴的特質之一。你必須逼迫自己去考量對立面的論點。

你無法在不犯下許多錯誤的情況下，過上適切的人生。事實上，人生的訣竅之一就是去理解，使你自己能夠應付錯誤。未能應付心理否認，是人們搞到破產很常見的方式。[5]

商人與投資人慣於無視這些話語，從不放棄他們心愛的計畫及股票，即使繼續堅持下去毫無道理可言亦然。他們繼續把良幣砸在劣幣上，或是在爛公司走下坡的路上一直向下攤平，遵循同樣的方法直到破產為止。要搞到破產最穩妥的方式之一，就是在一個萎縮的市場裡不斷增加市占率。這是一個緩慢但篤定的死亡過程，一開始逐步死亡，然後突然驟死。

令人不悅的事實，並不會只因為你對它們視而不見就不存在。我們應該

從蒙格在 2000 年波克夏年會的評論中，學到如何以正確的心態，得體地接受現實改變：「我認為某些公司會死是天經地義的事。某些時候你不該抗拒，也是天經地義的事。在某些情況下，除了兌現出走以外，沒有其他合邏輯的答案。」[6]

這些話讓我想起丹尼爾‧康納曼的一段話，值得經常品味思索：

我在工作時沒有沉沒成本。我喜歡挑戰自己的心智。有些人實在是不喜歡這樣，但是對我來說，挑戰自己的心智可以帶來快感，那表示我在學習一些事情。倘若我能夠想出一個更棒的想法，我可以放棄一個已經思索一年的想法，所以我沒有沉沒成本。這樣的態度對於研究者來說很好。年輕研究者經常會落入沉沒成本的窠臼，他們努力投入一項沒有成果、沒有前景的計畫，卻一直投入其中。我認為在智識世界裡，過於打死不退對你可能很不好。[7]

好的投資行為是在堅定地遵循你的想法，以及在犯錯時能夠保有勇於承認的彈性，這兩者之間取得一個特殊的平衡。你必須要保有某種信念，但同時也需要承認在你的投資生涯當中，會犯下數量可觀的錯誤。這個事實對於所有的投資人都成立，無論他們多有才華皆然。如何在自信與謙遜之間保持平衡，透過廣泛的經驗與錯誤學習的效果最好。永遠要尊敬站在交易另一端的對方，並且捫心自問：「他／她為什麼要買進或賣出？他／她知道什麼我不知道的事嗎？」你必須隨時在智識上保持對自己坦誠。偉大的投資人都是主動追尋真相的人。（所有的生意人跟投資人都應該研讀巴菲特在 1985 年的股東信，他在信中解釋了他為何決定放棄波克夏的紡織事業。這是理性與客觀性的絕佳案例研究。）

蒙格在 1994 年於南加大馬歇爾商學院的演說中，分享了他對於巴菲特

這項決定的想法：

個體經濟學的偉大教訓，在於讓你得以分辨技術什麼時候能夠助你一臂之力，什麼時候卻會害死你。大多數人腦中並沒有弄清楚這點，但是像巴菲特這樣的人就有……

他知道把一台更棒的機器引入大宗商品產品的生產流程中，其所帶來巨幅的生產力提升，會全部歸為紡織業買家的利益。沒有什麼好處會留給我們這些業主。

這個概念顯而易見：有各式各樣棒透的新發明，除了讓你這業主有機會花更多錢，投入一門依然會繼續糟透的生意以外，什麼也不會給你。錢依然不會跑到你那裡去，所有這些棒透了的改良帶來的好處，都會流向顧客那邊。

相反地，你若是擁有威斯康辛州奧許克什唯一的一家報紙，他們發明了製作整份報紙更有效率的方式，那麼當你擺脫掉舊技術，讓新式的酷炫電腦上線營運時，所有省下來的錢都會直接流到損益表最後一行的盈虧項目。

在所有的情況下，把機器賣給你的人，一般來說甚至還有敦促你購買設備的內部官僚，都會為你指出在當前價格下，以新技術能夠省下的預期金額。然而他們卻沒有做第二步分析，判斷有多少錢能夠留下，又有多少會流向顧客。我這輩子一次也沒看過哪個預測把第二步整合在內的。[8]

在沒有做必要的「第二步分析」之下，進行現金流折現或淨現值計算，就會錯估預期競爭者行動（賽局理論），導致對於現實的看法扭曲，最終致使投資人與公司產生虧損。當我們經歷優惠政策轉變或是產業順風時，競爭壓力可能會導致所有或大多數的利益，都被顧客給拿走。（一間公司若能有可維持的高投入資本報酬率，這顯示該公司具有某種競爭優勢，也是該公司

能夠打敗這項挑戰的最佳徵兆。）

巴菲特長年稱自己是個「航空狂」，並且對於投資航空股表達嚴正的保留態度。接著到了 2016 年，波克夏海瑟威披露持股，結果不只持有一家，而是持有四家航空股。請觀察巴菲特思維出色的彈性：當航空產業的動能改變時，巴菲特在客觀冷靜地考量過新事實之後，馬上改變他的想法。

> 你若能冷靜以對，就會勝利——這是我從《薄伽梵歌》學到最偉大的教誨。
>
> ——阿傑・皮拉瑪（Ajay Piramal）

新證據應當修正我們先前的信念，並將其轉變成為之後的信念。先前的信念愈是強韌，就愈難以改變。（佛教有個叫做初心的概念，是指抱持著積極開放的態度，嘗試新事物並研究新觀念，不受過往成見束縛。）然而，倘若我們對於手頭上某個既有情境，先前並不具備任何知識，我們就會完全倚賴針對這個案例所能得到的證據。基於這個原因，對於關鍵學門的重大觀念具備最低限度的了解，對於形成初步假設非常重要。

崔恩・葛瑞芬在他發表於 25iq.com 的一篇部落格文章中，描述瑞・達利歐（Ray Dalio）的決策過程本質：

> 達利歐先從他握有的資訊進行理性分析，並藉此形成假設。然後他會拿這個假設，跟一些思慮周全、觀點與分析方法不同於他、也可能不會認同他的人討論，然後進行一場極為透明的「來回探討」。他在這個過程中，要的是對於任何思慮周全的相反觀點論證，都要具有深刻的了解。只有在他對於這些替代觀點都有所了解之後，達利歐才會認為他有資格拒絕或接受替代觀念，並且做出決策。[9]

我們總是需要一位魔鬼代言人，來挑戰我們的假設。

米希爾・德賽教授（Mihir Desai）在其著作《金融的智慧》（*The Wisdom of Finance*）裡，指出有意識地尋求多元觀點的重要性：

最充實的關係，是那些能夠把我們的觀點拓展到超越我們平常經驗的關係；那些關係以金融術語來說，就是「並非完全正相關的資產」，也正是最能夠增進人生投資組合的那種資產……渴望跟想法相近的人膩在一起的同質偏好，是一種普遍的社會直覺，卻是金融智慧警告反對的。**誠然，跟想法相近的人膩在一起比較輕鬆，但是金融智慧卻建議你努力讓自己接觸各種不同的想法，而不是自絕於這些想法之外。**[10]

倘若你身邊老是被一群跟你意見一致的人圍繞，是無法真正學習到任何新事物的。身為投資人，我們經常會有一群智識上的同儕團體，可以與他們討論想法，但應該小心別讓這塊測音板成了同溫層，這對於我們的決策過程有害。亞麥・哈坦加迪（Amay Hattangadi）與史瓦南德・凱卡（Swanand Kelkar）針對這個議題，在 2016 年 12 月為摩根史坦利（Morgan Stanley）撰寫了一篇名為〈串連蛛絲馬跡〉的報告：「我們很容易被想法相近、世界觀相同的人們圍繞。社群媒體為我們量身訂製新聞與意見訊息流，以符合我們預設的觀點，使得這種現象更為鮮明。為了避免落入這種同質性陷阱，你必須冷靜地尋找觀點與自己相異的人；這不僅對於當前事務而言是如此，對於你最喜愛的股票亦然。」[11]

應允提供取得各式各樣觀點的網路，實際上卻是讓我們加速退卻到確認泡泡裡頭。哈坦加迪與凱卡在一篇早期發表於印度商業報紙 Livemint 的文章中寫道：

「社群媒體」會系統化地找到方法，確保餵食更多我們覺得討喜的內容……我們的臉書訊息流，是根據「按讚」的過往歷史進行過濾；亞馬遜根據我們先前購買的模式推薦書籍；推特根據我們已經在「追蹤」的人物，推薦我們應該追蹤哪些人……線上世界以回聲室的倍增效應，放大了迴響的分貝數。[12]

我們在投資之旅途中，可能會碰上某些讓我們感到興奮的特殊公司，但因為這些公司可能屬於處境艱困的產業，或是位於比較不受喜愛的地理位置，同時也在挑戰我們先前的信念和先入為主的想法。我們在這種情況下，要如何克服對於這些公司的個人偏見？我們要怎麼樣根據新證據，把先前的觀點做一番校正？答案就在一個我們在學校都曾學過的基礎數學概念中。

條件機率

條件機率又名貝氏定理，衡量在某個事件已經發生的情況下，另一個事件發生的或然率。丹尼爾·康納曼在其著作《快思慢想》（*Thinking, Fast and Slow*）裡，為我們簡化了這條公式：「貝氏定理最簡單的形式，是以機率的形式呈現：事後機率＝事前機率 × 概度比，事後機率是兩種彼此競爭假設的或然率比率。」[13]根據這條方程式，一個人的事前信念（事前機率）在概度比的協助下，是可以加以修正的。概度比愈高，一個人對於既存情境的看法就愈應該改變。

雖然事前信念的來源可能有很多，不過有個優秀的來源，是代表歷史統計資訊的基本比率。

概度比代表關於某個改變機率特定案例的新資訊，概度比愈高，事後機

率就愈高。有時候，與檢視目標情境特別相關的資訊與特性，實在是非常鮮明且具說服力，使得我們忽略了基本比率或是一般歷史經驗。在那些案例中，蒙格的警告通常會成真：「你把葡萄乾跟屎攪在一起，得到的還是一坨屎。」[14]

貝氏定理思考法

你若是沒有把基礎概率這個雖然基礎，但是有點不自然的數學原理納入技能欄中，那你就有如只有一條腿的人，卻去參加踢屁股競賽一樣，日子將會變得很漫長。你等於是讓他人大占你的便宜。

——查理‧蒙格

著名政治科學作家菲利普‧泰特洛克（Philip Tetlock）多年來進行了廣泛研究，專門踢爆那些沒什麼預測能力的所謂專家。他的廣泛研究亦點出那些建立起卓越歷史紀錄的「超級預測者」具備哪些特質。有意思的是，雖然所有這些超級預測者都把貝氏定理思考當成一種生活方式來實踐，然而他們並非總是會白紙黑字地算出確實的數字，或是搞些複雜的數學計算。菲利普‧泰特洛克與丹‧賈德納（Dan Gardner）在其著作《超級預測》（Superforecasting）裡頭寫道：

預測者真的必須理解、記住並且使用代數公式嗎？我有個給大家的好消息：不，不需要。超級預測者是一群會算數的人，他們許多人知道貝氏定理，而且如果覺得花那個工夫值得，就會真的拿來用，但他們鮮少把數字算得那麼清楚。對於超級預測者來說，這比貝氏定理本身重要得多的，是貝氏

定理的核心見解：**按照證據的分量比例不斷更新，逐步愈來愈逼近真相。**[15]

　　桑傑‧巴克希教授在 2015 年 10 月撰寫題名為〈一道方程式裡的普世智慧〉（Worldly Wisdom in an Equation）的白皮書中，分享了他得自貝氏定理思考法，謹記於心的六個核心見解：

第一，把模擬兩可的語言，翻譯成數字化的或然率

　　貝氏信徒以或然率進行思考時，對於遣詞用句都會很謹慎。

　　泰特洛克寫道：

　　在問題允許的範圍內，要盡力釐清疑問程度，但不要做過頭。很少有什麼事情是確定或不可能的，而「也許」又不是那麼具有資訊量，因此你的不確定性刻度盤上，需要超過三種以上的設定值。細緻是很要緊的。你能夠把不確定性分辨得愈是細緻，就愈有可能成為較佳的預測者。在玩撲克牌時，倘若你比競爭者更善於從勝率 40% 的賭注裡挑出勝率 60% 的，或是從勝率 45% 的賭注裡挑出勝率 55% 的，那你就具有優勢。把含渾冗長的的直覺翻譯成數字化的或然率，起初會覺得不太自然，但這是可以做到的，只是需要一些耐性與練習。[16]

　　美國中央情報局出版的〈估計或然率的詞彙〉（Words of Estimative Probability），提供了一個翻譯貝氏語言很有用的架構（表 27.1）。[17]

表 27.1　翻譯貝氏語言

100% 確定性		
可能性一般範圍		
93%	加減大約 6%	幾乎可以確定
75%	加減大約 12%	大概會
50%	加減大約 10%	機會大約一半一半
30%	加減大約 10%	大概不會
7%	加減大約 5%	幾乎可以確定不會
0%		不可能

圖表出處：“Words of Estimative Probability,” Central Intelligence Agency, March 19, 2007, https://www.cia.gov/library /center-for-the-study-of-intelligence/csi-publications/books-and-monographs/sherman-kent-and-the-board-of-national-estimates-collected-essays/6words.html.

第二，一定要牢記基本比率

　　菲利普·費雪以前曾經提過這點：「在你考慮買進任何普通股之前，首先看看它過去是怎麼樣賺到最多錢的，似乎還蠻合乎邏輯的。」然而投資人在碰上某個敘述鮮明或吸引人的案例時，卻很容易忽視基本比率。基本比率是很無趣的統計數據，相對地故事卻很引人入勝。詹姆士·歐沙那希（James O'Shaughnessy）在其著作《華爾街致勝秘訣》（*What Works on Wall Street*）裡寫道：

　　人類天性根本不可能揚棄關於個案的特定資訊（概度比），轉而採納極多案例產生的結果（事前機率或基本比率）。我們有興趣的是這支股票跟這間公司，不是這一類的股票或這一類的公司。數量多對我們沒有意義。就如同史達林令人心寒的那句話：「死一個人是個悲劇，死一百萬人就只是個統計數據。」我們在做投資時，幾乎總是每支股票個別去看，鮮少去思考整體

策略。只要某支股票的故事夠動人，我們就願意忽視基本比率告訴我們關於整個類別股票的事情。18

　　為一家公司付出過高的本益比（P/E）之前，你應該研究付出這種價格在歷史上的平均經驗。同樣的道理，把錢投入非常昂貴的IPO之前，你也應該要看看歷史上的平均經驗。在投資一間高槓桿公司，或是經營團隊的公司治理或資本配置過往紀錄不佳的公司之前，你更應該看看在這種情況下進行投資，歷史上的長期結果如何。

　　把基本比率納入考量，能夠讓你在聽到關於某支股票令人興奮的故事之後，檢驗最初的一頭熱是否合理。巴菲特之所以避免投資鹹魚翻身股，是因為他倚賴基本比率，用他的話來說：「鹹魚很少翻身。」19（這就是為什麼有證據顯示鹹魚已經在翻身時，才是買進鹹魚翻身股的最佳時機。這樣你買不到低點，但是可以消除許多風險與不確定性。）巴菲特之所以避免投資變化迅速的高科技公司，並且提出「重大變化與卓越報酬，通常不會連袂出現」的理由時20，他倚賴的還是基本比率。

　　以「外部觀點」與「內部觀點」思考基本比率，是一種很有效的思考方式，丹尼爾・康納曼就是這樣做的。泰特洛克寫道：

　　丹尼爾・康納曼有個比基本比率更能喚起視覺感的用詞，他把它稱為「外部觀點」，相對於特定案例個別狀況的「內部觀點」……

　　人們很自然會被內部觀點所吸引。內部觀點通常很具體，並且充滿引人入勝的細節，我們可以藉此對於正在發生的事情編出一套故事。外部觀點通常比較抽象，不加掩飾，而且本身也沒那麼適合說故事，所以就算是既聰明又專業的人士，三不五時也會未能考量到外部觀點。21

第三，所有聽起來太過美好的故事，不見得就那麼糟糕

一個真正的好故事可以改善概度比，那會轉化成為較高的事後機率。這點對於基本面投資人來說很重要，因為他們是從下到上，對個別公司進行投資，並非採用廣泛的投資策略。對於一位採用葛拉漢與陶德投資風格、相信均值回歸、想要投資於統計上有價格優惠的投資人來說，基本比率極為重要，個別的股票故事則沒有那麼重要。然而一位追隨費雪或蒙格的質化投資人，對於個別公司盡可能多加了解至關重要。當然啦，這樣的投資人絕對不能丟失對於潛在基本比率的見解，不過他也應該能夠找出一些遺珠之憾，這些時候有個動人的故事，通常能夠讓該公司顯得獨一無二，從產業其他同儕裡脫穎而出。這故事通常是有位超凡之人，即使在公司與產業景況艱困時，也能夠展現出創造價值的能力。蒙格把這些人稱為「智慧狂人」，哈維・費爾斯通（Harvey Firestone）在其著作《人與橡膠》（*Men and Rubber*）裡如此描述這種人：「檢驗一位商人的標準，不在於他能否在一兩年榮景裡賺到錢，或是靠著率先進場的好運賺到錢，而是他能否在一個高度競爭，比起競爭者又不具備任何初期優勢的領域，光明正大地甩開對手，同時對自己以及社群都保持尊敬。」[22]

智慧狂人說話大聲，靠的是執行力而不是個人魅力。以他們過往的執行紀錄來加以評判，不要受到他人使用的華麗形容影響（那通常比較像是說服技巧）。

第四，辨別訊號與雜訊的差別

訊號是真相，雜訊則是讓我們分神，看不到訊號的東西。奈特・席佛（Nate Silver）在其著作《精準預測》（*The Signal and the Noise*）裡寫道：「在網路或印刷媒體出現之後，世上的真理一點也沒有變得更多。大多數的資料只是雜訊，就如同大部分的宇宙被空蕩蕩的空間填滿一樣。」[23]我們若想要

提高訊號─雜訊比率，首先必須要去除環繞在我們周遭的所有雜訊。就如同詹姆斯・葛雷易克（James Gleick）所言：「資訊很廉價時，注意力就變得很昂貴。」[24]

擁有更多資料，並不會產生更多見解，往往只會導致不良判斷。對於成功的投資人而言，最稀缺的資源並不是金錢，而是注意力——如何在時間與理性之間做出取捨，以達到最佳效果。投資技巧並不在於無所不知，而是要明智地忽略一些事情，有智慧地選擇別理會哪些事情。想要從充滿雜訊的新聞流裡搜出寶貴訊號，首先讓腦袋靜下來，然後尋找緩慢但逐漸發生的變化，方法是把重點放在長期變化上頭（而非每一季、每月或每天的變化）。這些變化可能反映在資產負債表、損益表，或是現金流量表的品質上，應當與扎實的理性質化分析有關。就是這種冷靜衡量，深思熟慮的質化分析，最終產生知名價值投資人保羅・朗席斯所謂的「差別見解」。[25]分析師研究的傳統手法，經常會導致長期價值遭到低估，比方說大多數研究把重點放在一兩年的預測時程，因此價值有一大部分落在這個時程以外的公司，就有可能遭到低估。

第五，遵循達爾文的思考黃金法則

反直覺是達爾文的專長，他實在有夠擅長這種思考方式的，因為他有個簡單但非常不自然的思考習慣：他把注意力特別放在搜集與他先前想法不一致的事實上頭。達爾文把這稱為思考黃金法則：

我這麼多年來都遵循著一條黃金法則，也就是每當我聽到有人發表新的事實、做出新的觀察，或是提出新的想法，而那與我平常時所得到的結果相違背時，我就立刻做個備忘錄。因為根據我的經驗，這樣的事實與想法遠比我偏好的，更容易從記憶中消散無蹤。多虧了這個習慣，每當有人提出反對

我的觀點時，很少是我從沒有注意到過，並且試著回答的。[26]

達爾文能夠看見並記下這些與他珍視想法相扞格的異議，並且從中學習的能力，造就了他的偉大成功。《物種源始》（*Origin of Species*）之所以經得起後續一百五十九年的生物學研究，那是因為達爾文極為小心謹慎，確保他的理論幾乎不可能被駁倒。後來的科學家會發現那本書有點「不完整」，但並非不正確。

達爾文可能影響了蒙格對於要抱持某個意見，必須要下什麼工夫所訂的準則：你必須比站在反對方的人，更加了解反對方的論點。當你也能夠清楚陳述相反的觀點時，你的意見就會更具可信度。這種思考方式就我們的遺傳構造來說相當不自然，比較典型的反應是去尋找確認證據，愈多愈好；然而只要以正確的精神加以實踐，這是擊敗我們自身短處並且變得客觀無偏，相當強而有力的一種方式。

達爾文追求完整、勤勉、準確以及客觀的習慣，最終讓他得以做出最偉大的突破。他的研究過程極為乏味，沒有什麼一閃而過的神聖靈光給他優勢，他只是從正確的基本觀念開始著手，然後以極高的專注度與客觀性長期鑽研，永遠都著眼於真相。一張基本的利弊清單，是對於達爾文思考黃金法則一種很有用的補充；班傑明‧富蘭克林在 1772 年寫給約瑟夫‧普利斯特里（Joseph Priestley）的一封信中，把這稱為「道德或謹慎的代數」（Moral or Prudential Algebra）。

第六，把股市看成同注分彩系統

在股市這種同注分彩系統，人們是在跟其他投資人對賭，而在這種系統中，其他投資人的行為會改變機率。桑傑‧巴克希寫道：

舉例來說，一家經營極佳卻藏身於大宗商品產業裡的小眾公司，被市場當成大宗商品公司來估值時，那就代表有投資機會。雖然深思熟慮的貝氏定理投資人，會很小心地不至於忽視這間公司屬於大宗商品產業的事實（事前機率低），但他也會把促使這間公司經營極佳的關鍵證據納入考量，導致概度比變高。

　　因此就這位投資人看來的事後機率，遠比股市評估這間公司意指的來得高。那就是個有利可圖的偏見。[27]

　　貝氏定理思維可幫助我們克服偏誤以及個人偏見。印度市場有許多投資人，對於位於海得拉巴（Hyderabad）的公司、微型股、鹹魚翻身股、企業集團、高度槓桿公司、大宗商品股，以及控股公司都有偏見，這些偏見（基準線資訊）反映在這些股票的估值較為便宜。巴克希寫道：「然而，你同時也應該認識到，你正在評估的這間獨特公司，有可能**異於**它所屬的統計類別。」（舉例來說，我通常會在借錢舉債的公司正式進入債務重整協議階段後，開始研究它們陷入什麼樣的槓桿麻煩處境。）

事實改變時，腦袋也要跟著轉

　　倘若事實改變，我們的腦袋也能夠跟著轉。我們這樣做過幾次了，但我必須說那很難。

　　　　　　　　　　　　　　　　　　　　　　　　——查理・蒙格

　　馬丁・茲威格（Martin Zweig）在其著作《擊敗黑色星期一的投資鬼才》（*Winning on Wall Street*）裡，談到他在 1980 年代 2 月到 3 月的拋售潮中，

心態有多麼看空：「我坐觀市況，心態說有多看空就有多看空——但是市場卻逆轉了。隨著聯準會降低利率並放鬆信用管制，情況開始轉變。**即便我有先入為主的觀念**，認為我們正朝向某種大災難前進，**我還是對於轉變中的狀況作出反應**。」他做出結論：「大多數做投機的人，問題在於不夠有彈性……想要在市場裡成功，你必須具備紀律、彈性，以及耐性。」[28]

長期投資人買進股票時，想的是要長年持有；但即便如此，投資人還是必須持續驗證他原先的投資論點，是否仍然維持有效。每當趨勢逆轉時，無論是往上還是往下翻轉，人們都需要過陣子才會發現；不過當你投資某支股票有一段時間之後，就會對於一直在演化的公司與產業動能，培養出良好的理解，你自己會知道可維持成長率什麼時候是永久性地放緩下來，你原先的投資論點是在什麼時候開始出現裂痕。這能夠讓你搶在後續的本益比降評階段之前及時退場，當公司獲利持續成長，但是速度比起最初估值很高時開始放緩，那是一段格外令人痛苦的體驗（而且會讓許多新手投資人大惑不解）。抓準時機賣出的藝術，要透過在市場裡的真實經驗，並且對於各種產業及其演變中的估值動能，各種方方面面的細膩之處愈來愈熟悉，逐漸培養起來。

倘若一家偉大公司暫時變得估值過高，你不應該急急忙忙把它賣出（倘若這支股票是牛市的產業領頭羊，那你就應該要具有抱著它度過整個牛市階段的勇氣）。你會在偉大公司身上經常獲得正面的驚喜，它們最終也會提供比我們起初設想好得多的績效（比方說巴賈吉金融便是一例）。你要是找到了會下金蛋的雞母，可別把雞母賣掉。我在這些年學到重要的一課，就是要賣掉以昂貴估值進行交易的偉大公司股票，一定要覺得萬般不情願，尤其是當你換得的是現金時；比較好的做法是等到有優越得多的機會來臨時，或是股票高估到荒唐的程度時再賣。當我們認為偉大公司就中短期基礎而言估值公允時，它們往往就長期基礎而言是大為低估了。就如同費雪在其著作《非

常潛力股》（*Common Stocks and Uncommon Profits*）裡寫到的：

對於一間成長率異常迅速的出色公司，到底有誰能夠以還算中等的準確度，說出什麼樣的價格算是過高了？假設這支股票並不是像平常那樣以 25 倍本益比出售，現在是以 35 倍本益比出售，有可能是不久的未來將有新產品推出，只是金融社群尚未領會到該產品真正的經濟重要性，但也有可能根本沒有任何這種產品。**倘若該公司的成長率好到接下來十年會增長 3 倍，那麼這支股票目前的價格是否高估了 35%，真的那麼值得擔心嗎？真正重要的是，不要去亂動之後會值錢非常多的部位。**

倘若買進一支普通股時，該做的事都有做好，那麼賣出的時機就是——幾乎是永遠也不要賣出。[29]

就長期而言，股票的績效應該會超越大多數其他的資產類別，也幾乎一定會賺到比現金更高的報酬。現金在某些時候永遠都會證明有其價值，但就二十到三十年的期間來說，持有現金對於投資組合績效造成的拖累，會大大超出少數幾次在任何週期性下檔期間，坐擁許多「乾火藥」所具備的優勢。我最喜歡約翰・坦伯頓談論「什麼時候投資」的一句話：「投資的最佳時機，就是當你有錢的時候。那是因為歷史指出，重要的不是投資時機，而是時間。」[30]

創造財富的關鍵，在於以合理估值買進高品質的成長型公司，然後坐擁它們很長的一段時間。你若從一百位長時間以很好的複利積累資本的成功投資人之中做隨機取樣，你會一成不變地觀察到他們幾乎全都是買進了某些偉大公司，然後就只是坐擁它們而已。如同蒙格所說：「想賺大錢不在於買進賣出，而是在於等待。」[31]

對大多數人來說，什麼都不做實在是令人難以忍受。他們想要有所行

動，害怕失去按市值計價的獲利，因此不斷換股持有，在這過程中大幅增加發生非受迫性失誤的可能性。布萊茲・帕斯卡（Blaise Pascal）說得好：「所有人的悲慘，都是源自於無法安然獨處於幽室之中。」

身為投資人，我們不斷地在處理大量湧入的資訊。以開放的心態評估現實層面，並且在那些事實改變時（變好或變壞皆然）轉換心態，是增加投資成功機會的一項寶貴技能。有時候某支我們長期持有的一般成長股（不是較為短期的大宗商品股、景氣循環股，或是特殊情況持股，這些股票的主要焦點在於訂價錯誤與均值回歸，而不是公司品質與經營層面），開始讓我們的胃絞成一團；基於某些在最初買進之後才發現，公司治理的理由或經營團隊操守問題，我們不再覺得持有這間公司能夠心安。即使我預期該公司接下來這幾年會有高獲利成長，股價在這段期間也可能會上漲不少，但是在這種情況下，我通常會出脫持有部位。我可不想拿一夜好眠去換多幾個百分點的報酬率。就如同華特・許羅斯（Walter Schloss）曾經說過的：「投資應該要好玩又有挑戰性，而不是有壓力又令人擔心。」許羅斯的兒子艾德溫（Edwin Schloss）在一次訪談中，談到他父親的長壽與其投資哲學可能有關：「現今有許多基金經理人，都在擔心每季獲利要拿來比較，緊張兮兮地到凌晨五點還不能安眠。我爸從不擔心每季被拿去比較，睡得可好了。」[32]

生活品質是衡量勝敗更好的方式。壓力是隱形殺手，這是有據可查的事實。投資人經常談到風險調整報酬，卻鮮少談到壓力調整報酬；在我看來，後者其實更加要緊。睡得好比吃得好更重要。不要放空股票，不要背債去買股，不要跟會讓你的胃絞成一團的經營團隊建立長期合夥關係。（如同葛拉漢所言：「你無法為寡廉鮮恥的經營團隊做出量化演繹分析。處理這種情況的唯一方法，就是避免投資它們。」[33]）

投資人的思維應當要保持彈性，即使會實現虧損（無論是大虧還是小虧），也要能據此做出賣掉股票的困難決定。要對結果保持情緒漠然，根據

冷靜的事實資料分析做決策。平心靜氣地看待虧損，然後記下從中學到的教訓。樂觀是好事，但是自欺欺人可不是。彼得‧林區說過：「在一支股票上頭賠錢沒什麼好丟人的，每個人都賠過錢。丟臉的是當一支股票的基本面惡化時，還死抱著它不放，或是更糟的是買進更多。」[34]不要死抱著基本面惡化的股票，寄望著事情會自己好轉。永遠要認清現實面並且勇於接受，不要做蒙格稱之為「吸吮拇指」的事。倘若你已經盡全力想要釐清疑問，但是對於某支股票還是沒把握，那就直接退場走人，否則你終究會在下一次市場劇烈修正時，在恐慌中以低得多的價格拋售。你必須在虧損時安之若素，在賺錢時保持忠誠；倘若你能夠很有紀律地做到這兩件事，就能夠成為一名成功的投資人。

在影響預期報酬的新證據浮現時，要運用貝氏論理更新或然率。你可以留意這些證據：超額估值，公司治理有疑慮，成長率突然放緩，市場份額衰退或獲利率下降反映喪失競爭力，營運資本衰退反映對顧客或供應商喪失議價能力。犯錯完全沒有問題，但是一直錯下去就大有問題。我在這輩子以及投資生涯中學到的一個偉大教訓是：你若想要賺得比別人多，就必須學會如何賠得比別人少。我很高興自己對於孔子的教誨學得很好：「過而不改，是謂過矣！」

28
人生就是一連串的機會成本

若把曼昆經濟學教科書裡最棒的一段話摘錄出來，他說有智慧的人是根據機會成本做決策——換句話說，要緊的是你的替代選擇。那就是我們做出所有決策的方式。

——查理·蒙格

　　身為投資人，我們的工作是要有智慧地配置資本。由於手上資本有限，又有好幾個替代選擇，機會成本這個關鍵概念於焉誕生。機會成本的定義是第二好的機會價值，也就是當我們做出選擇時放棄的東西。在一個替代選項互斥，選了 A 就沒有 B，選了 B 就沒有 A 的世界裡，我們選擇 A 的機會成本就是 B 的潛在獲利，反之亦然。

　　查理·蒙格曾說：

　　有人拿一間新興市場的公司給巴菲特考慮，華倫說：「我不覺得（買進）這家公司，會比增持富國銀行（Wells Fargo）部位來得更舒服。」他對於富國銀行這間公司，其經理人以及公司處境評價很高，所以他以這個作為他的機會成本。他等於是在說：「除非比買進更多富國銀行部位更好，否則免談。」對於巴菲特來說，投資機會在哪裡無關緊要，他對於波克夏的錢應該放在哪裡沒有成見。他會掃描整個世界，試著把他的機會成本弄得愈高愈好，這麼一來他的每個決定就會變得更好。[1]

蒙格這段話對於投資人具有重大意涵。倘若你預期在某支股票上頭，會達到比你預期在其他股票上頭高得多的報酬，那為什麼要繼續把資本配置到其他股票上頭？繼續把錢全部投資在那支股票上頭，直到另一個報酬高得多的投資機會出現為止，不是更有道理嗎？投資人實在太常陷入這種「做點什麼」的症候群，從而放寬對於新投資機會的標準，而不是隨時隨地都堅定地保持高停止投資率。不要跟持股講道理。

> 人生有件事很有趣：你若除了最棒的事物以外一概拒絕接受，往往就能得到它。
>
> ——毛姆（W. Somerset Maugham）

資本是有限的，並且總是有機會成本，也就是你能夠拿它去做第二好的替代選擇。第二好的替代選擇報酬率倘若是 1%，那你的機會成本就是 1%；如果報酬率是 10%，那機會成本就是 10%。無論學術界創造出來的某些公式怎麼說，就是這麼回事。永遠要記住：資本報酬率最高的最佳用途，一定要以次佳的可能用途加以衡量。

> 倘若我知道某個東西確定有 8% 收益，另一個東西只有 7%，我會立刻拒絕。任何事都是機會成本的函數。
>
> ——華倫·巴菲特

倘若一間公司並未賺到投資人可以在別處賺到的報酬，那麼就投資人的觀點，那間公司就任何實務面看來，都等於是在摧毀價值。換個說法，倘若資本報酬率不等於或是沒有優於資本成本（也就是投資人能夠在別處賺到的報酬），那麼這間公司其實就是在摧毀股東價值。

認知並承擔疏漏失誤

疏漏失誤是指我們明明已經找到一家值得投資，前景看好的公司，卻未能採取行動。由於我們抓小放大，沒有作為，從而產生巨大的機會成本。就長期來說，機會成本的影響真的很大，有時候遠比投入失誤還要來得嚴重。投入失誤的上限是 100%，但是疏漏失誤可沒有這種天花板。人們在思考成本時，不是以機會成本去思考。對於大多數人來說，從口袋裡掏出來的明確成本，比起機會成本更有意義；而由於放棄的機會並非從口袋裡掏出來的成本，人們就會低估它們。對長期投資人來說，對於付高價買進高品質公司猶豫不決，經常造成龐大的機會成本；但是這些成本並不會出現在損益表上，因為損益並不會反映出什麼是它們能夠做到卻沒做到的事。

投資人必須要根據當前市場價格，定期檢視他們對於某支股票預期長期報酬的估計；倘若估計值降到低於既有被動收益金融工具可以獲得的報酬，那就該把那支股票換成一支更優秀的。許多投資人深愛他們既有的持股（尤其是他們經過許多努力才挖掘出來的股票），卻在持有之後又懶得思考，沒有定期進行扎實的機會成本分析。每一塊花出去的錢都是平等的，投資人應該努力讓每一塊投資出去的錢，能夠賺到最大的報酬。當你評估任何潛在的投資機會時，要使用很高的停止投資率。不要跟持股講道理。

你經常會聽到投資人做出一些不理性的聲明，比方說「我很樂於持有這支股票，因為買進的價格很低」，即使以目前價格來看長期升值潛力很差，也是如此。定錨偏誤很強大，而且會在潛意識層面自動發生，想要對抗這種偏誤，就要在每個交易日開始之前，在心理上把投資組合兌現，然後捫心自問一個簡單的問題：「以我目前已知關於這間公司的所有更新資訊，我會以當前價格買進嗎？」倘若你得到的結論是你今天不會買進股份，但又按不下去賣出鍵，那就要知道這是稟賦偏誤（endowment bias）在發揮作用，而不

是基於合乎邏輯的持有論點。賣出吧！執著於「以當前價格來說，預期未來報酬無法令人滿意」的股票，是一個會對投資人長期淨值造成負面影響的昂貴錯誤。

　　機會成本的心智模型，應當與能力圈原理結合使用。凡是你無法理解的事物，就不該成為你用來判定機會成本的機會集合一部分。

　　倘若我碰上一個在能力圈內的最佳投資機會，那麼我一點也不在意立刻賣出投資組合裡的疲弱持股（如果有的話），即使會產生虧損也不會有絲毫猶豫。我們在任何時候，投資組合裡總有一兩支「最不受寵」的股票，它們本身並不一定是爛股票，我們只是下意識地知道它們比起投資組合裡的其他股票來得疲弱（但我們還是想要持有！），如果有其必要，也不介意在未來某個時間點賣出。當你碰上強烈認為是極佳的投資想法時，就要進行扎實地分析，在你所有的既有持股裡，主動尋找持有理由不成立的證據。在大多數情況下，你會發現占比最小的持股就是該賣出的，因為你正是對它們信念不足，才會一開始就買進得不多（從它們占比很低就能瞧出端倪）。

　　當你無法預期不確定性能夠產生多出許多的預期報酬時，轉而擁抱十拿九穩的事情，總是比較好的。身為投資人，我在尋找新想法時有一條簡單的規則：倘若我要在投資組合裡添加一個新部位，那必須要「明顯優於」我已經擁有的部位。倘若我們真的紀律嚴明，對於新進投資想法所需的停止投資率要求也很高，那麼任何時候可以買進的最佳股票，通常就是我們已經納入投資組合裡的。不要只是為了分散而分散。除非這樣做有益，否則不要在你的人生、你的投資組合，或是你的生意裡頭，增添任何東西。

機會成本適用於生活所有層面

機會成本完全是最基本的經濟學概念：取捨。你做了一個選擇，就是放棄所有其他的選項（至少就當下來說是如此）。有時候你沒有選擇的選項，結果證明是比較有智慧的選擇，那就是為什麼機會成本在事後衡量最為明確。看看某些勇於創新，選擇另闢新徑的人，他們放棄了什麼東西，就最能夠了解機會成本的概念。

要是山姆・沃爾頓（Sam Walton）沒有在 44 歲那年，決定創立沃爾瑪商場的話呢？

要是愛迪生在失敗了數千次之後，就不再繼續研究燈泡的話呢？

要是賈伯斯從未重返蘋果，帶領它起死回生，根本性地重塑消費者科技未來的話呢？

我們跟這些著名人士並沒有什麼差別。我們每天都得決定要把時間、金錢、腦力，以及精力花在哪裡，而我們每做一個決定，背後都是我們沒選擇的替代方案，那個我們沒有做出的選擇，就代表了機會成本。所有被拒絕的替代方案，都是通往未來可能性的路徑，而事情可能比我們所選擇的那條路更好或更糟。每個決定都需要我們採取某些行動，而按照定義來說，那使得我們無法對其他替代方案採取行動。每當我們在做選擇時，永遠都會有機會成本。

要是你把追劇《冰與火之歌：權力遊戲》（*Game of Thrones*）的時間，拿去學習一項讓你獲得升遷的新技能的話呢？

要是你在讀大學的時候半工半讀，而不是揹上一大筆學貸的話呢？

要是你變成健身狂，而不是當個肥宅的話呢？

基本上，你做出什麼選擇，選擇就會造就什麼樣的你。每個決定無論多麼微不足道，都會改變你的人生軌跡。每個選擇的複利效果，任何時候都在

產生作用。你今天所過的人生，就是過往決定所造成的。先苦後甘，先甘後苦。

大多數人未能理會到班傑明‧富蘭克林下面這句話的深刻意涵：「當心小小的費用，小洞能夠沉大船。」比方說你每天早上都在星巴克喝一杯 4 美元的咖啡好了，每一次你都是花了 4 美元，換來一杯在家裡泡只要幾分錢的飲料；你若是今年花了 200 美元買了 50 杯咖啡（差不多每週一杯），就相當於放棄了五十年後，相當於 2 萬 3,500 美元的未來財富（假設你把錢投資在一檔預期年報酬率 10% 的低成本指數型基金裡）。投資不過就是延遲今日的享樂，以換取在未來消費更多罷了，而機會成本就是投資的核心。

重點不是要你放棄一切你熱愛的事物，而是在做日常決定時，都要強調機會成本。比較正面的做法是提升你的賺錢能力，因為要想出如何多賺1,000 美元，比起整整三百六十五天都要少喝一杯拿鐵來得容易。減少支出會縮短達到財務自由所需的時間。降低支出有其極限，不過能賺多少錢就沒有極限。你所能夠做出的最佳投資，就是投資你自己。

微調思考過程，把機會成本整合進去

我們的大腦只會看到擺在眼前的東西，這是所謂的可得性偏誤。我們對於其他機會視而不見，大多數時候就忽略掉它們。丹尼爾‧康納曼用 WYSIATI 縮寫定義這個問題：「所見即是全貌。」（what you see is all there is）。若要克服這項挑戰，就做張檢查清單，把機會成本這一項加進去，在做出人生中任何重大決定之前參考這張清單，這會確保你一定有考慮過其他替代選項。

我們在面對一個複雜問題時，有沒有克服可得性偏誤的方法？

還真的有個簡單的方法。

雖然簡單，卻不容易。

這需要我們訓練自己的心智，以某種方式進行思考。

據桑傑・巴克希所說：

查理已經教我們該怎麼做了，只要照他說的去做就好。我們要試著從多重觀點去看一個問題，我認為那是正確的做法。你在嘗試評估某件事的時候，是在嘗試提出「為什麼？」這個問題。這事為什麼會發生？當你對這個問題進行深思，你會發現答案有時候來自於好幾個學門，於是你轉而深入那些學門，試著把問題搞懂，那樣做非常令我感到愉快。這個過程對我來說，一直都是在問「為什麼？」這個問題，然後等待，因為大腦會驟然跳到某個答案，**而那卻不是唯一的答案**。

所以我的思考方式是，只要有個我試著要回答的複雜問題，我一定會以「這有部分原因在於……」開頭——**意思是一定還有其他部分**。我喜歡去思考那些部分會是怎樣的情況。我們不必有二十個答案，即使只有三、四個，也比只有一個來得好。所以問「為什麼？」這個問題，然後再去尋找答案，對我很有幫助。[2]

當某個念頭最先冒出來時，我們會假設那一定是正確的。它有時管用，有時不管用，而這通常會涉及第二層或第三層後果。瑞・達利歐在其著作《原則》（*Principles*）裡寫到這點，霍華・馬克斯也經常提倡採用第二層思維。第二層（以及更深層的）思維是在決策過程的每個階段，謙遜地認知到「這有部分原因在於……」，再自問「然後呢？」，透過這個「然後呢？」的透鏡看事情，可以讓你避免在人生中看心情做出匆促的決定。無論你是在考慮是否要投資一筆生意、投入一段新關係，或是開展一段新職涯，永遠不要

忘記自問：「然後呢？」

　那很有可能會救你一命。

29
認出模式，早一步致勝

雖然距離已臻化境還差得遠，不過查理與我都見過模式。在評估人類與公司時，認出模式非常重要，然而認出模式並不是百分之百準確的事，也沒有模式會完全重複。儘管如此，我們還是在商業與證券市場中，看到某些事情一再發生。

——華倫・巴菲特

未運用的訂價能力

> 在成長股模型裡有個次部位：你這一生中總會有幾次發現一些公司，任何經理人只要抬高價格，就能大幅提高報酬，然而他們卻沒有這麼做。因此他們具備沒有用上的訂價能力，那可是終極的輕鬆賺大錢哪！
>
> ——查理・蒙格

雖然名目訂價能力一般被認為是最佳的通膨避險工具，但那只是辨識偉大公司的必要條件，而不是充分條件。公司業主夢寐以求的情境，是可以在不影響市場份額或銷售件數的前提下，把他或她的產品或服務價格，提高到超過通膨的程度。這種實質訂價能力可以替身為公司部分業主的投資人，創造出顯著的價值。看看時思糖果如何不費吹灰之力，在每年的 12 月 26 日提高價格，這是值得擁有、罕見且具吸引力的公司。一間能夠把價格提高到僅

僅抵銷通膨的公司固然好，但那算不上優秀。雖然能夠找到一間不斷提高價格的公司也不錯，不過若是能夠找到一間基於某種原因，長時間並未提高價格，因此使其產品或服務對於顧客來說，顯得價廉物美的公司，可能會更好。這種情況會創造出某種被抑制的訂價能力，可以在某一段時間內以提高未來實質價格的形式釋放出來。

實質訂價能力顯示產品或服務的訂價不具效率時，隨著該公司開始更有效率地為其產品或服務訂價，也就是把價格實質提高，這種價值被低估的狀況，就是大筆潛在價值的源頭。比方說赫斯特生物科技打算以大約每劑 3 美分的價格，銷售其小反芻獸疫（PPR）疫苗，相較之下其全球競爭者打算以每劑 10 美分的價格進行銷售。儘管到了 2019 年 10 月，PPR 疫苗還沒有開賣，使得赫斯特在尼泊爾負責生產 PPR 疫苗的廠房處於虧損營運，不過其淨利率已經達到將近 25%。等到赫斯特在尼泊爾的廠房逐漸趕上產能，決定在未來適度提高 PPR 疫苗的售價時，淨利率以及盈餘都會大獲提升。無怪乎低成本的製造商是巴菲特的長年最愛，因為在大多數情況下，它們也是有利於社會的公司，並且對於置身其中的所有玩家而言，是一場正和遊戲。這樣的公司會遵循 GARP 原理：以合理的獲利性成長（growth at reasonable profitability）。

就如同我們尋找被低估或訂價錯誤的股票一樣，我們也應該尋找被低估或訂價錯誤，具有未利用訂價能力的產品與服務，因為這兩種情況最終都會自我修正。在這種情況下，大筆價值假以時日可能會為業主解鎖，尤其是在公司當前以低獲利率營運時，因為這時獲利性提高的百分比會相當高。投資永遠要把重點放在變化量，也就是盈餘成長及其潛在品質的變化率。

胸懷大志但價格可負擔，主導心占率的品牌

> 就如同動物在利基處繁衍昌盛一樣，專精於某些狹窄利基處的人們，也
> 可以混得非常好。
>
> —— 查理・蒙格

　　在某個領域有利基點的產業龍頭，是很有前景的投資機會，尤其是倘若能夠在它們尚處於小型股階段時就發現。它們的產品訂價通常享有溢價，品牌也會變成該產品類別的同義詞。想想休閒機車產業的埃徹汽車（Eicher Motors），冷風機產業的森博（Symphony），以及內衣產業的佩吉工業（Page Industries）。❶ 最佳的競爭優勢，就是消費者腦中根本沒有競爭者存在，品牌回憶強烈到讓消費者很難想起緊追在後的第二名是誰。這些公司對於顧客以及供應商具有強大的議價能力，營運資本也是負的，也就是用別人的錢在營運。在年報裡出現「來自顧客的優勢」這個措詞，是一個值得開始挖掘的信號。這種優勢基本上是一種浮存金，這是公司沒有抵押貸款、償付期限、利息等等履約義務，所產生毫無負擔的價值來源。

計算太多，思考太少的人

　　在某些情況下，股價動向、量化篩選，以及財報估值比率，可能會導致不正確的結論。電腦與人工智慧無法捕捉到某些投資的軟性特質。且讓我分享幾個範例。

---

❶ 這三家公司的產品，在印度家喻戶曉。

1. 截至 2019 年 10 月為止，赫斯特生物科技的國際 PPR 疫苗業務，尚未開始產生有意義的營收，這意味著這項前景高度可期的業務，在未來許多年內有望完整發揮其成長幅度。然而許多投資人卻避之唯恐不及，根據過往估值判定它很昂貴，無視由於赫斯特的國際訂單尚未啟動，很高的過往本益比並不能代表其真正獲利能力的事實。印度多種商品交易所的收費依據，是交易價值而非交易量；數年前有許多投資人以其高本益比為理由，避開這支股票不碰，然而這個比率是以當時受到壓抑的大宗商品價格計算出來的。投資人永遠要根據標準化的獲利能力，評估長期投資的想法。當一間公司的當期盈餘，由於持續擴大的費用而受到壓抑，從而導致帳面上很高的本益比時，就可能會出現類似的投資機會。主要倚賴選股工具得到投資想法的投資人，就會錯過這類投資機會。

2. 得到競爭者自動自發的讚譽，對於一間公司來說永遠是正面跡象，然而量化分析、Excel 試算表，或是選股工具，卻無法捕捉到這些軟性層面。

3. 阿凡提飼料（Avanti Feeds）的股價在它公布 2018 財務年度第一季季報的前一天，在沒有任何公開消息的情況下，突然下跌了 10%。然而在同一天，其同業 Waterbase 的股價卻在公布財報後上揚，另一家同業 IFB Agro 股價開盤也同步上揚，這顯示該產業大體而言，並沒有什麼負面消息報導出來。（一般來說，當產業龍頭股價劇烈下跌時，二線廠商也會被恐懼氛圍拖累，跟著一起下跌。）阿凡提隔天一如我預期，交出了強勁的財報盈餘，股價在那之後顯著上揚。要養成對於市場的感覺。（舉例來說，倘若產業龍頭股即使交出強勁的財報盈餘，股價仍然劇烈下跌，或是即使盈餘不佳，股價反而逆勢上揚，那麼市場是在試著告訴你一些重要的事。）

4. 一支股票在發布盈餘之後（或是前一天有任何看似重要的事件報導出來），當天的收盤價如何，遠比市場在開盤時如何反應來得重要。

5. 許多投資人因為對於產品感到熟悉，對於投資消費品公司比較有信心，但是消費者的喜好變化，可能既迅速又無法預測。許多企業對企業的公司，他們所面對的消費者喜好變化速度慢得多（雖然不是全都如此），這使得對它們擬定財務模型比較容易。

6. 有時候分析師報告會無腦地把季報或半年報的數字直接「年化處理」，而沒有把業務營運的季節性納入考量。（在一間公司公布最新季報之後觀察季增率，一定要把季節性納入考量。）舉例來說，HG基礎工程在 2018 年 2 月進行 IPO，某些報告就根據 2018 財務年度前半年的年化數據進行估值，即使造路公司有大約 65% 到 70% 的年度盈餘，是來自於財務年度的後半年（10 月到 3 月）。

7. 股價反映的往往不是綜合季度財報結果。參與市場的人往往僅對一兩項特定業務的績效有興趣，也只有這些業務的營運成果才會推升股價。

8. 當原物料價格劇烈下跌時，原本看似昂貴的過往估值，會很快地變得很低廉。當原物料價格劇烈上揚時，財報上原本並不昂貴的過往估值，很快地會變得很昂貴。

9. 要小心光靠高營益率就驟下結論。營運有效率是造就營益率很好的理由，但倘若這是因為貪婪、跟利益相關人士一起偷工減料，或是損及長期價值創造以支撐短期盈餘與股價，則是造就營益率很爛的理由。

10. 尋找明擺著的異象。好偵探跟好投資人所做的工作，有許多雷同之處。福爾摩斯最受歡迎的短篇故事之一〈銀斑駒〉（Silver Blaze），裡頭就有著名的狗不吠叫事件：

格雷戈里（蘇格蘭場警探）：你有任何想要讓我注意到的疑點嗎？

福爾摩斯：那隻狗在夜間的奇怪舉止。

格雷戈里：那隻狗在夜間什麼也沒做。

福爾摩斯：那就是奇怪的地方。[1]

　　我們來觀察加爾各答供電公司（CESC）在 2018 年初，因為業務分拆造成的奇怪之處。只要看看某些分析師當時在評估 CESC 時，完全不合乎邏輯的分類加總估值，便可見端倪（表 29.1）。（對於聯合企業進行分類加總估值的分析師，應當要明瞭倘若某項業務產生的現金，被拿去挹注另一項業務，那麼分類加總估值分析就沒有意義。倘若經營團隊想要在他們的不同業務之間，繼續進行這種交互挹注資金的操作，那他們打從一開始就不會進行業務分拆。）在分拆之後個別列出的企業實體 Spencer's，其市值顯然不可能是負的。無怪乎蒙格說過：「人們計算得太多，想得卻太少。」

表 29.1　分類加總估值分析

業務範圍	每股價格	估值法
既有電力業務	956	1×2019 財務年度帳面價值
錢德拉普爾電廠	61	以投入股權打 85 折計算
霍爾迪亞電廠	86	以投入股權計算
CESC 房地產	19	以投入股權計算
Spencer's 及其他	(58)	**以虧損零售業務折算**

11. 在現代數位世界中，財報裡的盈餘數字，對於分析目的來說愈來愈沒用了。馬塞洛・利馬在寫給海勒屋避險基金（Heller House fund）客戶的 2018 年第二季報告信中寫道：

「廉價」用來替代價值很爛：這些新的經營模型……尤其是 SaaS（以軟體提供服務）——並不怎麼適用於傳統 GAAP，原因在於倘若分配成本為零，那麼最佳化策略就是盡快為你的軟體產品獲得愈多顧客愈好。數位公司規模愈大愈有優勢，許多公司都在贏者全拿或贏者多拿的市場中營運，打造、成長，然後兌現，就是這裡的遊戲規則。這經常意味著要花很多錢做銷售與行銷，而這會壓抑財報盈餘。

因此 SaaS 公司在前期花錢爭取顧客，之後許多年再從這些顧客身上實現收益。在 SaaS 的世界裡，有些最成功、績效最好的股票，儘管沒有產生有意義的會計利潤，仍保持成長好幾年。就單位經濟效益而言，它們很賺錢，而且一旦停止再投資，每一塊錢就會進一步促進成長。傳統的低本益比選股術，在這種情境下並不管用。[2]

對於這些 SaaS 公司，要研究增額單位經濟效益，也就是每獲得一位顧客要花多少成本，以及他們過一段時間能產生多少價值；然後分析一旦投資階段趨緩之後，穩定狀態下的營利率與現金流會是多少，再把那些現金流折現到當下。

維傑・高文達拉簡（Vijay Govindarajan）、席瓦蘭・拉吉哥帕（Shivaram Rajgopal），以及安納普・斯里瓦斯塔瓦（Anup Srivastava）等三位來自哥倫比亞與達特茅斯商學院的教授，在 2018 年 2 月發表在《哈佛商業評論》的一篇文章中，總結了他們對於無形投資會計處理的研究成果。他們的關鍵發現以巴魯克・列夫（Baruch Lev）和谷豐（Feng Gu）在其著作《會計的終結》（*The End of Accounting*）裡的分析為基礎，認為「會計盈餘對於數位公司來說，實際上無關緊要」。同樣的道理，高文達拉簡、拉吉哥帕和斯里瓦斯塔瓦發現，財報盈餘對於年輕公司的意義，不如對老牌公司那麼重要，因為年輕公司的支出本質與老牌公司不同。事實上，他們發現「對於二十一世

紀的公司，盈餘只能解釋 2.4% 的股票報酬變異，這意味著公司股票年度報
酬幾乎有 98% 的變異，無法由年度盈餘加以解釋」。[3] 這些聲明與列夫跟谷
豐書中發表的內容十分鍥合（圖 29.1），他們發現像是盈餘和淨值等等金融
指標的變異性，對於 1950 年到 1959 年間上市的公司，可以解釋 90% 的股
價變動，但是對於 2000 年之後上市的公司，只能解釋 20% 的股價變動。

　　比起老牌公司，年輕公司比較偏向無形資本密集，比較不偏向有型資本
密集。這對於金融分析師造成很大的麻煩，因為處理有形與無形資本投資的
會計規則明確不同。一間公司進行研發、廣告、軟體開發，以及員工訓練
時，必須把這些創造長期價值的支出，與例如租用辦公室空間之類的例行一
般性費用，用同樣的方式認列，也就是說所有這些具有生產性的投資（圖
29.1 斜率向上的線）被當成費用，要從當期盈餘裡扣除，這會大幅壓抑創新

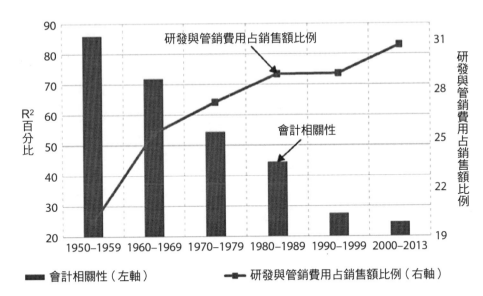

**圖 29.1　自 1950 年到 2013 年，以每十年為區間陸續上市的公司，其市值 R^2
對盈餘與淨值進行回歸。**

圖表出處：Baruch Lev and Feng Gu, *The End of Accounting* (New York: Wiley, 2016).

性很高的公司的財報獲利。同樣的機制也會扭曲資產負債表，資產看起來會不自然地偏低，因為任何東西若是被列為費用，就永遠不會再以資產的形式，出現在資產負債表上。

高文達拉簡等人發現，「無形投資已經超越不動產、廠房與設備，成為美國公司創造資本的主要來源。」[4] 然而，所有這些無形資產在資產負債表上都看不到，因此分析師也無法對公司獲利潛能形成準確的意見。列夫在多年前就發現這種欠缺資訊的狀況，是導致創新性高的公司績效系統性地超越創新性低的同業的市場異象源頭。這種異象可以稱之為「知識因子」。

側車投資

從約翰・坦伯頓在第二次世界大戰前夕，買進了一籃子雞蛋水餃股致富，到巴菲特出售超級巨災保險，成功的投資人都是藉由未知以及不可知的事物，賺取非凡的報酬，而且他們都是根據盤算過的理性基礎才這樣做。「未知以及不可知」指的是世界未來可能會處於什麼狀態，以及處於這些狀態的或然率，兩者都是未知以及不可知的。

「側車投資」（sidecar investing）這個詞彙，是由理查・澤克豪瑟在他著名的文章〈投資於未知以及不可知〉（Investing in the Unknown and Unknowable）中首度提出。[5] 澤克豪瑟在這篇傑出的文章中，分享了許多重要的見解，是一篇所有投資人必讀的佳作。

首先，大多數投資人未能辨別風險與不確定性的差異，他們碰上不確定性的時候，會把不確定性等同於風險，避開那支股票。這會為「避開風險（永久性的資本虧損），但是尋找條件很好的不確定性（安全邊際很大）」的價值投資人，創造出極佳的買進機會。

再者，有些不可知的情況類型與獲利性很高的結果有關，我們可以系統化地思考這些情況。人們寧可在他們知道特定機率的情況下，承擔可衡量且可量化的風險，也不願意在機率完全模糊不清的情況下承擔風險。他們會選擇勝率已知而不是勝率未知的情況，即使已知的勝率很低，而未知的勝率可能是保證獲勝亦然。〔這在決策論裡叫做艾爾斯伯格悖論（Ellsberg paradox），指的是人們的選擇違反主觀預期效用的假設。〕對未知感到恐懼，是最強大的恐懼類型之一，人們的自然反應是離它愈遠愈好。未知的未知會讓我們大多數人從遊戲中抽退，然而這些情況也有可能讓人賺到非凡報酬。（讀者應當研究人類史上最成功的投資案例：孫正義在 1999 年投資阿里巴巴，獲得 6,500 倍的報酬。）財富眷顧勇者，市價與估值則是反映我們生來就想要避開不確定性的傾向。有一種思考不可知情況的方法，是認出它們所提供極為不成比例的報酬：倘若你有機會把你的錢變成 10 倍到 20 倍，但是也有可能把這筆錢一次賠光，那麼在你的投資有充分分散的情況下，就很值得放手賭這一把。這就是對於不成比例的報酬下注，也是貝比魯斯效應在發揮作用。在結果或然率低的時候做好準備，或然率高的時候出手，這對於價值投資人以及企業資本配置者來說皆適用。

　　第三點，那些具備互補技能的人能夠賺大錢。這些人能帶來一些我們無法帶來的好處，也能談成我們無法談成的生意。就算是欠缺這種技能的人，還是可以與確實具備互補技能的好手合夥賺大錢。想想看你若在 1980 年代買進波克夏海瑟威，跟著巴菲特一起大賺特賺，還不用付他半毛錢就能享有這項特權。我想到的一個例子，是巴菲特在 2008 年金融危機期間，以優惠條件買進高盛投資銀行優先股的交易：他投資了 50 億美元買進高盛的優先股以及普通股權證，優先股的殖利率有 10%，權證的轉換權利也很吸引人。

　　澤克豪瑟說，有些人能夠談成令人驚奇的交易，又有能力找出這些交易機會。他們具備某些特質，能夠吸引這種交易找上門。他們可能擁有資本、

人脈、聲譽，或是某種公開市場上的一般投資人不具備的天性。這對投資人來說，就好比搭上一輛由具備互補技能的人，所騎乘的強力摩托車拖行的側車。澤克豪瑟說，投資人對於摩托車騎士的品行與騎車技巧，愈是具有與眾不同的信心，這筆投資就愈是具有吸引力。澤克豪瑟建議每當我們有機會以優惠條件，跟這樣的人進行側車投資時，就不應該錯過。

當公司創辦人展現出全然的超脫以及客觀性，並且為了少數股東的最佳利益，出售早已成為他人生中一部分的舊有業務，隨後透過一間在證交所上市的新公司，開啟一段嶄新的創業之旅時，就是進行側車投資的機會。每當創辦人公司集團內，執行業務過往紀錄久經驗證的關鍵專業人士，在先前了無生氣的集團上市公司裡開展新業務，並且透過優先認股權挹注個人資金時，也會發現相關的模式。

當一個具有高度互補技能的人，加入一間營運平平的上市公司，並且持有多數或是關鍵少數股份時，就是另一個進行側車投資的機會。這會讓他們也有切膚相關的利害關係。

投資產業順風的公司

有一種我稱之為「衝浪」的模型：只要衝浪手站在浪頭上，而且能夠待在那裡，他就能衝上很長、很長一段時間。

——查理·蒙格

你的經營團隊學到的教訓之一——不幸的是有時候是反覆學到——就是身處在吹順風而不是頂著逆風的公司裡，這件事有多麼重要。

——華倫·巴菲特

根據牛頓第一運動定律，一個在運動中的物體會保持運動狀態。運動中的物體具有慣性。股市也有相似的特質：正在發揮作用的趨勢會繼續發揮作用，直到發生了某件事改變這點為止。換句話說，趨勢是你的朋友。

認清大局跟正確辨識個別公司前景一樣要緊。根據曾任摩根史坦利美國股票策略師的亞當・帕克（Adam Parker）所言，產業相關衝擊對於一支典型股票年度報酬率的影響，占股票績效的一半以上。根據我這些年來的個人投資經驗，我發現買進一間偉大產業裡的好公司，比買進一間爛產業裡的偉大公司來得好。無論是職涯還是投資，挑對列車搭上去的幫助相當大，也就是要選擇一個具有長期一般成長性的領域。巴菲特在 2005 年跟塔克商學院的學生對談時說過：「接下來談到我的第二個建議：搭上正確的那班車，也就是往正確方向前進的列車。商學院裡面沒有一門叫做『搭上正確的那班車』的課程，但那真的很重要。你可能是個一般般的乘客，但只要上對了車，它就可以給你載上很長一段路。」[6]

投資沒有最佳勇氣獎。別跟趨勢作對，尤其是必然性的長期趨勢。對現實的心理否定會讓人破產。換句話說，要投資順風的公司，不要投資逆風的公司。讓我以個人的投資組合持股為例，說明這個重要的投資原理：

1. 印度住宅金融、微型金融，以及私有銀行產業的一般性成長股：艾瓦斯金融家、鄉村信用存取、班丹銀行、AU 小型金融銀行，以及烏吉萬小型金融銀行。
2. 化學品製造業逐漸從中國轉移到印度：維納提有機。
3. 印度都市化與逐漸增加的儲蓄金融化結構性長期趨勢：PSP Project、HDFC 人壽和 HDFC 資產管理公司。
4. 聯合國糧食及農業組織計畫在十五年內斥資 76 億美元，根絕 PPR 疾病：赫斯特生物科技。

5. 印度前景可期的非必需性消費一般成長股：巴賈吉金融、迪克森科技公司，還有 SBI Cards 。

　　我們這一路上背後都有資本主義的順風加持，企業保留盈餘並進一步靠著這些保留盈餘賺錢，使得股市長期來說成為一場正和遊戲。人們執著於世界上的各種問題，卻低估了最堅韌樂觀的長期現象：人類天生就一直想要改善自身的當前處境。

　　買進成長性看不到天花板的高品質公司，最巨大的優勢也許在於當我們這樣做時，就是讓自己有機會從這些既無法預見，也無法計算的事物中獲利。人類年復一年不斷達成不可能的任務，卻一直低估未來還能夠達成什麼樣的成就。

投資即將完成大規模擴張的公司

　　對於即將要進行擴張的情況，要不講道理地進行投資。不要僅安於即將完成小型棕地擴張 ❷ 的公司，而是要尋找正要進行大型綠地資本支出計畫 ❸ 的公司（在對自家產品的未來需求沒有強勁信念的情況下，沒有一間公司會進行大規模產能擴張），然後在表定完工日期之前三到六個月內，買進該公司股份。利用選股工具，精選出資產負債表上在建資本近期大幅增加的公司。

　　我從布魯斯・葛林華德的著作《沒有對手的競爭》（*Competition Demystified*）裡，透過他在書中藉由內布拉斯加家具商城的案例研究加以闡

---

❷ 棕地擴張，意指收購或租用既有廠房設備，以進行新的生產活動。
❸ 綠地資本支出計畫，意指斥資興建新的廠房設備，以進行生產活動。

述，得到了「在地規模經濟」這個重要觀念。我經常運用單一地點大型設施這個篩選標準，挑出製造業投資項目。舉例來說，赫斯特生物科技經營亞洲最大的單一地點動物性生物科技製造設施，把整個製造流程集中在單一地點，可以將後勤成本降到最低。一間結構以固定成本為主的公司要擴產時，每單位成本會變得更低，營運槓桿發揮作用，淨利則會呈指數成長。這間公司的每單位固定成本，比起小規模的競爭者來得低，使得新進入的廠商幾乎不可能在沒有長時間蒙受虧損的情況下，與成本最低的原有廠商打價格戰。

　　一間剛募集到大量成長資本的放款公司，應當跟一間剛完成大幅產能擴張的製造業公司一樣看待。事實上，對於在經營良好的金融家掌管下，估值優渥且股權報酬率高的公司，股權稀釋並不是一件那麼糟糕的事。那是因為股權稀釋是以股價淨值比的基礎進行估值，因此在發行認股權、後續募股，或是進行合格機構配售之後，其內在價值實際上是跟著淨值增加了。這讓人們有個對這類放款公司進行向上攤平的好機會，尤其是那些資產品質不錯或正在改善的公司。（不良資產減少，股東權益報酬率上升，撥備覆蓋率有所改善的放款公司，會歷經估值重新評等的過程。股價淨值比擴張會使這種公司產生良性循環，未來就能夠以較低的股權稀釋募集資本。）

　　就放款公司而言，成長性從來就不是問題，多得是想要跟他們借錢的人。對於這樣一間高度槓桿的公司，真正要緊的是風險管理操作以及資產品質。投資人在評估資產品質時，應當要特別留意違約損失率（LGD），這比不良資產（NPA）更具涵蓋性，也是衡量風險更為妥當的指標。在各方權衡之下，我寧可投資一間過去撐過衰退循環的放款機構，也不願投資一間從未經過艱困時刻考驗的放款機構。俗話說的好：「殺不死你的，會讓你變強。」

　　巴菲特在 1990 年的股東信中，闡述了他投資富國銀行的原理：

銀行業並不是我們的最愛。在這個資產為股權的 20 倍乃是常態的業

界，只要有一小部分的資產出了差錯，就會摧毀一大部分的股權；而在許多大銀行裡，出差錯不是例外，而是常規。

由於 20 倍的槓桿放大了經營強弱的效果，我們對於以「低廉」價格，買進經營不善的銀行沒有興趣。相反地，**我們只有興趣以公允價格，買進經營良好的銀行。**[7]

把巴菲特的話牢記在心：「槓桿放大了經營強弱的效果。」這意味著每當槓桿開很大時，經營良窳就至關重要。

特別留意緩慢漸次的變化

受到低對比度微小變化誤導的認知，經常會錯過必然的趨勢。

—— 查理・蒙格

人類天生就會對環境的突然變化產生反應，而不是對緩慢漸次的變化產生反應，但無論是正面改善或趨於惡化的緩慢變化，即便在短期內幾乎不會注意到，最終卻都會隨著時間加劇擴大。這對於科技破壞這個領域來說尤其是如此，最終將在宏觀層次導致顯著的巨變。

科學家與大眾媒體最近都在談論，摩爾定律（Moore's law）是否會在中期逐漸消逝的可能性。把愈來愈多的電晶體塞進矽晶片裡，終究會碰觸到物理性的極限，科學家認為到了某個時間點，傳統晶片技術要維持摩爾定律的成長節奏，不但極為困難，而且成本會昂貴到不可行。有些分析師認為摩爾定律之死，象徵著運算能力指數性成長的終結，不過雷・庫茲維爾（Ray Kurzweil）認為科技演化會開啟新的運算典範，這樣的成長趨勢會繼續下去

甚至加速。庫茲維爾在他思想深刻的著作《奇點迫近》（*The Singularity Is Near*）裡頭寫道：「大多數對於未來時期，有什麼事情在技術上是可以突破達成的長遠預測，都大幅低估了未來發展的能力，因為那些預測都是基於我稱之為『直覺線性』的史觀，而非『指數性』史觀。」[8]

我們全都在一個非線性的世界裡，以線性進行思考。企業創辦人、經營團隊、投資人，還有分析師，全都不例外。

然而，蒙格卻會去看魯拉帕路薩效應。喬治・索羅斯會試著藉由反射性獲利。納西姆・塔雷伯強調肥尾的存在。彼得・提爾（Peter Thiel）會談論冪定律。他們都在尋找我們從中演化的線性環境，以及我們創造出來的非線性環境，兩者之間有無套利機會。

> 一間公司應該被當成一部展開的電影來看，而不是一張靜止的照片。
>
> ——華倫・巴菲特

> 除非有什麼大公司或是精彩的單一事件，公開與某項改變的情況有所關聯，不然金融社群通常很慢才會發覺情況已有根本性的變化。
>
> ——菲利普・費雪

除了緩慢漸次改變的總體情勢以外，投資人也應該留意微觀層次的微小變化。要留意以下的微小變化：宣告初次發放股利；接到大筆訂單或指標性合約；四大會計師事務所稽核員的預約；在年報、簡報或媒體消息裡，首度揭露公司前景與未來計畫，或是討論篇幅增加；上市公司董事長或執行長首度發表業務評論；前景高度可期但欠缺流動性，股價迄今受限於證交所頒布的年度價格限制，卻在市場劇烈修正階段突然可供買進的微型股或小型股；公司過了很長一段時間後，首度舉辦分析師或投資人電話會議；信評機構對

公司舉債金融工具升評（一定要閱讀信評報告）；公司債券市值突然增加（對於一間公司的經濟體質變化，債券比股票更為敏感）；或是營運資本循環出現顯著改善或惡化（一定要監控盈餘品質的變動「方向」）。

像這樣煞費苦心、令人筋疲力盡的做法，需要投資人把精力全然投入，但是相當值得。我個人的投資之旅有個範例可以說明這點。皮拉瑪企業（Piramal Enterprises）在 2016 年 2 月，於 2016 財務年度第三季簡報的一張投影片中，破天荒地稍稍提及了他們未來可能進行的分拆眾多業務（圖 29.2）。

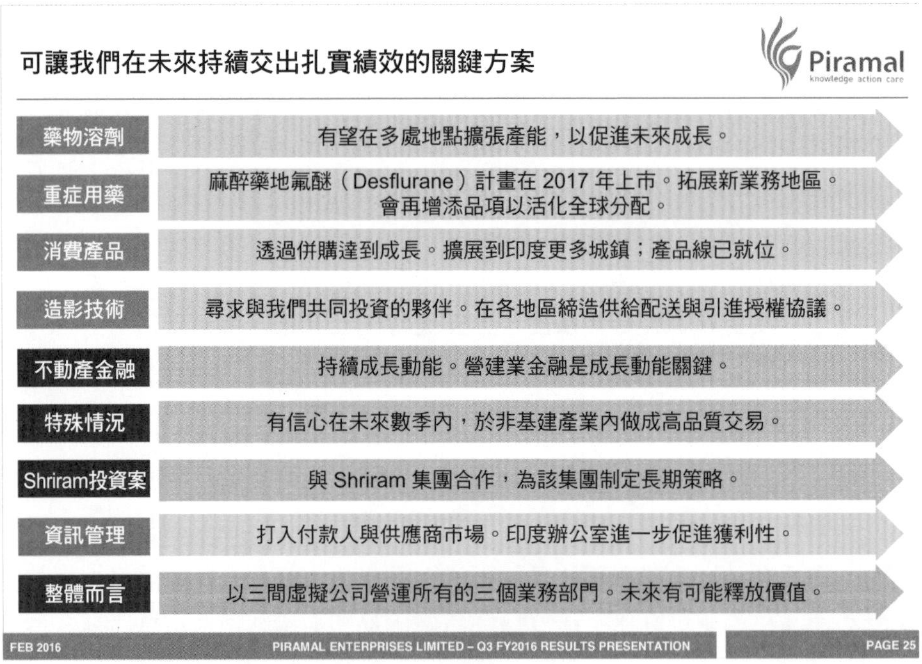

可讓我們在未來持續交出扎實績效的關鍵方案　　**Piramal** knowledge action care

藥物溶劑	有望在多處地點擴張產能，以促進未來成長。
重症用藥	麻醉藥地氟醚（Desflurane）計畫在 2017 年上市。拓展新業務地區。會再增添品項以活化全球分配。
消費產品	透過併購達到成長。擴展到印度更多城鎮；產品線已就位。
造影技術	尋求與我們共同投資的夥伴。在各地區締造供給配送與引進授權協議。
不動產金融	持續成長動能。營建業金融是成長動能關鍵。
特殊情況	有信心在未來數季內，於非基建產業內做成高品質交易。
Shriram投資案	與 Shriram 集團合作，為該集團制定長期策略。
資訊管理	打入付款人與供應商市場。印度辦公室進一步促進獲利性。
整體而言	以三間虛擬公司營運所有的三個業務部門。未來有可能釋放價值。

FEB 2016　　PIRAMAL ENTERPRISES LIMITED – Q3 FY2016 RESULTS PRESENTATION　　PAGE 25

圖 29.2　皮拉瑪企業提及可能進行的分拆

圖表出處：Piramal Enterprises third quarter FY2016 results presentation, February 2016.

我密切追蹤皮拉瑪已經好幾個月了，卻是這項藏在某份檔案裡的一丁點資訊，促使我以吸引人的現行價格進行投資。這令我後來實現了相當豐厚的利潤。

路易・巴斯德（Louis Pasteur）說得好：「機會是留給準備好的人。」努力沒有替代品。

30
認知到運氣、機遇、緣分，以及隨機性扮演的角色

對於我們能夠活著，是基於非凡的好運、微乎其微的事件、發生機率極為渺茫這個事實，我們遺忘得很快。想像在一顆比地球大上數十億倍的行星旁邊，有那麼一丁點的塵埃，那就代表能夠讓你被生下來的機率，而那顆巨大的行星則代表不利於你被生下來的機率。所以別再執著於小事了⋯⋯要知道你就是黑天鵝。

——納西姆・塔雷伯

我們每個人都具有我稱為「隨機人生路徑系集」的東西，也就是我們所做的選擇。你根據你對於人生會往何處去的可能性的理解，做出人生中的每個選擇，但你無法決定結果如何，只能決定或然率。每條路徑都會導致更多選擇，環環相扣之下，就主導了我們的人生。選擇路徑是在你的控制範圍之內，但除此之外就不受你控制。你做出選擇，然後人生丟它的骰子。

——亞瑟・德・瓦尼（Arthur De Vany）

運氣是最偉大的超能力。

——史丹・李（Stan Lee）

運氣（名詞）：成敗似乎是由機率決定，而不是由一個人自身的行動所決定。

　　成功需要什麼條件？最成功的人士有什麼祕訣？以《成功》、《富比士》、《企業家》等等雜誌受歡迎的程度來看，人們對於這些問題相當有興趣。我們假設能夠從這些成功人士身上學習，因為他們一定具有某些人格特質，像是天分、技巧、努力、堅韌、樂觀、成長心態與情緒商數等等，才使得他們今日得以功成名就。

　　但這個假設正確嗎？

　　由於鎂光燈打在耀眼的成功上，運氣所扮演的角色就隱而不顯；失敗的案例所在多有，卻不為人知且沒被看見。珍妮佛‧安妮斯頓（Jennifer Aniston）與珊卓‧布拉克（Sandra Bullock）成為電影明星之前，都曾經當過端盤子的服務生。洛杉磯其他成千上萬的服務生，大概從未接過一通試鏡電話吧！每有一名馬克‧祖克柏冒出頭來，就有成千上萬的科技創業家與員工，努力了數十年卻沒什麼值得炫耀的事蹟。

　　馬克斯‧岡瑟（Max Gunther）在其著作《這樣思考，和好運交朋友》（*How to Get Lucky*）裡，寫了一段關於運氣、機率、緣分，以及隨機性的精彩論述：

　　光是很棒還不夠，你還得要運氣好……

　　好運是成功的基本要素，無論你對於「成功」有什麼個人定義皆然……

　　運氣。它不請自來，始料未及地在我們的人生裡來來去去，有時很受歡迎，有時卻不然。它在我們**所有的**事情中都有其角色，而且**經常是主導性的角色**。無論你多麼小心地規畫人生，都無法知道你的規畫在隨機事件的運作下會怎麼改變。你只知道那些事件會發生，卻只能坐等它們發生，希望那會

對你有利。

運氣是對人類理性的至高羞辱。**你無法忽略它，卻也沒辦法為它做規畫。**人類最宏偉、最精細的規畫，倘若遇到衰運罩頂也會失敗，但是最愚蠢的冒險只要鴻運當頭就會成功……

像是好運與衰運這種事件，是形塑人類生活的主要力量。**你若認為自己的人生完全掌控在自己手上，那你就是在糊弄自己……**

人們為什麼否定運氣所扮演的角色？有個原因是我們很不想要認為自己是靠著隨機事件在過日子。**我們寧願安安穩穩地生活在「自己的命運自己掌控」的幻覺中。**

當我可以對自己說「未來會照我的計畫發生」，人生似乎就變得比較安全，但是當然不會囉！我們內心都深知不會，但若是沒有個可供依偎的幻覺，這真相就實在是令人細思極恐……

我們經過文化薰陶，習慣否定運氣扮演的角色……

運氣不夠「有意義」。我們渴望人生有意義，而認知到運氣扮演的角色，就會讓人生的意義減少一半。

倘若我做錯事情，又源自於是自己搞砸了或是有弱點而直接產生壞結果，那麼這段過程應該會讓我與他人學到一些教訓。但倘若我溫吞地走在街上，卻被一輛卡車輾過，沒有人會從中學到任何事情。

人生很多時候就是那樣，完全地隨機又沒有意義。不只是大學裡的英文教授，我們所有人都對於這個事實感到很不舒服，然而你若想對自己的運氣做點什麼，這就是你必須要正視的事實。

想要改善你的運氣，首先是要**認知到運氣確實存在**。[1]

圖 30.1 與 30.2 闡述謙遜對於維持成功所扮演的角色。

且讓我以身作則，我如何認知到運氣在我的投資之旅中，扮演著多麼重

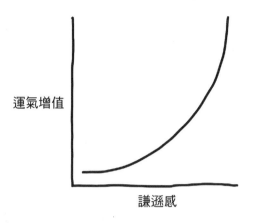

圖 30.1　你需要謙遜地認知到運氣的存在，才能改善運氣

圖表出處：Behavior Gap

大的角色。我在 2014 年的印度牛市大賺了好幾筆，那是運氣使然。當時我幾乎沒有任何投資技巧可言，不過即便如此，我的投資組合裡的阿凡提飼料從 500 印度盧比漲到 2,410（漲幅 382%），加蒂（Gati）從 60 印度盧比漲到 275（漲幅 359%），森博從 700 印度盧比漲到 1,200（漲幅 71%），VST Tillers 從 800 印度盧比漲到 1,740（漲幅 118%），阿揚塔製藥（Ajanta Pharma）從 650 印度盧比漲到 1,350（漲幅 108%），Mayur Uniquoters 從 230 印度盧比漲到 440（漲幅 91%），星界理工（Astral Poly Technik）從 250 印度盧比漲到 400（漲幅 60%），奧圖汽車（Atul Auto）從 350 印度盧比漲到 600（漲幅 71%）。

　　除了加蒂以外，這些股票全都是我在印度一個叫做「價值選股」（ValuePickr）的著名投資部落格上，從一些論理健全的討論中拾人牙慧買進的。我買進所有這些股票的主要理由，是基於我照說天縱英才的個人想法，認為既然這些股票在先前五年艱困的經濟情況下，還是交出了極佳的報

Jason Zweig ✔
@jasonzweigwsj

[Follow ▾]

Whenever I meet anyone at the peak of success who insists luck isn't a huge factor, I make a mental note to check back on him* five years later.

Five years later, none of these people have still been at the peak.

*(yes, they've all been male, but that's another story)

> **Jon Ulin, CFP®** @JonUlin
> If you're so smart, why aren't you rich? Turns out it's just chance. - MIT Technology Review
> technologyreview.com/s/610395/if-yo...
> Show this thread

8:25 AM - 9 Mar 2018

圖 30.2　永保謙遜

傑森・茲威格

每當我遇到一個登峰造極之人，堅稱運氣並不是他成功的巨大因素時，我會在心裡做個注記：五年後再來看看他 * 怎樣。

這些傢伙五年後沒人仍然站在峰頂。

*（沒錯，他們全都是男的，但那是另一回事了）

強・烏林（Jon Ulin），CFP 理財規畫顧問

你要是那麼聰明，為什麼還沒發財？結果只是時運不濟。——《麻省理工科技評論》

圖表出處：Jason Zweig (@jasonzweigwsj), "Whenever I meet anyone at the peak of success who insists luck isn't a huge factor," Twitter, March 9, 2018, https://twitter.com/jasonzweigwsj/status/972131380460163074.

酬（我在 Factset 資料庫上查過了），那麼它們在經濟復甦階段，理應會交出更好的報酬才是。至於加蒂嘛，我天真地認為倘若電子商務在印度迅速成長，那麼加蒂的快遞業務表現就會相當不錯。我甚至沒有去檢查該公司的盈餘品質。

　　就如同我在買進這些股票時，對於我的選擇並沒有什麼個人信念或良好

理解一樣，我在賣出它們的時候，也沒有任何更好的見解。沒錯，這是真的，那時候身為投資人的我就是這麼可悲，即使我從 2007 年就已經在參與市場了。我在 2013 年開始進行價值投資的自我教育，那時複利知識的力量還沒開始發揮作用。

許多我的朋友、前輩以及同儕，都以比我低得多的價格買進這些股票，獲得了好幾倍的大筆報酬。他們的成功全是實至名歸，我則只不過是在牛市裡，靠著好狗運賺到大錢而已。即使在接下來的三年中，我的投資組合報酬還是有一大部分，是靠著印度許多中小型股估值重新評等而推升的。我在 2013 年末把有意義的一大筆資本投進股票，那正是如今已持續好幾年的印度牛市開端，不過也就只是運氣使然。在那之前，我只投資了無足輕重的金額。

要有熱情地保持好奇心

學習的最佳方式，就是帶著童稚般的好奇心。我們都是帶著豐富的好奇心來到這個世上的，作為孩子，與生俱來地總對一切充滿好奇，不斷忙著發掘令人開心的新發現，探索先於尋求解釋。然而我們長大之後，卻擔心這樣看起來會很蠢，好奇心因此受到抑制。振作一下吧！採納這句 ABC 格言：「永保好奇心。」（Always Be Curious.）（查理‧蒙格經常說，我們若想變得更聰明，就必須不斷自問：「為什麼？為什麼？為什麼？」）提問的心態，比起凡事知曉的心態更有價值；想要形塑想法跟解答，提問比起掌控能力更有助益與建設性。雖然你無法迫使自己的大腦想出你需要的創造性想法，但只要對它提問，就能夠促使它進行想像過程。有好奇心是很令人興奮的，因為這意味著你一直都在發掘出有意思的事情。靈感往往來自於完全出乎意料的

來源，這就是為什麼有好奇心如此有益。愛因斯坦有一次寫信給朋友：「我沒有什麼特殊的天分，就只是熱情地保持好奇心。」就連達文西也不例外，他最獨特、最啟迪人心的特質，就是他強烈的好奇心。

在我們尚未全然理解的擴張宇宙，主觀進行敘事自我的故事框架裡，不斷有新的事物發生。

> 不要去想為什麼你會有疑問，別停止提問就對了。別擔心哪些事情你無法回答，也別試圖解釋你無法知道的事。好奇心本身就是道理。當你在沉思永恆之謎、生命本身，或是真相背後的神奇結構時，難道不會感到敬畏嗎？這就是人類心靈的奇蹟：以建構、概念與公式為工具，去解釋人類所見、所感覺、所接觸到的事物。試著每天都多理解一點。擁有這份神聖的好奇心。
>
> ——愛因斯坦

我從小就是個熱忱好奇的人，不斷對於周遭的一切問東問西的，就是這個特質使得機緣不斷為我打開新機會的大門。機緣讓我在 2013 年 11 月，不經意地閱讀到一篇瑞銀集團（UBS）的報告後，發現了埃徹汽車這家公司。機緣讓我在 2015 年某個早上，在 CNBC 頻道上看到烏達恩・穆克吉（Udayan Mukherjee）談到 SKS 微型金融（如今叫做巴拉特普惠金融）業務復甦。後來在 2017 年 3 月，我在隨意觀看 YouTube 影片時，也看到穆克吉談到印度儲蓄金融化的長期一般性趨勢，從而開始了解印度保險業以及資產管理產業的長期發展潛力。我以類似的方式，在投資之旅中挖掘出好幾支多倍股，而那些發現完全是在日常生活中的機遇事件或隨機討論造成的。我可以大言不慚地說，在我迄今所有的股票投資當中，運氣、機遇、緣分以及隨機性，都以某種形式扮演了重大的角色，而且日後很可能會一直這樣下去。

實際上，運氣是我能活到今天，分享自己故事的唯一理由。我個人曾經經歷過三次可能致命的意外：一次是小時候從家裡樓梯上摔下來，動了一場手術；一次是在泰國騎越野車翻車，奇蹟似地只有造成一些小擦傷；第三次則是在印度阿默達巴德攻讀 MBA 學位時，在一場單車意外中受了重傷。大難不死的我，對於人生中最微不足道的事情，只有更為感激。新的每一天都是上帝賜予我的禮物，我真的是受到祝福。

想要改善運氣，就要謙遜地認知到它的存在

成功的投資人能充分領會到運氣扮演的角色。他們對於生命中那些本來可能會發生，卻沒有發生的沉寂事件（也就是「架空歷史」），在智識上保持坦誠覺知。且讓我分享一個個人案例，說明這個重要卻被極度低估的人生層面。

孟買證交所在 2016 年 3 月 28 日，宣布自 2016 年 3 月 31 日起，暫停交易邱比特有限公司（Cupid Ltd.）的股份交易。我當時的投資組合價值，有將近 20% 放在邱比特上頭，但是隔天在我有機會退場之前，這支股票立刻跌停鎖死，而且到 3 月 31 日之前天天都是跌停鎖死，之後又無限期地暫停交易。對於邱比特的股東來說，接下來數週是一段極為緊張且不確定的時期，不過該公司最終安然無事，其股份在 4 月 20 日恢復交易，我得以用接近原始成本的價格退場。

但倘若我沒有得到這個退場的機會呢？

巴菲特把他功成名就的因素，一大部分歸功於抽中了在美國出生的「卵巢樂透」，讓他的配置資本技巧得以為他賺進數十億美元。同樣的道理，我認為自己也很幸運，能夠在印度出生成長，這裡的民主制度充滿生氣，文化豐富多樣，股市又一堆高成長投資機會，未來可望創造出數兆美元的財富。

一旦我們認知到運氣的存在之後，有辦法加以改善嗎？當然有。岡瑟如此解釋：

那些幸運人們的特色，就是安排好他們的人生，以便經歷好運並避開衰運……

這套幸運做法就是對自己說：「好，我要跳進這個危險的情況中了，進入這場輪盤遊戲或這筆共同基金投資。不過我可不會有事情將按照我的計畫進行的幻覺，我看得出運氣成分很大，所以我會小心別讓自己太膨脹太放鬆。我預期變化會很迅速，我也不會投入無可挽回的大筆資金，隨時準備好在看到我不喜歡的變化當下就出場。」……

要在這場遊戲中保持幸運，你必須在拿到一手爛牌時蓋牌不玩……

首先你會認知到，事情通常就像它們看上去的一樣糟糕，事實上往往更糟。而你要對自己說：「我願意保持樂觀，但得要看到一些理由吧？」然後你會研究這個情況。問題有沒有可能會消失呢？抑或你有沒有解決問題的一些實際辦法？有的話就繼續留在場內，沒有好方案的話就退場吧，在其他地方尋找更佳的運氣……

開始出差錯的地方，往往就只會繼續出差錯，或者每況愈下。在逐漸惡化，也看不到事情有好轉跡象的情況下，認賠出場總沒錯，甚至事後諸葛發現結果是錯的也一樣。2

岡瑟的結語讓我想起了巴菲特談到，那些艱困公司帶給他的經驗：「廚房裡絕不會只有一隻蟑螂。」3

只要採取適當的行動，你就能增加經歷好運的表面積。許多人認為成功人士只是生來幸運而已，但岡瑟讓我們看到有些人以某些特質模式規畫人生，就能夠比其他人更為幸運。他們懂得讓自己處在鴻運當頭的路徑上，去

到活動輪轉最為迅速、能夠走好運的地方。他們會在好幾個具有低風險與高報酬特質的冒險機會中試試手氣，讓自己置身於更聰明睿智的人們之中。他們在追求自己的目標時，一定會留下一些讓機緣造訪的餘裕。他們不會漠視意外發掘新機會的重要性（比方說參與活動、派對、聚會、會議，以及機遇事件），對任何可能性都保持開放心態。他們會承擔計算過後的風險，堅守初衷，但在無望時又不會堅持不放。他們相信「可為典要，唯變所適」的格言，簡而言之就是隨著人生輪轉，不逆勢操作。因此幸運的人能夠掌握人生的良緣，同時又能把孽緣的影響降到最低。

> 讓我置身於我所遵循的這些路上的，並不是精心做出的決定，而是對於機會與際遇做出顯而易見的反應。
>
> —— 司馬賀

我們都有機會變得「幸運」，因為除了要滿足基本健康與生計以外，幸運不過就是一連串的選擇造成的結果。你若生活在自由社會中，你就很幸運。幸運每天都在你身邊，無論你有沒有認知到這點，幸運的事情一直都在你身上發生。

那些認知到自己有多麼幸運，並且對於自己擁有的事物感到感激的人，就是幸運的人。倘若你想要覺得自己很富有，只要數一數你有多少金錢買不到的禮物就得了。在我看來，像這樣的自我實現是邁向幸運最重要的一步。你可能在工作上或投資上不太順利，但你若有個愛你的家庭與良好的健康，你就已經擁有人生中某些最寶貴的事物，值得為此心懷感激。尼克·瑪吉歐利寫道：

> 想想你要如何對自己訴說關於自己的故事。想想所有你可能度過的人

生，所有你能夠模擬的世界，再想想運氣在你這一生中，扮演了多大的角色？你得到的是否比你應得的還要多？你是否必須比大多數人更加努力奮鬥？我會問你這個問題，是因為**接受運氣是你人生的主要決定因素，是最能解放你看待這個世界的方式之一。怎麼說呢？因為當你理解到偶然與機緣影響人生的程度有多大之後，你就能夠不再以自己所得到的結果評斷你自己，開始把重點放在你的努力上。這是你唯一能夠控制的事情**。4

被隨機性愚弄

> 因為沒有預測到某事而犯錯時，你應該要學到的是，這個世界很難預測。那是你從這些意外中可以學到的正確教訓：這個世界充滿意外。
>
> ——丹尼爾・康納曼

　　邏輯靠著因果建構而成，因此進行分析思考的人經常會把巧合以及關聯性，與因果關係混為一談。名嘴和學者專家評論每日市場動態時，因為需要找出因果關係，就經常會出現這些副產品。

　　市場在任何一天上漲或下跌，實際上都是因為許多互相關聯、太過複雜、散漫、糾葛難分的因素所造成。

　　馬克斯・岡瑟在其著作《蘇黎世投機定律》（*The Zurich Axioms*）裡，非常出色地說明像股市這樣一個複雜的適應性系統，由於人類行為根本無法預測，因而具有全然的隨機特性：

> **對於明年、下週，甚至明天會發生什麼事情，實際上每個人都毫無任何概念……這至關重要的一點，就是為什麼你永遠不該認真看待經濟學家、市**

場顧問，或是其他金融神諭家的意見。

當然啦，他們有時候是正確的，**而那才是讓他們變得危險的原因。**他們每個人在預言這一行待個幾年之後，都能夠傲然提出幾個結果證明正確的猜測。大家會因此說：「真是神奇啊！」但是這些先知的宣傳底下，從來不會提醒你，他或她過去猜錯了多少次。

「要當先知還真容易。」著名經濟學家西奧多・萊維特博士（Theodore Levitt），有一次這樣跟《商業周刊》說。「你做二十五次預測，然後只談論成真的那幾次就好。」這麼坦率的預言家並不多，但他們私下都會認同萊維特博士的成功公式。經濟學家、市場顧問、政治神諭家和陰陽眼，皆由衷地知道這條基本規則：**你若無法預測正確，就經常做預測……**

並不是所有的神諭家，都能夠編出經濟學家所做的年度預測修正，但他們全都遵從這條基本規則。他們經常做預測，並希望不會有人太過仔細地檢視預測結果……

我們很容易被成功的先知迷惑，因為貌似能看透未來的能力，帶有一股催眠般的誘惑力，在金錢世界中尤其是如此。一位在數年內經常猜對的預言家，會吸引到龐大的追隨者……

金錢世界先知落入的陷阱之一，是他們會忘記自己在處理的是人類行為，他們談論通膨率或是道瓊指數漲跌，有如某種物理事件。把這種現象視為物理事件的神諭者，會落入那種事情適合預測的幻覺，也是合情合理的；然而事實上所有的金錢現象，當然都是人類行為的展現……

預言家永遠可以在預測結果失準時，大呼那是「無法預知的事件」所致。但那正是麻煩所在：每個預測的前頭，都有無法預知的事件等著。從來沒有任何對於人類行為的預測，是由 100% 可預知的事件構成。每個預測都有其風險，沒有任何預測是可以信任的……

任何預兆都不要理會。由人類行為形塑的金錢世界中，沒有人對於未來

會發生的事，能夠有一丁點的概念。把「沒有人」這個字圈起來……

金錢看起來很冷靜、很理性，可供理性分析操作。你若想要變有錢，似乎只需要找到某種健全的理性方法，某條公式就成了。

人人都在尋找那條「公式」。遺憾的是，天底下並沒有那條公式。

真相是金錢世界是個毫無模式、混亂失序的世界。一如天上的雲朵或是海邊的白沫，模式看似三不五時就會出現，但那短暫即逝，並不是人們可以用來擬定計畫的扎實基礎……

令人吃驚的是，有很多聰明人讓自己被「賭徒謬誤」（Gambler's Fallacy）給糊弄……只要擲銅板的次數夠多，你早晚都會接連丟出一串正面，但這並沒有什麼秩序可言。你事前無法知道什麼時候會開始丟出一串正面，一旦開始了，你也不知道會持續多久。轉輪盤、賽馬、參與藝術市場，或是任何其他你把錢拿去冒險的遊戲，情況都是一樣，只要玩得夠久就會享有連勝，說不定還是令人難忘的大勝……但你沒有一套井然有序的方法可以把這些連勝拿來變現。你既無法預見連勝即將開始，也無法預測會持續多久。它們只不過是渾沌的其中一部分而已。

無數的投機客與賭徒，因為沒能在鴻運當頭時退場而搞到破產。賭徒謬誤會讓人產生自己暫時天下無敵的感覺，因而促成他們失敗，那種感覺相當危險。沒有人天下無敵，即使是半秒鐘也沒有……但是在體驗過那種感覺之後，真的很難保持完全理性。[5]

那正是巴菲特在 2000 年的股東信裡提到的事。「投資與投機的分界線，從來就不是那麼涇渭分明，而隨著大多數的市場參與者近期享受到成功的喜悅，就變得更加模糊不清。沒有什麼比不費吹灰之力賺到大筆的錢，更能夠麻醉理性的了。」[6]

投資人之所以會落入如此愚行，是因為他們未能認知到金融世界最強大

的力量之一。

均值回歸

均值回歸是說一個並非平均值的事件，後面接著會出現比較接近平均值的事件，這個原理在涉及某些隨機性元素的活動或情況下相當顯著。均值回歸影響活動的強度，與控制該活動結果的運氣成分完全成正比。諸如賽跑、游泳，或是棋弈等等個別運動與競賽，是由技巧所主導，運氣扮演的角色相對較輕，因而會產生較具一致性、能夠預測的結果。

股市投資是一種運氣扮演顯著角色的活動。想想看許多散戶投資人通常會採用的投資過程：他們去看一檔基金經理人最近幾年的績效，倘若近期績效優越，就把錢投進他或她管理的共同基金。然後他們精挑細選的基金在接下來數年內，績效開始落後指標，這些投資人大感失望，把錢抽回來，用同樣的標準去找另一位基金經理人，也就是最近幾年績效優越的那位。然後類似的故事再度上演，投資人完全搞不懂為什麼他們精選的基金，在他們把錢投進去之後，績效就立刻惡化。

都是均值回歸在作祟啊，老兄。

> 大多數的基金買家，都是先看過往績效，然後看經理人的聲譽，再看基金的風險性，最後才看基金的費用（如果有看的話）。有智慧的投資人也是看這些東西——只不過順序剛好反過來。
>
> ——傑森・茲威格

在股市中，報酬高於平均的期間，後面通常會接著出現報酬低於平均的

期間，反之亦然。然而投資人會被情緒左右，追逐最新的投資風潮，或是在應該買進時反而賣出。按照行為研究公司達巴（Dalbar）所做調查，到 2018 年結束的二十年間，標普 500 指數的年化報酬率有 5.6%，然而所有美國股票型基金的投資人，平均年化報酬率卻只有 1.9%，這個二十年間年化報酬率低了 3.7% 的顯著績效落後，完全是出於投資人自身的有害行為，以及他們嘗試擇時進出市場的表現不彰〔這也稱為「行為缺口」（Behavior Gap）〕。[7]

巴菲特說：「在他人貪婪時要恐懼，在他人恐懼時要貪婪。」[8] 他指的除了均值回歸以外別無他物。這正是為什麼你不該因為任何基金管理人或投資顧問，最近幾年有很好的報酬績效，就被這樣的結果動搖心志。

倘若果真如此，那我們在評估投資歷史紀錄時，要如何區別什麼是運氣、機會與隨機性使然，什麼又是出於真正的技巧呢？印度神黑天（Krishna）為我們提供了答案。

取自《薄伽梵歌》的重大投資教訓

Karmanye vadhikaraste, ma phaleshou kada chana.

Ma karma phala hetur bhurmatey sangostva akarmani.

——《薄伽梵歌》

在這段取自《薄伽梵歌》的詩句中，黑天對不願意去打摩訶婆羅多戰爭的阿周那（Arjuna）解釋，為什麼他必須要克盡職責。這段詩句翻譯如下：

你有權採取行動，但無權決定行動的成果。

不要讓成果成為你行動的目的，如此你就不會怠忽職守。

黑天要阿周那不要顧慮其行動的結果，繼續克盡職責。他的教誨濃縮在行動瑜伽（karma yoga）的概念中，karma 這個字是從梵文字根 kri 衍生而來，意思是「去做」。

這是給所有投資人的一個重大教訓。把重點放在「karma」，也就是過程與行動，而不是結果。

有非常多的研究發現，在或然性活動領域裡能夠成功的專業人士，都具有一項共通特質：他們都強調過程甚於結果。

> 無論未來如何，我們都會堅持我們的過程。沒有人保證我們每一次都會得到我們想要的——差得可遠了——但我們相信長久以往，那是讓我們得到我們想要的最佳基礎。
>
> ——查克・阿克雷（Chuck Akre）

雖然報酬（結果）明擺著人人都看得見，然而投資人很少會問那結果是技巧（完善的投資過程）所造成的，抑或純然的隨機性使然。你若只把重點放在結果，就比較不太可能達到那個結果；反言之，你若著重於堅持健全的過程，縱然短期結果幾乎總是由運氣決定，長期下來，結果會自行照料好自己。就長期而言，我們能夠倚賴健全的過程，以可以持續的方式，更為穩定地產生我們想要的結果。

曾任美國財政部長的羅伯特・魯賓（Robert Rubin）說得最好：「任何個別決策都有可能少思寡慮但很成功，或是雖然經過深思熟慮，卻因為認知到的失敗可能性真的發生了而沒有成功。不過假以時日，較為深思熟慮的決策總體而言，會導致較佳的結果；而根據決定做得有多棒而不是結果有多棒來加以評估，就能夠鼓勵人們做出較為深思熟慮的決策。」[9]

31
價值投資人的教育

我喜歡承認自己蠢得可以的人。我知道倘若我一直揭自己瘡疤，表現得會更好。這招非常值得學起來。

——查理·蒙格

愚人與智者的主要差別，在於智者會從他的錯誤中學習，愚人則永遠不會。

——菲利普·費雪

過於受權威影響的偏誤

「拷貝—貼上」經常被體面地稱之為模仿、複製，或是跟風。有些人還把它稱之為「受啟發的行動」。當然啦，受到他人啟發總是好的，但是我們若是讓他人代我們思考，盲目地拷貝／複製／跟風他人做過／正在做的事，或是說過／正在說的話，就會產生問題。人類這樣的行動是一種自然產生的偏誤，尤其是當我們受權威或是過去成功的某人影響下行事時。

——維夏爾·康德瓦（Vishal Khandelwal）

我在 2016 年的時候，只根據一位我相當景仰、其投資技巧令我感到尊敬的同儕推論，就買進了一支股票。那支股票在數週後股價劇烈下跌，發布的季盈餘疲弱，我因為無法說服自己持有，就以虧損 14% 退場。結果，那支股票在我的傷口上灑鹽，股價不到十個月就翻了一倍。噢……

你可以借用別人的想法，但你永遠也無法借用他們的信念。努力沒有替代品。經常有人會強力推薦我某支股票，說那非常值得長期買進，然後他們自己下週或下個月就賣出。倘若我因為他們推薦而賠了錢，我可沒有資格怪罪他們，我們應該對自己的決定負責。我們可以學習每個人最好的那一面，但永遠不要把自己的賠錢怪到別人頭上。吉姆・羅恩說得貼切：「你為自己的生活負起全責的那一天，就是你從童年畢業，踏進成年之時。」知道我們景仰尊敬的投資人做了什麼投資選擇很好，但我們一定要自己做必要的研究，只有在那間公司落在我們能力圈內，並且提供很好的安全邊際時，才扣下買進的扳機。

就我個人而言，投資所帶來的真正喜悅與刺激，來自於後面的研究與發掘過程。當你盲目地複製別人的選股，自己一點功課也沒做，你就是放棄了讓價值投資成為如此令人在智識上感到滿足的活動。維夏爾・康德瓦說過：

就算你的投資想法是原創的，還是有可能會犯錯，但起碼那些錯誤是你自己的錯誤，也許還讓你學到了寶貴的教訓。然而倘若你犯錯只是因為複製他人的錯誤論點，那你該怪誰呢？**你又有學到什麼教訓呢？**

過了一段時日，從五個你最認同的人身上各複製 20%，將是你被形塑的樣子。那是一種不錯的生活方式，不過前提是你有選對認同的對象。

在投資來說也一樣。**要選對人，然後複製他們的行為、思維、過程，以及定位，但絕不是盲目地複製他們的想法。然後假以時日，你就會變得跟他們一樣。**[1]

我們這一生在某些時候，都會遵從權威人物的指導，例如父母、老師、警察等等。在我們需要指導時，遵從權威有幾個好處，但是盲從權威可能會造成嚴重問題〔最能夠作為範例的，莫過於權力服從最著名的心理學研究之一「米爾格倫實驗」（Milgram experiment）〕。

　　2013 年，只因為某位著名市場專家推薦商業電視，我就買進了 Subex 的股份。這支股票在我買進之後幾個月內，立馬崩跌了超過 50%，我實現了顯著虧損退場。我多麼希望在這之前，有讀過班傑明・富蘭克林的金玉良言：「每一位公民的首要義務，就是要質疑權威。」

　　事後看來，這是一段寶貴的經驗，因為我再也沒有倚賴專家建議進行投資。我們在金融媒體上讀到、看到的人們意見，會對我們產生權威偏誤（authority bias）以及月暈效應（halo effect）。他們穿著體面，口說流利英語，使用複雜術語──全是裝腔作勢，而裝腔作勢永遠管用。這些專家很多人沒有任何可信的長期紀錄，然而他們吹捧自己「穩賺不賠」的推薦股票，卻絕不會有半分遲疑。換句話說，他們採用蒙格稱之為「廢話傾向」的策略，擁有的就只是些膚淺的「司機知識」。這會對聽眾造成嚴重問題，因為這些所謂專家或權威人士，結果經常是大錯特錯；有些時候這還涉及利益衝突，這些專家是有意進行不道德的行為。

　　羅伯特・席爾迪尼（Robert Cialdini）的著作《影響力》（*Influence*）指出，質疑權威可有效矯正這個問題。當你碰上了認同某個專家的情況時，姑且稍停一下，問自己下面這兩個重要的問題：

1. **「這個權威人士真的是專家嗎？」**
   這個問題有助於驗證這位專家的可信度。
2. **「我們認為這位專家有多真誠？」**
   這個問題有助於我們對這位專家所給的建議賦予任何可信度之前，

了解他的激勵誘因與任何可能存在的利益衝突。

　　雖然跟業界最優秀的人學習很好，但永遠不要在沒有經過適當探究、推論，以及盡職調查之下，盲目遵從任何人的建議，無論那位專家聲名有多麼卓著皆然。幸好市場足夠有效率，能夠讓專家評論在上午看起來就很蠢，到了下午看起來更蠢。

小心定錨偏誤

只要我們的直覺固定在某個數字（而那可以是任何數字），那數字就揮之不去了。我們大多數的決策誤差，都源自於作為我們正常思考方式一部分的心智捷徑。大腦利用心智捷徑，簡化非常複雜的資訊處理與決策工作。定錨是心理學家用來稱呼大腦所使用捷徑的用詞。大腦處理複雜的問題時，會選擇一個初步的參考點（定錨），然後在接收處理額外資訊時，做出小幅度的改變。

——維夏爾・康德瓦

　　我在 2013 年買進核心教育（CORE Education）與沃克哈特（Wockhardt）的股票，只因為它們的股價在很短的時間內，劇烈下跌了超過 50%。沃克哈特在不到三個月內跌掉一半的股價，核心教育則是僅僅一天就跌掉一半。我很興奮地買進這兩間公司的股票，對於它們的潛在價值有多少毫無概念，結果它們在我買進之後，雙雙又立刻崩跌了 50%，最後我在年底把它們都出清了。我就是菲利普・費雪格言活生生的例證，他說股市充斥著「對價格無所不知，對價值一無所知」的人。[2] 我應該要注意到一支下跌 95% 的股

票，其實是先下跌了 90%，然後又下跌了 50%。（用股價距離 52 週高點有多遠，找出價值被低估的股票，是最糟糕的方法之一；但這也是最簡單的方法之一，因此最常被投資人使用。）

投資人不僅經常讓自己定錨在股價上，也會定錨在創辦人的過往行動，就算他後來洗心革面，採取諸如關閉不良部門、改善投資人溝通渠道，或是讓董事會專業化等等矯正措施亦然。要學著對創辦人培養出同理心。王爾德說過：「每個聖人都有過去，每個罪人都有未來。」有時候即使潛在經營模式已然歷經大幅度的正面轉變，投資人仍然會定錨於該公司的過往歷史。

直到 2016 年之前，瑪那普蘭金融（Manappuram Finance）一直都是一間波動性很大的黃金借款公司，不過經營團隊後來改變了公司的經營模式，進行短期黃金放貸，大幅減低了潛在的業務波動性。許多投資人沒有注意到這項重要的變化，一直等到該公司經營模式嶄新的正面變化大多已經反映在股價上之後，才買進該公司的股票。

我們生活在一個不斷變遷的世界，而且每分每秒都不斷在改變，沒有什麼是維持不變的。湯姆・盧梭喜歡以日本一座有七百年歷史的廟宇作為類比：這座廟宇是木製的，而各個部分經年累月之下更換了很多次，沒有一根木頭具有七百年的歷史，但我們談到那間廟宇時，仍然視其有七百年的歷史。我們在股市也是以類似的方式，看待變化所產生的效果。就以標普 500 指數這個最常被引用的市場指標為例，其成分股在過去五十年內，每年平均要換掉二十家以上的公司，然而投資人引用標普 500 指數時，卻當它是個沒有變化的龐然大物，但實情顯然不是如此。標普 500 指數在 2020 年的成分股，與 2000 年完全不同，然而當我們說出像是「標普 500 指數目前以十年均線的溢價／折價進行交易」這樣的話時，意思卻不是那麼一回事。

倘若每當我們首度接觸到一個投資想法時，都去觀察其長期價格走勢圖，然後發現它過去十年來一直都在走跌，我們應該會下意識地給它貼上

「狗股」的標籤。此後，即使那間公司的潛在事實有根本性的改善，這還是會玷汙我們對它的觀感，因此好得不得了的公司，就可能在沒有好理由的情況下被漠視。每當你研究一間過去的墮落天使時，先在心裡給它標注個日期，你就會發現一些有趣的結果。許多投資人因為對於 2013 年的瑪那普蘭金融印象揮之不去，對於投資 2016 年的瑪那普蘭金融就嗤之以鼻。在心裡對你研究的每間公司標注日期，並且認知到那代表的現實，就只不過是你做觀察的時間點罷了。

投資人有個非理性的偏誤，一直想要以「整數」買進股份（那些整數就成為定錨），即使這樣做在交易後會剩下一些現金亦然。永遠不要忽略小額閒置現金的機會成本，經過複利累積數十年後，可能就是一大筆錢。

另一項投資人常見且相當不理性的定錨偏誤，會在他們打算買進某支他們預期假以時日，會上漲「好幾百個百分點」的股票時發生，但那只不過是個比當前市價略低一點，隨機固定下來的意欲買進價。這些投資人小事精明，大事糊塗，很多時候最終會造成巨大的機會成本（這種情況跟那些股票該賣卻不賣，只是為了讓它成為長期持股，省下一些短期資本利得稅的道理類似）。

對於絕大多數的交易而言，堅持一丁點的價差不放，結果可能會導致極高的成本。

——菲利普・費雪

一支股票的原始成本價是常見的定錨，這會讓投資人堅持不賣出輸家投資，希望一旦損益兩平就能退場。這些投資人忽視了菲利普・費雪對於這種偏誤會造成巨大成本的警告：

投資人持有他們真的不想持有，但是除了「至少要打平吧」以外，沒有任何其他理由的股票，可能會因此虧掉更多的錢。把這些實際虧損加上倘若當初一發現犯了錯誤，就立刻把這些資金進行適當再投資，所可能創造出來的利潤，那麼自我寬容的成本就會變得相當龐大。3

大多數投資人寧願等待逝者復返，也不願意保留剩下的東西。他們沒有理解到想要賺回虧損，並不一定非得從造成虧損的同一支股票上頭賺回來。倘若情勢不對，只要實現虧損，然後繼續找下個更好的投資機會就得了。持續運用複利是這場長期遊戲的成功關鍵，買進股票之後，就把你為此付了多少錢給忘了，不然這個價位將一直影響你的判斷。

一支股票的過往價格，是另一個有缺陷的定錨。我指的是投資人起初考慮買進，卻沒有採取行動，後來股票大幅升值的那個價位；錯過早期進場的機會會造成懊悔感，這股懊悔感卻往往是沒有根據的，因為一間真正出色的公司，會有好幾次買進股票的機會。按照定義，一支百倍股等於是十倍股出現兩次，就算某人在它成為十倍股之後買進，它還是會再往上漲個十倍。這顯示出即使在你退場之後，還是要主動追蹤該公司成長故事的重要性。不要把投資想成不相干的事件，而是持續不斷的傳說故事，必須要對新的情節轉折定期重新評估。除非一間公司破產倒閉，否則故事就永遠沒有結束的一天。

向上攤平或是增持賺錢部位〔又名金字塔交易法（pyramiding）〕，是投資最違反直覺的事情之一。倘若我們投資了一間就中長期而言，會比當前市值值錢好幾倍的偉大公司（隨著時間推衍，投資人已經從以股價思考，演變到以市值思考），那我們對於以高於我們原先成本基礎的價格（有時候高出很多）添購更多股份，就不應該再猶豫不決。身為投資人，重點永遠應該放在以當前價格算出來的預期報酬。

這一點也適用於賣出。要把投資組合裡大賺的部位賣出，從來就不是一件容易的事，因為經年累月下來，我們會對它產生情感，畢竟它為我們創造了許多財富，但是股票並不知道我們擁有它們。就如同我們執著於已經過時的信念，我們之所以緊抓著這些股票，是因為我們固定在較低的原始成本價之類這種沒有什麼意義的定錨，然而今天的投資人並不會從昨日的成長中得益。

定錨偏誤也會折騰分析師。在投資世界裡，定錨可以解釋為何盈餘出乎預期，而且通常是跟在前一個出乎預期的後頭。分析師在他們的估值模型中，會慢慢調整一間公司的盈餘數字。沒有人喜歡認知到自己是錯的，尤其是當這需要完全轉變觀點時，因此改變會是一種逐漸調整的緩慢過程，結果就是出乎預期的事接踵而來。

嫉妒以及自我的考驗

驅動這個世界的不是貪婪，而是嫉妒。

——華倫·巴菲特

一旦你設法讓人生中的某件事運作順暢，然後還極度在乎別人賺錢賺得比你更快，我認為這樣的想法根本是瘋了。

——查理·蒙格

有個複雜的因素會讓處理投資錯誤更為困難，那就是我們每個人的自我。

——菲利普·費雪

眼見他人因其持股價格劇烈上升而發大財，卻未能無視並避免這種誘惑，可能會導致你的財富受到摧毀，因為你有可能會落入害怕錯過機會的陷阱。就連傳奇人物牛頓也在 1720 年南海泡沫期間，屈服於這個偏誤之下（圖 31.1）。他在南海股票價格愉快地上升之前投資下去，數個月內就以超過 100% 的優渥利潤退場；但是朋友在他退場後，繼續靠這支股票賺到更多報酬，他在社會證據的誘惑下屈服了，在股價接近高峰時再度買進該股票。我想你不難猜到接下來發生了什麼事。

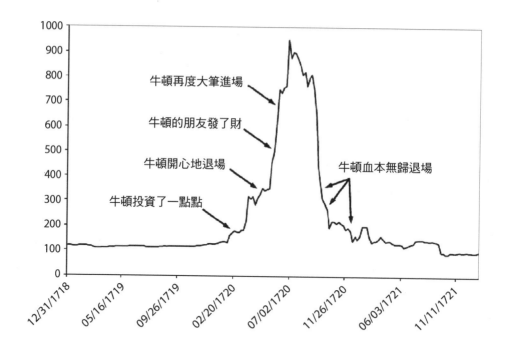

圖 31.1　南海股票股價走勢（1718 年 12 月至 1721 年 12 月）

圖表出處："Isaac Newton's Nightmare During the South Sea Stock Bubble (Dec 1718 – Dec 1721)," Bamboo Innovator (blog), https://bambooinnovator.com/2013/04/04/isaac-newtons-nightmare-during-the-south-sea-stock-bubble-dec-1718-dec-1721/.

我希望我早一點知道這個故事。我在 2015 年底買進資本信託（Capital Trust）的股份，只因為一位密友在最近不到一年內，靠這隻股票賺了超過 150%。查爾斯‧金德伯格（Charles Kindleberger）說過：「沒有什麼事情比看著朋友發財，更能夠擾亂一個人的福祉與判斷了。」[4] 我可不想在這場與密友的競賽中被拋在後頭，所以即使我並未充分了解資本信託的業務內容，還是買進了該公司的股票。在我買進之後兩個月內，股價修正了將近 30%，我在恐慌中連忙退場。這支股票卻在我的傷口上灑鹽，接下來不到八個月內漲了兩倍。噢。

嫉妒是七宗罪裡面，唯一沒有益處的。嫉妒的人總是很悲慘，因為嫉妒只有下檔風險，不會提供上檔報酬。即使他人在玩的遊戲跟我們的不一樣，我們還是不必要地受其影響。不要拿你自己跟他人比較，你今天唯一必須要贏過的人，就是昨天的你。與他人競爭會讓你苦不堪言，與自己競爭則會讓你蒸蒸日上。我們可以從海明威的話中，發現偉大的智慧：「比你的同伴優越沒什麼高尚的，真正的高尚是比過去的你來得優越。」

自我有時候會讓我們略過一支股票，只因為某位投資同好多年前在接近股價最低點買進，或是在去年甚至上個月的股價最低點買進。我們愚蠢地把自己定錨在這位同好的低廉買進價，拒絕以當前市價評估該股票的前景。此外，在我們出於任何隨機的個人原因，與投資同好賭氣時，我們會因為嫉妒成性，有時候甚至是因為憤怒、憎恨的智識自我，而無視於他公開可得的扎實選股建議。

這是一種蠢得可以的行為。股票並不知道誰擁有它。不要把對於他人的個人情緒與意見，加諸於投資決策之上，這只會使你放棄利潤，失去機會，大大地侵蝕你的長期淨值。這種種愚昧我在過去的某些時間點都曾經犯過，在財務與情緒上因此蒙受不少傷害。你不該如此。一如蒙格所說：「你不需要在通電的藩籬上撒泡尿，才知道不要這樣做。」[5]

讓你晚上得以高枕無憂的投資，就是成功的投資。成功並不在於賺到最高的報酬或賺到最多錢，而是以盡可能的最低風險，及時達成我們的財務目標。

價值投資以真正坦率誠摯的方式進行時，不但可以創造大筆財富，也會讓我們成為更棒的人。隨著時光流逝，我們會認知到價值投資不只是關於股票以及公司基本面，它也是一種生活紀律。

好惡傾向

> 當我們對於提供訊息的人抱持負面觀感時，我們會因人廢言，並因此錯過許多學習機會。同樣的道理，當我們對提供訊息的人抱持正面觀感時，我們會不加思索就接納訊息。這兩種情況都不好。
>
> ——安妮・杜克（Annie Duke）

席爾迪尼在《影響力》一書中，談到「喜好傾向」這個微隱但相當陰險的偏誤。我們喜歡長得好看、受歡迎、很配合，或是我們能夠認同的人，也喜歡那些跟我們的成長背景、意見、生活型態、興趣、態度、長相、價值觀，以及信念相似的人。我們喜歡並且會信任所有熟悉的事物。我們知道而且喜歡的人若是提出要求，我們大多寧願對他們說「好」。漠視我們覺得討喜之人的缺點，並且跟我們不喜歡的人對著幹，都是很自然的反應。

根據蒙格所言，「喜歡／喜愛傾向……有如一台制約機器，會讓那個有喜歡或喜愛感覺的人：

1. 無視於他所愛對象的缺點，並且順從其所願。

2. 只因為某些人們、產品以及行動，與他所愛的對象有關，就偏好它們。

3. 扭曲其他事實，以促進愛意。[6]

　　相反地，我們產生厭惡偏誤時，會無視於厭惡對象的優點，並扭曲事實以維持目的負面觀點。

　　就投資而言，一定要有意識地把公司的股票與公司掌舵者的個人性格分而論之。把重點放在該公司潛在的優點與經濟體質，客觀地觀察事實並評估情勢，這會讓你免於犯下許多代價高昂的錯誤。我真希望我在 2016 年投資維拉特吊車工業（Virat Crane Industries）之前，就已經先拜讀過席爾迪尼的書。那時，我在讀到該公司創辦人葛蘭迪・蘇巴・拉歐（Grandhi Subba Rao）人生故事裡的艱辛、奮鬥與堅忍不拔之後，對他個人在情感上頗為認同。於是我對於創辦人強大的喜好偏誤，造成了確認偏誤，我開始合理化買進這支股票的理由，只考慮正面因素，即使我很清楚有營利率低以及關係人交易等等各種負面因素，也完全把它們擱置不理。

　　相反地，我有一次則是展現厭惡偏誤，推遲了買進一間偉大公司股票的決定，就只是因為我不喜歡其創辦人在電視上的粗魯用語。這是完全不理性的行為。那間公司具有良好的經濟體質，創辦人也有很乾淨的公司治理歷史紀錄。

　　一位非常有能力的執行長，有可能自大、招搖、浮誇，還會抽菸；而另一位執行長則也許謙遜、內斂，是一位自律甚嚴，道德高尚的人士。我們會對展現出我們尊敬的人格品質，或是與我們相似的人感到偏心，然而我們喜歡的人卻不一定有能力執行業務，產生好的結果。情緒與費用是投資人最大的兩個敵人，我在投資職涯中就有好幾次，因為對於掌管公司的人過度情緒化，並且根據主觀意見採取行動而付出代價。我在所有這些案例中，沒有從

這些股票上賺到一毛錢，並且還因為持有這些股票，造成了大筆的機會成本。我固執地無視那些公司每一間所面對的各種逆境，應該要在評估時保持客觀無偏，卻刻意對它們的問題睜一隻眼閉一隻眼。一定要努力讓關於公司狀況的事實從人類心理因素中脫離出來。

壓力影響傾向以及認知失調

壓力（名詞）：由於環境不利或非常苛刻，在心智上或情緒上造成的緊繃或張力。

在快節奏的股市世界裡，腎上腺素會造成更快速、更極端的反應。有一些壓力能夠增進表現，但壓力過重往往會導致我們的認知機制失靈。

認知失調是其中一種壓力形式。當我們同時有兩種互相矛盾的想法、信念、意見或態度時，就會經歷這種壓力，並往往導致不合邏輯且不理性的行動。有個取自我個人投資之旅的範例，可以說明這種經驗。

我在 2016 年 11 月，把 SKS 微型金融（如今叫做巴拉特普惠金融）的持股全部賣出，因為我認為其微型金融業務（相當倚賴收回現金的作業）會受到印度政府宣布禁止貨幣流通的負面影響，導致 SKS 的不良資產攀升。由於 SKS 的股價迅速跳水，我當時的心理壓力很大，但是我在賣掉 SKS 股票之後馬上做的事，最足以作為認知失調的例證：我把賣出所得款項又拿去買進瑪那普蘭金融，因為我過去數個月內都在密切追蹤這間公司，對其成長快速的微型金融子公司前景頗感興趣。幸好我很快就領悟到自己犯了蠢，小虧一點點就把股票出清。

壓力影響傾向的解方，是推遲決策的時間，直到你覺得壓力沒那麼大了

為止。讓你自己有一段冷卻下來的時間，等到你感到冷靜放鬆時再來評估狀況，平心靜氣地考量你的決策。倘若那是個關鍵決定，要確保你有參考檢查清單。

損失規避

在先前一個案例中，我在果阿碳（Goa Carbon）結算日當天早上，下了一張停損單。我想要留住買進之後短短數個月內，很快就賺到超過 50% 的利潤。股市是一種拍賣式的機制，股價經常會往某個方向劇烈波動，很多時候完全是隨機性的。我的停損單在我下單之後幾分鐘內，在沒有明顯原因的情況下觸發。果阿碳一小時後發布了亮眼的財報結果，股價在下半場一飛沖天，之後僅僅數個月內翻漲了超過 100%。噢。

我給 HEG（本書前面有討論這個案例）下停損單的理由很合理，因為我不確定可能會頒布的出口稅政策會造成多少衝擊。但是就果阿碳的案例，我的行動是完全不理性的。就在我賣出前一週，我才剛知道該公司前景有所改善（圖 31.2）。

Darshan Mehta
@darshanvmehta1

Follow ∨

Rain Industries in focus as CPC prices are up
3000₹ in last 10 days as per dealers

9:00 PM - 8 Oct 2017

圖 31.2　由於產品價格提升，果阿碳的前景已經改善

圖譯：各家中硫鍛燒石油焦價格在近十日內，上漲了 3000 印度盧比，雷恩工業（Rain Industries）前景看俏。

圖表出處：Darshan Mehta (@darshanvmehta1), "Rain industries in focus on CPC prices are up 3000," Twitter, October 8, 2017, https://twitter.com/darshanvmehta1/status/917238376863895552.

對長期一般成長股下停損單沒有道理，不過在不確定短期大宗商品持有部位前景的時候，運用停損單並沒有錯，尤其是倘若我們已經坐擁大筆利潤的話。然而在這兩種情況下，基本原理都是一樣的：推升股價的一定是未來前景，而不是過去的財報盈餘。我很清楚由於中硫鍛燒石油焦產品價格近期激增，果阿碳接下來數季的前景會有所改善，而我在該公司公布前一季的財報結果之前，竟然會想要下停損單，完全是一種矛盾的行為。

是什麼原因造成這種非理性行為？是什麼原因促成我想要「保留」我的既有利潤，因而對持股下停損單？答案在於所有人類都有的一種內在特性，其延伸出來的理論，形成了行為財務學大多數偏誤的基石。

那就是損失規避。

人類一想到可能會失去某個東西時，會比想到獲得價值相等的某個東西時，受到的刺激更大。涉及不確定性的情況時，尤其如此。我們天生就有損失規避的傾向，因此可能產生虧損的威脅，會對我們的決策造成顯著影響。

或是以蒙格的話來說，「一個人賺到 10 元所得到的愉悅程度，並不完全相等於他虧掉 10 元所造成的不悅程度。」[7]

這是丹尼爾‧康納曼和阿莫斯‧特沃斯基的展望理論（prospect theory）基礎原理（圖 31.3）。

我們把問題從「獲利框架」換成「虧損框架」時，就會從十拿九穩的保守選項，轉換成比較有風險的賭一把選項。損失規避會把我們轉變成尋找風險的人，因為人們在面對正面框架時會規避風險，但在面對負面框架時卻會去尋求風險。訊息的傳達方式會影響人們接收到的感覺，因此框架對於行為具有重要的意涵。我們會覺得「99% 無脂肪」的食品很吸引人，但倘若同樣的訊息改成「含有 1% 脂肪」，就會觸發我們不一樣的反應。同樣的道理，試想先贏得 1,000 元然後輸掉 900 元，以及你先輸掉 1,000 元再贏回 900元，我們很可能會覺得相較於「只」贏了 100 塊錢的結果，「只」輸掉 100

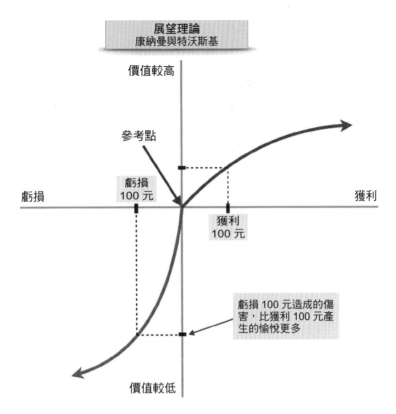

圖 31.3　展望理論

圖表出處：Dave Rothschild, "How People Think About Buying New Products," JTBD.info, August 21, 2015,https://jtbd.info/getting-consumers-to-switch-to-your-solution-fa292bb29cea.

塊錢還比較令人開心。

　　框架是我們規避損失的結果。演化使得我們的大腦尋求將損失降到最低，而不是將獲利放到最大。就投資而言，框架效應的其中一種變形，就是讓我們無法從一個既存的情況裡抽離出來。我們喜歡贏，不喜歡輸，所以會對投資組合裡的每支股票，在心中都打個分數，並且給它個別開個心理帳戶，只有在每一筆未來賣出的交易賺錢時才想要執行。我們並不會去看投資

組合的整體績效，而是試著每支單一股票都要賺到錢。這個窄小的框架叫做處分效應，結果是把賺錢股賣掉，繼續持有賠錢股。就如同彼得‧林區所說，這相當於「把鮮花割下，然後灌溉雜草」。

理查‧塞勒（Richard Thaler）與凱斯‧桑斯坦（Cass Sunstein）進一步拓展損失規避的觀念。[8] 他們解釋投資人還會受到短視損失規避所害：我們評估投資組合的頻率愈高，看到虧損的機會就愈大，而我們看到虧損的頻率愈高，體驗到損失規避的機會就愈大，於是就形成惡性循環。（大腦處理財務損失的區域，跟對於致命危機產生反應的區域是一樣的。）

投資人應當從巴菲特的保險承保業務中，學到這個重大教訓：一定要以期望值來進行思考。要規避風險，但不要規避損失，也就是說不要害怕承擔計算過後的風險。投資並不是一門每項投資都會賺錢的生意，大多數投資人都知道這點極為真確，卻很難接受這個事實。你若執著於個別部位的盈虧，那麼即使投資組合整體而言表現良好，你還是會感到很悲慘。偶爾賠錢是這場遊戲的一部分，所以要謹慎地分散投資，就百分比來說，確保沒有單筆虧損會對你的投資組合造成重大的負面衝擊，更不可以有投資組合崩壞的風險。一定要抽離出來，以你整體財富的百分比變化來思考，而不是以個別股票的絕對值變化來思考。

要記得，你的投資組合在某些日子可能看起來很恐怖，但不會數十年都很恐怖。

貪婪與恐懼

對於股票投機來說，十月是個格外危險的月份。其他同樣危險的月份，還有七月、一月、九月、四月、十一月、五月、三月、六月、十二月、

八月，以及二月。

—— 馬克・吐溫

一個人的情緒變化程度，與他所知的事實成反比：你所知愈少，情緒就
會愈失控。

—— 伯特蘭・羅素

一個事件的鮮明程度，會對我們的邏輯推論造成妨礙，因為我們天性會
過度高估鮮明事件的重要性，低估更為重要卻沒有那麼鮮明、每天都在發生
的逐漸變化。（比方說，大多數人都會很訝異地發現，蚊子在 2016 年平均
每天害死的人數，比鯊魚在過去一百年內害死的人數加總起來還多。）[9] 倘
若我們在講的事件是近期發生，而且比較容易想起來的，這有可能導致我們
做出一些倉促草率的決定。這些事件，常發生在某個戲劇性媒體新聞受到鋪
天蓋地的報導時，而投資人這時會因為腎上腺素飆升，略過檢查清單不用，
做出倉促的決定。

在 2016 年 6 月英國脫歐公投結果出爐之後，我立刻賣出手頭上既有的
埃徹汽車 5% 持股，並買進近期打算透過售股募集 10 億美元的 Yes 銀行賣
權。我以為既然電視上許多專家把脫歐公投說成「二戰以來最大的政治事
件」，全球市場會應聲崩跌。（倘若某件事在新聞上大幅報導，就已經反映
在價格上了。）這讓我感到很緊張，但我決定善用這股廣為傳播的恐懼，迅
速地撈上一筆。我打算一旦 Yes 銀行賣權價值暴漲，我就把賣權賣掉，然後
買回更多我暫時賣掉的埃徹汽車股份。這一切都是符合邏輯的如意算盤，我
是要怎麼輸？

全球股市就在隔週出現了多年未見的最大漲幅。所有那些販售恐懼的專
家，這下子顯然在媒體上完全消聲匿跡，取而代之的是在商業電視台的狂飆

牛市呼聲。埃徹汽車的股價暴漲，我的 Yes 銀行賣權價值立刻崩跌到接近零。噢。

我知道這些情緒（圖 31.4）是何感受，因為我在投資最初的那幾年，犯下了許多暴行：

1. 跟券商融資買進「熱門」IPO 的股份，只想著在上市日股價「翻升」，試著「快撈一筆」。
2. 付利息給券商融資買股，只想著在股票將於隔天或下週發布，（我自己）預期十分強勁的財報結果出爐之後，把股票以雖小但「快撈一筆」的價格賣掉。
3. 只因為追蹤人數很多的部落格推薦某支多倍股就買進，打算在它迅速小漲一波之後就賣掉。
4. 在次級市場買進一支股票，只等著同產業領導廠商近期頗受期待的 IPO 之前，帶動估值重新評等之後，能夠迅速地賺一筆。

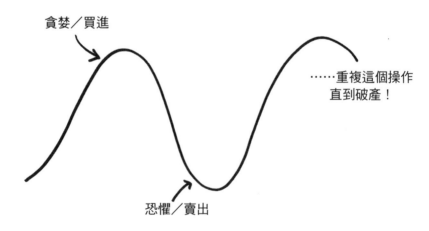

貪婪／買進

……重複這個操作
直到破產！

恐懼／賣出

圖 31.4　貪婪與恐懼

圖表出處：Behavior Gap.

5. 出於貪婪與害怕錯過的心理，禁不起誘惑買進一支熱門產業裡迅速飆升的小型股，而略過研究年報、過往紀錄、財務面與經營團隊品質等必須要做的初步研究工作。

6. 根據與產業全球巨人合資創業或合夥，這種光鮮亮麗又大幅報導的鮮明故事，買進一間公司的股票，而根本沒去查看這筆交易的經濟體質。在一個很會說故事的人操作下，幾乎每支股票看起來都像是贏家。（為了保護你自己，一定要假設你聽到的不是故事全貌。）說故事大師能夠降低他們的資本成本，因為他們可以拉高投資人的預期，而這些投資人卻漠視葛拉漢以及路易斯‧布蘭迪斯（Louis Brandeis）的警語，前者說：「營利操作不應該基於樂觀態度，而是要基於算數基礎。」後者說：「陌生人哪，要記住算數是科學首要之務，亦是安全之母。」[10]

多巴胺暴衝的代價真的很昂貴。券商就是從我們的操作中削錢。我們應該無為而治，避免干擾複利過程（圖 31.5）。

操作　　　　　　　　　　　　　　結果

圖 31.5　投資操作與投資結果

圖表出處：Behavior Gap

金融教授布萊德‧巴伯（Brad Barber）與泰倫斯‧歐丁（Terrance Odean）在一篇名為〈投資人為何做太多交易？〉的論文中，查看了 1987 年到 1993 年間，某大折扣券商公司散戶所進行將近 10 萬筆股票交易，結果發現平均而言，投資人買進的股票隔年績效，比市場大盤低了 2.7 個百分點，而他們賣掉的股票隔年績效，比市場大盤高了 0.5 個百分點。[11] 經濟學家約瑟夫‧雷克尼夏克（Josef Lakonishok）、安德烈‧施萊弗（Andrei Shleifer），以及羅伯特‧維什尼（Robert Vishny），在一篇由布魯金斯學會（Brookings Institution）發表的論文中，同樣指出退休基金經理人所進行的股票交易，相較於投資組合保持不變，他們所賺到的報酬還少了 0.78%。[12]

我們過度交易時，唯一會發財的是中介機構跟券商。想想下面這個驚人的計算結果，也許能讓你睜開眼看見這個事實。假設你與中介機構每年都能賺 8%，但你的摩擦成本每年占你投資組合的 4%，同時中介機構把他們收到的佣金，以 8% 的報酬率進行投資，過了十七年之後，他們累積起來的錢會比你還多；過了二十八年之後，他們的錢是你的兩倍──而且他們最初是零資本投入。他們用你微不足道的費用發大財。

愛因斯坦說過：「複利是世界上第八大奇觀。了解它的人就能賺，不了解它的人就會賠。」我過去賠的可多了。隨著時間過往，經驗累積，我逐漸能夠品味出葛拉漢話語中的深刻智慧：「投資人的主要問題──甚至是他最可怕的敵人──恐怕就是他自己。」[13]

沒有比失去世上所擁有的一切，更能夠教會你不要做什麼事情了。**當你已經知道為了不虧錢，不要去做什麼事情之後，你就會開始學到要賺錢得要做什麼事情了。**

──傑西‧李佛摩

我跟大家分享我投資之旅中的這些錯誤,因為我認為它們是我最偉大的老師,從中學到的教訓讓我這些年來有長足的進步。我深深地感激每一次的虧損,帶給我的這些寶貴經驗與智慧。人生裡頭沒有錯誤,只有教訓。當你採取正面的心態時,就永遠不會輸,要嘛是贏,要嘛就是學到些什麼。良好的判斷來自於經驗,經驗則是來自於不良的判斷。(我的經驗可多了。)

投資並不是一場追求完美的遊戲,而是要持續進步的遊戲。一開始就透過幸運的交易迅速賺到錢,是最糟糕的賺錢方式,它所強化的壞習慣往往會導致一輩子都在賠錢。在投資的領域中,新手的好運往往變成新手的詛咒。早早在可控管的範圍內失敗,是一種祝福。在你年輕並且擁有大量人類資本,但是沒有多少金融資本時,從投資錯誤中盡可能學習。

俾斯麥說過:「只有笨蛋才從他自己的錯誤中學習,智者會從他人的錯誤中學習。」蒙格也認同他的話:「你能夠透過他人而不是自身的慘痛經驗,學到愈多慘痛的教訓,就會變得愈好。」[14]

我希望以我的錯誤所提供的替代學習,可以嘉惠讀者的人生以及投資生涯。

了解複利的真正本質

人生就像滾雪球，重要的是找到濕的雪，以及一條真的很長的坡道。

——華倫‧巴菲特

了解複利的力量以及得到它有多困難，是了解許多事情的精髓所在。

——查理‧蒙格

　　我從巴菲特身上領略到最棒的事情，跟投資沒有關係。反覆閱讀並深思他下面這段話：

　　你只有一個心智，一具肉身，卻得要撐上一輩子。要讓它們長年保持運作很簡單，但倘若你不照顧好身心，它們四十年後就會變得一團糟……

　　決定你的身心在十年、二十年、三十年後運作得如何的，是你今日眼下的作為。[1]

　　這些是安身立命的絕佳話語。就最終會對人生造成巨大影響的日常決策來說，我還沒有碰過比這更好的長期思維範例。現在既然你已經讀到這句話了，我希望你稍微思考一下。

　　你有養成能夠在餘生支撐身心的好習慣，並且採取行動嗎？你有按部就班地讓自己把更多時間，花在對你的人生真正要緊的事物上嗎？

我們許多人渴望成功，卻欠缺成功藍圖。成功並不是指賺到一拖拉庫的錢而已，賺到錢卻賠上健康可沒有意義，有錢沒朋友也會讓你孤寂一生。我們把很多時間花在讓財務資本複利累加，卻忽略了社會與智識資本同樣也會複利累加的事實。投資你自己，你的人際關係，以及你對於這個世界的了解，假以時日會付給你鉅額股息。了解什麼才是真正對你重要的事物，然後以有條不紊的方式，全心投入逐夢。你所追尋的任何事物，都比你以為的來得更為接近，但有時候你必須踏上尋找它的旅程，而複利的力量將在這趟旅程中，協助你達到努力追求的目標：變得更快樂、更健康、更美好、更富有、更聰明、更高尚。

複利累積正面思維

> 只要是人心能夠設想並相信的事物，就能夠達成。心想事成！神奇的是，只要把明確的目的與強烈的欲求結合起來，就能轉化為財富。
>
> ——拿破崙・希爾（Napoleon Hill）

　　正面思維會產生我們達成長期目標所需的一貫能量。我們的心智會自動產生與我們消化的資訊相關的思維。就算我們很擅於避免負面思維，訓練自己持續不斷保持正向，然而一旦牽涉到官能性，我們的基本天性就無法抗拒。媒體大師就很了解這點，他們對於你的天性，在很多方面比你自己還了透，媒體一直都在利用震驚聳動的頭條吸引注意。你的心智是一個空杯子，無論你倒進去什麼，它都會裝起來；你倒進去聳動的新聞、負面的頭條、談話節目的誇誇其談，就是把髒水倒進杯子裡。你的杯子裡倘若都是這些黑暗、沮喪、擔憂的水，那麼你的心智製造出來的一切，都會淌著這灘渾水，

因為那就是你在思考的內容。要對你攝取的資訊相當留意。

> 認知到你在人生中已經擁有的好事，是一切富足的基礎。
>
> ——艾克哈特·托勒（Eckhart Tolle）

「改善法」不僅是成功改變或強化行為的策略，也是一套生活哲學與信念系統。改善法鼓勵我們，要對自己的健康，與親朋好友相處的時光，還能活著吸進下一口氣，都保持感激之心。當你對於已經擁有的事物心懷感激時，這個世界的樣貌、舉止，以及反應，都會變得不一樣。當你對於已經擁有的事物感到感激，完善規畫並善加運用，而不是一直想著你並未擁有的事物，你就擁有改變周遭環境的力量。把祝福吸入，吐出感激，感激是知足常樂最有效的路徑。為人父母的你倘若需要早起，就應該要對你能擁有孩子並給予愛心懷感激；你若需要打掃或修繕居家，就應該要對能夠有個安身之處心懷感激；你若有一堆髒衣服要洗，就應該要對有衣服可穿心懷感激；你若有一堆碗盤要洗，就應該要對有食物果腹心懷感激；你若筋疲力盡躺在床上，就應該要對能夠生活在這個美麗的世界心懷感激。著名美國創作歌手華倫·澤馮（Warren Zevon）罹患癌症末期時，大衛·賴特曼（David Letterman）問他從這場病中得到什麼人生智慧，澤馮的回答完全就是改善法的思維：「享受每一份三明治。」

> 一切唯心造。相由心生。
>
> ——釋迦牟尼

態度決定高度。坦承錯誤完全可以接受，因為一如蒙格所言：「那當時看似是個好主意。」然而未能從錯誤中學習，是不能被接受的。贏家與輸家

的差別，在於贏家承認犯錯，因此從中學習，人生繼續前行。從錯誤中學習的關鍵，在於不找藉口地認知到錯誤所在，並且做出改善繼續前行所需的必要改變。你若不承認自己的錯誤，就無法成長。當負面情緒發揮作用時，你的心智就是在跟你說眼前的路出了某種差錯，你必須要改變方向，大多數人卻會忽略這項警告。

你並非周遭環境的產物，而是思維的產物。幸福完全在於你放在腦中的思維品質，所以要確保你懷抱正確的思維。你的思維會影響你的言行，倘若你想要成為更棒的人，就必須管好你的心智。當你開始從內在改變你自己，周遭的世界就會隨之產生反應。當你的意識或心態往正確方向開始轉變時，神奇的事情就會開始發生。試著在睡前閱讀、瀏覽一些有生產性或啟發性的東西。大腦會繼續處理你在睡前吸收的最後一點資訊，所以你會想要把注意力放在具有建設性，對於達成目標與抱負有所助益的事物上頭，這可以確保你強健地結束每一天。

你首先必須要了解你自己。有自知之明的人可以走到外頭，觀察自己的反應。自知之明讓你得以體驗人生兩次：第一次是以抽離的觀點，第二次則是以平常內嵌於思想與情緒中的感官反應。你的意識深處有兩種體驗並存，一種賦予你滿足的人生，另一種則製造出充滿懊悔的人生；你對於哪一種體驗投以關注，哪一種體驗就會成長，所以請睿智地做出選擇。

宇宙的潛在本質是不安全的，不永恆的，而且終究會逝去。因此不要尋求安全、永恆與長遠，相反地要在人生的過程中，愈來愈能隨遇而安。宇宙一直都處於再生狀態，汰舊換新乃是演化之道，人體細胞層面也不例外，這是教你要學會放手抽離。我們的身體由大約三十七兆個細胞構成，身心每天都會經歷無數置換與轉變，然而倘若我們專心致志，就一定可以發現一個清晰真切的單一聲音，那就是我們真正的自我，也是一切意義的源頭。禪道藉由冥想達到冷靜及深度集中的概念，能幫助我們培養出這個能力。學習冥想

的重要性，再怎麼強調也不為過。當你訓練自己的心智集中於某件事物上頭，有如呼吸一樣簡單時，這就會賦予你一種修養，懂得把心智集中於相對重大得多的事物，並且能分辨出真正重要的事情，跟其他普通事情有何差異。

人生中有許多失敗，在於人們不知道自己放棄時，距離成功有多麼接近。

——愛迪生

成功跟失敗都在同一條路上，成功只是在路上稍微遠一點的地方而已。堅持不懈地走下去，因為你永遠也不知道下個行動是否會一舉成功。絕對不要在努力過後放棄，因為複利只有在經過一段很長的時間，對你的耐性與信念做出最大程度的考驗之後，才開始展現其益處。不只是商業與投資是如此，人生與人際關係亦然。

大多數人們在生活中培養興趣，但是真正投入的卻沒幾人。興趣與投入的差別，在於是否具有不要放棄的意志。當你真正投入某個事物時，除了成功以外，你沒有其他替代選項。有興趣會讓你起跑，但是能讓你抵達終點的卻是投入。

當你準備好，練習過，全力以赴，並且不斷投入需要的努力，你人生的關鍵時刻遲早會到來的，屆時你會定義你是什麼樣的人，以及你會成為什麼樣的人。撞牆不是問題，問題在於你撞牆之後怎麼做，這才是成功與進步的決定性時刻。成長與進步就在於這些時刻，是進是退就看你自己了。每當你在精神或物理上撞牆時，與其退縮不前，不如認知到你的競爭者也在面對同樣的挑戰，這時倘若你堅撐下去，最終就會大幅超前。如此「多撐一下子」會大幅拓展你的極限，這就是複利在發揮作用；而由於複利的力量是推遲出現的，最終你只是多努力一點點，卻能得到指數性的成果。

世上沒有什麼能夠取代堅持不懈。天分無法取代堅持不懈，天底下多的是有天分卻沒成功的人。天縱英才無法取代堅持不懈，未獲肯定的天才幾乎是一種常態。教育無法取代堅持不懈，世上充斥著受過教育的廢人。光靠堅持不懈與決心，便可無所不能。

——卡爾文·柯立芝（Calvin Coolidge）

堅持不懈比知識更為重要。你若想要成功，就必須堅忍不拔。知識與技巧可以透過學習與練習獲得，但是半途而廢的人不會成就什麼偉業。魯德亞德·吉卜林把成功與災難形容成兩個冒牌者，你只要對它們一視同仁，無論如何都好。每次成功都是你展現謙遜的機會，每次挫敗都是展現韌性、打造性格的機會。

蒙格認為逆境會讓某些人把自己轉變成被害者：

每當你認為某個情況或某人毀了你一生，其實是你在毀壞你的人生。這是個如此簡單的概念：覺得自己是個被害者，是一種完全災難性度過人生的方法。你若換一種態度，無論處境有多糟，都覺得一定是自己的錯，然後盡己所能去修正——也就是所謂的「鐵之處方」——我覺得那一定管用。[2]

約書亞·坎農（Joshua Kennon）在其部落格裡，寫到蒙格一生當中，經歷了好幾個痛苦至極的逆境：

1953 年，29 歲的蒙格跟太太離婚。他 21 歲就結了婚，卻因為離婚失去一切，他太太保有在南帕莎蒂娜的家，蒙格則搬進「屋況糟透」的大學俱樂部，開著一台車況糟透的黃色龐蒂克……

離婚後不久，查理得知他兒子泰迪罹患白血病。那個時代沒有健保，你

必須全額支付醫藥費，而當時的醫生束手無策，死亡率接近100%。查理的朋友瑞克‧蓋林（Rick Guerin）說，蒙格會去醫院給他的小兒子支持，然後在帕莎蒂娜的街上邊走邊哭。

在確診一年後的1955年，泰迪‧蒙格病逝。查理當時31歲，離婚、破產，還得埋葬他的9歲兒子。後來他又動了一次可怕的手術，讓他瞎了一隻眼，還痛到他最終把眼珠給挖了出來。

我打賭你目前的麻煩，跟他當年比起來黯然失色。無論你碰上什麼麻煩，克服它就是了，重新來過。他都做到了，你也可以。[3]

我第一次讀到這段時，情緒激動，熱淚盈眶。我立刻想起肯尼斯‧馬歇爾（Kenneth Marshall）的著作《尋找超值股》（*Good Stocks Cheap*）序言裡一段犀利的話：「人們透過下面兩條路之一發現價值投資：一是受創，二是接觸。哎，走受創這條路的人可多了。」[4]

我們經由反思，學到逆境是人生很自然的一部分。反思逆境的目的，在於了解逆境無可避免，一視同仁，而且變幻無常。壞事也會發生在好人身上，不過我們的內在都藏有強大的力量，會在人生考驗我們時浮現出來。你永遠不知道自己有多麼堅強，直到你不得不堅強的時候。

最終定義我們的，是我們對人生中的失敗與挫折如何反應。對於在我們掌控之外的事物一視同仁，是堅忍修養的本質，這也是人生中最能讓人自由的領悟之一。

> 上帝啊，請許我寧靜，讓我得以接受無法改變之事；許我勇氣，讓我得以改變我能改變之事；許我智慧，讓我得以知曉兩者的差別。
>
> ——寧靜禱文

我們全都能夠養成對掌控之外的事物一視同仁的性情，獲得內心的平靜。逆來順受是很務實的，我們無法改變已經發生的事情，但可以選擇我們要有什麼反應。維克多·弗蘭克（Viktor Frankl）在其備忘錄《活出意義來》（*Man's Search for Meaning*）中，寫出我們所有人都具有的內在美德：「人可以被奪走一切，除了一件事以外，這也是人類最後的自由：**選擇他在任何情況下要抱持什麼態度，選擇他自己的態度。**」[5] 偉大的法國哲學家蒙田（Montaigne）以這幾個字，作為他畢生的座右銘：「一個人被既成之事傷害的程度，不若他對於既成之事的看法那麼重。」我們對於已發生之事要抱有什麼看法，完全取決於我們自己。無論人生中發生什麼事，我們永遠都有選擇反應的能力，而且無法被剝奪，因此可以從中獲得強大的力量。即使被拘留在集中營，弗蘭克也在安慰他人的囚犯身上，目睹了人們可以選擇自己反應的天生能力，有些人甚至把最後一片麵包給了別人。當我們懷抱著人性本善的信念時，世界觀便可全然轉變。

當我們看到每個人人性化的一面時，就能學著接納彼此。當我們看到每個人的良善面時，就開始產生同情心與理解，如此便能夠開始試著待人如己：正直、有尊嚴、尊重、同理心、有人道精神。當我們學著看見每個人最微末的正面特質時，就能開始尊敬並關心我們碰到的每個人。那份愛、友誼，以及信任，反過來就能導引出我們每個人最好的美德。當我們待人如己時，每個人都會變得更好更幸福，正面積極就在我們的文明中散播開來。

這就是正面思維的複利在發揮作用。

思維造就人生。

——馬可·奧理略

一旦改變看待事物的方式，你看到的事物就跟著改變。你若養成尋找良

善的習慣，就會在身邊最細微的事物中找到良善，精神也就盈滿幸福。幸福這種力量最純粹的形式之一，就是成功的關鍵。一旦你成功達成某些目標，就會開始相信你可以達成任何其他目標，也就是**正面思維開始在你的精神面發揮複利效果**。那正是為什麼每一次成功都會促成更多成功。

查爾斯・菲爾莫（Charles Fillmore）在其著作《繁榮昌盛》（*Prosperity*）裡的這段話，切中賦予我們人類最偉大力量的核心：

> 你可以對心中的想法為所欲為。這些想法是你的，也在你掌控之中。你可以導引、迫使、鎮壓，或是粉碎它們。你可以讓一個念頭灰飛煙滅，讓另一個念頭取而代之。宇宙裡沒有其他地方，可以讓你成為如此絕對的主宰，這股有如天賦神權的支配力，僅限於你自己的想法。當你全然理會到這點，開始施展上帝賦予你的這股主導權，你就開始找到通往上帝之路，那唯一一扇通往上帝之門，也就是精神與思想之門。6

複利累積良好健康

> 身是菩提樹，心如明鏡台，時時勤拂拭，勿使惹塵埃。
>
> ——神秀大師

> 照顧好你的身體，那是你唯一得以安身立命之處。
>
> ——吉姆・羅恩

你要擔心的不是人會死，而是慢性疾病。你若沒有做出正確的健康決定，可以預期的不是早死——事實上那是最不用你擔心的事。相反地，你應

該要擔心的是到了老年時，有可能有好幾年甚至數十年，受苦於慢性疾病的折騰。隨著急性疾病致死的狀況逐漸緩解，慢性疾病卻漸趨嚴重。現今有非常多的專業工作者，死於心臟病、中風、糖尿病，以及肺部疾病。我們的汽車、網路連線和生活步調，都變得比以前更快，但是身體活動卻變得比以前慢了。

運動的主要目的，是要造成肌肉收縮。研究指出久坐或是身體根本沒動，這些欠缺肌肉收縮的情況，是養成生活型態疾病的獨立風險因子。久坐已成為新的抽菸壞習慣。慢性疾病及其效應可能會持續好幾年甚至數十年，那就是為什麼它們叫做慢性疾病——它們會拖沓甚久，造成緩慢卻痛苦的死亡。

照顧好自己健康的誘因，不是你能夠活多久，而是你老年打算怎麼過日子。舉例來說，一個活到 60 歲的美國人，平均預期會再活個二十年，你需要關心的是那段時間的生活品質。你必須要早點改變生活型態，不是為了活更久，而是要在七老八十甚至更老的時候活得更好。你應該要照顧好你的身體，就好像它必須要為你服務一百年似的。你在年輕時放縱的後果，等到你變老了就會報應在你身上。詹姆士‧克利爾說得很貼切：「好習慣的成本是現在付，壞習慣的成本是在未來付。」年輕時要照顧好身體，定期做完整的健康檢查（即使你覺得身體很好也要做），讓你自己保持良好的健康狀態。慢性疾病大多可以預防，世界衛生組織說得很清楚，慢性疾病主要是由常見且可更動的風險因子造成，頭三大風險因子分別是不健康飲食、身體欠缺活動，以及使用菸草。

你吃下去的食物可以是強力的藥物，也可以是最緩慢的毒藥。講到食物時，一定要去思考營養成分，而不是卡路里。維生素、礦物質、蛋白質、碳水化合物，以及脂肪，全都要適量地出現在你的飲食中。講到水果時，要吃水果而不是喝果汁；暴露在空氣中會使水果的營養成分氧化，導致維生素與

礦物質流失。維生素與礦物質補充劑，比不上一頓健康的飲食，規律的運動，以及最重要的正面態度。壓力是有效率的消化系統以及燃脂過程的最大敵人，因為壓力會導致身體分泌皮質醇，其功能是降低我們的新陳代謝率，防止脂肪燃燒，並且將食物轉化成脂肪。身體已經學會以這種反應，應付乾旱、飢荒、洪災，以及其他環境災害造成的食物稀缺。（這也導致人類從穴居模式演化成今天這副模樣。）我們可以藉由有紀律的生活型態、定期運動與正面思維，減少產生皮質醇。事實上研究指出，運動作為一種抗憂鬱療法，遠比抗憂鬱劑有效得多（唯一的副作用是你會變得更好看）。

只有在你停止把能量再度投入到讓自己更為強健的活動時，能量程度才會低落。慢慢地對你自己唯一擁有的能量儲存庫，進行解構（透過鍛鍊、重訓，以及冥想）與重構（透過睡眠、喝水，還有補充營養）。你的身體支配你的思維本質，你若身體狀況良好，那麼在健身時段從腦中冒出來的想法，就不會是「該死！那好難，我要放棄了」，而是「我可以做更多下，沒錯，一定可以！」。

那就是為什麼打破不健康的惡性循環至關重要。健康不良會觸發負面感覺、想法，以及情緒，這會妨礙你的表現，阻礙你發揮潛能。你若沒有接近極限（這是刻意訓練的先決條件），就不會有進步。在充足的投入與紀律下，曾經是你全力以赴的目標，會逐漸變成你的暖身項目。那些經歷重大健康轉變的人，就能體會到他們身體狀況，其與精神的清晰程度以及情緒的穩定度，是如何產生關聯的，而這些則會影響到社交互動的品質。

績效高的原因，往往隱身於無趣的解決方法，以及未充分利用的基本見解。基本面既不酷也不性感，但就是管用。有個最棒的健康習慣，就是每次運動一小時，每週三到四次，避免長時間久坐。另一個好習慣則是每晚睡足八小時。第三個好習慣則是多喝水，少攝取糖分跟垃圾食物。這三點都顯而易見，卻經常被忽視，它們對於你的精神與生理健康品質，比起 99% 所有

那些生產力小祕訣，具有更具意義且直接的影響。系統比目標更好，因為你一旦達到了某個目標（比方說減重 10 公斤），就會停止去做讓你得以達到那項目標的那件事情，然後回頭去走老路。

避免進行極端的減肥法。當你進行急速減肥時，你的減重只是讓除脂體重下降，但體脂卻維持一樣（有時候其實還增加了）。你的除脂體重愈高，燃脂能力就愈好。你的總體重或身高體重指數數據，做為健康或體適能指標並不太管用，體脂率才有用。理想狀態下，男人的體脂率應該要低於20%，女人應該要低於 25%。

要在一天當中正確的時間，吃正確的食物。保持健康的關鍵就在三個詞：適度、協調、可維持。把這些灌輸成為你日常生活的一部分，你就會體驗到良好健康的複利累積在運作。

複利累積好習慣

> 預知過去因，現在受者是；欲知未來果，現在做者是。
>
> ——《三世因果經》

複利效應一直都在運作，而且不只是會運作在金錢上，智識與體適能也有類似的效果。一個持續努力十年的人，在一週內能夠達到的事情，可能會比一個在六個月前開始努力的人在一整年內能夠達到的事情更多。

在心中有個目標，並且用它導引我們的行動，需要持續的意志力。查爾斯・杜希格（Charles Duhigg）在他探討習慣如何形成的著作《為什麼我們這樣生活，那樣工作？》（*The Power of Habit*）裡頭寫道：「意志力並不只是一項技巧。那是一種肌肉，就跟你手腳上的肌肉一樣，用力過度就會疲倦，然

後剩下來留給別的事情的力量就會變少。」[7] 生活中的其他部分把我們的意志力供給耗盡時，我們就有可能會忽視自己的目標。

目標倚賴的是外在動機，但是習慣一旦形成，就會自動運作。習慣會讓大腦進入自動導航，一旦培養成習慣，大腦實際上就會轉變，使你更容易完成需要做出的行為。我們把注意力從達成特定目的，轉移到創造長期正面習慣之後，就可以持續改善生活方式。這點可以從許多成功人士有記載的習慣看出，比方說巴菲特與蒙格就有每天讀書好幾個小時的習慣。據杜希格研究指出，習慣占我們清醒時間裡的 40%，這些行動積累起來，造就成我們現在的模樣，而這些行動的效果會複利累積。我們的思想與情緒每一次體現，都是這些年來複利積累下來的一連串習慣，所造成的直接結果。俗話說：「我們先養成習慣，然後是習慣造就我們。」

當你突然放棄或改變一個壞習慣時，短時間內感覺可能極為難耐，最起碼會相當不舒服。不過就如同身體會透過一種叫做體內平衡的過程，適應變化中的環境，我們也具有類似的體內平衡能力，可以適應不熟悉的行為。我們通常可以在生理上與心理上自我調節，相當迅速地適應新環境。對於某些持續已久，根深蒂固的習慣，一次一點點輕輕地加以改變，可能比較有效果。你可能已經用了數十年的時間反覆加強鞏固那些習慣，所以給自己一些時間，一步一步解決它們也不錯。

每當你要堅持新習慣有困難時，就試著先小打小鬧，直到那成為不自覺的習慣。去做比你能夠做到還要少，但是可以一直做下去的事，這就是複利累積的關鍵。你必須建構出一個能夠執行個數十年，而不是幾個禮拜或幾個月就破功的計畫；先啟動一次，然後全程維持定速（即使比其他人都來得慢），不但容易得多，而且所需的精力也少得多。從最容易的事情開始著手，這麼一來你就能獲得動能與信心，以應付之後更為困難的事情。追求一些小規模、漸次性的成功，這會創造出動能，印證我們能夠更為成功的信

念。信心就像肌肉一樣，使用得愈多就會變得愈強壯。

改變的最佳方式就是進行心智鍛鍊。運用杜希格的「習慣迴圈」三步驟，把獎勵與行動連接起來，讓你的大腦經過重新配線，愛上學習與有益的改變。據杜希格所說，第一步是給個提示，也就是「觸發大腦進入自動模式選擇要使用哪個習慣」；第二步是建立慣例，「可以是生理上、精神上，或是情緒上的」；最後一步是安排獎勵，這有助於讓大腦分辨這個特定的迴圈，是否「值得為未來記住」。（這種預期與渴望，是操作制約的關鍵。）反覆強化這個迴圈，直到過了一段時日之後變成自動自發的為止。處理習慣的最佳方式，就是尊重習慣迴圈。杜希格說：「若要改變習慣，你必須保留舊的提示，給予舊的獎勵，但是在中間插入新的慣例。」[8]

我們可以著手改變讓大腦釋放多巴胺的刺激物。大腦生來就會尋求自我形象的正面提升，我們可以針對在敘事中讓自己感覺良好的慣例進行微調，著手引導自己去真誠地讚譽他人、坦率地承認錯誤、即使結果很好也要誠實地找出錯誤，還有勤勉地學習，進而從過程中獲得自我感覺良好的獎勵。

習慣會形成生產力的基礎。你能夠自動自發去做的事情愈多，之後能夠騰出空去做的事情也就愈多。這個效應會複利累加。把重點放在你所處的環境（虛擬與實際的環境皆然），因為這會對你的潛意識產生輕推效果，並且影響到你的習慣。設計出一個不需要用上意志力的環境，其效果比倚靠意志力去征服周遭環境更好。設置出一套能夠讓你展現強項，並且把你的弱點降到最低的環境。要記得，認知到你的弱點何在，並不等同於屈服於它們之下。認知到弱點的存在，是克服弱點的第一個正面步驟。

我們可能有些養成壞習慣的好理由。人生迄今為止的經驗，讓我們都有某種程度的食古不化，年紀愈大愈有可能如此。巴菲特經常說：「習慣之鍊太過輕盈而難以察覺，直到它們變得太重而難以打破。」[9] 我們全是習慣的奴隸，一旦習慣烙印在腦中，就可能持續終身，所以要灌輸自己好習慣。大

多數的壞習慣是慢慢養成的，所以每當你做出小小的妥協時就要當心，這些行動的負面效應雖然輕微，假以時日卻會複利累積。一個簡單的壞習慣當下看起來也許沒什麼，但最終卻會讓你與目標方向以及人生企盼的方向，距離不可以道里計。

真正的問題不在於「我是誰？」，而是「我會變成誰？」我們一直都在演化，但是你在五到十年後會成為什麼樣的人，是你今日的習慣與決定所造成的。

我們的選擇會決定人生軌跡，但習慣則會決定我們沿著那條軌跡能走多遠。改述詹姆士·克利爾的話：「我們所得到的結果，是我們習慣的落後指標。我們的財產淨值是財務習慣的落後指標，知識是學習習慣的落後指標，健康是飲食習慣的落後指標，精力是睡眠習慣的落後指標，體適能是運動習慣的落後指標。」我們得到的是反覆操作的結果，所以當下的軌跡比當下的結果更要緊。成功是掙得的，只不過是每天掙得一點點。

偉大的種子是在每日砥礪之中種下的。詹姆·柯林斯（Jim Collins）在其著作《從 A 到 A+》（Good to Great）裡，解釋從「不錯」轉變到「偉大」的過程中，飛輪一開始轉得很慢，然後透過持續不懈的小幅度行動，積累出動能來。大多數人都會陷入「努力、努力、再努力，結果受傷了」的循環，我寧願採取「慢點、慢點、再慢點，別停就對了」的方式。緩慢但持續的獲益，積累的速度快得超出你所能想像甚多。小幅度的正面改變，假以時日就會積累成巨幅的改善（圖 32.1）。倘若我們每年都能改善 5%，那麼在不到十五年內，我們就會增進 1 倍；不到三十年內，我們就會成長為 4 倍。這就是智識平庸的人超越遠比他們有智識的人的方法。這也就是為什麼彼得·考夫曼說：「我們有可能駕馭最強大的力量，就是在一段非常長的時程中，堅持不斷有所增進。」[10]

在我們生命中的眾多重要領域，朝著正確的方向複利累積努力，會導致

低點愈來愈高，波動性也會愈來愈低。小事情可以迅速積累起來，不要低估你長期下來可以達到的事。舉例來說，你若不相信自己的社交技巧，就開始每週出門一趟，認識一個新的人，兩年後就能累積出超過一百條新人脈。社交自信是建築在習慣上的。

時間是複利最偉大的盟友，會把指數的力量賦予長期思考以及行動的人。這是因為在複利方程式中，n 是位於指數的唯一要素，並且是整個式子中被拉到冪次的數字。長時間穩定地持續努力，你就會超越所有人的預期。無論就宇宙、文明，抑或個人人生的尺度而言，時間都是一台不斷在處理努力輸入的轉化機。「一夜成功」是長時間下來，許多努力複利累積出來的結果，只是一直欠缺把它們串接起來的關鍵。人生並不存在什麼成功的魔法子

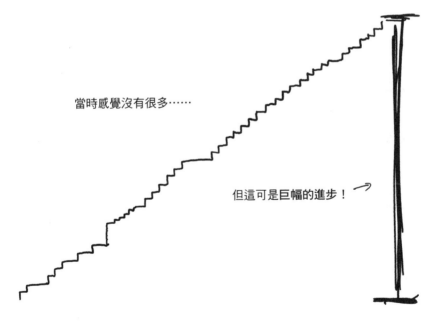

當時感覺沒有很多……

但這可是巨幅的進步！ →

圖 32.1　這就是複利累積好習慣在發揮作用

圖表出處：Behavior Gap.

彈，只有朝向正確的方向複利累積努力，再加上一些好運。

在我看來，巴菲特的偉大並不在於他極佳的投資歷史紀錄，甚至也不是他非常慷慨的慈善貢獻。他給人類帶來最偉大的禮物，是一段記載甚詳的人生歷程，為我們所有人示範，正直、誠實、有道德、努力工作、獨立思考、遵從熱情，以及擁抱終身學習，如何導致巨大的成功。這些都是值得採納的偉大習慣與美德。

> 每天都進步一點點，最終大事就會發生。每天調整一點點，最終就會有大幅進步。雖然不是明天，不是後天，但終究會有大幅獲益。別想要尋求大幅度迅速的進步，而是每天尋求一點點小小的進步，這是進步唯一的方式──但是一旦進步了，就會持續不退。
>
> ──約翰・伍登

複利累積財富

> 良好的投資並不一定是要賺到最高的報酬，因為最高的報酬都是一次性的，而且結束時會讓你的信心喪失殆盡。良好的投資在於賺到相當不錯的報酬，**又可以長時間維持下去**，那時候複利才會大展身手。
>
> ──摩根・豪瑟

你要認知到的第一件事，就是投資得花上很長的時間。我從 11 歲開始投資。累積金錢有點像讓雪球往下坡滾，有一條很長的坡道非常重要，而我有一條長達五十六年的坡道。用具有黏性的雪去滾也很重要，此外還需要一顆小雪球開始滾，我的那顆小雪球其實是靠送報得到的。**你若**

不要太心急，持續做些健全的事情，情況就會好轉。

——華倫·巴菲特

巴菲特一直認為長期遊戲是最好的遊戲。這又繞回到他對於複利的喜愛，強烈到當他的妻子蘇西多年前想要捐錢給慈善機構時，巴菲特堅持要等等，這樣子最終捐出去的錢才會多得多。巴菲特是個想法真的很長遠的人，動輒是以十年甚至二十年來思考。他今天一塊錢也不想浪費，因為他知道複利未來會讓這一塊錢變得更多，而且是多很多。人類的心智並非天生習慣以指數思考，因此未能在直覺上欣賞不可思議的複利力量。

人類最大的短處，就是欠缺理解指數函數的能力。

——艾爾·巴特雷（Al Bartlett）

根據 72 法則，我們若是以 26% 複利成長，每三年就可以讓資本翻倍，十年就可以翻 10 倍，二十年就可以翻 100 倍。我了解到利潤再投資以及複利動態運作的那一天，就立刻知道我這輩子會變得很有錢，只需要開始行動就行了。我開始期待每一天，視其為學習與進步的新機會。投資的目的應該是幸福、喜悅、成長、智識上的滿足，以及最終得以心平氣和。財富與財務富足，不過是終身學習自然形成的副產品。

你會經常在許多價值投資人身上，發現到一個共通的特質：我們終於了解到複利力量的那一天，對我們來說是宛如脫胎換骨的一刻，我們從此把簡約當成一種生活方式。（簡約並不是避免花錢，而是只把錢花在會為生活增添價值的事物上。）創造財富的關鍵在於投資時間，在人生中沒有及早養成良好的儲蓄習慣，其機會成本可能會很龐大。讓我們看看以下這兩個人除了如何運用時間以外，其他選擇完全一樣的範例。

保羅 18 歲，他在畢業後得到一份工作，並且開設了羅斯個人退休投資帳戶（Roth IRA）。他每年在帳戶裡頭存入 5,000 美元，直到他 70 歲之前都一直保持這樣做。他是個一無所知的投資人，投資在費用低廉的低成本指數型基金，定期定額投資，把股息進行再投資，賺到的報酬跟過去一個世紀內的市場名目報酬一樣（大約 10%）。因此他達到的最終財富，比 700 萬美元略多一點。

彼得也是 18 歲，同樣在畢業後得到一份工作，但他完全沒有儲蓄，因為他想要在「歡樂」歲月裡，獲得立刻享樂以及可炫耀的消費。他直到 30 歲才開設退休帳戶，每年存 5,000 美元，做法跟保羅完全一樣。彼得存入的錢只比保羅少了 6 萬美元，而且距離 70 歲還有四十年的時光，所以他覺得這樣也不差。然而當他到了退休年紀時，卻只有 220 萬美元。

保羅跟彼得累積的投資額僅僅差了 6 萬美元，最後的淨值卻相差 480 萬美元。這個範例就如同約翰・伯格所說，是「謙遜算數的無情法則」。[11]

時間就是投資的力量。班傑明・富蘭克林出於他對當時新成立的國家所抱持的強烈樂觀看法，而進行的永垂不朽的複利實驗故事，最能說明這點：

富蘭克林在 1790 年去世時，他給波士頓和費城這兩座他最喜愛的城市，各餽贈了 5,000 美元。他規定這筆錢要進行投資，而且要在餽贈一百年後跟兩百年後這兩天，才能夠支付這筆錢。過了一百年後，這兩座城市獲准提領 50 萬美元，進行公共工程計畫。過了兩百年後，這兩座城市在 1991 年收到帳戶餘額，每座城市已經複利累積了將近 2,000 萬美元。富蘭克林這個範例以戲劇化的方式，教導我們每個人複利的力量。富蘭克林本人喜歡如此描述複利的好處：「錢滾錢，錢滾到的錢也會滾錢。」[12]

倘若你對於時間對複利累積財富，所扮演至高無上的角色仍未信服，那

麼請想想這點：倘若巴菲特是在 30 歲才開始投資，他現在的身價就「只有」大約 20 億美元。但他在小學三年級就開始投資，到 30 歲就累積出 100 萬美元，至今則有大約 810 億美元的身價，足足多出了 790 億。巴菲特的身價超過 99%，是在他 50 歲生日之後才創造出來的。這裡的關鍵結論是：複利的力量在於推遲。守則一：絕不要賠錢。守則二：要活得又久又健康。

以下是複利累積財富成功的數學方程式：

+ 每個月都要存錢
− 消除偏誤、貪婪，以及浪費掉的費用
× 乘上你的時程
÷ 按照你的人生階段以及個人處境，適當地分散資產類別
^ 達到複利的指數型力量

這個方程式中「浪費掉的費用」，包括因為頻繁進出造成的資本利得額外稅負，以及券商佣金和法規收費等等摩擦成本。

需要繳稅的投資人，單一筆投資以某個報酬率產生內部複利增長，所能夠實現的獲利總額，遠遠多於以同樣的報酬率接連投資，回報的複利增長所得總額。

——華倫·巴菲特

巴菲特在 1989 年的股東信中，闡述了不要太頻繁地攪動投資組合的重要性：

想像一下波克夏只有 1 塊錢，我們把它投資在一檔證券上，到年底時翻

了一倍，然後賣掉。再想想我們在接下來十九年內，每年都賺 1 倍，然後每年的稅後收益都重複進行這個操作。到了第二十年末，我們每次賣出獲得的利潤，要交 34% 的資本利得稅，我們得要付給政府大約 1 萬 3,000 塊錢，剩下大約 2 萬 5,250 塊錢。還不錯啦。但倘若我們只做了一筆很棒的投資，它在這二十年間每年都翻漲 1 倍，這一塊錢就會成長為 104 萬 8,576 塊錢。倘若我們要變現，就得付 34% 的稅率，稅金大約是 35 萬 6,500 塊錢，然後剩下大約 69 萬 2,000 塊錢。

結果會差距這麼大，唯一的原因在於繳稅的時間點。有意思的是，政府在第二種情況下賺到的錢，與第一種情況相比，比例跟我們完全一樣是 27:1（稅金 35 萬 6,500 元比 1 萬 3,000 元），只不過無法否認地，他們也得要等得住，才能拿到這筆錢。[13]

在這兩種情況下，投資都是每年翻倍，但是最後卻有 27 倍的巨大差距。無怪乎蒙格說：「複利的第一守則是：絕不要沒必要地干擾它。」[14]發財之道在於要買對東西然後持有，這麼一來投資人就可以把文書作業、交易成本，以及資本利得稅降到最低。若想要真正地豐收致富，你就必須投資長期贏家，並且持有使它得以免稅複利增長。世界上沒有比長期存活並健全成長的公司，其獲利沒有實現的升值，更為有效的避稅天堂了。複利結合耐性經年累月下來，就會形成一股不可思議的力量。

除了大筆稅金流出之外，也要當心微薄的摩擦成本，長期下來對於你的淨值造成的巨大衝擊。小漏水可以沉大船。

在我們的日常生活中，收費 2% 是一筆小數目。然而在投資的世界中，2% 卻是一大筆錢，它可能會全然改變你的人生。增額報酬的微幅差距，長期下來會對積累財富造成巨大差距。複利效應小到很難注意到，直到它大到你很難忽略為止。

為了說明省下這微不足道的 2% 摩擦成本，長期下來會造成什麼衝擊，我們假設你今天投資 3 萬元，在三項殖利率分別為 7%、9%，以及 11% 的固定收益金融工具，圖 32.2 顯示這筆投資四十年後的結果。

然後我們換成股票這種創造長期財富的最佳資產類別。圖 32.3 顯示倘若你把同一筆錢，投資在平均年盈餘成長率 15% 加上 2% 股息，總報酬率 17% 的高品質股票投資組合的結果。

投資人不該扯上心理會計，把股息當成「免費的錢」，而是要抗拒立即享樂的誘惑，立刻把股息拿去再投資。股息再投資計畫（DRIP）是一種把長期複利之力的優點最大化的絕佳方式，它會自動拿你的股息，買進更多投資組合持股股份。你可以把所有股票都納入券商的 DRIP，這並不會收取佣金，也沒有最低投資額要求，還可以獲得成本攤平投資的好處。經過多年之後，股息較高積累下來的益處，可能會是原先投資額的好幾倍。

這就是複利的力量。你除了賺到投資額的報酬以外，假以時日還會賺到那些報酬的報酬。這樣的複利成長，就是讓你的財富滾雪球的原因。

我們把股息拿去再投資時，就享受到雙重複利的力量，這又稱為「複利打了類固醇」。

這會讓你看到股票長期下來創造財富不可思議的潛力。我們舉的例子是假設你仍在工作賺錢的這段期間，再也沒有投入另一筆資金喔，現在想像一下倘若你定期投入的話，這台複利引擎將如何一飛沖天。最後的數字一定會變得極為驚人。

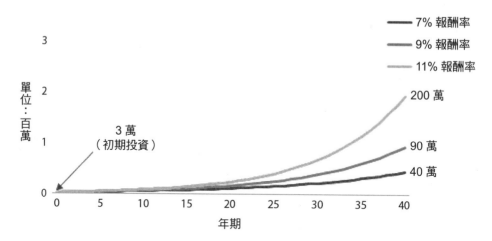

圖 32.2　2% 的差異造成的投資結果

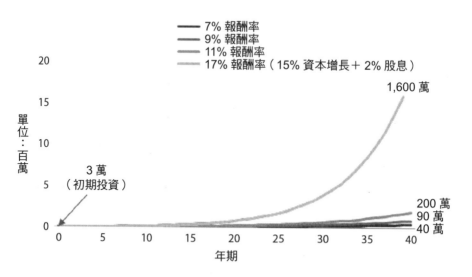

圖 32.3　這就是複利累積財富在發揮作用

複利累積知識

> 我們買下時思糖果時，並不知道一個好品牌的力量有多大。過了一段時間之後，我們才發現我們可以一年提高 10% 的價格，卻沒有人在乎。領悟到這一點改變了波克夏。這點真的很重要，你必須要是個終身學習的人，才會領會到這種事情。我們把這視為道德義務。**無論你年紀有多大，經驗多豐富，都要盡力提升理性，精益求精，這是一種道德義務。**
>
> —— 查理·蒙格

巴菲特在 1991 年於聖母大學的演說中，表達他對於持續學習的狂熱：

> 我會閱讀各種商業出版品。我閱讀很多產業出版品⋯⋯我早上會隨手抓起送來的東西看。《美國銀行家》（*American Banker*）每天都會送來，我會讀。我當然也會讀《華爾街日報》。我會讀《編輯與出版社》（*Editor and Publisher*）、《廣播雜誌》（*Broadcasting*）、《產險評論》（*Property Casualty Review*），甚至是傑弗瑞·邁耶（Jeffrey Meyer）撰寫的《飲料文摘》（*Beverage Digest*），什麼都讀。幾乎每一支我能夠想到的股票，我都擁有個 100 股，只為了能夠獲得所有的報告。我還會隨身攜帶公開說明書跟股東委託書來閱讀。[15]

同樣的道理，巴菲特在 2001 年的波克夏股東大會中提到：「我開始投資時，是逐頁閱讀那些手冊。我是說我可能讀了 2 萬頁的穆迪工業、交通、銀行、金融手冊，而且還讀了兩遍。我其實還看了每間公司的資料，只是有些公司的資料沒有看得很仔細而已。」[16]

蒙格認為他累積知識的才能，是後天獲得而非天生的。他把所有的功勞

都歸諸於研究：「華倫跟我都沒有聰明到能夠在沒有時間思考的情況下做決策。我們實際做決策的速度非常快，但那是因為我們已經花了那麼多時間，靜靜地坐著閱讀思考，讓自己做好準備。」[17]

巴菲特那些經年累月建構心智資料庫的故事裡，我最喜歡的莫過於他在1993年，接受以「亞當‧史密斯」筆名為人所知的喬治‧古德曼（George Goodman）訪談時說的：

亞當‧史密斯：倘若今天有個比較年輕的華倫‧巴菲特，要投身於投資領域，你會叫他投入哪些領域呢？

華倫‧巴菲特：倘若他的資本很少，我會叫他去做跟我四十多年前所做完全一樣的事情：去學習關於美國每一間上市公司的事，那個知識銀行假以時日，會為他或她帶來極大的好處。

亞當‧史密斯：可是上市公司有2萬7,000間耶！

華倫‧巴菲特：唔，那就從A開頭的開始。[18]

巴菲特每年閱讀數百份年報，又有數十年經商經驗，藉此獲得許多心智模型。他用這些模型分析更多公司，然後把累積的知識用來做進一步的投資。巴菲特在1997年於加州理工學院的演說中，就把這一點挑出來說：

擁有我們在1972年買下的時思糖果，真的教會我許多關於品牌價值的事，以及能夠運用品牌價值做到什麼事。倘若我從未買下時思糖果，那麼1988年可口可樂來到我眼前時，我對它的了解就不會那麼透徹。我們在可口可樂上頭賺到將近100億美元的利潤，而那有一大部分要歸功於我們在1972年以2,500萬美元買下時思糖果。

投資有一件很棒的事，就是知識會在你身上累積。一旦你了解了一間公司或一個產業，你未來五十年也會對它們瞭若指掌。[19]

逐漸建構一個公司與產業的大型心智資料庫，確實可以帶來相當大的益處，因為知識就跟複利一樣，會積累在先前的基礎上，隨著時間逐漸增長。

這就會讓你能夠認出模式。

我從布魯斯・葛林華德的著作《沒有對手的競爭》學到了在地規模經濟的概念，從而發掘出赫斯特生物科技。我從愛德華・錢思樂的著作《資本報酬》學到了資本循環理論，從而發掘出 HEG。我透過塔馬爾・班迪約法迪亞（Tamal Bandyopadhyay）撰寫關於 HDFC 銀行的著作了解銀行產業，從而發掘出班丹銀行、AU 小型金融銀行，以及烏吉萬小型金融銀行。我在 Dilip Buildcon 這間公司上頭學到了計畫執行力的重要性，從而發掘出 PSP Projects。我透過坎菲住家這間公司了解房貸金融產業，從而發掘出艾瓦斯金融家。我透過巴拉特普惠金融了解微型金融產業，從而發掘出鄉村信用存取。

這就是複利累積知識在發揮作用。

我們在複利累積知識時，不但是讓自己進步，更是讓世界整體也跟著進步。個人小小的行動，可以促成一場學習革命。

這正是孔子在《大學》裡寫到的：

物格而后知至，
知至而后意誠，
意誠而后心正，
心正而后身修，
身修而后家齊，

家齊而后國治，

國治而后天下平。[20]

下面則是李錄在 2015 年 10 月跟北京大學光華管理學院學生說的話：

兩個人在互相討論的時候，不僅彼此獲得了對方的思想，保留自己的思想，還會碰撞出一些新的火花。知識的自由分享，不需要交換，不需要大米換奶牛，結合在一起就開始出現了複利式巨大的交換增量的增長。每次交換都產生這麼大的增量，社會才會迅速創造出巨大的財富來。

那麼當這樣一個持續的、個體之間的交換可以放大幾十億倍，就形成了現代的自由市場經濟，也就是 3.0 文明。只有在這樣一個交換的背景下，才會出現經濟整體不斷地、持續地增長。這樣的經濟制度才能夠把人的活力、真正的動力全部發揮出來。這在人類制度的創造歷史上，大概是最偉大的制度創造。[21]

孔子跟李錄讓我們了解到，我們在持續學習時，會對世界造成影響。不過就我看來，複利知識實在太過強大，其影響不僅僅限於這個世界，其迴響是整個宇宙都能感受得到。

瑞‧達利歐在其著作《原則》解釋這點：

我們每個人，只是我們這個物種當今活著七十億人裡面的一個人而已，而我們這個物種也不過就是地球上大約一千萬個物種中的一個而已。地球只不過是銀河系裡大約一千億顆行星中的一顆，而銀河系只不過是宇宙裡大約兩兆個星系中的其中一個。我們活一輩子的時間，僅占人類存在的時間大約三千分之一而已，而人類存在的時間，也僅占地球存在時間的兩萬分之一。

換句話說，我們既渺小又短命得難以置信，無論我們達成了什麼豐功偉業，影響都是微不足道。但同時我們的天性又想要有點分量，演化蛻變，而我們確實可以有那麼一丁點分量——**而正是所有那些一丁點的分量加總起來，促成宇宙演化。**[22]

真是擲地有聲哪！

複利累積善意

不要讓來找你的人離去時，沒有變得更好更幸福。

——德蕾莎修女

莫赫尼什·帕布萊與蓋伊·斯皮爾於 2015 年 3 月，曾在史丹佛商學研究所發表談話，其核心主題是施予不望報的概念：要成為一位給予者，而不是拿取者。斯皮爾談到了我們當個給予者時，複利所能累積善意的非凡力量。在頭幾年我們不會看到自己的善意帳戶有多少增值，但是隨著歲月推移，善意會滾雪球，開始呈指數增長（圖 32.4）。巴菲特的善意帳戶正值巔峰，在他身後顯然還會以燦爛的步調增長。

等到你活到我這把年紀，你就確實會以你希望他們愛你的人當中，有多少人真的愛你，來衡量你的人生有多成功……你給予的愛愈多，就會得到愈多的愛。

——華倫·巴菲特

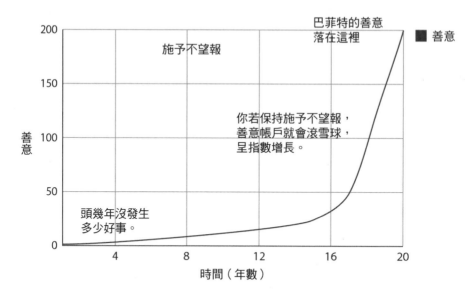

圖 32.4　善意會隨著時間推衍累積

圖表出處：Jana Vembunarayanan (blog), https://janav.wordpress.com/2015/07/18/think-long-term/.

　　給予比拿取讓我們更為富有。無條件幫助他人的無私舉止，是如此偉大的美德。我想要以我人生中一段貼近我心的例子來加以闡述。

　　我在當投資人的頭幾年真的很辛苦。當時我不斷向「微型股俱樂部」（MicroCapClub）的伊恩・卡塞爾（Ian Cassel）尋求啟發，因為他固定會在他的部落格上，發表啟迪人心的內容。為了表達我對於他正面影響的感激，我開始透過 LinkedIn 分享我覺得會對他有所幫助的內容。就跟複利向來如此的情況一樣，很長一段時間似乎什麼事都沒發生。

　　然後這件事就發生了（圖 32.5）。

❶ **Ian Cassel** ✓
@iancassel

It's great to finally see @Gautam__Baid on twitter. He's been sending me great information, articles, for a long time.

3:29 AM - 14 Dec 2016

❷ **Ian Cassel** ✓
@iancassel

It was great to finally talk to @Gautam__Baid today. An amazing story of perseverance and he is only getting started.

11:52 AM - 8 Mar 2017

❸ **Ian Cassel** ✓
@iancassel

A great interview with @Gautam__Baid
gurufocus.com/news/495551/19...

Strong brands with "share of mind" which confer pricing power, network effects, high switching costs, patents, favorable access to a strategic raw material resource or proprietary technology and government regulation which prevents easy entry – these can confer a strong competitive advantage which in turn enables high returns on invested capital for long periods of time (also known as the competitive advantage period or CAP). Growing firms with longer CAPs are more valuable in terms of net present value. One of the most highly underappreciated sources of a sustainable and difficult to replicate competitive advantage is "culture," best epitomized by Berkshire Hathaway. To illustrate the critical importance of culture just consider this: Between 1957 to 1969, Buffett did not mention the word "culture" even once in his annual letters. From 1970 to 2016, he has mentioned the word 30 times! Some of my favorite books on competitive advantage are "The Little Book

7:53 PM - 28 Mar 2017

❹ **Ian Cassel** ✓
@iancassel

Great dinner with @BrentBeshore @morganhousel @farnamstreet @iddings_sean @Gautam__Baid @MikeDDKing @jtkoster

8:25 PM - 20 Sep 2017

圖 32.5　這是以複利累積的善意在發揮作用

圖譯❶：終於在推特上看到@Gautam_baid了，真好。他長期以來一直寄給我很多很棒的資訊跟文章。

圖譯❷：今天終於跟@Gautam_baid聊到了，真好。這是一段堅持不懈的精彩故事，而他才剛開始上路呢！

圖譯❸：一篇與@Gautam_baid的絕佳訪談。

圖譯❹：共進一頓很棒的晚餐。

圖表出處：https://twitter.com/iancassel/status/808982314449600512; https://twitter.com/iancassel/status/839549332609241090; https://twitter.com/iancassel/status/846903205439037440; https://twitter.com/iancassel/status/910691321031077888.

花些時間建立新的人際關係。有太多人在離開學校或結婚之後，就不再建立人際關係，然後你會發現自己原地打轉，唯一的人際關係代表的是過去的你，卻不是你想要前往的地方。

—— 伊恩・卡塞爾

用電子郵件或電話聯繫，完全比不上親自見面。你必須真的竭盡所能，與那些跟你在同一條道上的人們建立強健的連結。你若以最誠摯的心意這樣做，複利累加的人際關係網路，在未來就會為你開啟許多始料未及卻充滿喜悅的大門。只要先踏出小小的第一步就好，最終你會對於自己建立起多少人脈大感訝異。永遠不要低估真心誠意手寫字條的威力，它可能會為你開啟機緣的大門。無論你遇上誰，都要謙遜地對待每一個人，全然真誠地活在當下。除此之外，也要慷慨地大方稱讚值得稱讚的人，並且幫認識彼此能夠互惠的人們牽線。

串連起本章裡所敘述各種哲學的，就是要以長期來進行思考並採取行動——是真正的長期唷！其他的關鍵見解還有：

- 要創造出任何有價值的東西，都需要很長的時間。
- 每天都要努力，即使短期內看不到任何成果。
- 持續長時間去做一件事，不要放棄。
- 根據內在計分卡，享受人生的過程。
- 不要拿自己跟他人比較，而是要努力成為一個與前一天的自己相較之下，更為精進的自己。

任何人若是做到所有這些事，就非常有可能成功地達到他或她追求的人生目標。這正是巴菲特這段話的意思：「贏得比賽的是專注於場上的人，而

不是老盯著計分板看的人。」[23]

　　聖雄甘地以這段話敘述複利的輝煌燦爛：「你的信念成為你的思維。你的思維成為你的言語。你的言語成為你的行動。你的行動成為你的習慣。你的習慣成為你的價值。你的價值成為你的命運。」

　　這全源自於一個小小的信念，一個小小的思維，一句短短的言語，一個小小的行動，一個小小的習慣，一個小小的價值。

　　而那卻可以成就一個大大的命運。

　　幸福、健康的成功人生，遵循的是同樣的路徑。一次只要踏出一小步。

　　請保重，並且勤學不倦。

慢舞

大衛‧韋瑟福

　　你可曾看著孩子在旋轉木馬上嬉戲，
　　或傾聽雨水拍打著地面？
　　你可曾目迎蝶兒翩然飛舞，
　　或凝視日暮淡融入夜？

　　你且慢下腳步，舞步可別太快，
　　人生苦短，曲終有期。

　　你是否每天度日如梭，
　　跟人問好卻對回應置若罔聞？
　　你是否一日將盡躺在床上，
　　腦中卻是千頭萬緒？

　　你且慢下腳步，舞步可別太快，
　　人生苦短，曲終有期。

　　你可曾告訴孩子「明天再說」，
　　匆促之間未見他的憂傷？
　　你可曾與朋友失聯，任情誼死絕，
　　就只因為沒時間打個電話說聲嗨？

你且慢下腳步，舞步可別太快，
人生苦短，曲終有期。

你若總是疾馳他處，
就錯過了半數的樂趣。
你若鎮日憂懼匆忙，
就好比禮物未拆就棄置一旁。

人生並非競賽，姑且慢下腳步，
在曲終之前傾聽一回。[1]

倘若

魯德亞德・吉卜林

倘若舉世倉皇失措，人人怪你，
而你能保持冷靜，
倘若舉世見疑，而你能相信自己，
亦能寬容他們的質疑；
倘若你能等待而不感倦怠，
受謗時能坐聞非議，
受憎時不怨天尤人，
又不自命清高，曲高和寡。

倘若你能作夢，而不受其主宰；
倘若你能思考，而不以之為目標；
倘若你能寵辱不驚，
待此兩者一視同仁；
倘若你能安於聽到所言為真
卻為小人所曲，坑陷愚人，
或是眼見奉獻畢生之事崩壞，
仍能起身以破敗之器加以修補。

倘若你能把一切獎勵孤注一擲，
一把賠掉又能從頭來過，

對其損失隻字不提；
倘若你能苦其心志，
在其早已枯竭時仍為你效勞，
因此在你一無所有，
僅剩叫它們「撐下去！」的意志時堅持不懈：

倘若你能與民對話而保有美德，
與帝王同行而不失普惠之心，
倘若敵友皆無法傷你分毫，
倘若你乃萬夫所望卻無人寄望過深；
倘若你以六十秒的長跑，
填補無情的一分鐘，
那麼天地萬物皆為你所有，
尤有甚者，你將成為男子漢，吾兒。[1]

謝啟

我做過最棒的事，就是選對了英雄。

—— 巴菲特

我們的個人哲學主要是我們的作為，以及以誰為師法典範的產物。我很幸運能夠從一些真正偉大的老師身上學習。

華倫・巴菲特與亞當・史密斯啟迪我，要根據內在計分卡過日子。

查理・蒙格啟發我踏上終身學習之路，並讓我覺知到激勵誘因在任何情況下具備的力量。

班傑明・葛拉漢教會我具有正確的性情對於投資的重要性，要把股票視為一間公司的部分所有權，從市場先生的愚行中獲利，以及隨時都要強調安全邊際。

班傑明・富蘭克林教會我良好的個人特質，並全然正直地著重於日常例行公事。

拿破崙・希爾、大衛・施瓦茲（David Schwartz）與伊恩・卡塞爾，教會我正確的心態是一切富足的起點。

傑夫・柯文、丹尼爾・科伊爾、卡爾・紐波特（Cal Newport），以及安德斯・艾瑞克森（Anders Ericsson），教育我發展技巧的科學原理。

查爾斯・杜希格與詹姆士・克利爾，教育我養成正面習慣的科學原理。

羅伯特・莫勒與戴倫・哈迪（Darren Hardy），啟迪我長時間複利累積雖小但具有一致性的正面舉動，能產生什麼樣不可思議的力量。

吉蓮・柔伊・西格爾（Gillian Zoe Segal）與史考特・亞當斯（Scott Adams），讓我看到一個人如何在反覆失敗之下，還能大獲成功。

蓋伊・斯皮爾、維夏爾・康德瓦，以及摩根・豪瑟，啟發我成為一個更好的人。

羅伯特・清崎教會我如何建構產生定期被動收入的資產，讓錢去幫我做事。

喬治・克拉森教會我打造財富的第一基本定律：先支付給你自己。

湯瑪斯・史丹利、威廉・丹柯、大衛・巴哈（David Bach）與哈福・艾克（Harv Eker），教會我簡樸的美德。

夏恩・派瑞許與桑傑・巴克希教授，教會我大方跟他人分享知識時，就會複利累積善意。

莫赫尼什・帕布萊教會我投資不講道理，在考量是否投資時，要採用非常高的停止投資率的重要性。

巴桑・馬赫史瓦利（Basant Maheshwari）啟發我要在股市裡勇於作夢。

納西姆・塔雷伯、馬克斯・岡瑟，還有李奧納德・姆沃迪瑙（Leonard Mlodinow），讓我得以賞析運氣、機遇、緣分與隨機性在人生中扮演的角色。

塔雷伯也點出我們的世界中，存在著具有高度衝擊性，卻又出乎預料的事件。肯尼斯・波斯納（Kenneth Posner）分享了一套讓我們更能夠準備好應付這些負面影響的流程。

孫子、麥可・波特（Michael Porter）、金偉燦（W. Chan Kim）、揚米・穆恩（Youngme Moon），以及布魯斯・葛林華德，教會我競爭策略。

彼得・伯恩斯坦、霍華・馬克斯，還有賽斯・克拉曼，賦予我品味風險所扮演的角色，以及風險管理的智慧。

彼得・提爾教會我獨占、冪定律，還有高度創新公司的重要性。

克雷頓・克里斯汀生（Clayton Christensen）讓我了解到破壞性創新所造成的常態性威脅。

彼得・貝弗林讓我看到了一些關於多學門思維與逆向思考最為優秀的作品。

桑頓・歐格羅夫（Thornton Oglove）、霍華・薛利（Howard Schilit）和查爾斯・穆福德（Charles Mulford），教育我如何評估財報盈餘的品質。

史蒂芬・彭曼（Stephen Penman）與巴魯克・列夫，教會我如何更為細緻地解讀，那些具有制高點的企業分析師與價值投資人所提供的會計資訊。

丹尼爾・康納曼、阿莫斯・特沃斯基、理查・塞勒、丹・艾瑞利（Dan Ariely），以及詹姆士・蒙蒂爾（James Montier），教育我各種認知偏誤的存在。司馬賀啟迪我理性有其束縛，也就是心智有其認知限制。

弗雷德・施威德（Fred Schwed）讓我了解到，投資產業有其天生的利益衝突。

羅伯特・席爾迪尼讓我了解到順從操作師使用的各種心理策略。

奈特・席佛與菲利普・泰特洛克，教育我做預測有多麼愚昧，以及我們要如何透過或然率思維、貝氏定理想法更新與運用相關基本率，改善做預估的技巧。

約翰・艾倫・保羅斯（John Allen Paulos）、芭芭拉・奧克利（Barbara Oakley），以及亞納・維布納拉雅南（Jana Vembunarayanan），教會我如何採用有智識的數學思維。

達倫・赫夫（Darren Huff）與查爾斯・惠倫（Charles Wheelan）教會我如何更具分析性地解讀統計數據。

阿圖・葛文德（Atul Gawande）與麥可・席恩（Michael Shearns）教育我使用檢查清單對於改善決策的重要性。

菲爾・羅森維格（Phil Rosenzweig）、艾略特・阿倫森（Elliot Aronson），

以及鄧肯・華茲（Duncan Watts），讓我察覺到後見之明偏誤有多麼廣為盛行。

麥可・莫布新與安妮・杜克教會我如何分辨運氣與技巧。莫布新也教育我如何分辨什麼是了解公司基本面，什麼是股價反映的當前市場預期。

傑森・茲威格與蓋瑞・貝斯基（Gary Belsky）教會我如何透過對神經經濟學的了解，避免在金錢上犯下錯誤。

約翰・伯爾・威廉斯、阿弗瑞德・雷巴波特（Alfred Rappaport）、巴拉特・夏赫（Bharat Shah），還有烏特帕・薛斯（Utpal Sheth），教會我創造價值的基本原理。

查爾斯・麥凱、查爾斯・金德伯格、約翰・肯尼斯・高伯瑞、約翰・布魯克斯、愛德華・錢思樂、羅伯特・席勒（Robert Schiller），以及瑪姬・瑪哈爾（Maggie Mahar），教育我市場循環、投機狂熱與後續泡沫化的歷史。

彼得・聖吉（Peter Senge）與德內拉・梅多斯（Donella Meadows）教育我系統化思維，並以更為互相關聯的觀點看待世界。

喬治・索羅斯、本華・曼德博，以及理查・布克斯塔伯（Richard Bookstaber），讓我覺知到市場與社會系統中，存在著錯綜複雜，變動無常的反饋迴圈。

凱因斯啟迪我在市場與經濟體中情緒翻騰的重要性，以及政府及時干預的關鍵角色。

波頓・墨基爾（Burton Malkiel）、查爾斯・艾利斯與約翰・伯格，教會我把成本降到最低，並且堅持航道的重要性。

菲利普・費雪、彼得・林區、拉爾夫・萬格（Ralph Wanger）、派特・多爾西、湯姆・蓋納、泰瑞・史密斯、查克・阿克雷、彼得・康迪爾（Peter Cundill）、威廉・歐尼爾（William O'Neil）、傑西・斯泰恩（Jesse Stine），以及尼可拉斯・達華斯（Nicolas Darvas），教會我如何選股。

傑西・李佛摩教會我如何抓緊一檔股票，並且尊重市場的集體智慧勝於一切。

湯瑪斯・菲爾普斯與湯姆・盧梭教會我投資時要有耐性的美德。

阿努拉・夏馬（Anurag Sharma）教會我如何積極尋找否證。

古斯塔夫・勒龐教育我群眾心理學的社會動態。

亞斯華斯・達摩德仁教授（Aswath Damodaran）教會我如何在投資中，分辨有可能會發生、應該會發生，以及發生也不奇怪的事件。

山姆・澤爾教會我經濟學供需基本原理深刻的重要性。

莫里斯・席勒（Maurice Schiller）、喬爾・葛林布萊特，以及馬丁・惠特曼（Martin Whitman），教會我如何分析投資中的特殊狀況。

蘿拉・黎頓郝斯教會我對股東報告時，保持坦率真誠的重要性。

羅傑・馮・歐克（Roger von Oech）教會我如何進行創意思考。

理查・費曼教會我知道某件事物的名目，以及真的知道某件事情，兩者之間有何差別。

塞內卡、奧理略、愛比克泰德，以及萊恩・霍利得，啟迪我清心寡慾的美德，還有對於人生中任何事件的個人反應，都要保持控制。

威爾・杜蘭、艾芮兒・杜蘭，以及尤瓦爾・哈拉瑞，教育我人類文明史。

史迪芬・平克（Steven Pinker）與漢斯・羅斯林（Hans Rosling）灌輸給我對於世界持續不斷、日有所進的事實，抱持著極度的樂觀態度。

我的人生真的就是牛頓那句話的縮影：「倘若我能看得更遠，那是因為我站在巨人的肩膀上。」

《複利的喜悅》是向幫助我達到財務獨立，成為更好更有智慧的人，並且踏上充實有意義人生之路，所有這些老師的由衷致敬。這些年來我透過他人的著作與演說間接學習，讀者應該都有觀察到，本書處處都在分享許多偉

大心靈的智慧，並且深受其影響，只要恰當我都會適度地引用。若有疏漏，皆非刻意，任何差錯都是我的過。

身為價值投資人，我一直都有個低調的夢想，希望有朝一日能與哥倫比亞大學出版社合作出本書。得以與出色的邁爾斯・湯普森（Myles Thompson）及其精銳團隊合作，是我的榮幸。

我很感謝約翰・米哈約維奇（John Mihaljevic）、維夏爾・康德瓦、約翰・胡伯（John Huber），以及西恩・伊定斯（Sean Iddings），花時間審閱本書草稿，並與我分享回饋他們的深思熟慮。

我還要感謝出版社哈里曼書屋（Harriman House）的克雷格・皮爾斯（Craig Pierce），大方允許我在本書詳細摘錄馬克斯・岡瑟的著作內容。

我要特別感謝蓋伊・斯皮爾為本書撰寫前言。

若是華倫・巴菲特沒有允許我大幅度引述他的股東信，這本書是寫不出來的。我對於他與助理黛比・波莎奈克（Debbie Bosanek）的感激不可斗量。

感謝我的親友這些年來的愛、激勵及支持。

最終請容我對所有的讀者，致上毫無保留的由衷謝意。

謝謝大家。

注釋

01 概論：最好的投資就是投資你自己

1. Charlie Munger, USC School of Law commencement speech, University of Southern California Gould School of Law, May 13, 2007, Los Angeles, CA, https://genius.com/Charlie-munger-usc-law-commencement-speech-annotated.
2. John Nieuwenberg, "Warren Buffett Just Sits and Reads All Day," W5 Coaching, accessed December 5, 2019, https://w5coaching.com/warren-buffett-just-sits-reads-day/.
3. Charlie Munger, *Berkshire Hathaway 2014 Annual Letter to Shareholders*, February 27, 2015, http://www.berkshirehathaway.com/letters/2014ltr.pdf.
4. Morgan Housel, "The Peculiar Habits of Successful People," *USA Today*, August 24, 2014, https://www.usatoday.com/story/money/personalfinance/2014/08/24/peculiar-habits-of-successful-people/14447531.
5. Steve Jordon, "Investors Earn Handsome Paychecks by Handling Buffett's Business," *Omaha World-Herald*, April 28, 2013, https://www.omaha.com/money/investors-earn-handsome-paychecks-by-handling-buffett-s-business/article_bb1fc40f-e6f9-549d-be2f-be1ef4c0da03.html.
6. Arthur Conan Doyle, *The Memoirs of Sherlock Holmes: The Reigate Puzzle* (CreateSpace Independent Publishing Platform, 2016).
7. Michael D. Eisner and Aaron R. Cohen, *Working Together: Why Great Partnerships Succeed* (New York: Harper Business, 2012).
8. Patricia Sellers, "Warren Buffett and Charlie Munger's Best Advice," *Fortune*, October 31, 2013, http://fortune.com/2013/10/31/warren-buffett-and-charlie-mungers-best-advice.
9. Aaron Task, "Money 101: Q&A with Warren Buffett," *Yahoo Finance*, April 8, 2013, https://finance.yahoo.com/news/money-101--q-a-with-warren-buffett-140409456.html.
10. Alice Schroeder, *The Snowball: Warren Buffett and the Business of Life* (New York: Bantam, 2009).

02 成為學習機器

1. Whitney Tilson, "Notes from the 2003 Wesco Annual Meeting," Whitney Tilson's Value Investing Website, http://www.tilsonfunds.com/motley_berkshire_wscmtg03notes.php.
2. Charlie Munger, See's Candy Seventy-Fifth Anniversary Lunch, March 1998, Los Angeles, CA.
3. Morgan Housel, "Ideas That Changed My Life," *Collaborative Fund* (blog), March 7, 2018, http://www.collaborativefund.com/blog/ideas-that-changed-my-life.
4. Andrew McVagh, "Charlie Munger's System of Mental Models: How to Think Your Way to Success," My Mental Models (blog), August 7, 2018, https://www.mymentalmodels.info/charlie-munger-mental-models/.

5. Shane Parrish, "Why You Shouldn't Slog Through Books," *Farnam Street* (blog), September 2017, https://www.fs.blog/2017/09/shouldnt-slog-books.

6. Morgan Housel, "How to Read Financial News," *Collaborative Fund* (blog), December 6, 2017, http://www.collaborativefund.com/blog/how-to-read-financial-news.

7. Nassim Nicholas Taleb, *Fooled by Randomness: The Hidden Role of Chance in Life and in the Markets* (New York: Random House, 2005).

8. Goodreads.com, https://www.goodreads.com/quotes/9122-the-smallest-bookstore-still-contains-more-ideas-of-worth-than.

9. Nassim Nicholas Taleb, *Antifragile: Things That Gain from Disorder* (New York:Random House, 2014).

10. "No. 18 Naval Ravikant—Angel Philosopher," The Knowledge Project with Shane Parrish, February 27, 2017, audio, https://theknowledgeproject.libsyn.com/2017/02.

11. James Clear, "First Principles: Elon Musk on the Power of Thinking for Yourself, "The Mission, February 2, 2018, https://medium.com/the-mission/first-principles-elon-musk-on-the-power-of-thinking-for-yourself-8b0f275af361.

12. Elon Musk, "I Am Elon Musk, CEO/CTO of a Rocket Company, AMA!" Reddit, 2015, https://www.reddit.com/r/IAmA/comments/2rgsan/i_am_elon_musk_ceocto_of_a_rocket_company_ama/?st=jg8ec825&sh=4307fa36.

13. Richard Feynman, "Atoms in Motion," California Institute of Technology, The Feynman Lectures on Physics, http://www.feynmanlectures.caltech.edu/I_01.html.

03 掌握心智模型網格，獲取俗世智慧

1. Shane Parrish, "Mental Models: The Best Way to Make Intelligent Decisions (109 Models Explained)," *Farnam Street* (blog), https://www.fs.blog/mental-models.

2. Herbert A. Simon, *Models of My Life* (Cambridge, MA: MIT Press, 1996).

3. Tren Griffin, *Charlie Munger: The Complete Investor* (New York: Columbia University Press, 2015).

4. Richard Lewis, "Charlie Munger: Full Transcript of Daily Journal Annual Meeting 2017," Latticework Investing, February 17, 2017, http://latticeworkinvesting.com/2017/02/17/charlie-munger-full-transcript-of-daily-journal-annual-meeting-2017.

5. Charlie Munger, "The Psychology of Human Misjudgment by Charles T. Munger," Harrison Barnes, January 17, 2015, https://www.hb.org/the-psychology-of-human-misjudgment-by-charles-t-munger/#07.

6. Peter Kaufman, quoted in Christopher M. Begg, "2014 3rd Quarter Letter," East Coast Asset Management, November 10, 2014, http://www.eastcoastasset.com/wp-content/uploads/ecam_2014_3q_letter.pdf.

7. Charlie Munger, "A Lesson on Elementary, Worldly Wisdom as It Relates to Investment Management and Business," 1994, *Farnam Street* (blog), https://fs.blog/a-lesson-on-worldly-wisdom/.

8. Charlie Munger, "Wesco Financial's Charlie Munger," CS Investing, May 5, 1995, http://csinvesting.org/wp-content/uploads/2014/05/Worldly-Wisdom-by-Munger.pdf.

9. Farnam Street (blog), "Charlie Munger on Getting Rich, Wisdom, Focus, Fake Knowledge and More," accessed December 5, 2019, https://fs.blog/2017/02/charlie-munger-wisdom/.

10. Farnam Street (blog), "Charlie Munger and the Pursuit of Worldly Wisdom," accessed December 5, 2019, https://fs.blog/2015/09/munger-worldly-wisdom/.

11. Griffin, *Charlie Munger*.

12. William Deresiewicz, "Solitude and Leadership," *American Scholar*, March 1, 2010, https://theamericanscholar.org/solitude-and-leadership/#.Wt-DKUxFydI.

13. Edward Burger and Michael Starbird, *The 5 Elements of Effective Thinking* (Princeton, NJ: Princeton University Press, 2012).

14. Charlie Munger, "Outstanding Investor Digest," speech at Stanford Law School Class of William Lazier, March 13, 1998, Stanford, CA.

04 透過刻意練習，善用熱情與集中之力

1. See Michael E. Bernard, *Rationality and the Pursuit of Happiness: The Legacy of Albert Ellis* (Hoboken, NJ: Wiley-Blackwell, 2010).

2. Alice Schroeder, *The Snowball: Warren Buffett and the Business of Life* (New York: Bantam, 2009).

3. Warren Buffett, *Berkshire Hathaway 1998 Annual Letter to Shareholders*, March 1, 1999, http://www.berkshirehathaway.com/letters/1998pdf.pdf.

4. "Warren Buffett's Career Advice," *CNN Money*, November 16, 2012, http://money.cnn.com/video/magazines/fortune/2012/11/16/f-buffett-career-advice.fortune/index.html?iid=HP_LN.

5. Christopher Tkaczyk and Scott Olster, "Best Advice from CEOs: 40 Execs' Secrets toSuccess," *Fortune*, October 29, 2014, http://fortune.com/2014/10/29/ceo-best-advice.

6. Steve Jobs, " 'You've Got to Find What You Love,' Jobs Says" (prepared text of commencement address, June 12, 2005), *Stanford News*, June 14, 2005, https://news.stanford.edu/2005/06/14/jobs-061505.

7. Anne Dunnewold, "Life's Prizes," Anne Dunnewold, Ph.D., *Mind Life Balance* (blog), March 15, 2010, http://anndunnewold.com/lifes-prizes/.

8. Steve Jobs, " 'You've Got to Find What You Love,' Jobs Says," *Stanford News*, https://news.stanford.edu/2005/06/14/jobs-061505.

9. Brian Christian and Tom Griffiths, *Algorithms to Live By: The Computer Science of Human Decisions* (New York: Henry Holt, 2016).

10. Malcolm Gladwell, *Outliers: The Story of Success* (New York: Back Bay, 2011).

11. James Clear, Twitter, January 31, 2018, https://twitter.com/james_clear/status/958824949367615489?lang=en.

12. Geoff Colvin, *Talent Is Overrated: What Really Separates World-Class Performers from Everybody Else* (London: Nicholas Brealey, 2019).

13. Daniel Coyle, *The Little Book of Talent: 52 Tips for Improving Your Skills* (New York: Bantam, 2012).

14. Frank Herron, "It's a MUCH More Effective Quotation to Attribute It to Aristotle, Rather Than to Will Durant," *The Art of Quotesmanship and Misquotesmanship* (blog), May 8, 2012, http://blogs.umb.edu/quoteunquote/2012/05/08/its-a-much-more-effective-quotation-to-attribute-it-to-aristotle-

rather-than-to-will-durant/.

05 選擇正確人生榜樣、老師，以及同事的重要性

1. Guy Spier, *The Education of a Value Investor: My Transformative Quest for Wealth, Wisdom, and Enlightenment* (New York: St. Martin's, 2014).
2. "Exclusive Interview with Arnold Van Den Berg," *Manual of Ideas* 7, no. 9 (September 2014), https://www.manualofideas.com/wp-content/uploads/2014/09/the-manual-of-ideas-arnold-van-den-berg-201409.pdf.
3. Warren Buffett, *Berkshire Hathaway 2002 Annual Letter to Shareholders*, February 21,2003, http://www.berkshirehathaway.com/letters/2002pdf.pdf.
4. Jack Welch quote from goodreads.com, https://www.goodreads.com/author/quotes /3770.Jack_Welch?page=3.
5. Laurence Endersen, *Pebbles of Perception: How a Few Good Choices Make All the Difference* (CreateSpace Independent Publishing Platform, 2014).

06 謙遜是獲得智慧之途

1. Morgan Housel, "We're All Innocently Out of Touch," *Collaborative Fund* (blog), November 17, 2017, http://www.collaborativefund.com/blog/were-all-out-of-touch.
2. Morgan Housel, "Getting Rich vs. Staying Rich," *Collaborative Fund* (blog), February 16, 2017, http://www.collaborativefund.com/blog/getting-rich-vs-staying-rich.
3. Jason Zweig, *The Devil's Financial Dictionary* (New York: PublicAffairs, 2015).
4. Richard P. Feynman, *The Pleasure of Finding Things Out: The Best Short Works of Richard P. Feynman* (New York: Basic Books, 2005). Subsequent Feynman quotes are to this text unless otherwise indicated.
5. *Becoming Warren Buffett* (HBO Documentary Films, January 30, 2017), https://www.youtube.com/watch?v=PB5krSvFAPY.
6. Warren Buffett, *Berkshire Hathaway 1996 Annual Letter to Shareholders*, February 28,1997, http://www.berkshirehathaway.com/letters/1996.html.
7. Alice Schroeder, *The Snowball: Warren Buffett and the Business of Life* (New York: Bantam, 2009).
8. Chuck Carnevale, "How to Use the Correct Discount Rate," *ValueWalk*, September 27, 2013, https://www.valuewalk.com/2013/09/use-correct-discount-rate.
9. "Go Ask Alice," Motley Fool, board comment by Elias Fardo, March 18, 2003, http://boards.fool.com/you-might-want-to-discount-the-float-growth-at-a-18762436.aspx.
10. "Links," Value Investing World, April 5, 2018, http://www.valueinvestingworld.com/2018/04/links_5.html.
11. "Q&A with Warren Buffett (Tuck School of Business)," October 24, 2005, http://valueinvestorindia.blogspot.com/2005/10/qa-with-warren-buffett-tuck-school-of.html.
12. Charlie Munger, "A Lesson on Elementary, Worldly Wisdom as It Relates to Investment Management and Business," *Farnam Street* (blog), 1994, https://fs.blog/a-lesson-on-worldly-wisdom/.

07 慈善與善報的美德

1. Charles W. Collier, *Wealth in Families* (Cambridge, MA: Harvard University, 2006).
2. Ian Wilhelm, "Warren Buffett Shares His Philanthropic Philosophy," *Chronicle of Philanthropy*, March 8, 2010, https://www.philanthropy.com/article/Warren-Buffett-Shares-His/225907.
3. Andrew Carnegie, "Wealth," *North American Review* no. 391 (June 1889), https://www.swarthmore.edu/SocSci/rbannis1/AIH19th/Carnegie.html.
4. Alice Schroeder, *The Snowball: Warren Buffett and the Business of Life* (New York: Bantam, 2009).

08 大道至簡

1. Brainyquote, accessed December 6, 2019, https://www.brainyquote.com/quotes/warren_buffett_149683.
2. "Warren Buffett Remarks on European Debt Crisis, the 'Buffett Rule' and the American Worker: Interview by Business Wire CEO Cathy Baron Tamraz," *Business Wire*, November 15, 2011, https://www.businesswire.com/news/home/20111115006090/en/Warren-Buffett-Remarks-European-Debt-Crisis-.
3. John Maynard Keynes, *The General Theory of Employment, Interest, and Money* (San Diego, CA: Harcourt, Brace & World, 1965).
4. Mohnish Pabrai, *The Dhandho Investor: The Low-Risk Value Method to High Returns* (Hoboken, NJ: Wiley, 2007).
5. Buffett FAQ, *2008 Berkshire Hathaway Annual Meeting*, https://www.businessinsider.com/charlie-munger-quotes-investing-things-2016-1.
6. Warren Buffett, *Berkshire Hathaway 2004 Annual Letter to Shareholders*, February 28, 2005, http://www.berkshirehathaway.com/letters/2004ltr.pdf.
7. "Special Situation Videos: Lecture 1 and 2," September 25, 2012, Greenblatt Columbia Lecture 2005, CS Investing, http://csinvesting.org/2012/09/25/special-situation-video-lecture-1.
8. Cited by Thomas Oppong, "The Only Mental Model You Need to Simplify Your Life,"Medium, accessed December 6, 2019, https://medium.com/personal-growth/the-only-mental-model-you-need-to-simplify-your-life-b734f5c6200f.
9. Warren Buffett, *Berkshire Hathaway 1992 Annual Letter to Shareholders*, March 1, 1993, http://www.berkshirehathaway.com/letters/1992.html.
10. Whitney Tilson, "Notes from the 2002 Wesco Annual Meeting," Whitney Tilson's ValueInvesting Website, https://www.tilsonfunds.com/motley_berkshire_brkmtg02notes.php.
11. Chuck Saletta, "4 Steps to Getting Rich from Warren Buffett's Right-Hand Man," *Business Insider*, May 31, 2013, http://www.businessinsider.com/charlie-mungers-secrets-to-getting-rich-2013-5.
12. Erika Andersen, "23 Quotes from Warren Buffett on Life and Generosity," *Forbes*, December 2, 2013, https://www.forbes.com/sites/erikaandersen/2013/12/02/23-quotes-from-warren-buffett-on-life-and-generosity/#5f2270aaf891.
13. Michael Mauboussin and Dan Callahan, "What Does a Price-Earnings Multiple Mean? An Analytical Bridge between P/Es and Solid Economics," January 29, 2014, https://www.valuewalk.com/wp-content/uploads/2014/02/document-805915460.pdf; Epoch Investment Partners, "The P/E Ratio: A

User's Manual," June 17, 2019, http://www.eipny.com/white-papers/the_p-e_ratio_a-users_manual/.

14. Berkshire Hathaway, press conference, May 2001.

15. John Szramiak, "This Story About Warren Buffett and His Long-Time Pilot Is an Important Lesson About What Separates Extraordinarily Successful People from Everyone Else," *Business Insider*, December 4, 2017, http://businessinsider.com/warren-buffetts-not-to-do-list-2016-10?r=US&IR=T.

16. "Our National Predicament: Excerpts from Seth Klarman's 2010 Letter," Mungerisms, March 2, 2011, http://myinvestingnotebook.blogspot.com/2011/03/our-national-predicament-excerpts-from.html.

09 達到財務獨立與自由

1. Charles Dickens, *David Copperfield* (London: Penguin Classics, 2004).

2. Peter Lynch, *Learn to Earn: A Beginner's Guide to the Basics of Investing and Business* (New York: Simon and Schuster, 1996).

3. Brian Portnoy, *The Geometry of Wealth: How to Shape a Life of Money and Meaning* (Hampshire, UK: Harriman House, 2018).

4. Paraphrased from Jonathan Ping, "Charlie Munger's Life as a Financial Independence Blueprint," *My Money* (blog), January 18, 2018, http://www.mymoneyblog.com/charlie-munger-financial-independence-blueprint.html.

5. Michael J. Mauboussin, *The Success Equation: Untangling Skill and Luck in Business, Sports, and Investing* (Boston: Harvard Business Press, 2012).

6. Dave Ramsey, *The Total Money Makeover: A Proven Plan for Financial Fitness* (Nashville, TN: Nelson, 2003).

7. Charles Ellis and James Vertin, *Classics: An Investor's Anthology* (New York: Business One Irwin, 1988).

8. Seneca, *Letters from a Stoic* (London: Penguin, 1969).

9. Morgan Housel, "Saving Money and Running Backwards," *Collaborative Fund* (blog), September 27, 2017, http://www.collaborativefund.com/blog/saving-money-and-running-backwards.

10 依據內在計分卡過日子

1. Goodreads, accessed December 6, 2019, https://www.goodreads.com/quotes/831517-in-the-short-run-the-market-is-a-voting-machine.

2. Warren Buffett, Buffett Partnership letter, January 25, 1967, in *Buffett Partnership Letters 1957 to 1970*, 100, CS Investing, http://csinvesting.org/wp-content/uploads/2012/05/complete_buffett_partnership_letters-1957-70_in-sections.pdf.

3. Warren Buffett, Buffett Partnership letter, October 9, 1967, in *Buffett Partnership Letters 1957 to 1970*, 111, CS Investing, http://csinvesting.org/wp-content/uploads/2012/05/complete_buffett_partnership_letters-1957-70_in-sections.pdf.

4. Warren Buffett, Buffett Partnership letter, January 22, 1969, in *Buffett Partnership Letters 1957 to 1970*, 123, CS Investing, http://csinvesting.org/wp-content/uploads/2012/05/complete_buffett_partnership_letters-1957-70_in-sections.pdf.

5. Warren Buffett, Buffett Partnership letter, October 9, 1969, in *Buffett Partnership Letters 1957 to 1970*, 132, CS Investing, http://csinvesting.org/wp-content/uploads/2012/05/complete_buffett_partnership_letters-1957-70_in-sections.pdf.

6. Warren Buffett, *Berkshire Hathaway 2001 Annual Letter to Shareholders*, February 28, 2002, https://www.berkshirehathaway.com/2001ar/2001letter.html.

7. Li Lu, "The Prospects for Value Investing in China," trans. Graham F. Rhodes, October 28, 2015, https://brianlangis.files.wordpress.com/2018/03/li-lu-the-prospects-for-value-investing-in-china.pdf.

8. The Conservative Income Investor, "Raise A Glass to Rose Blumkin," November 23, 2018, https://theconservativeincomeinvestor.com/rose-blumkin/.

9. Benjamin Graham and Jason Zweig, *The Intelligent Investor: The Definitive Book on Value Investing*, rev. ed. (New York: Harper Business, 2006).

10. Janet Lowe, *Damn Right! Behind the Scenes with Berkshire Hathaway Billionaire Charlie Munger* (Hoboken, NJ: Wiley, 2003), 154.

11. Steve Fishman, "Bernie Madoff, Free at Last," *New York*, June 6, 2010, http://nymag.com/news/crimelaw/66468.

12. "Warren Buffett: The Inner Scorecard," *Farnam Street* (blog), August 2016, https://www.fs.blog/2016/08/the-inner-scorecard.

13. Charlie Munger, USC School of Law commencement speech, University of Southern California Gould School of Law, May 13, 2007, Los Angeles, CA, https://genius.com/Charlie-munger-usc-law-commencement-speech-annotated.

14. Charlie Munger, "The Psychology of Human Misjudgment by Charles T. Munger," Harrison Barnes, January 17, 2015, https://www.hb.org/the-psychology-of-human-misjudgment-by-charles-t-munger/#07.

15. Whitney Tilson, "2004 Wesco Meeting Notes," May 5, 2004, in *The Best of Charlie Munger: 1994–2011*, 193, http://www.valueplays.net/wp-content/uploads/The-Best-of-Charlie-Munger-1994-2011.pdf.

16. Seneca, *Letters from a Stoic* (London: Penguin, 1969).

11 延遲享樂是人生成功的關鍵

1. Peter D. Kaufman, ed., *Poor Charlie's Almanack* (Marceline, MO: Walsworth, 2005).

2. Elle Kaplan, "Why Warren Buffett's '20-Slot Rule' Will Make You Insanely Successful and Wealthy," *Inc.*, July 22, 2016, https://www.inc.com/elle-kaplan/why-warren-buffett-s-20-slot-rule-will-make-you-insanely-wealthy-and-successful.html.

3. Adi Ignatius, "Jeff Bezos on Leading for the Long-Term at Amazon," *Harvard Business Review*, January 2013, https://hbr.org/2013/01/jeff-bezos-on-leading-for-the.

4. Jeff Bezos, *Amazon 2014 Letter to Shareholders*, https://ir.aboutamazon.com/static-files/a9bd5c6a-c11c-4b38-9532-ae2f73d8bd10.

5. Ignatius, "Jeff Bezos on Leading."

6. James B. Stewart, "Amazon Says Long Term and Means It," *New York Times*, December 16, 2011, https://www.nytimes.com/2011/12/17/business/at-amazon-jeff-bezos-talks-long-term-and-means-it.html.

7. Jeff Bezos, *Amazon 1997 Letter to Shareholders*, http://media.corporate-ir.net/media_files/irol/97/97664/reports/Shareholderletter97.pdf.

8. Warren Buffett, *Berkshire Hathaway 1998 Annual Letter to Shareholders*, March 1, 1999, http://www.berkshirehathaway.com/letters/1998pdf.pdf.

9. Warren Buffett, *Berkshire Hathaway 2010 Annual Letter to Shareholders*, February 26, 2011, http://www.berkshirehathaway.com/letters/2010ltr.pdf.

10. Warren Buffett, *An Owner's Manual*," Berkshire Hathaway, June 1996, http://www.berkshirehathaway.com/ownman.pdf.

11. Tim Koller, Marc Goedhard, and David Wessels, *Valuation: Measuring and Managing the Value of Companies*, 6th ed. (Hoboken, NJ: Wiley, 2015).

12. Anshul Khare, "Investing and the Art of Metaphorical Thinking," Safal Niveshak, November 21, 2016, https://www.safalniveshak.com/investing-art-metaphorical-thinking.

13. Dean LeBaron and Romesh Vaitilingam, *Dean LeBaron's Treasury of Investment Wisdom: 30 Great Investing Minds* (Hoboken, NJ: Wiley, 2001).

14. Steven Levy, "Jeff Bezos Owns the Web in More Ways Than You Think," *Wired*, November 13, 2011, https://www.wired.com/2011/11/ff_bezos.

15. Aye M. Soe, Berlinda Liu, and Hamish Preston, *SPIVA U.S. Scorecard*, S&P Dow Jones Indices, Year-End 2018, https://www.spindices.com/documents/spiva/spiva-us-year-end-2018.pdf.

16. Boyar's Intrinsic Value Research, "Thoughts About the Stock Market and the Economy," October 31, 2019, http://boyarvaluegroup.com/bvg-pdf/BoyarResearch_3Q2019.pdf.

17. John Maynard Keynes, *The General Theory of Employment, Interest, and Money* (San Diego, CA: Harcourt, Brace and World, 1965).

18. Peter Bevelin, *Seeking Wisdom: From Darwin to Munger*, 3rd ed. (Malmö, Sweden: PCA Publications, 2007).

19. Sanjay Bakshi, *What Happens When You Don't Buy Quality? And What Happens When You Do?* OctoberQuest 2013, October 11, 2013, https://www.dropbox.com/s/haqe3psl29u1scx/October_Quest_2013.pdf?dl=0.

20. Jason Zweig, "The Secrets of Berkshire's Success: An Interview with Charlie Munger," *Wall Street Journal*, September 12, 2014, https://www.wsj.com/articles/the-secrets-of-berkshires-success-an-interview-with-charlie-munger-1410543815.

21. Yuval Noah Harari, *Sapiens: A Brief History of Humankind* (New York: Harper, 2015).

12 以擁有公司的心態，建構營利能力

1. Warren Buffett, *Berkshire Hathaway 1977 Annual Letter to Shareholders*, March 14, 1978, http://www.berkshirehathaway.com/letters/1977.html.

2. Warren Buffett, "Buffett: How Inflation Swindles the Equity Investor (Fortune Classics, 1977)," *Fortune*, June 12, 2011, http://fortune.com/2011/06/12/buffett-how-inflation-swindles-the-equity-investor-fortune-classics-1977.

3. Warren Buffett, *Berkshire Hathaway 1993 Annual Letter to Shareholders*, March 1, 1994, http://www.berkshirehathaway.com/letters/1993.html.

13 字裡行間投資術

1. Laura J. Rittenhouse, *Investing Between the Lines: How to Make Smarter Decisions by Decoding CEO Communications* (New York: McGraw-Hill Education, 2013). Subsequent citations are to this edition unless otherwise noted.
2. Warren Buffett, *An Owner's Manual*, Berkshire Hathaway, June 1996, http://www.berkshirehathaway.com/ownman.pdf.
3. Warren Buffett, *Berkshire Hathaway 2014 Annual Letter to Shareholders*, February 27, 2015, http://www.berkshirehathaway.com/letters/2014ltr.pdf.
4. Rittenhouse, *Investing Between the Lines*.

14 檢查清單在決策過程中的重要性

1. Sheeraz Raza, "Great Interview with Alice Schroeder via Simoleon Sense," ValueWalk, November 6, 2010, https://www.valuewalk.com/2010/11/great-interview-alice-schroeder-simoleon-sense.
2. Goodreads.com, accessed December 9, 2019, https://www.goodreads.com/quotes/8956691-what-the-human-being-is-best-at-doing-is-interpreting.
3. Quoted in Atul Gawande, *The Checklist Manifesto* (Gurgaon, India: Penguin Random House, 2014).
4. Charlie Munger, "Wesco 2002 Annual Meeting," Mungerisms, Pasadena, CA, 2002, http://mungerisms.blogspot.com/2009/08/wesco-2002-annual-meeting.html.
5. Peter Bevelin, *Seeking Wisdom: From Darwin to Munger*, 3rd ed. (Malmö, Sweden: PCA Publications, 2007).

15 寫日誌是自省的有力工具

1. Goodreads.com, accessed December 9, 2019, https://www.goodreads.com/quotes/8116811-man-is-not-a-rational-animal-he-is-a-rationalizing.
2. Benjamin Graham and Jason Zweig, *The Intelligent Investor: The Definitive Book on Value Investing*, rev. ed. (New York: Harper Business, 2006).
3. Stephen King, *On Writing: A Memoir of the Craft* (New York: Simon and Schuster, 2000).

16 絕不要低估激勵之力

1. Laurence Endersen, *Pebbles of Perception: How a Few Good Choices Make All the Difference* (CreateSpace Independent Publishing Platform, 2014). Subsequent references are to this edition unless otherwise noted.
2. William Ophuls, *Plato's Revenge: Politics in the Age of Ecology* (Cambridge, MA: MIT Press, 2011).
3. Charlie Munger, "The Psychology of Human Misjudgment by Charles T. Munger," Harrison Barnes, January 17, 2015, https://www.hb.org/the-psychology-of-human-misjudgment-by-charles-t-munger/#07.
4. Charlie Munger, "A Lesson on Elementary, Worldly Wisdom as it Relates to Investment

Management and Business," *Farnam Street* (blog), 1994, https://fs.blog/a-lesson-on-worldly-wisdom/.

5. Peter D. Kaufman, ed., *Poor Charlie's Almanack* (Marceline, MO: Walsworth, 2005).

6. Warren Buffett, *Berkshire Hathaway 1996 Annual Letter to Shareholders*, February 28, 1997, http://www.berkshirehathaway.com/letters/1996.html.

7. Warren Buffett, *Berkshire Hathaway 1996 Annual Letter to Shareholders*.

8. Warren Buffett, *Berkshire Hathaway 1994 Annual Letter to Shareholders*, March 7, 1995, http://www.berkshirehathaway.com/letters/1994.html.

9. Nassim Nicholas Taleb and George A. Martin, "How to Prevent Other Financial Crises," *SAIS Review* 32, no. 1 (Winter–Spring 2012), http://www.fooledbyrandomness.com/sais.pdf.

10. Seth A. Klarman, *Margin of Safety: Risk-Averse Value Investing Strategies for the Thoughtful Investor* (New York: Harper Collins, 1991).

11. Sanjay Bakshi, "The Psychology of Human Misjudgment VI," LinkedIn SlideShare, December 16, 2012, https://www.slideshare.net/bakshi1/the-psychology-of-human-misjudgment-vi.

12. Warren Buffett, *Berkshire Hathaway 2005 Annual Letter to Shareholders*, February 28, 2006, http://www.berkshirehathaway.com/letters/2005ltr.pdf.

13. Alex Crippen, "Warren Buffett's 5-Minute Plan to Fix the Deficit," CNBC, July 11, 2011, https://www.cnbc.com/id/43670783.

17 永遠要以數學思考，但要避免物理羨慕

1. Berkshire Hathaway, 2000 Annual Meeting, *Outstanding Investor Digest*, December 18,2000.

2. Charlie Munger, "Academic Economics: Strengths and Faults After Considering Interdisciplinary Needs," Herb Kay Undergraduate Lecture, University of California, Santa Barbara, Economics Department, October 3, 2003, Santa Barbara, CA, http://www.tilsonfunds.com/MungerUCSBspeech.pdf.

3. Peter D. Kaufman, ed., *Poor Charlie's Almanack* (Marceline, MO: Walsworth, 2005).

4. Quoted in Tim Sullivan, "Embracing Complexity," *Harvard Business Review*, September 2011, https://hbr.org/2011/09/embracing-complexity.

5. Benjamin Graham and Jason Zweig, *The Intelligent Investor: The Definitive Book on Value Investing*, rev. ed. (New York: Harper Business, 2006).

6. Goodreads.com, accessed December 9, 2019, https://www.brainyquote.com/quotes/warren_buffett_149692.

7. Warren Buffett, *An Owner's Manual*, Berkshire Hathaway, June 1996, http://www.berkshirehathaway.com/ownman.pdf.

8. Warren Buffett, *Berkshire Hathaway 2005 Annual Letter to Shareholders*, February 28, 2006, http://www.berkshirehathaway.com/letters/2005ltr.pdf; *Berkshire Hathaway 2000 Annual Letter to Shareholders*, February 28, 2001, http://www.berkshirehathaway.com/letters/2000pdf.pdf.

9. Tren Griffin, "A Dozen Things I've Learned from Charlie Munger About Inversion," *25iq* (blog), September 12, 2015, https://25iq.com/2015/09/12/a-dozen-things-ive-learned-from-charlie-munger-about-inversion-including-the-importance-of-being-consistently-not-stupid-2.

10. Berkshire Hathaway, 1990 Annual Meeting, *Outstanding Investor Digest*, May 31, 1990.

18 智慧型投資，完全在於了解內在價值

1. Warren Buffett, *Berkshire Hathaway 1986 Annual Letter to Shareholders*, February 27,1987, http://www.berkshirehathaway.com/letters/1986.html.
2. Warren Buffett, *Berkshire Hathaway 1992 Annual Letter to Shareholders*, March 1, 1993 http://www.berkshirehathaway.com/letters/1992.html.
3. "35 Quotes from Benjamin Graham," Caproasia Online, May 8, 2015, http://www.caproasia.com/2015/05/08/35-quotes-from-benjamin-graham.
4. Warren Buffett, *Berkshire Hathaway 1984 Annual Letter to Shareholders*, February 25, 1985, http://www.berkshirehathaway.com/letters/1984.html.
5. Warren Buffett, *Berkshire Hathaway 2014 Annual Letter to Shareholders*, February 27, 2015, http://www.berkshirehathaway.com/letters/2014ltr.pdf.
6. "Charlie Munger on 'Frozen Corporation,' " ValueWalk, July 16, 2015, https://www.valuewalk.com/2015/07/charlie-munger-on-frozen-corporation.
7. Warren Buffett, *Berkshire Hathaway 2000 Annual Letter to Shareholders*, https://www.berkshirehathaway.com/2000ar/2000letter.html.
8. Benjamin Graham and David Dodd, *Security Analysis*, 6th ed. (New York: McGraw-Hill Education, 2008).
9. Buffett FAQ, 2003 Berkshire Hathaway Annual Meeting, http://buffettfaq.com.
10. Quoted in Paul D. Sonkin and Paul Johnson, *Pitch the Perfect Investment: The Essential Guide to Winning on Wall Street* (Hoboken, NJ: Wiley, 2017).
11. Graham and Dodd, *Security Analysis*, 6th ed.
12. Benjamin Graham and David Dodd, *Security Analysis: The Classic 1934 Edition* (New York: McGraw-Hill Education, 1996).
13. Warren Buffett, *Berkshire Hathaway 1984 Annual Letter to Shareholders*, https://www.berkshirehathaway.com/letters/1984.html.
14. Thomas Phelps, *100 to 1 in the Stock Market: A Distinguished Security Analyst Tells How to Make More of Your Investment Opportunities* (Brattleboro, VT: Echo Point, 2015).

19 投資最重要的四個字：安全邊際

1. Jeremy Siegel, "Valuing Growth Stocks: Revisiting the Nifty Fifty," *American Association of Individual Investors Journal*, October 1998, https://www.aaii.com/journal/article/valuing-growth-stocks-revisiting-the-nifty-fifty.
2. Lawrence Hamtil, "Price Is What You Pay; Value Is What You Get—Nifty Fifty Edition," *Fortune Financial* (blog), May 24, 2018, http://www.fortunefinancialadvisors.com/blog/price-is-what-you-pay-value-is-what-you-get-nifty-fifty-edition.
3. Brent Beshore, "Going Pro: 2017 Year In Review," Adventures, https://www.adventur.es/2017-annual-letter-going-pro.
4. Charles D. Ellis, "The Loser's Game," *Financial Analysts Journal*, January–February1975, https://www.cfapubs.org/doi/pdf/10.2469/faj.v51.n1.1865.
5. Benjamin Graham, *The Intelligent Investor*, 4th rev. ed. (New York: Harper and Row,1973).

6. Credit Suisse, "Was Warren Buffet Right: Do Wonderful Companies Remain Wonderful?" *HOLT Wealth Creation Principles*, June 2013, https://research-doc.credit-suisse.com/mercurydoc?language =ENG&format=PDF&document_id=1019433381&serialid=*EMAIL_REMOVED*&auditid=1182867.

7. Phil DeMuth, "The Mysterious Factor 'P': Charlie Munger, Robert Novy-Marx and the Profitability Factor," *Forbes*, June 27, 2013.

8. Warren Buffett, *Berkshire Hathaway 1980 Annual Letter to Shareholders*, February 27, 1981, http://www.berkshirehathaway.com/letters/1980.html.

9. Warren Buffett, *Berkshire Hathaway 1983 Annual Letter to Shareholders*, March 14, 1984, http://www.berkshirehathaway.com/letters/1983.html.

10. Warren Buffett, *Berkshire Hathaway 1989 Annual Letter to Shareholders*, March 2, 1990, http://www.berkshirehathaway.com/letters/1989.html.

20 投資大宗商品與景氣循環股，完全在於資本循環

1. Tobias E. Carlisle, *Deep Value: Why Activist Investors and Other Contrarians Battle for Control of Losing Corporations* (Hoboken, NJ: Wiley, 2014).

2. Edward Chancellor, *Capital Returns: Investing Through the Capital Cycle: A Money Manager's Reports 2002–15* (Basingstoke, UK: Palgrave Macmillan, 2016). Subsequent citations are to this edition unless otherwise noted.

3. Howard Marks, *The Most Important Thing Illuminated: Uncommon Sense for the Thoughtful Investor* (New York: Columbia University Press, 2013).

4. Malcolm Gladwell, *Blink: The Power of Thinking Without Thinking* (New York: Little, Brown, 2005).

5. Peter Lynch, *One Up on Wall Street: How to Use What You Already Know to Make Money in the Market* (New York: Simon and Schuster, 2000).

6. Charlie Munger, "Wesco Financial Corporation Letter to Shareholders," in *Charlie Munger's Wesco Financial Corporation Annual Letters 1983–2009*, 182, https://rememberingtheobvious.files.wordpress.com/2012/08/wesco-charlie-munger-letters-1983-2009-collection.pdf.

7. Bhavin Shah, "My Best Pick 2018," *Outlook Business*, January 08, 2018, https://outlookbusiness.com/specials/my-best-pick_2018/bhavin-shah-4052.

21 在特殊情況下，謹慎研究分拆投資

1. Quoted in Cogitator Capital, "Special Situation Investing," ValueWalk, 2008, http://www.valuewalk.com/wp-content/uploads/2010/09/37200720-33263413-Special-Situation-Investing-by-Ben-Graham.pdf.

2. Quoted in Cogitator Capital, "Special Situation Investing."

3. The Edge Consulting Group, *Global Spinoffs and the Hidden Value of Corporate Change*,vol. 2, *Executive Summary*, December 2014, https://www.hvst.com/attachments/1437/Exec_Summary_-_The_Edge_Deloitte_Global_Spinoff_Study_-_Dec_2014.pdf.

4. "Spin-Offs—The Urge to Demerge," SBICAP Securities, June 19, 2017, https://drive.google.com/file/d/0B5meW_TNaEhNcFY4ME9ZeTBUNWM/view.

5. Seth A. Klarman, *Margin of Safety: Risk-Averse Value Investing Strategies for the Thoughtful Investor* (New York: Harper Collins, 1991).

6. Rich Howe, "What Klarman and Greenblatt Have to Say About Investing in Spinoffs—Part II," *ValueWalk*, March 15, 2018, https://www.valuewalk.com/2018/03/klarman-greenblatt-investing-spinoffs.

7. Joel Greenblatt, *You Can Be a Stock Market Genius: Uncover the Secret Hiding Places of Stock Market Profits* (New York: Touchstone, 1999). Subsequent citations are to this edition unless otherwise noted.

8. Peter Lynch, *One Up on Wall Street: How to Use What You Already Know to Make Money in the Market* (New York: Simon and Schuster, 2000).

9. Peter Lynch, *One Up on Wall Street*.

10. Peter Lynch, *One Up on Wall Street*.

11. "Look at All These Spinoffs Beating the Market," *Old School Value* (blog), July 6, 2011, https://www.oldschoolvalue.com/blog/special_situation/look-at-all-these-spinoffs-beating-the-market.

22 長期價值投資的聖杯

1. Warren Buffett, *Berkshire Hathaway 1984 Annual Letter to Shareholders*, February 25, 1985, http://www.berkshirehathaway.com/letters/1984.html.

2. Charlie Munger, "A Lesson on Elementary, Worldly Wisdom as it Relates to Investment Management and Business," *Farnam Street* (blog), 1994, https://fs.blog/a-lesson-on-worldly-wisdom.

3. Carol Loomis, "Mr. Buffett on the Stock Market," *Fortune*, November 22, 1999, http://archive.fortune.com/magazines/fortune/fortune_archive/1999/11/22/269071/index.htm.

4. Warren Buffett, *Berkshire Hathaway 2007 Annual Letter to Shareholders*, February 2008, http://www.berkshirehathaway.com/letters/2007ltr.pdf.

5. John Train, *The Money Masters* (New York: Harper Business, 1994).

6. "Financial Crisis Inquiry Commission Staff Audiotape of Interview with Warren Buffett, Berkshire Hathaway," *Santangel's Review*, May 26, 2010, http://dericbownds.net/uploaded_images/Buffett_FCIC_transcript.pdf.

7. Marian L. Tupy, "Corporations Are Not as Powerful as You Think," HumanProgress, November 1, 2017, https://humanprogress.org/article.php?p=785.

8. James K. Glassman and Kavin A. Hassett, "Dow 36,000," *The Atlantic*, September 1999, https://www.theatlantic.com/magazine/archive/1999/09/dow-36-000/306249.

9. Benjamin Graham and Jason Zweig, *The Intelligent Investor: The Definitive Book on Value Investing*, rev. ed. (New York: Harper Business, 2006).

10. Loomis, "Mr. Buffett on the Stock Market."

11. Buffett, *Berkshire Hathaway 2007 Annual Letter*.

12. John Maynard Keynes, quoted in "Warren Buffett on the Stock Market," *Fortune*, December 10, 2001, http://www.berkshirehathaway.com/2001ar/FortuneMagazine%20DEC%2010%202001.pdf.

13. Warren Buffett, *Berkshire Hathaway 1987 Annual Letter to Shareholders*, February 29, 1988, https://www.berkshirehathaway.com/letters/1987.html.

14. Warren Buffett, *Berkshire Hathaway 1996 Annual Letter to Shareholders*, February 28, 1997, http://www.berkshirehathaway.com/letters/1996.html.

15. Ian Cassel, "A New Mental Model for Investing," MicroCapClub, February 1, 2018, https://microcapclub.com/2018/02/new-mental-model-investing.

16. Philip A. Fisher, *Common Stocks and Uncommon Profits and Other Writings*, 2nd ed. (Hoboken, NJ: Wiley, 2003).

17. Warren Buffett, *Berkshire Hathaway 1999 Annual Letter to Shareholders*, March 1, 2000, http://www.berkshirehathaway.com/letters/1999htm.html.

18. Warren Buffett, *Berkshire Hathaway 1982 Annual Letter to Shareholders*, March 3, 1983, http://www.berkshirehathaway.com/letters/1982.html.

19. William N. Thorndike, *The Outsiders: Eight Unconventional CEOs and Their Radically Rational Blueprint for Success* (Brighton, MA: Harvard Business Review Press, 2012).

20. Warren Buffett, Buffett Partnership letter, October 9, 1967, in *Buffett Partnership Letters 1957 to 1970*, 111, http://csinvesting.org/wp-content/uploads/2012/05/complete_buffett_partnership_letters-1957-70_in-sections.pdf.

23 市場大多時候很有效率，但並非絕對

1. Warren Buffett, *Berkshire Hathaway 1987 Annual Letter to Shareholders*, February 29, 1988, http://www.berkshirehathaway.com/letters/1987.html.

2. Benjamin Graham and Jason Zweig, *The Intelligent Investor: The Definitive Book on Value Investing*, rev. ed. (New York: Harper Business, 2006).

3. Quoted in Mohnish Pabrai, *The Dhandho Investor: The Low-Risk Value Method to High Returns* (Hoboken, NJ: Wiley, 2007).

4. Carol Loomis, "Warren Buffett on the Stock Market," *Fortune*, December 10, 2001, http://archive.fortune.com/magazines/fortune/fortune_archive/2001/12/10/314691/index.htm.

5. Carol Loomis, "Mr. Buffett on the Stock Market," *Fortune*, November 22, 1999, http://archive.fortune.com/magazines/fortune/fortune_archive/1999/11/22/269071/index.htm.

6. Carol J. Loomis, *Tap Dancing to Work: Warren Buffett on Practically Everything, 1966–2013* (New York: Portfolio, 2013)

7. Alex Barrow, "Stanley Druckenmiller on Liquidity, Macro, and Margins," Macro Ops, June 23, 2017, https://macro-ops.com/stanley-druckenmiller-on-liquidity-macro-margins.

8. Evan Sparks, "John Templeton," Philanthropy Roundtable, http://www.philanthropy roundtable.org/almanac/hall_of_fame/john_m._templeton.

9. Peter Lattman, "Bull and Bear Markets, According to Oaktree's Howard Marks," *Wall Street Journal*, March 20, 2008, https://blogs.wsj.com/deals/2008/03/20/bull-and-bear-markets-according-to-oaktrees-howard-marks.

10. "There Are 3 Stages in a Typical Bull Market," *Ivanhoff Capital* (blog), February 2, 2012, http://ivanhoff.com/2012/02/02/there-are-3-stages-in-a-typical-bull-market.

11. Jeremy Goldman, "13 Insightful Quotes from Intel Visionary Andy Grove," inc.com, accessed

December 10, 2019, https://www.inc.com/jeremy-goldman/13-insightful-quotes-from-intel-visionary-andy-grove.html.

12. Charles MacKay, *Extraordinary Popular Delusions and the Madness of Crowds* (New York: Dover, 2003).

13. Howard Marks, "You Can't Predict. You Can Compare," memo to Oaktree clients, November 20, 2001, https://www.oaktreecapital.com/docs/default-source/memos/2001-11-20-you-cant-predict-you-can-prepare.pdf?sfvrsn=2.

14. Peter Lynch, *Beating the Street* (New York: Simon and Schuster, 1994).

15. Warren Buffett, *Berkshire Hathaway 1986 Annual Letter to Shareholders*, February 27, 1987, http://www.berkshirehathaway.com/letters/1986.html.

16. Daniel Kahneman, *Thinking, Fast and Slow* (New York: Farrar, Straus and Giroux,2013).

17. Warren Buffett, *Berkshire Hathaway 2016 Annual Letter to Shareholders*, February 25, 2017, http://www.berkshirehathaway.com/letters/2016ltr.pdf.

18. Kahneman, *Thinking, Fast and Slow*.

19. G. E. Miller, "In the Short Run, the Market Is a Voting Machine, but in the Long Run, It Is a Weighing Machine," 20somethingfinance.com, May 8, 2019, https://20somethingfinance.com/in-the-short-run-the-market-is-a-voting-machine-but-in-the-long-run-it-is-a-weighing-machine/.

20. Sanjay Bakshi, "All I Care About Is Virginity," *Fundoo Professor* (blog), October 19, 2012, https://fundooprofessor.wordpress.com/2012/10/19/virginity.

21. Michael Maloney and J. Harold Mulherin, "The Complexity of Price Discovery in an Efficient Market: The Stock Market Reaction to the Challenger Crash," *Journal of Corporate Finance* 9, no. 4 (2003): 453–479, https://www.sciencedirect.com/science/article/pii/S092911990200055X.

22. Francis Galton, "Vox Populi," *Nature*, March 7, 1907, http://galton.org/essays/1900-1911/galton-1907-vox-populi.pdf.

24 投資組合管理與個別部位大小的動態藝術

1. Unless stated otherwise, all quotes in this chapter are from various articles on the ValueWalk website, https://www.valuewalk.com.

2. Allen C. Benello, Michael van Biema, and Tobias E. Carlisle, *Concentrated Investing: Strategies of the World's Greatest Concentrated Value Investors* (Hoboken, NJ: Wiley, 2016).

3. Howard Marks, "Dare to Be Great," memo to Oaktree clients, September 7, 2006, https://www.oaktreecapital.com/docs/default-source/memos/2006-09-07-dare-to-be-great.pdf?sfvrsn=2.

4. Bryan Rich, "Do You Think Like George Soros?" *Forbes*, June 1, 2016, https://www.forbes.com/sites/bryanrich/2016/06/01/do-you-think-like-george-soros/#499e4c835f0d.

5. Charlie Munger, "Academic Economics: Strengths and Faults After Considering Interdisciplinary Needs," Herb Kay Undergraduate Lecture, University of California, Santa Barbara, Economics Department, October 3, 2003, Santa Barbara, CA, http://www.tilsonfunds.com/MungerUCSBspeech.pdf.

6. Quoted by Morgan Housel, Twitter, June 15, 2017, https://twitter.com/morganhousel/status/875547615592665088.

7. Charlie Munger, "A Lesson on Elementary, Worldly Wisdom as It Relates to Investment

Management and Business," *Farnam Street* (blog), 1994, https://fs.blog/a-lesson-on-worldly-wisdom/.

8. Jack Schwager, *Hedge Fund Market Wizards: How Winning Traders Win* (Hoboken, NJ:Wiley, 2012).

9. Quoted in Karen Damato, "Is Your Manager Skillful . . . or Just Lucky?" *Wall Street Journal*, November 2, 2012, https://www.wsj.com/articles/SB100008723963904447348045780628901101 46284.

10. Benjamin Graham and Jason Zweig, *The Intelligent Investor: The Definitive Book on Value Investing*, rev. ed. (New York: Harper Business, 2006).

25 想要率先跑完，就得先跑得完

1. Warren Buffett, *Berkshire Hathaway 2010 Annual Letter to Shareholders*, February 26, 2011, http://www.berkshirehathaway.com/letters/2010ltr.pdf.

2. Nick Maggiulli, "Against the Gods," *Of Dollars and Data* (blog), July 18, 2017, https://ofdollarsanddata.com/against-the-gods-3729ed3bb192.

3. Morgan Housel, "Risk Is How Much Time You Need," *Collaborative Fund* (blog), March 30, 2017, http://www.collaborativefund.com/blog/risk.

4. Quoted in David Foulke, "Warren Buffett on LTCM, Blind Spots, Leverage, and Unnecessary Risk," Alpha Architect, September 8, 2015, https://alphaarchitect.com/2015/09/08/warren-buffett-ltcm-blind-spots-leverage-taking-unnecessary-risks/.

5. Quoted in Morgan Housel, "What I Believe Most," *Collaborative Fund* (blog), July 5,2017, http://www.collaborativefund.com/blog/what-i-believe-most.

6. Robert G. Hagstrom, *The Warren Buffett Way*, 2nd ed. (Hoboken, NJ: Wiley, 2005).

7. Quoted in Foulke, "Warren Buffett on LTCM."

8. Buffett FAQ, *2006 Berkshire Hathaway Annual Meeting*, http://buffettfaq.com.

9. Sebastian Mallaby, *More Money Than God: Hedge Funds and the Making of a New Elite* (London: Penguin, 2011).

10. Benoit Mandelbrot and Richard L. Hudson, *The (Mis)Behavior of Markets: A Fractal View of Financial Turbulence* (New York: Basic Books, 2006), 20, 217, 248.

11. Benjamin Graham and David Dodd, *Security Analysis: The Classic 1934 Edition* (New York: McGraw-Hill Education, 1996).

12. Howard Marks, *The Most Important Thing Illuminated: Uncommon Sense for the Thoughtful Investor* (New York: Columbia University Press, 2013).

13. Warren Buffett, *Berkshire Hathaway 1993 Annual Letter to Shareholders*, March 1, 1994, http://www.berkshirehathaway.com/letters/1993.html.

14. Natasha Turak, "Credit Suisse Defends Controversial Financial Product at the Center of the Market Turmoil," CNBC.com, Feb 7, 2018, https://www.cnbc.com/2018/02/07/credit-suisse-defends-controversial-xiv-etn-amid-market-turmoil.html.

15. Warren Buffett, *Berkshire Hathaway 2008 Annual Letter to Shareholders*, February 27,2009, http://www.berkshirehathaway.com/letters/2008ltr.pdf.

16. Ben Carlson, "Don't Reach for Yield," A Wealth of Commonsense, April 5, 2013, https://awealthofcommonsense.com/2013/04/dont-reach-for-yile/.

17. Warren Buffett, *Berkshire Hathaway 2017 Annual Letter to Shareholders*, February 24,2018, http://www.berkshirehathaway.com/letters/2017ltr.pdf.

18. Warren Buffett, *Berkshire Hathaway 2014 Annual Letter to Shareholders*, February 27,2015, http://www.berkshirehathaway.com/letters/2014ltr.pdf.

19. James Berman, "The Three Essential Warren Buffett Quotes to Live By," *Forbes*, April 20,2014, https://www.forbes.com/sites/jamesberman/2014/04/20/the-three-essential-warren-buffett-quotes-to-live-by/#a6a575a65439.

26 多讀點歷史，少做些預測

1. Warren Buffett, *Berkshire Hathaway 2014 Annual Letter to Shareholders*, February 27,2015, http://www.berkshirehathaway.com/letters/2014ltr.pdf.

2. Jason Zweig, *Your Money and Your Brain: How the New Science of Neuroeconomics Can Help Make You Rich* (New York: Simon and Schuster, 2008).

3. Dan Solin, "Do You Have 'Prediction Addiction?' " *Huffington Post*, May 25, 2011, https://www.huffingtonpost.com/dan-solin/do-you-have-prediction-ad_b_66570.html.

4. Warren Buffett, *Berkshire Hathaway 1994 Annual Letter to Shareholders*, March 7, 1995,http://www.berkshirehathaway.com/letters/1994.html.

5. Warren Buffett, *Berkshire Hathaway 2012 Annual Letter to Shareholders*, March 1, 2013, http://www.berkshirehathaway.com/letters/2012ltr.pdf.

6. Howard Marks, "The Value of Predictions, or Where'd All This Rain Come From?" memo to Oaktree clients, February 15, 1993, https://www.oaktreecapital.com/docs/default-source/memos/1993-02-15-the-value-of-predictions-or-where-39-d-all-this-rain-come-from.pdf?sfvrsn=2.

7. Samit S. Vartak, *SageOne Investment Advisors Letter*, August 10, 2017, http://sageoneinvestments.com/wp-content/uploads/2017/08/SageOne-Investor-Memo-Aug-2017.pdf.

8. Morgan Housel, "The Agony of High Returns," *Motley Fool*, February 9, 2016, https://www.fool.com/investing/general/2016/02/09/the-agony-of-high-returns.aspx.

9. Edwin Lefevre, *Reminiscences of a Stock Operator* (Hoboken, NJ: Wiley, 2006).

10. Peter Lynch, *One Up on Wall Street: How to Use What You Already Know to Make Money in the Market* (New York: Simon and Schuster, 2000).

27 以新證據更新我們的信念

1. Michael Rothschild, *Bionomics: Economy as Business Ecosystem* (Beard Books, 1990).

2. Carter Johnson, "Dr. Henry Singleton and Teledyne," ValueWalk, April 27, 2018, https://www.valuewalk.com/2018/04/dr-henry-singleton-and-teledyne.

3. Whitney Tilson, "Notes from the 2004 Wesco Annual Meeting," Whitney Tilson's Value Investing Website, May 5, 2004, https://www.tilsonfunds.com/wscmtg04notes.doc.

4. Scott Fearon and Jesse Powell, *Dead Companies Walking: How a Hedge Fund Manager Finds Opportunity in Unexpected Places* (New York: St. Martin's, 2015).

5. "Charlie Munger on Getting Rich, Wisdom, Focus, Fake Knowledge and More," *Farnam Street* (blog), February 2017, https://fs.blog/2017/02/charlie-munger-wisdom.

6. Warren Buffett, "Morning Session—2000 Meeting," CNBC, Warren Buffett Archive, April 29, 2000, video, https://buffett.cnbc.com/video/2000/04/29/morning-session---2000-berkshire-hathaway-annual-meeting.html.

7. Morgan Housel, "A Chat with Daniel Kahneman," *Collaborative Fund* (blog), January 12, 2017, http://www.collaborativefund.com/blog/a-chat-with-daniel-kahneman.

8. Charlie Munger, "A Lesson on Elementary, Worldly Wisdom as It Relates to Investment Management and Business," *Farnam Street* (blog), 1994, https://fs.blog/a-lesson-on-worldly-wisdom/.

9. Tren Griffin, "How to Make Decisions Like Ray Dalio," *25iq* (blog), April 28, 2017, https://25iq.com/2017/04/28/how-to-make-decisions-like-ray-dalio.

10. Mihir Desai, *The Wisdom of Finance: Discovering Humanity in the World of Risk and Return* (Boston: Houghton Mifflin Harcourt, 2017).

11. Amay Hattangadi and Swanand Kelkar, "Connecting the Dots," Morgan Stanley, December 2016, http://capitalideasonline.com/wordpress/wp-content/uploads/2016/12/Article-1.pdf.

12. Amay Hattangadi and Swanand Kelkar, "Reverberations in an Echo Chamber," Livemint, November 15, 2015, https://www.livemint.com/Opinion/FbpaBdLvJ1cdx3p02wwe1M/Reverberations-in-an-echo-chamber.html.

13. Daniel Kahneman, *Thinking, Fast and Slow* (New York: Farrar, Straus and Giroux, 2011).

14. AZ quotes, accessed December 10, 2019, https://www.azquotes.com/quote/730268.

15. Philip E. Tetlock and Dan Gardner, *Superforecasting: The Art and Science of Prediction* (New York: Broadway, 2016).

16. Sanjay Bakshi, "Worldly Wisdom in an Equation," *Fundoo Professor* (blog), October 9, 2015, https://fundooprofessor.wordpress.com/2015/10/08/worldly-wisdom-in-an-equation/.

17. "Words of Estimative Probability," Central Intelligence Agency, March 19, 2007, https://www.cia.gov/library/center-for-the-study-of-intelligence/csi-publications/books-and-monographs/sherman-kent-and-the-board-of-national-estimates-collected-essays/6words.html.

18. James P. O'Shaughnessy, *What Works on Wall Street*, 4th ed. (New York: McGraw-Hill Education, 2011).

19. Warren Buffett, *Berkshire Hathaway 1979 Annual Letter to Shareholders*, March 3, 1980, http://www.berkshirehathaway.com/letters/1979.html.

20. Warren Buffett, *Berkshire Hathaway 1987 Annual Letter to Shareholders*, February 29, 1988, http://www.berkshirehathaway.com/letters/1987.html.

21. Tetlock and Gardner, *Superforecasting*.

22. Harvey S. Firestone, *Men and Rubber: The Story of Business* (Whitefish, MT: Kessinger, 2003).

23. Nate Silver, *The Signal and the Noise: Why So Many Predictions Fail—but Some Don't* (London: Penguin, 2015).

24. Goodreads.com, accessed December 10, 2019, https://www.goodreads.com/quotes/393102-when-information-is-cheap-attention-becomes-expensive.

25. Ian Cassel, "Paul Lountzis on Differential Insights," MicroCapClub, October 10, 2016, https://microcapclub.com/2016/10/paul-lountzis-differential-insights/.

26. Charles Darwin, *The Life and Letters of Charles Darwin, Volume 1*, Classic Literature Library, 36, https://charles-darwin.classic-literature.co.uk/the-life-and-letters-of-charles-darwin-volume-i/ebook-page-36.asp.

27. Bakshi, "Worldly Wisdom in an Equation."

28. Martin Zweig, *Martin Zweig's Winning on Wall Street*, rev. ed. (New York: Warner, 1997).

29. Philip A. Fisher, *Common Stocks and Uncommon Profits and Other Writings*, 2nd ed.(Hoboken, NJ: Wiley, 2003).

30. "13 Steps to Financial Freedom—Step 10: Invest Like the Masters," Motley Fool, https://www.fool.ca/13-steps-to-financial-freedom/step-10-invest-like-the-masters.

31. Quotefancy.com, accessed December 10, 2019, https://quotefancy.com/quote/756828/Charlie-Munger-The-big-money-is-not-in-the-buying-and-selling-but-in-the-waiting.

32. Laurence Arnold, "Walter Schloss, 'Superinvestor' Praised by Buffett, Dies at 95,"Bloomberg, February 20, 2012, https://www.bloomberg.com/news/articles/2012-02-20/walter-schloss-superinvestor-who-earned-buffett-s-praise-dies-at-95.

33. Benjamin Graham and David Dodd, *Security Analysis*, 6th ed. (New York: McGraw-Hill Education, 2008).

34. Peter Lynch, *Beating the Street* (New York: Simon and Schuster, 1994).

28 人生就是一連串的機會成本

1. Adam Parris, "Value Investors and Bear Markets," ValueWalk, September 9, 2017, https://www.valuewalk.com/2017/09/value-investors-bear-markets.

2. Shane Parrish, "Why Mental Models? My Interview with Professor and Value Investor Sanjay Bakshi," The Knowledge Project, Ep. #3, *Farnam Street* (blog), audio, https://www.fs.blog/2015/09/sanjay-bakshireading-mental-models-worldly-wisdom.

29 認出模式，早一步致勝

1. Arthur Conan Doyle, *Silver Blaze* (Ada, MI: Baker, 2016).

2. Marcelo P. Lima, *Q2 2018 Letter to Investors*, Heller House Opportunity Fund, L.P., August 28, 2018.

3. Vijay Govindarajan, Shivaram Rajgopal, and Anup Srivastava, "Why Financial Statements Don't Work for Digital Companies," *Harvard Business Review*, February 26, 2018, https://hbr.org/2018/02/why-financial-statements-dont-work-for-digital-companies.

4. Govindarajan, Rajgopal, and Srivastava, "Why Financial Statements Don't Work."

5. Richard Zeckhauser, "Investing in the Unknown and Unknowable," *Capitalism and Society* 1, no. 2, article 5 (2006), https://sites.hks.harvard.edu/fs/rzeckhau/InvestinginUnknownandUnknowable.pdf.

6. "Visita a Warren Buffett," Think Finance, 2005, http://www.thinkfn.com/wikibolsa/Visita_a_Warren_Buffett.

7. Warren Buffett, *Berkshire Hathaway 1990 Annual Letter to Shareholders*, March 1, 1991, http://www.berkshirehathaway.com/letters/1990.html.

8. Ray Kurzweil, *The Singularity Is Near: When Humans Transcend Biology* (London: Penguin, 2006).

30 認知到運氣、機遇、緣分，以及隨機性扮演的角色

1. Max Gunther, *How to Get Lucky: 13 Techniques for Discovering and Taking Advantage of Life's*

Good Breaks (London: Harriman House, 2010).

2. Gunther, *How to Get Lucky*.

3. William Watts, "Birthday Boy Warren Buffett Reaffirms His Love for Apple, but Sinks Mondelez," MarketWatch, August 30, 2017, https://www.marketwatch.com/story/birthday-boy-warren-buffett-reaffirms-his-love-for-apple-but-sends-mondelez-tumbling-2017-08-30.

4. Nick Maggiulli, "Why Winners Keep Winning," *Of Dollars and Data* (blog), May 8,2018, https://ofdollarsanddata.com/why-winners-keep-winning.

5. Max Gunther, *The Zurich Axioms: The Rules of Risk and Reward Used by Generations of Swiss Bankers* (London: Harriman House, 2005).

6. Warren Buffett, *Berkshire Hathaway 2000 Annual Letter to Shareholders*, February 28, 2001, http://www.berkshirehathaway.com/2000ar/2000letter.html.

7. WBI Investments, "Investors Are Told to Buy and Hold, but Do They?" WBI Insights, June 4, 2019, https://wbiinsights.com/2019/06/04/investors-are-told-to-buy-and-hold-but-do-they/.

8. Goodreads.com, accessed December 10, 2019, https://www.goodreads.com/quotes/29255-be-fearful-when-others-are-greedy-and-greedy-when-others.

9. Robert Rubin, "Harvard Commencement Address," 2001.

31 價值投資人的教育

1. Vishal Khandelwal, "Investing and the Art of Cloning," Safal Niveshak, May 14, 2018, https://www.safalniveshak.com/investing-and-cloning.

2. Philip A. Fisher, *Common Stocks and Uncommon Profits and Other Writings*, 2nd ed. (Hoboken, NJ: Wiley, 2003).

3. Fisher, *Common Stocks and Uncommon Profits*.

4. Charles P. Kindleberger, *Manias, Panics, and Crashes: A History of Financial Crises* (Hoboken, NJ: Wiley, 2000).

5. Goodreads.com, accessed December 10, 2019, https://www.goodreads.com/quotes/7609885-you-don-t-have-to-pee-on-an-electric-fence-to.

6. Charlie Munger, "The Psychology of Human Misjudgment by Charles T. Munger,"Harrison Barnes, January 17, 2015, https://www.hb.org/the-psychology-of-human-misjudgment-by-charles-t-munger/#07.

7. Thinkmentalmodels.com, "Deprival Syndrome—The Takeaway," accessed December 10,2019, http://www.thinkmentalmodels.com/page66/page89/page89.html.

8. Richard H. Thaler and Cass R. Sunstein, *Nudge: Improving Decisions About Health, Wealth, and Happiness*, rev. ed. (New York: Penguin, 2009).

9. Bill Gates, "This Animal Kills More People in a Day Than Sharks Do in a Century," GatesNotes, April 23, 2018, https://www.gatesnotes.com/Health/Mosquito-Week-2018.

10. Benjamin Graham and Jason Zweig, *The Intelligent Investor: The Definitive Book on Value Investing*, rev. ed. (New York: Harper Business, 2006); Louis Brandeis, in C.C. Gaither and Alma E Cavazos-Gaither, *Mathematically Speaking: A Dictionary of Quotations* (Boca Raton, FL: CRC Press, 1998).

11. Brad M. Barber and Terrance Odean," Why Do Investors Trade Too Much?" (research summary, University of California Davis Graduate School of Management, Davis, CA, 2006), https://www. safalniveshak.com/wp-content/uploads/2012/07/Why-Do-Investors-Trade-Too-Much.pdf.

12. Josef Lakonishok, Andrei Shleifer, and Robert Vishny, "The Structure and Performance of the Money Management Industry," *Brookings Papers: Macroeconomics 1992*, https://scholar.harvard. edu/files/shleifer/files/structure_performance.pdf.

13. Graham and Zweig, *The Intelligent Investor*.

14. Sheeraz Raza, "Munger Quotes," ValueWalk, April 4, 2016, https://www.valuewalk.com/2016/04/ charlie-munger-quotes-2.

結語 了解複利的真正本質

1. Alice Schroeder, *The Snowball: Warren Buffett and the Business of Life* (New York:Bantam, 2009).

2. Tren Griffin, "Charlie Munger AMA: How Does Charlie Munger Recommend Dealing with Adversity?" *25iq* (blog), November 14, 2015, https://25iq.com/2015/11/14/charlie-munger-ama-how-does-charlie-munger-recommend-dealing-with-adversity.

3. Joshua Kennon, "If Charlie Munger Didn't Quit When He Was Divorced, Broke, and Burying His 9-Year-Old Son, You Have No Excuse," April 12, 2011, https://www.joshuakennon.com/if-charlie-munger-didnt-quit-when-he-was-divorced-broke-and-burying-his-9-year-old-son-you-have-no-excuse.

4. Kenneth Jeffrey Marshall, *Good Stocks Cheap: Value Investing with Confidence for a Lifetime of Stock Market Outperformance* (New York: McGraw-Hill Education, 2017).

5. Viktor E. Frankl, *Man's Search for Meaning* (Boston: Beacon, 2006).

6. Charles Fillmore, *Prosperity* (Eastford, CT: Martino Fine Books, 2011).

7. Charles Duhigg, *The Power of Habit: Why We Do What We Do in Life and Business* (New York: Random House, 2014).

8. Duhigg, *The Power of Habit*.

9. Quotecatalog.com, accessed December 10, 2019, https://quotecatalog.com/quote/warren-buffett-the-chains-of-h-K7QObga/.

10. Richard Lewis, "Peter Kaufman on the Multidisciplinary Approach to Thinking: Transcript," Latticework Investing, April 6, 2018, http://latticeworkinvesting.com/2018/04/06/peter-kaufman-on-the-multidisciplinary-approach-to-thinking.

11. John Bogle, "The Relentless Rules of Humble Arithmetic," *Financial Analysts Journal* 61, no. 6 (2005): 22–35.

12. Burton G. Malkiel and Charles D. Ellis, *The Elements of Investing: Easy Lessons for Every Investor* (Hoboken, NJ: Wiley, 2013).

13. Warren Buffett, *Berkshire Hathaway 1989 Annual Letter to Shareholders*, March 2, 1990, http:// www.berkshirehathaway.com/letters/1989.html.

14. Investment Masters Class, "Compounding," accessed December 10, 2019, http://mastersinvest.com/ compounding.

15. Whitney Tilson, ed., "Three Lectures by Warren Buffett to Notre Dame Faculty, MBA Students and

Undergraduate Students," Whitney Tilson's Value Investing Website, Spring 1991, http://www. tilsonfunds.com/BuffettNotreDame.pdf.

16. Warren Buffett, "Morning Session—2001 Meeting," CNBC, Warren Buffet Archive, April 28, 2001, video, https://buffett.cnbc.com/video/2001/04/28/morning-session---2001-berkshire-hathaway-annual-meeting.html.

17. Josh Funk, "Berkshire's No. 2 Man Helps from the Background," ABC News, https://abcnews. go.com/Business/story?id=4881678&page=1.

18. Andrew Kilpatrick, *Of Permanent Value: The Story of Warren Buffett* (Mountain Brook, AL: Andy Kilpatrick Publishing Empire, 2018).

19. Rich Rockwood (@rrockw), "Excerpts from 1997 Caltech Speech," Motley Fool, board comment, January 4, 2003, http://boards.fool.com/excerpts-from-1997-caltech-speech-18377397. aspx?sort=postdate.

20. Confucius, "Higher Education," in *Wisdom Bible*, trans. Sanderson Beck (World Peace Communications, 1996), http://www.san.beck.org/Tahsueh.html.

21. Li Lu, "The Prospects for Value Investing in China," trans. Graham F. Rhodes, October 28, 2015, https://brianlangis.files.wordpress.com/2018/03/li-lu-the-prospects-for-value-investing-in-china.pdf.

22. Ray Dalio, *Principles: Life and Work* (New York: Simon and Schuster, 2017).

23. Tyler Tervooren, "Advice from Warren Buffet [*sic*]: Games Are Won By Players Who Focus on the Field," Riskology, https://www.riskology.co/focus-on-the-field.

附錄 A

1. David L. Weatherford, "Slow Dance," http://www.davidlweatherford.com/slowdance.html.

附錄 B

1. Rudyard Kipling, "If—," in *Rewards and Fairies* (New York: Doubleday, 1910).

參考資料

"13 Steps to Financial Freedom—Step 10: Invest Like the Masters." Motley Fool. https://www.fool. ca/13-steps-to-financial-freedom/step-10-invest-like-the-masters.

"35 Quotes from Benjamin Graham." Caproasia Online, May 8, 2015. http://www.caproasia. com/2015/05/08/35-quotes-from-benjamin-graham.

"A Conversation with Charlie Munger: DuBridge Distinguished Visitor Lecture." Caltech,March 11, 2008. http://www.caltech.edu/content/conversation-charlie-munger-dubridge-distinguished-visitor-lecture.

Allison, Graham, Robert D. Blackwill, and Ali Wyne. *Lee Kuan Yew: The Grand Master's Insights on China, the United States, and the World.* Cambridge, MA: MIT Press, 2013.

Andersen, Erika. "23 Quotes from Warren Buffett on Life and Generosity." *Forbes*, December 2, 2013. https://www.forbes.com/sites/erikaandersen/2013/12/02/23-quotes-from-warren-buffett-on-life-and-generosity/#5f2270aaf891.

Arnold, Laurence. "Walter Schloss, 'Superinvestor' Praised by Buffett, Dies at 95." Bloomberg, February 20, 2012. https://www.bloomberg.com/news/articles/2012-02-20/walter-schloss-superinvestor-who-earned-buffett-s-praise-dies-at-95.

Baer, Drake. "Why Productive People Have Empty Schedules." *Fast Company*, May 10, 2013. https://www.fastcompany.com/3009536/why-productive-people-have-empty-schedules.

Bakshi, Sanjay. "All I Care About Is Virginity." *Fundoo Professor* (blog), October 19, 2012. https://fundooprofessor.wordpress.com/2012/10/19/virginity.

——. "The Psychology of Human Misjudgment VI." LinkedIn SlideShare, December 16, 2012.https://www.slideshare.net/bakshi1/the-psychology-of-human-misjudgment-vi.

——. *What Happens When You Don't Buy Quality? And What Happens When You Do?* OctoberQuest 2013, October 11, 2013. https://www.dropbox.com/s/haqe3psl29u1scx/October_Quest_2013.pdf.

——. "Worldly Wisdom in an Equation." *Fundoo Professor* (blog), October 9, 2015. https://fundooprofessor.wordpress.com/2015/10/08/worldly-wisdom-in-an-equation/.

Barber, Brad M., and Terrance Odean. *Why Do Investors Trade Too Much?* Research summary. University of California Davis Graduate School of Management, Davis, CA, 2006. https://www.safalniveshak.com/wp-content/uploads/2012/07/Why-Do-Investors-Trade-Too-Much.pdf.

Barrow, Alex. "Stanley Druckenmiller on Liquidity, Macro, and Margins." Macro Ops, June 23, 2017. https://macro-ops.com/stanley-druckenmiller-on-liquidity-macro-margins.

Bartlett, Al. "Arithmetic, Population and Energy: A Talk by Al Bartlett." Video. http://www.albartlett. org/presentations/arithmetic_population_energy_video1.html.

Batnick, Michael. "Gradual Improvements Go Unnoticed." Irrelevant Investor, March 20,2017. http://theirrelevantinvestor.com/2017/03/20/gradual-improvements-go-unnoticed.

Becoming Warren Buffett. HBO Documentary Films, 2017. https://www.youtube.com/

watch?v=PB5krSvFAPY.

Begg, Christopher M. "2014 3rd Quarter Letter." East Coast Asset Management, November 10, 2014. http://www.eastcoastasset.com/wp-content/uploads/ecam_2014_3q_letter.pdf.

Benello, Allen C., Michael van Biema, and Tobias E. Carlisle. *Concentrated Investing: Strategies of the World's Greatest Concentrated Value Investors*. Hoboken, NJ: Wiley, 2016.

Benoit, Andy. "The Case for the . . . Broncos." *Sports Illustrated*, January 13, 2014. https://www.si.com/vault/2014/01/13/106417354/the-case-for-the-broncos.

Berkshire Hathaway. "1990 Annual Meeting." *Outstanding Investor Digest*, May 31, 1990.

——. "2000 Annual Meeting." *Outstanding Investor Digest*, December 18, 2000.

——. "2005 Annual Meeting." *Outstanding Investor Digest*, March 9, 2006.

——. Press conference, May 2001.

Berman, James. "The Three Essential Warren Buffett Quotes to Live By." *Forbes*, April 20, 2014. https://www.forbes.com/sites/jamesberman/2014/04/20/the-three-essential-warren-buffett-quotes-to-live-by/#a6a575a65439.

Bernard, Michael E. *Rationality and the Pursuit of Happiness: The Legacy of Albert Ellis*.Hoboken, NJ: Wiley-Blackwell, 2010.

Bernstein, Peter L. *Against the Gods: The Remarkable Story of Risk*. Hoboken, NJ: Wiley, 1998.

Beshore, Brent. "Going Pro: 2017 Year In Review." Adventures. https://www.adventur.es/2017-annual-letter-going-pro.

"Best Moments from Buffett's Annual Berkshire Shareholder Meeting." *Forbes*, May 9, 2016.https://www.forbes.com/sites/gurufocus/2016/05/09/best-moments-from-buffetts-annual-berkshire-shareholder-meeting/#480b98082e55.

The Best of Charlie Munger: 1994–2011: A Collection of Speeches, Essays, and Wesco Annual Meeting Notes. Compiled by Yanan Ma Bledsoe. Value Plays. http://www.valueplays.net/wp-content/uploads/The-Best-of-Charlie-Munger-1994-2011.pdf.

Bevelin, Peter. *Seeking Wisdom: From Darwin to Munger*, 3rd ed. Malmo, Sweden: PCAPublications, 2007.

Bezos, Jeff. *Amazon 1997 Letter to Shareholders*. http://media.corporate-ir.net/media_files/irol/97/97664/reports/Shareholderletter97.pdf.

——. *Amazon 2014 Letter to Shareholders*. http://phx.corporate-ir.net/External.File?item=UGFyZW50SUQ9MjgxMzIwfENoaWxkSUQ9LTF8VHlwZT0z&t=1.

Bloch, Robert L. *My Warren Buffett Bible: A Short and Simple Guide to Rational Investing*. New York: Skyhorse, 2015.

Bogle, John C. *The Little Book of Common Sense Investing: The Only Way to Guarantee Your Fair Share of Stock Market Returns*. Hoboken, NJ: Wiley, 2017.

Boodell, Peter et al. "Berkshire Hathaway Annual Meeting, Omaha, Nebraska." Tilson Funds, May 3, 2008. http://www.tilsonfunds.com/BRKnotes08.pdf.

Brooks, John. *Business Adventures: Twelve Classic Tales from the World of Wall Street*. New York: Open Road, 2014.

Buffett, Peter. *Life Is What You Make It: Find Your Own Path to Fulfillment*. New York: Three Rivers Press, 2011.

Buffett FAQ. *2003 Berkshire Hathaway Annual Meeting*. http://buffettfaq.com.

——. *2006 Berkshire Hathaway Annual Meeting*. http://buffettfaq.com.

——. *2008 Berkshire Hathaway Annual Meeting*. http://buffettfaq.com.

Buffett, Warren. *Berkshire Hathaway Inc. Shareholder Letters*. http://www.berkshirehathaway.com/letters/letters.html.

——. *Berkshire Hathaway 1977 Annual Letter to Shareholders*. March 14, 1978. http://www.berkshirehathaway.com/letters/1977.html.

——. *Berkshire Hathaway 1979 Annual Letter to Shareholders*. March 3, 1980. http://www.berkshirehathaway.com/letters/1979.html.

——. *Berkshire Hathaway 1980 Annual Letter to Shareholders*. February 27, 1981. http://www.berkshirehathaway.com/letters/1980.html.

——. *Berkshire Hathaway 1982 Annual Letter to Shareholders*. March 3, 1983. http://www.berkshirehathaway.com/letters/1982.html

——. *Berkshire Hathaway 1983 Annual Letter to Shareholders*. March 14, 1984. http://www.berkshirehathaway.com/letters/1983.html.

——. *Berkshire Hathaway 1984 Annual Letter to Shareholders*. February 25, 1985. http://www.berkshirehathaway.com/letters/1984.html.

——. *Berkshire Hathaway 1986 Annual Letter to Shareholders*. February 27, 1987. http://www.berkshirehathaway.com/letters/1986.html.

——. *Berkshire Hathaway 1987 Annual Letter to Shareholders*. February 29, 1988. https://www.berkshirehathaway.com/letters/1987.html.

——. *Berkshire Hathaway 1989 Annual Letter to Shareholders*. March 2, 1990. http://www.berkshirehathaway.com/letters/1989.html.

——. *Berkshire Hathaway 1990 Annual Letter to Shareholders*. March 1, 1991. http://www.berkshirehathaway.com/letters/1990.html.

——. *Berkshire Hathaway 1992 Annual Letter to Shareholders*. March 1, 1993. http://www.berkshirehathaway.com/letters/1992.html.

——. *Berkshire Hathaway 1993 Annual Letter to Shareholders*. March 1, 1994. http://www.berkshirehathaway.com/letters/1993.html.

——. *Berkshire Hathaway 1994 Annual Letter to Shareholders*. March 7, 1995. http://www.berkshirehathaway.com/letters/1994.html.

——. *Berkshire Hathaway 1996 Annual Letter to Shareholders*. February 28, 1997. http://www.berkshirehathaway.com/letters/1996.html.

——. *Berkshire Hathaway 1998 Annual Letter to Shareholders*. March 1, 1999. http://www.berkshirehathaway.com/letters/1998pdf.pdf.

——. *Berkshire Hathaway 1999 Annual Letter to Shareholders*. March 1, 2000. http://www.berkshirehathaway.com/letters/1999htm.html.

——. *Berkshire Hathaway 2000 Annual Letter to Shareholders*. February 28, 2001. http://www.berkshirehathaway.com/letters/2000pdf.pdf.

——. *Berkshire Hathaway 2001 Annual Letter to Shareholders*. February 28, 2002. https://www.berkshirehathaway.com/2001ar/2001letter.html.

——. *Berkshire Hathaway 2002 Annual Letter to Shareholders*. February 21, 2003. http://www.berkshirehathaway.com/letters/2002pdf.pdf

——. *Berkshire Hathaway 2004 Annual Letter to Shareholders*. February 28, 2005. http://www.berkshirehathaway.com/letters/2004ltr.pdf.

——. *Berkshire Hathaway 2005 Annual Letter to Shareholders*. February 28, 2006. http://www.berkshirehathaway.com/letters/2005ltr.pdf.

——. *Berkshire Hathaway 2007 Annual Letter to Shareholders*. February 2008. http://www.berkshirehathaway.com/letters/2007ltr.pdf.

——. *Berkshire Hathaway 2008 Annual Letter to Shareholders*. February 27, 2009. http://www.berkshirehathaway.com/letters/2008ltr.pdf.

——. *Berkshire Hathaway 2010 Annual Letter to Shareholders*. February 26, 2011. http://www.berkshirehathaway.com/letters/2010ltr.pdf

——. *Berkshire Hathaway 2012 Annual Letter to Shareholders*. March 1, 2013. http://www.berkshirehathaway.com/letters/2012ltr.pdf.

——. *Berkshire Hathaway 2014 Annual Letter to Shareholders*. February 27, 2015. http://www.berkshirehathaway.com/letters/2014ltr.pdf.

——. *Berkshire Hathaway 2016 Annual Letter to Shareholders*. February 25, 2017. http://www.berkshirehathaway.com/letters/2016ltr.pdf.

——. *Berkshire Hathaway 2017 Annual Letter to Shareholders*. February 24, 2018. http://www.berkshirehathaway.com/letters/2017ltr.pdf.

——. "Buffett: How Inflation Swindles the Equity Investor (Fortune Classics, 1977)." *Fortune*, June 12, 2011. http://fortune.com/2011/06/12/buffett-how-inflation-swindles-the-equity-investor-fortune-classics-1977.

——. "Buffett Partnership Letter, January 25, 1967." In *Buffett Partnership Letters 1957 to 1970*, 100. CS Investing. http://csinvesting.org/wp-content/uploads/2012/05/complete_buffett_partnership_letters-1957-70_in-sections.pdf.

——. "Buffett Partnership Letter, October 9, 1967." In *Buffett Partnership Letters 1957 to 1970*, 111. CS Investing. http://csinvesting.org/wp-content/uploads/2012/05/complete_buffett_partnership_letters-1957-70_in-sections.pdf.

——. "Buffett Partnership Letter, January 22, 1969." In *Buffett Partnership Letters 1957 to 1970*, 123. CS Investing. http://csinvesting.org/wp-content/uploads/2012/05/complete_buffett_partnership_letters-1957-70_in-sections.pdf.

——. "Buffett Partnership Letter, October 9, 1969." In *Buffett Partnership Letters 1957 to 1970*, 132. CS Investing. http://csinvesting.org/wp-content/uploads/2012/05/complete_buffett_partnership_letters-1957-70_in-sections.pdf.

——. "Morning Session—2000 Meeting." CNBC, Warren Buffett Archive, April 29, 2000. Video. https://buffett.cnbc.com/video/2000/04/29/morning-session---2000-berkshire-hathaway-annual-meeting.html.

——. "Morning Session—2001 Meeting." CNBC, Warren Buffet Archive, April 28, 2001. Video. https://buffett.cnbc.com/video/2001/04/28/morning-session---2001-berkshire-hathaway-annual-meeting.html.

——. *An Owner's Manual*. Berkshire Hathaway, June 1996. http://www.berkshirehathaway.com/ownman.pdf.

Burger, Edward B., and Michael Starbird. *Five Elements of Effective Thinking*. Princeton, NJ: Princeton

University Press, 2012.

Butler, Hartman. "An Hour with Mr. Graham." Graham and Doddsville, March 6, 1976.http://www. grahamanddoddsville.net/wordpress/Files/Gurus/Benjamin%20Graham/an-hour-ben-graham.pdf.

Carlisle, Tobias E. *Deep Value: Why Activist Investors and Other Contrarians Battle for Control of Losing Corporations*. Hoboken, NJ: Wiley, 2014.

Carlson, Ben. *A Wealth of Common Sense: Why Simplicity Trumps Complexity in Any Investment Plan*. Hoboken, NJ: Bloomberg Press, 2015.

Carlson, Ben. "Peter Lynch on Stock Market Losses." A Wealth of Common Sense, August 2, 2014. http://awealthofcommonsense.com/2014/08/peter-lynch-stock-market-losses.

——. "Why Simple Beats Complex." A Wealth of Common Sense, July 9, 2017. http:// awealthofcommonsense.com/2017/07/why-simple-beats-complex.

Carnegie, Andrew. "Wealth." *North American Review* no. 391 (June 1889). https://www.swarthmore. edu/SocSci/rbannis1/AIH19th/Carnegie.html.

Carnevale, Chuck. "How to Use the Correct Discount Rate." ValueWalk, September 27, 2013.https:// www.valuewalk.com/2013/09/use-correct-discount-rate.

Carr, Nicholas. "Situational Overload and Ambient Overload." Rough Type, March 7, 2011.http://www. roughtype.com/?p=1464.

Cassel, Ian. "A New Mental Model for Investing." MicroCapClub, February 1, 2018. https:// microcapclub.com/2018/02/new-mental-model-investing.

—— (@Ian Cassel). "Spend time building new relationships." Twitter, August 16, 2018. https://twitter. com/iancassel/status/1030069258305368065.

Chancellor, Edward. *Capital Returns: Investing Through the Capital Cycle: A Money Manager's Reports 2002–15*. Basingstoke, UK: Palgrave Macmillan, 2016.

"Charlie Munger on 'Frozen Corporation.' " ValueWalk, July 16, 2015. https://www.valuewalk. com/2015/07/charlie-munger-on-frozen-corporation.

"Charlie Munger on Getting Rich, Wisdom, Focus, Fake Knowledge and More." *Farnam Street* (blog), February 2017. https://fs.blog/2017/02/charlie-munger-wisdom.

"Charlie Munger on Mistakes." *25iq* (blog), November 16, 2012. https://25iq.com/2012/11/16/charlie-munger-on-mistakes.

Christian, Brian, and Tom Griffiths. *Algorithms to Live By: The Computer Science of Human Decisions*. New York: Henry Holt, 2016.

"Chuck's 3 Legged Stool." Investment Masters Class, August 8, 2018. https://mastersinvest.com/ newblog/2018/8/3/chucks-3-legged-stool.

Cialdini, Robert. *Influence: Science and Practice*. Essex, UK: Pearson, 2014.

Clear, James. "First Principles: Elon Musk on the Power of Thinking for Yourself." The Mission, February 2, 2018. https://medium.com/the-mission/first-principles-elon-musk-on-the-power-of-thinking-for-yourself-8b0f275af361.

—— (@JamesClear). "Motion does not equal action." Twitter, January 31, 2018. https://twitter.com/ james_clear/status/958824949367615489?lang=en.

Cogitator Capital. "Special Situation Investing." ValueWalk, 2008. http://www.valuewalk.com/wp-content/uploads/2010/09/37200720-33263413-Special-Situation-Investing-by-Ben-Graham.pdf.

Collier, Charles W. *Wealth in Families*. Cambridge, MA: Harvard University, 2006.

Collins, Jim. *Good to Great: Why Some Companies Make the Leap—And Others Don't*. New York: HarperCollins, 2011.

Colvin, Geoff. *Talent Is Overrated: What Really Separates World-Class Performers from Everybody Else*. London: Nicholas Brealey, 2019.

"Commitment–Confirmation–Consistency Bias." Investment Masters Class. http://mastersinvest.com/confirmationquotes.

Confucius. "Higher Education." In *Wisdom Bible*. Translated by Sanderson Beck. World Peace Communications, 1996. http://www.san.beck.org/Tahsueh.html.

Coyle, Daniel. *The Little Book of Talent: 52 Tips for Improving Your Skills*. New York: Bantam, 2012.

Credit Suisse. "Was Warren Buffet Right: Do Wonderful Companies Remain Wonderful?"HOLT Wealth Creation Principles, June 2013. https://research-doc.credit-suisse.com/mercurydoc?language=ENG&format=PDF&document_id=1019433381&serialid=*EMAIL_REMOVED*&auditid=1182867.

Crippen, Alex. "Warren Buffett's 5-Minute Plan to Fix the Deficit." CNBC, July 11, 2011.https://www.cnbc.com/id/43670783.

Dalio, Ray. *Principles: Life and Work*. New York: Simon and Schuster, 2017.

Damato, Karen. "Is Your Manager Skillful . . . or Just Lucky?" *Wall Street Journal*, November 2,2012. https://www.wsj.com/articles/SB10000872396390444734804578062890110146284.

Darwin, Charles. *The Life and Letters of Charles Darwin*, Volume 1. Classic Literature Library. https://charles-darwin.classic-literature.co.uk/the-life-and-letters-of-charles-darwin-volume-i/ebook-page-36.asp.

Dawson, William James. *The Quest of the Simple Life*. Boston, MA: Qontro Classic, 2010.

Deresiewicz, William. "Solitude and Leadership." American Scholar, March 1, 2010. https://theamericanscholar.org/solitude-and-leadership/#.Wt-DKUxFydI.

Desai, Mihir. *The Wisdom of Finance: Discovering Humanity in the World of Risk and Return*.Boston: Houghton Mifflin Harcourt, 2017.

DeMuth, Phil. "Charlie Munger's 2015 Daily Journal Annual Meeting—Part 1." *Forbes*, April 7,2015. https://www.forbes.com/sites/phildemuth/2015/04/07/charlie-mungers-2015-daily-journal-annual-meeting-part-1/#2f3663b8f183.

——. "The Mysterious Factor 'P': Charlie Munger, Robert Novy-Marx and the Profitability Factor." *Forbes*, June 27, 2013.

De Vany, Arthur. *The New Evolution Diet: What Our Paleolithic Ancestors Can Teach Us About Weight Loss, Fitness, and Aging*. Emmaus, PA: Rodale, 2011.

Dickens, Charles. *David Copperfield*. London: Penguin Classics, 2004.

Dobelli, Rolf. *The Art of Thinking Clearly*. New York: HarperCollins, 2013.

Dorsey, Pat. *Competitive Advantage and Capital Allocation*. Dorsey Asset Management, March 2917. https://dorseyasset.com/wp-content/uploads/2016/07/mit-sloan-investment-conference_competitive-advantage-and-capital-allocation_dorsey-asset-management_march-2017.pdf.

Doyle, Arthur Conan. *The Memoirs of Sherlock Holmes: The Reigate Puzzle*. CreateSpace Independent Publishing Platform, 2016.

——. *Silver Blaze*. Ada, MI: Baker, 2016.

Duhigg, Charles. *The Power of Habit: Why We Do What We Do in Life and Business*. New York: Random House, 2014.

Duke, Annie. *Thinking in Bets: Making Smarter Decisions When You Don't Have All the Facts*. New York: Portfolio, 2018.

Durant, Will, and Ariel Durant. *The Lessons of History*. New York: Simon and Schuster, 2010.

The Edge Consulting Group. *Global Spinoffs and the Hidden Value of Corporate Change*, Vol. 2, *Executive Summary*, December 2014. https://www.hvst.com/attachments/1437/Exec_Summary_-_The_Edge_Deloitte_Global_Spinoff_Study_-_Dec_2014.pdf.

Eisner, Michael D., and Aaron R. Cohen. *Working Together: Why Great Partnerships Succeed*. New York: Harper Business, 2012.

EliasFardo. "Go Ask Alice." Motley Fool, board comment, March 18, 2003. http://boards.fool.com/you-might-want-to-discount-the-float-growth-at-a-18762436.aspx.

Ellis, Charles D. "The Loser's Game." *Financial Analysts Journal*, January–February 1995.https://www.cfapubs.org/doi/pdf/10.2469/faj.v51.n1.1865.

Ellis, Charles, and James Vertin. *Classics: An Investor's Anthology*. New York: Business One Irwin, 1988.

Endersen, Laurence. *Pebbles of Perception: How a Few Good Choices Make All the Difference*. CreateSpace Independent Publishing Platform, 2014.

Epoch Investment Partner. "The P/E Ratio: A User's Manual." Epoch, June 17, 2019. http://www.eipny.com/white-papers/the_p-e_ratio_a-users_manual/.

"Exclusive Interview with Arnold Van Den Berg." *Manual of Ideas* 7, no. 9 (September 2014).https://www.manualofideas.com/wp-content/uploads/2014/09/the-manual-of-ideas-arnold-van-den-berg-201409.pdf.

Fearon, Scott, and Jesse Powell. *Dead Companies Walking: How a Hedge Fund Manager Finds Opportunity in Unexpected Places*. New York: St. Martin's, 2015.

Feynman, Richard P. "Atoms in Motion." California Institute of Technology, The Feynman Lectures on Physics. http://www.feynmanlectures.caltech.edu/I_01.html.

——. *Perfectly Reasonable Deviations (from the Beaten Track)*. New York: Basic, 2006.

——. *Perfectly Reasonable Deviations from the Beaten Track: The Letters of Richard P. Feynman*. New York: Basic, 2005.

——. *The Pleasure of Finding Things Out: The Best Short Works of Richard P. Feynman*. New York: Basic, 2005.

Fillmore, Charles. *Prosperity*. Eastford, CT: Martino, 2011.

"Financial Crisis Inquiry Commission Staff Audiotape of Interview with Warren Buffett, Berkshire Hathaway." *Santangel's Review*, May 26, 2010. Audio. http://dericbownds.net/uploaded_images/Buffett_FCIC_transcript.pdf.

Firestone, Harvey. *Men and Rubber: The Story of Business*. Whitefish, MT: Kessinger, 2003.

Fisher, Phil. *Common Stocks and Uncommon Profits and Other Writings*, 2nd ed. Hoboken, NJ: Wiley, 2003.

Fishman, Steve. "Bernie Madoff, Free at Last." *New York*, June 6, 2010. http://nymag.com/news/crimelaw/66468.

Flores, Brian. "Why Investors Must Always Consider Opportunity Costs." GuruFocus,February 18, 2016. https://www.gurufocus.com/news/393334/why-investors-must-always-consider-opportunity-costs.

Foulke, David. "Warren Buffett on LTCM, Blind Spots, Leverage, and Unnecessary Risk."Alpha Architect, September 8, 2015. https://alphaarchitect.com/2015/09/08/warren-buffett-ltcm-blind-spots-leverage-taking-unnecessary-risks/.

Frankl, Viktor E. *Man's Search for Meaning.* Boston: Beacon, 2006.

Fundsmith Equity Fund Owner's Manual. https://www.fundsmith.co.uk/docs/default-source/analysis---owners-manuals/owners-manual-pdf.pdf?sfvrsn=16.

Funk, Josh. "Berkshire's No. 2 Man Helps from the Background." ABC News. https://abcnews.go.com/Business/story?id=4881678&page=1.

Gaither, C. C., and Alma E Cavazos-Gaither. *Mathematically Speaking: A Dictionary of Quotations.* Boca Raton, FL: CRC Press, 1998.

Galbraith, John Kenneth. *Economics, Peace and Laughter.* New York: Signet, 1972.

Galton, Francis. "Vox Populi." *Nature*, March 7, 1907. http://galton.org/essays/1900-1911/galton-1907-vox-populi.pdf.

Gates, Bill. "This Animal Kills More People in a Day Than Sharks Do in a Century."GatesNotes, April 23, 2018. https://www.gatesnotes.com/Health/Mosquito-Week-2018.

Gawande, Atul. *The Checklist Manifesto.* Gurgaon, India: Penguin Random House, 2014.

Gayner, Tom. "Identifying Great Capital Allocators." Presentation at the 11th Annual Value Investor Conference, May 1 and 2, 2014. http://www.valueinvestorconference.com/2014presentations/VIC%2014%20Gayner%20Transcript.pdf.

Gladwell, Malcolm. *Blink: The Power of Thinking Without Thinking.* New York: Little, Brown, 2005.

——. *Outliers: The Story of Success.* New York: Back Bay, 2011.

Glassman, James K., and Kavin A. Hassett. "Dow 36,000." *The Atlantic*, September 1999. https://www.theatlantic.com/magazine/archive/1999/09/dow-36-000/306249.

Goodwin, Tom. "The Battle Is for the Customer Interface." TechCrunch, March 3, 2015. https://techcrunch.com/2015/03/03/in-the-age-of-disintermediation-the-battle-is-all-for-the-customer-interface/.

Govindarajan, Vijay, Shivaram Rajgopal, and Anup Srivastava. "Why Financial Statements Don't Work for Digital Companies." *Harvard Business Review*, February 26, 2018. https://hbr.org/2018/02/why-financial-statements-dont-work-for-digital-companies.

Graham, Benjamin. *The Intelligent Investor*, 4th rev. ed. New York: Harper and Row, 1973.

——. *Security Analysis: The Classic 1951 Edition.* New York: McGraw-Hill Education, 2004.

Graham, Benjamin, and David Dodd. *Security Analysis*, 6th ed. New York: McGraw-Hill Education, 2008.

——. *Security Analysis: The Classic 1934 Edition.* New York: McGraw-Hill Education, 1996.

Graham, Benjamin, and Jason Zweig. *The Intelligent Investor: The Definitive Book on Value Investing*, rev. ed. New York: Harper Business, 2006.

Greenblatt, Joel. *You Can Be a Stock Market Genius.* New York: Touchstone, 2010.

Greenwald, Bruce C. N. *Value Investing: From Graham to Buffett and Beyond.* Hoboken, NJ: Wiley, 2004.

Greenwald, Bruce, and Judd Kahn. *Competition Demystified: A Radically Simplified Approach to Business Strategy.* New York: Portfolio, 2014.

Griffin, Ten. "Charlie Munger." *25iq* (blog). https://25iq.com/quotations/charlie-munger.

——. "Charlie Munger AMA: How Does Charlie Munger Recommend Dealing with Adversity?" *25iq* (blog), November 14, 2015. https://25iq.com/2015/11/14/charlie-munger-ama-how-does-charlie-munger-recommend-dealing-with-adversity.

——. *Charlie Munger: The Complete Investor*. New York: Columbia University Press, 2015.

——. "A Dozen Things I've Learned from Charlie Munger About Capital Allocation." *25iq* (blog), October 3, 2015. https://25iq.com/2015/10/03/a-dozen-things-ive-learned-from-charlie-munger-about-capital-allocation.

——. "A Dozen Things I've Learned from Charlie Munger About Inversion." *25iq* (blog), September 12, 2015. https://25iq.com/2015/09/12/a-dozen-things-ive-learned-from-charlie-munger-about-inversion-including-the-importance-of-being-consistently-not-stupid-2.

——. "How to Make Decisions Like Ray Dalio." *25iq* (blog), April 28, 2017. https://25iq.com/2017/04/28/how-to-make-decisions-like-ray-dalio.

Gunther, Max. *How to Get Lucky: 13 Techniques for Discovering and Taking Advantage of Life's Good Breaks*. London: Harriman House, 2010.

——. *The Zurich Axioms: The Rules of Risk and Reward Used by Generations of Swiss Bankers*. London: Harriman House, 2005.

Hagstrom, Robert G. *The Warren Buffett Way*, 2nd ed. Hoboken, NJ: Wiley, 2005.

Hamtil, Lawrence. "Price Is What You Pay; Value Is What You Get—Nifty Fifty Edition." *Fortune Financial* (blog), May 24, 2018. http://www.fortunefinancialadvisors.com/blog/price-is-what-you-pay-value-is-what-you-get-nifty-fifty-edition.

Harari, Yuval Noah. *Sapiens: A Brief History of Humankind*. New York: Harper, 2015.

Hattangadi, Amay, and Swanand Kelkar. *Connecting the Dots*. Morgan Stanley, December 2016. http://capitalideasonline.com/wordpress/wp-content/uploads/2016/12/Article-1.pdf.

——. "Reverberations in an Echo Chamber." Livemint, November 15, 2015. https://www.livemint.com/Opinion/FbpaBdLvJ1cdx3p02wwe1M/Reverberations-in-an-echo-chamber.html.

Hill, Napoleon. *Think and Grow Rich*. 1937. Reprint, Shippensburg, PA: Sound Wisdom, 2016.

Holiday, Ryan. "How to Read More Books—A Lot More." Thrive Global, August 13, 2018. https://medium.com/thrive-global/how-to-read-more-books-a-lot-more-1b459ac498b3.

Housel, Morgan. "Charlie Munger's Thoughts on the World: Part 1." Motley Fool, July 2, 2011. https://www.fool.com/investing/general/2011/07/02/charlie-mungers-thoughts-on-the-world-part-1.aspx.

——. "A Chat with Daniel Kahneman." *Collaborative Fund* (blog), January 12, 2017. http://www.collaborativefund.com/blog/a-chat-with-daniel-kahneman.

——. "How to Read Financial News." *Collaborative Fund* (blog), December 6, 2017. http://www.collaborativefund.com/blog/how-to-read-financial-news.

——. "Ideas That Changed My Life." *Collaborative Fund* (blog), March 7, 2018. http://www.collaborativefund.com/blog/ideas-that-changed-my-life.

——. "Investing Is a Fascinating Business." Motley Fool, August 30, 2016. https://www.fool.com/investing/2016/08/30/investing-is-a-fascinating-business.aspx.

——. "The Peculiar Habits of Successful People." *USA Today*, August 24, 2014. https://www.usatoday.com/story/money/personalfinance/2014/08/24/peculiar-habits-of-successful-people/14447531.

——. "The Psychology of Money." *Collaborative Fund* (blog), June 1, 2018. http://www.collaborativefund.com/blog/the-psychology-of-money.

———. "Risk Is How Much Time You Need." *Collaborative Fund* (blog), March 30, 2017. http://www.collaborativefund.com/blog/risk.

———. "Saving Money and Running Backwards." *Collaborative Fund* (blog), September 27, 2017.http://www.collaborativefund.com/blog/saving-money-and-running-backwards.

—— (@morganhousel). "Charlie Munger investment strategy." Twitter, June 15, 2017. https://twitter.com/morganhousel/status/875547615592665088.

———. "We're All Innocently Out of Touch." *Collaborative Fund* (blog), November 17, 2017.http://www.collaborativefund.com/blog/were-all-out-of-touch.

———. "What I Believe Most." *Collaborative Fund* (blog), July 5, 2017. http://www.collaborativefund.com/blog/what-i-believe-most.

Howe, Rich. "What Klarman and Greenblatt Have to Say About Investing in Spinoffs—Part II."ValueWalk, March 15, 2018. https://www.valuewalk.com/2018/03/klarman-greenblatt-investing-spinoffs.

Ignatius, Adi. "Jeff Bezos on Leading for the Long-Term at Amazon." *Harvard Business Review*, January 2013. https://hbr.org/2013/01/jeff-bezos-on-leading-for-the.

"Investing Instinct." Investment Masters Class. http://mastersinvest.com/investinginstinctquotes.

Jobs, Steve. " 'You've Got to Find What You Love,' Jobs Says." *Stanford News*, June 14, 2005. https://news.stanford.edu/2005/06/14/jobs-061505.

Johnson, Carter. "Dr. Henry Singleton and Teledyne." ValueWalk, April 27, 2018. https://www.valuewalk.com/2018/04/dr-henry-singleton-and-teledyne.

Jordon, Steve. "Investors Earn Handsome Paychecks by Handling Buffett's Business." *Omaha World-Herald*, April 28, 2013. https://www.omaha.com/money/investors-earn-handsome-paychecks-by-handling-buffett-s-business/article_bb1fc40f-e6f9-549d-be2f-be1ef4c0da03.html.

Kahneman, Daniel. *Thinking, Fast and Slow*. New York: Farrar, Straus and Giroux, 2013.

Kaplan, Elle. "Why Warren Buffett's '20-Slot Rule' Will Make You Insanely Successful and Wealthy." *Inc.*, July 22, 2016. https://www.inc.com/elle-kaplan/why-warren-buffett-s-20-slot-rule-will-make-you-insanely-wealthy-and-successful.html.

Kaufman, Peter D., ed. *Poor Charlie's Almanack*. Marceline, MO: Walsworth, 2005.

Keller, Gary, and Jay Papasan. *The ONE Thing: The Surprisingly Simple Truth Behind Extraordinary Results*. San Francisco: Instaread, 2016.

Kennon, Joshua. "If Charlie Munger Didn't Quit When He Was Divorced, Broke, and Burying His 9-Year-Old Son, You Have No Excuse." April 12, 2011. https://www.joshuakennon.com/if-charlie-munger-didnt-quit-when-he-was-divorced-broke-and-burying-his-9-year-old-son-you-have-no-excuse.

Keynes, John Maynard. *The General Theory of Employment, Interest, and Money*. San Diego,CA: Harcourt, Brace & World, 1965.

Khandelwal, Vishal. "In Investing, Catch the Right Anchor to Avoid Sinking." Safal Niveshak,September 21, 2011. https://www.safalniveshak.com/in-investing-catch-the-right-anchor-to-avoid-sinking.

———. "Investing and the Art of Cloning." Safal Niveshak, May 14, 2018. https://www.safalniveshak.com/investing-and-cloning.

Khare, Anshul. "Investing and the Art of Metaphorical Thinking." Safal Niveshak, November 21, 2016.

https://www.safalniveshak.com/investing-art-metaphorical-thinking.

Kilpatrick, Andy. *Of Permanent Value: The Story of Warren Buffett*. Birmingham, AL: Andy Kilpatrick Publishing Empire, 2018.

Kindleberger, Charles P. *Manias, Panics, and Crashes: A History of Financial Crises*. Hoboken, NJ: Wiley, 2000.

King, Stephen. *On Writing: A Memoir of the Craft*. New York: Simon and Schuster, 2000.

Kiyosaki, Robert T. *Rich Dad's Who Took My Money? Why Slow Investors Lost and Fast Money Wins!* New York: Warner Business Books, 2004.

Klarman, Seth A. *Margin of Safety: Risk-Averse Value Investing Strategies for the Thoughtful Investor*. New York: Harper Collins, 1991.

Koller, Timothy. "Why Value Value?—Defending Against Crises." McKinsey & Company, April 2010. https://www.mckinsey.com/business-functions/strategy-and-corporate-finance/our-insights/why-value-value-and-defending-against-crises.

Koller, Tim, Marc Goedhard, and David Wessels. *Valuation: Measuring and Managing the Value of Companies*, 6th ed. Hoboken, NJ: Wiley, 2015.

Kurzweil, Ray. *The Singularity Is Near: When Humans Transcend Biology*. London: Penguin, 2006.

Lakonishok, Josef, Andrei Shleifer, and Robert Vishny. "The Structure and Performance of the Money Management Industry." *Brookings Papers: Macroeconomics 1992*. https://scholar.harvard.edu/files/shleifer/files/structure_performance.pdf.

Latimore, Ed (@EdLatimore). Twitter, April 15, 2018. https://twitter.com/EdLatimore/status/1156550021363486721.

Lattman, Peter. "Bull and Bear Markets, According to Oaktree's Howard Marks." *Wall Street Journal*, March 20, 2008. https://blogs.wsj.com/deals/2008/03/20/bull-and-bear-markets-according-to-oaktrees-howard-marks.

LeBaron, Dean, and Romesh Vaitilingam. *Dean LeBaron's Treasury of Investment Wisdom: 30 Great Investing Minds*. Hoboken, NJ: Wiley, 2001.

Le Bon, Gustave. *The Crowd: A Study of the Popular Mind*. Mineola, NY: Dover, 2002.

Lefevre, Edwin. *Reminiscences of a Stock Operator*. Hoboken, NJ: Wiley, 2006.

Leo, Jacqueline. *Seven: The Number for Happiness, Love, and Success*. New York: Twelve, 2009.

Lev, Baruch, and Feng Gu. *The End of Accounting*. Hoboken, NJ: Wiley, 2016.

"Leverage." Investment Masters Class. http://mastersinvest.com/leveragequotes.

Levy, Steven. "Jeff Bezos Owns the Web in More Ways Than You Think." *Wired*, November 13, 2011. https://www.wired.com/2011/11/ff_bezos.

Lewis, Richard. "Charlie Munger: Full Transcript of Daily Journal Annual Meeting 2017." Latticework Investing, February 17, 2017. http://latticeworkinvesting.com/2017/02/17/charlie-munger-full-transcript-of-daily-journal-annual-meeting-2017.

——. "Peter Kaufman on the Multidisciplinary Approach to Thinking: Transcript."Latticework Investing, April 6, 2018. http://latticeworkinvesting.com/2018/04/06/peter-kaufman-on-the-multidisciplinary-approach-to-thinking.

"Li Lu—Know What You Don't Know." Graham & Doddsville, Columbia Business School investment newsletter, Spring 2013. https://www8.gsb.columbia.edu/valueinvesting/sites/valueinvesting/files/files/Graham%20%26%20Doddsville%20-%20Issue%2018%20-%20Spring%202013_0.pdf.

Lima, Marcelo P. *Q2 2018 Letter to Investors*. Heller House Opportunity Fund, L.P., August 28, 2018.

"Links." Value Investing World, April 5, 2018. http://www.valueinvestingworld.com/2018/04/links_5. html.

Loeb, Gerald. *The Battle for Investment Survival*. Radford, VA: Wilder, 2014.

"Look at All These Spinoffs Beating the Market." *Old School Value* (blog), July 6, 2011. https://www. oldschoolvalue.com/blog/special_situation/look-at-all-these-spinoffs-beating-the-market.

Loomis, Carol. "Mr. Buffett on the Stock Market." *Fortune*, November 22, 1999. http://archive.fortune. com/magazines/fortune/fortune_archive/1999/11/22/269071/index.htm.

———. *Tap Dancing to Work: Warren Buffett on Practically Everything, 1966–2013*. New York:Portfolio, 2013.

———. "Warren Buffett on the Stock Market." *Fortune*, December 10, 2001. http://archive.fortune.com/ magazines/fortune/fortune_archive/2001/12/10/314691/index.htm.

Loop, Floyd D. "Management Lessons from the Cleveland Clinic." American Management Association, September 22, 2009. http://www.amanet.org/training/articles/printversion/management-lessons-from-the-cleveland-clinic.aspx.

Lowe, Janet. *Damn Right: Behind the Scenes with Berkshire Hathaway Billionaire Charlie Munger*. Hoboken, NJ: Wiley, 2003.

Lu, Li. "The Prospects for Value Investing in China." Translated by Graham F. Rhodes. Brian Langis, October 28, 2015. https://brianlangis.files.wordpress.com/2018/03/li-lu-the-prospects-for-value-investing-in-china.pdf.

Lynch, Peter. *Beating the Street*. New York: Simon and Schuster, 1994.

———. *Learn to Earn: A Beginner's Guide to the Basics of Investing and Business*. New York: Simon and Schuster, 1996.

———. *One Up on Wall Street: How to Use What You Already Know to Make Money in the Market*. New York: Simon and Schuster, 2000.

MacKay, Charles. *Extraordinary Popular Delusions and the Madness of Crowds*. New York: Dover, 2003.

Maggiulli, Nick. "Against the Gods." *Of Dollars and Data* (blog), July 18, 2017. https:// ofdollarsanddata.com/against-the-gods-3729ed3bb192.

———. "Why Winners Keep Winning." *Of Dollars and Data* (blog), May 8, 2018. https:// ofdollarsanddata.com/why-winners-keep-winning.

Mahalakshmi, N. "Secret Diary of an Entrepreneur." Outlook Business, March 16, 2018. http://www. piramal.com/assets/pdf/Outlook-Business-16th-March-Pg-21–42.pdf.

Mahapatra, Lisa. "8 Brilliant Lessons from the Investor That Taught Warren Buffett Everything He Knows." *Business Insider*, February 6, 2013. https://www.businessinsider.com/eight-lessons-from-benjamin-graham-2013-2.

Malkiel, Burton G., and Charles D. Ellis. *The Elements of Investing: Easy Lessons for Every Investor*. Hoboken, NJ: Wiley, 2013.

Mallaby, Sebastian. *More Money Than God: Hedge Funds and the Making of a New Elite*.London: Penguin, 2011.

Maloney, Michael, and H. Harold Mulherin. "The Complexity of Price Discovery in an Efficient Market: The Stock Market Reaction to the Challenger Crash." *Journal of Corporate Finance* 9, no.

4 (2003): 453–479. https://www.sciencedirect.com/science/article/pii/S092911990200055X.

Mandelbrot, Benoit, and Richard L. Hudson. *The (Mis)Behavior of Markets: A Fractal View of Financial Turbulence*. New York: Basic Books, 2006.

Marks, Howard. "Dare to Be Great." Memo to Oaktree clients. Oaktree, September 7, 2006. https://www.oaktreecapital.com/docs/default-source/memos/2006-09-07-dare-to-be-great.pdf.

——. "Howard Marks: Investing in an Unknowable Future." *Barron's*, June 8, 2015. https://www.barrons.com/articles/howard-marks-investing-in-an-unknowable-future-1433802168.

——. *The Most Important Thing Illuminated: Uncommon Sense for the Thoughtful Investor*.New York: Columbia University Press, 2013.

——. "The Value of Predictions, or Where'd All This Rain Come From?" Memo to Oaktree clients. Oaktree, February 15, 1993. https://www.oaktreecapital.com/docs/default-source/memos/1993-02-15-the-value-of-predictions-or-where-39-d-all-this-rain-come-from.pdf.

——. "You Can't Predict. You Can Compare." Memo to Oaktree clients. Oaktree, November 20,2001. https://www.oaktreecapital.com/docs/default-source/memos/2001-11-20-you-cant-predict-you-can-prepare.pdf.

Marshall, Kenneth Jeffrey. *Good Stocks Cheap: Value Investing with Confidence for a Lifetime of Stock Market Outperformance*. New York: McGraw-Hill Education, 2017.

Mauboussin, Michael J. *The Success Equation: Untangling Skill and Luck in Business, Sports, and Investing*. Boston: Harvard Business Press, 2012.

——. "What Does a Price-Earnings Multiple Mean?" Credit Suisse, January 29, 2014. https://www.valuewalk.com/wp-content/uploads/2014/02/document-805915460.pdf.

Maurer, Robert. *One Small Step Can Change Your Life: The Kaizen Way*. Bhopal, India: Manjul Publishing House, 2017.

"Mohnish Pabrai's Q&A Session at Dakshana Valley (Pune District), December 26, 2017."YouTube, February 15, 2018. Video. https://www.youtube.com/watch?v=KJpipU-JYxc.

Munger, Charlie. "Academic Economics: Strengths and Faults After Considering Interdisciplinary Needs." Herb Kay Undergraduate Lecture, University of California, Santa Barbara, Economics Department, October 3, 2003, Santa Barbara, CA. http://www.tilsonfunds.com/MungerUCSBspeech.pdf.

——. *Berkshire Hathaway 2014 Annual Letter to Shareholders*. February 27, 2015, http://www.berkshirehathaway.com/letters/2014ltr.pdf.

——. "A Lesson on Elementary, Worldly Wisdom as It Relates to Investment Management and Business." *Farnam Street* (blog), 1994. https://fs.blog/a-lesson-on-worldly-wisdom/.

——. "Outstanding Investor Digest." Speech at Stanford Law School Class of William Lazier, March 13, 1998, Stanford, CA.

——. "The Psychology of Human Misjudgment by Charles T. Munger." Harrison Barnes, January 17, 2015. https://www.hb.org/the-psychology-of-human-misjudgment-by-charles-t-munger/#07.

——. See's Candy Seventy-Fifth Anniversary Lunch, March 1998, Los Angeles, CA.

——. USC School of Law commencement speech. University of Southern California Gould School of Law, May 13, 2007, Los Angeles, CA. https://genius.com/Charlie-munger-usc-law-commencement-speech-annotated.

——. "Wesco Financial Corporation Letter to Shareholders." In *Charlie Munger's Wesco Financial*

Corporation Annual Letters 1983–2009, 182. https://rememberingtheobvious.files.wordpress. com/2012/08/wesco-charlie-munger-letters-1983-2009-collection.pdf.

——. "Wesco 2002 Annual Meeting." Mungerisms, 2002. http://mungerisms.blogspot.com/2009/08/ wesco-2002-annual-meeting.html.

——. "Wesco Financial's Charlie Munger." CS Investing, May 5, 1995. http://csinvesting.org/wp- content/uploads/2014/05/Worldly-Wisdom-by-Munger.pdf.

Musk, Elon (u/ElonMuskOfficial). "I Am Elon Musk, CEO/CTO of a Rocket Company, AMA!" Reddit, 2015. https://www.reddit.com/r/IAmA/comments/2rgsan/i_am_elon_musk_ceocto_of_a_rocket_ company_ama/?st=jg8ec825&sh=4307fa36.

Ophuls, William. *Plato's Revenge: Politics in the Age of Ecology.* Cambridge, MA: MIT Press, 2011.

Oppong, Thomas. "How to Be 1% Better Every Day (the Kaizan Approach to Self-Improvement)." *The Mission Daily*, December 8, 2016. https://medium.com/the-mission/get-1-better-every-day-the- kaizen-approach-to-self-improvement-b79c9e045678

O'Shaughnessy, James. *What Works on Wall Street*, 4th ed. New York: McGraw-Hill Education, 2011.

"Our National Predicament: Excerpts from Seth Klarman's 2010 Letter." Mungerisms, March 2, 2011. http://myinvestingnotebook.blogspot.com/2011/03/our-national-predicament-excerpts-from.html.

Pabrai, Mohnish. *The Dhandho Investor: The Low-Risk Value Method to High Returns*. Hoboken, NJ: Wiley, 2007.

Parris, Adam. "Value Investors and Bear Markets." ValueWalk, September 9, 2017. https://www. valuewalk.com/2017/09/value-investors-bear-markets.

Parrish, Shane. "Daniel Kahneman—What I Know." *Farnam Street* (blog), July 2012. https:// fs.blog/2012/07/daniel-kahneman-what-i-know/.

——. "Mental Models: The Best Way to Make Intelligent Decisions (109 Models Explained)."*Farnam Street* (blog). https://www.fs.blog/mental-models.

——. "No. 18 Naval Ravikant—Angel Philosopher." The Knowledge Project with Shane Parrish, February 27, 2017. Audio. https://theknowledgeproject.libsyn.com/2017/02.

—— (@ShaneAParrish). "People Who Arbitrage Time Will Almost Always Outperform." Twitter, February 19, 2018. https://twitter.com/farnamstreet/status/965594833422245889?lang=en.

——. "Warren Buffett: The Inner Scorecard." *Farnam Street* (blog), August 2016. https://www.fs. blog/2016/08/the-inner-scorecard.

——. "Why Mental Models? My Interview with Professor and Value Investor Sanjay Bakshi."The Knowledge Project, Ep. #3. *Farnam Street* (blog). Audio. https://www.fs.blog/2015/09/sanjay- bakshireading-mental-models-worldly-wisdom.

——. "Why You Shouldn't Slog Through Books." *Farnam Street* (blog), September 2017.https://www. fs.blog/2017/09/shouldnt-slog-books.

" 'Person to Person': Warren Buffett." CBS News, November 16, 2012. https://www.cbsnews.com/ news/person-to-person-warren-buffett.

Phelps, Thomas William. *100 to 1 in the Stock Market: A Distinguished Security Analyst Tells How to Make More of Your Investment Opportunities*. Brattleboro, VT: Echo Point, 2015.

Ping, Jonathan. "Charlie Munger's Life as a Financial Independence Blueprint." *My Money* (blog),January 18, 2018. http://www.mymoneyblog.com/charlie-munger-financial-independence- blueprint.html.

Portnoy, Brian. *The Geometry of Wealth: How to Shape a Life of Money and Meaning*. Hampshire, UK: Harriman House, 2018.

"Q&A with Warren Buffett (Tuck School of Business)." http://mba.tuck.dartmouth.edu/pages/clubs/investment/WarrenBuffett.html.

Ramsey, Dave. *The Total Money Makeover: A Proven Plan for Financial Fitness*. Nashville, TN: Nelson, 2003.

Ravikant, Naval. "The Knowledge Project." Farnam Street Learning Community. *Farnam Street* (blog), February 2017. https://fs.blog/wp-content/uploads/2017/02/Naval-Ravikant-TKP.pdf.

—— (@naval). Medium, April 2, 2018. https://medium.com/@haseebinc/the-internet-is-the-best-school-ever-created-b8da4b327192.

Raza, Sheeraz. "Great Interview with Alice Schroeder via Simoleon Sense." ValueWalk, November 6, 2010. https://www.valuewalk.com/2010/11/great-interview-alice-schroeder-simoleon-sense.

——. "Munger Quotes." ValueWalk, April 4, 2016. https://www.valuewalk.com/2016/04/charlie-munger-quotes-2.

Reed, John. *Succeeding*. Alamo, CA: John T. Reed, 2011.

Reiff, Nathan. "The Greatest Investors: Julian Robertson." Investopedia. https://www.investopedia.com/university/greatest/julianrobertson.asp.

Reklaitis, Victor. "5 Quotes That Tell You Everything You Need to Know About Forecasting."MarketWatch, March 8, 2017. https://www.marketwatch.com/story/5-quotes-that-tell-you-everything-you-need-to-know-about-forecasting-2017-01-11.

Rich, Bryan. "Do You Think Like George Soros?" *Forbes*, June 1, 2016. https://www.forbes.com/sites/bryanrich/2016/06/01/do-you-think-like-george-soros/#499e4c835f0d.

Ritholtz, Barry. "MiB: Danny Kahneman on Heuristics, Biases & Cognition.*" The Big Picture*, August 9, 2016. https://ritholtz.com/2016/08/mib-kahneman-heuristics-biases-cognition/.

Rittenhouse, Laura. *Investing Between the Lines: How to Make Smarter Decisions by Decoding CEO Communications*. New York: McGraw-Hill Education, 2013.

Rockwood, Rich (@rrockw). "Excerpts from 1997 Caltech Speech." Motley Fool, board comment, January 4, 2003. http://boards.fool.com/excerpts-from-1997-caltech-speech-18377397.aspx.

Rothschild, Michael. *Bionomics: Economy as Business Ecosystem*. Marysville, WA: Beard, 1990.

Saletta, Chuck. "4 Steps to Getting Rich from Warren Buffett's Right-Hand Man." *Business Insider*, May 31, 2013. http://www.businessinsider.com/charlie-mungers-secrets-to-getting-rich-2013-5.

Schroeder, Alice. *The Snowball: Warren Buffett and the Business of Life*. New York: Bantam, 2009.

Schwager, Jack. *Hedge Fund Market Wizards: How Winning Traders Win*. Hoboken, NJ: Wiley, 2012.

Sellers, Patricia. "Warren Buffett and Charlie Munger's Best Advice." *Fortune*, October 31, 2013. http://fortune.com/2013/10/31/warren-buffett-and-charlie-mungers-best-advice.

Seneca. *Letters from a Stoic*. London: Penguin, 1969.

——. *On the Shortness of Life*. Plano, TX: Vigeo, 2016.

"Seth Klarman—30 Timeless Investing Lessons." ValueWalk, March 30, 2017. https://www.valuewalk.com/2017/03/seth-klarman-30-timeless-investing-lessons.

Shah, Bhavin. "My Best Pick 2018." Outlook Business, January 8, 2018. https://outlookbusiness.com/specials/my-best-pick_2018/bhavin-shah-4052.

Siegel, Jeremy. "Valuing Growth Stocks: Revisiting the Nifty Fifty." *American Association of Individual*

Investors Journal, October 1998. https://www.aaii.com/journal/article/valuing-growth-stocks-revisiting-the-nifty-fifty.

Silver, Nate. *The Signal and the Noise: Why So Many Predictions Fail—but Some Don't*. London: Penguin, 2015.

Simon, Herbert A. "Designing Organizations for an Information Rich World." In *Computers, Communications, and the Public Interest*: edited by M. Geenberger. Baltimore, MD: Johns Hopkins Press, 1971. https://digitalcollections.library.cmu.edu/awweb/awarchive? type=file&item=33748.

——. *Models of My Life*. Cambridge, MA: MIT Press, 1996.

Sinclair, Upton. *I, Candidate for Governor: And How I Got Licked*. 1934. Berkeley: University of California Press, 1994.

Smith, Terry. "Bond Proxies: Can You Afford Not to Own Them?" *Financial Times*, June 26, 2015. https://www.ft.com/content/1c359352-18f1-11e5-a130-2e7db721f996.

Soe, Aye M., Berlinda Liu, and Hamish Preston. *SPIVA U.S. Scorecard*, S&P Dow Jones Indices, Year-End 2018. https://www.spindices.com/documents/spiva/spiva-us-year-end-2018.pdf.

Solin, Dan. "Do You Have 'Prediction Addiction?' " *Huffington Post*, May 25, 2011. https://www.huffingtonpost.com/dan-solin/do-you-have-prediction-ad_b_66570.html.

Sonkin, Paul D., and Paul Johnson. *Pitch the Perfect Investment: The Essential Guide to Winning on Wall Street*. Hoboken, NJ: Wiley, 2017.

Sparks, Evan. "John Templeton." Philanthropy Roundtable. http://www.philanthropyroundtable.org/almanac/hall_of_fame/john_m._templeton.

"Special Situation Videos: Lecture 1 and 2." Greenblatt Columbia Lecture 2005. CS Investing, September 25, 2012. Video. http://csinvesting.org/2012/09/25/special-situation-video-lecture-1.

Spier, Guy. *The Education of a Value Investor: My Transformative Quest for Wealth, Wisdom, and Enlightenment*. New York: St. Martin's, 2014.

"Spin-Offs—The Urge to Demerge." SBICAP Securities, June 19, 2017. https://drive.google.com/file/d/0B5meW_TNaEhNcFY4ME9ZeTBUNWM/view

Stewart, James B. "Amazon Says Long Term and Means It." *New York Times*, December 16, 2011. https://www.nytimes.com/2011/12/17/business/at-amazon-jeff-bezos-talks-long-term-and-means-it.html.

"Study History." Investment Masters Class. http://mastersinvest.com/historyquotes.

Sullivan, Tim. "Embracing Complexity." *Harvard Business Review*, September 2011. https://hbr.org/2011/09/embracing-complexity.

Surowiecki, James. *The Wisdom of Crowds: Why the Many Are Smarter Than the Few*. London: Abacus, 2014.

Szramiak, John. "This Story About Warren Buffett and His Long-Time Pilot Is an Important Lesson About What Separates Extraordinarily Successful People from Everyone Else."*Business Insider*, December 4, 2017. http://businessinsider.com/warren-buffetts-not-to-do-list-2016-10.

Taleb, Nassim Nicholas. *Antifragile: Things That Gain from Disorder*. New York: Random House, 2014.

——. *The Black Swan: The Impact of the Highly Improbable*, 2nd ed. New York: Random House, 2010.

Taleb, Nassim Nicholas, and George A. Martin. "How to Prevent Other Financial Crises." *SAIS Review* 32, no. 1 (Winter–Spring 2012). http://www.fooledbyrandomness.com/sais.pdf.

Talley, Madelon Devoe. *The Passionate Investors*. New York: Crown, 1987.

Tanous, Peter J. *Investment Gurus: A Road Map to Wealth from the World's Best Money Managers*. Upper Saddle River, NJ: Prentice Hall, 1997.

Task, Aaron. "Money 101: Q&A with Warren Buffett." *Yahoo Finance*, April 8, 2013. https://finance.yahoo.com/news/money-101--q-a-with-warren-buffett-140409456.html.

Tervooren, Tyler. "Advice from Warren Buffet [*sic*]: Games Are Won By Players Who Focus on the Field." Riskology. https://www.riskology.co/focus-on-the-field.

Tetlock, Philip, and Dan Gardner. *Superforecasting: The Art and Science of Prediction*. New York: Broadway, 2016.

Thaler, Richard H., and Cass R. Sunstein. *Nudge: Improving Decisions About Health, Wealth, and Happiness*, rev. ed. New York: Penguin, 2009.

"There Are 3 Stages in a Typical Bull Market." *Ivanhoff Capital* (blog), February 2, 2012. http://ivanhoff.com/2012/02/02/there-are-3-stages-in-a-typical-bull-market.

Thorndike, William. *The Outsiders: Eight Unconventional CEOs and Their Radically Rational Blueprint for Success*. Boston, MA: Harvard University Press, 2012.

Thorp, Edward O. *A Man for All Markets: From Las Vegas to Wall Street, How I Beat the Dealer and the Market*. New York: Random House, 2018.

Tilson, Whitney. "Notes from the 2002 Wesco Annual Meeting." Whitney Tilson's Value Investing Website. https://www.tilsonfunds.com/motley_berkshire_brkmtg02notes.php.

——. "Notes from the 2003 Wesco Annual Meeting." Whitney Tilson's Value Investing Website. http://www.tilsonfunds.com/motley_berkshire_wscmtg03notes.php.

——. "Notes from the 2004 Wesco Annual Meeting." Whitney Tilson's Value Investing Website, May 5, 2004. https://www.tilsonfunds.com/wscmtg04notes.doc.

——. "Notes from the 2005 Wesco Annual Meeting." Whitney Tilson's Value Investing Website, May 4, 2005. https://www.tilsonfunds.com/wscmtg05notes.pdf.

——. "Whitney Tilson's 2007 Berkshire Hathaway Annual Meeting Notes." Whitney Tilson's Value Investing Website, May 5, 2007. https://www.tilsonfunds.com/Berkshire_Hathaway_07_annual%20meeting_notes.pdf.

——. "Whitney Tilson's 2007 Wesco Annual Meeting Notes." Whitney Tilson's Value Investing Website, May 9, 2007. https://www.tilsonfunds.com/Whitney%20Tilson's%20notes%20from%20the%202007%20Wesco%20annual%20meeting-5-9-07.pdf.

——, ed. "Three Lectures by Warren Buffett to Notre Dame Faculty, MBA Students and Undergraduate Students." Whitney Tilson's Value Investing Website, Spring 1991. http://www.tilsonfunds.com/BuffettNotreDame.pdf.

"Time Arb." Investment Masters Class. http://mastersinvest.com/time-arb.

Tkaczyk, Christopher, and Scott Olster. "Best Advice from CEOs: 40 Execs' Secrets to Success." *Fortune*, October 29, 2014. http://fortune.com/2014/10/29/ceo-best-advice.

Train, John. *The Money Masters*. New York: Harper Business, 1994.

Tupy, Marian L. "Corporations Are Not as Powerful as You Think." HumanProgress, November 1, 2017. https://humanprogress.org/article.php?p=785.

Twain, Mark. *Pudd'nhead Wilson*. 1894. Reprint, Mineola, NY: Dover, 1999.

Vartak, Samit S. *SageOne Investment Advisors Letter*. August 10, 2017. http://sageoneinvestments.com/

wp-content/uploads/2017/08/SageOne-Investor-Memo-Aug-2017.pdf.

"Visita a Warren Buffett." Think Finance, 2005. http://www.thinkfn.com/wikibolsa/Visita_a_Warren_ Buffett.

Waitzkin, Josh. *The Art of Learning: An Inner Journey to Optimal Performance*. New York: Free Press, 2008.

"Warren Buffett on the Stock Market." *Fortune*, December 10, 2001. http://www.berkshirehathaway. com/2001ar/FortuneMagazine%20DEC%2010%202001.pdf.

"Warren Buffett Remarks on European Debt Crisis, the 'Buffett Rule' and the American Worker: Interview by Business Wire CEO Cathy Baron Tamraz." *Business Wire*, November 15, 2011.https:// www.businesswire.com/news/home/20111115006090/en/Warren-Buffett-Remarks-European-Debt- Crisis-.

"Warren Buffett's Career Advice." CNN Money, November 16, 2012. Video. http://money.cnn.com/ video/magazines/fortune/2012/11/16/f-buffett-career-advice.fortune/index.html.

Wasik, John F. *Keynes's Way to Wealth: Timeless Investment Lessons from the Great Economist*. New York: McGraw-Hill Education, 2013.

Watts, William. "Birthday Boy Warren Buffett Reaffirms His Love for Apple, but Sinks Mondelez." MarketWatch, August 30, 2017. https://www.marketwatch.com/story/birthday-boy-warren-buffett- reaffirms-his-love-for-apple-but-sends-mondelez-tumbling-2017-08-30.

Wilhelm, Ian. "Warren Buffett Shares His Philanthropic Philosophy." *Chronicle of Philanthropy*, March 8, 2010. https://www.philanthropy.com/article/Warren-Buffett-Shares-His/225907.

"Words of Estimative Probability." Central Intelligence Agency, March 19, 2007. https://www.cia.gov/ library/center-for-the-study-of-intelligence/csi-publications/books-and-monographs/sherman-kent- and-the-board-of-national-estimates-collected-essays/6words.html.

Zeckhauser, Richard. "Investing in the Unknown and Unknowable." *Capitalism and Society* 1, no. 2, article 5 (2006). https://sites.hks.harvard.edu/fs/rzeckhau/InvestinginUnknownand-Unknowable.pdf.

Zweig, Jason. *The Devil's Financial Dictionary*. New York: PublicAffairs, 2015.

——. "The Secrets of Berkshire's Success: An Interview with Charlie Munger." *Wall Street Journal*, September 12, 2014. https://www.wsj.com/articles/the-secrets-of-berkshires-success-an-interview- with-charlie-munger-1410543815.

——. *Your Money and Your Brain: How the New Science of Neuroeconomics Can Help Make You Rich*. New York: Simon and Schuster, 2008.

Zweig, Martin. *Martin Zweig's Winning on Wall Street*, rev. ed. New York: Warner, 1997.

複利的喜悅

The Joys of Compounding: The Passionate Pursuit of Lifelong Learning, Revised and Updated

作　　者　高塔姆‧巴伊德（Gautam Baid）
譯　　者　高英哲
主　　編　林玟萱

總 編 輯　李映慧
執 行 長　陳旭華（steve@bookrep.com.tw）

出　　版　大牌出版／遠足文化事業股份有限公司
發　　行　遠足文化事業股份有限公司（讀書共和國出版集團）
地　　址　23141 新北市新店區民權路 108-2 號 9 樓
電　　話　+886-2-2218-1417
郵撥帳號　19504465 遠足文化事業股份有限公司

封面設計　萬勝安
排　　版　新鑫電腦排版工作室
印　　製　通南彩色印刷有限公司
法律顧問　華洋法律事務所　蘇文生律師

定　　價　620 元
一　　版　2021 年 09 月
二　　版　2024 年 06 月

電子書 E-ISBN
9786267378779（PDF）
9786267378786（EPUB）

國家圖書館出版品預行編目資料

複利的喜悅／高塔姆‧巴伊德（Gautam Baid）著；高英哲 譯 . -- 二版 .
新北市：大牌出版；遠足文化發行, 2024.06
536 面；17×22 公分
譯自：The joys of compounding : the passionate pursuit of lifelong
learning, revised and updated
ISBN 978-626-7305-82-9（平裝）
1. 投資　2. 投資分析　3. 職場成功法

112012435